一部揭示未来发展走向的权威之作

小趋势
决定未来大变革的潜藏力量

[美]马克·佩恩（Mark J. Penn）
E.金尼·扎莱纳（E. Kinney Zalesne） 著

刘庸安 贺和风 周艳辉 译

MICROTRENDS
the small forces
behind
tomorrow's big changes

上海社会科学院出版社
SHANGHAI ACADEMY OF SOCIAL SCIENCES PRESS

目 录
contents

中文版再版序言：洞察当代中国的"小趋势" 1
中文版第1版序言：中国需要知道点"小趋势" 5
译者序："小趋势"中藏有大力量 8

前 言 1

第一部分 | 爱情、性与男女关系
  性比例失调的单身男女 14
  "美洲狮" 18
  办公室里的恋人 23
  通勤夫妻 28
  通过互联网结成的夫妻 33

第二部分 | 工作生活
  退而不休的老人 40
  上班太远的人 46
  在家工作的人 52
  能说会道的女人 56
  身强力壮的女人 60

第三部分 | 种族与宗教
  打破彩色玻璃天花板的女人 66
  喜欢找犹太人的人 71
  跨种族通婚的家庭 76
  信奉新教的墨西哥裔美国人 82
  温和的穆斯林 87

第四部分 | 健康与快乐

不喜欢阳光的人　94

睡眠不足的人　98

不再受约束的左撇子　104

有病自医的人　110

有听力障碍的人　116

第五部分 | 家庭生活

高龄奶爸　122

宠物父母　126

溺爱孩子的父母　131

事后曝光的男同性恋者　139

孝顺的儿子　144

第六部分 | 政　治

感情用事的精英　150

举足轻重的摇摆选民　156

奋起斗争的非法移民　160

基督教徒中的锡安主义者　166

有犯罪前科的人　170

第七部分 | 少男少女们

轻度精神失调的孩子　176

喜爱编织的年轻人　180

堪为楷模的黑人青年　184

中学里的大老板　188

立志成为狙击手的年轻人　192

第八部分 | 食品、饮料与节食

吃素食的孩子　200

肥胖的人　204

渴望长寿的人　210

痴迷咖啡因的人　214

第九部分 | 生活方式

能长时间集中精力的人　220
被忽视的爸爸　224
讲母语的人　228
不区分性别的人　232

第十部分 | 金钱与阶级

购买第二居所的人　238
当代的玛丽·波平斯　242
不事张扬的百万富翁　247
中产阶级与破产　252
非营利群体　256

第十一部分 | 外观与时尚

保留个性的文身人　262
忙碌的邋遢人　266
迷恋整形手术的人　270
强大的娇小女人　276

第十二部分 | 技　术

喜爱社交的极客　280
新一代的卢德分子　285
技术红颜　289
买汽车的"足球妈妈"　294

第十三部分 | 休闲与娱乐

射箭妈妈?　300
×××人　305
玩电子游戏的成年人　310
新的古典音乐爱好者　315

第十四部分 | 教 育

  晚上学的聪明孩子　320
  美国在家上学的孩子　324
  退学的大学生　331
  对数字着迷的人　336

第十五部分 | 国 际

  小宗教　342
  国际买房者　346
  LAT 夫妻（英国）　351
  妈妈的大男孩（意大利）　355
  欧洲之星　359
  越南企业家　364
  法国的禁酒主义者　368
  中国的毕加索　372
  摇摆不定的俄罗斯人　376
  崛起的印度妇女　380
  受过教育的恐怖主义分子　384

结 论　390

致 谢　401
资料来源　403
译者简介　447

中文版再版序言

洞察当代中国的"小趋势"

何帆 | 北京大学汇丰商学院教授

在我们这个时代,最不缺的就是对大趋势的预测,但最稀缺的是对小趋势的观察。大趋势重要不重要?当然很重要,但大趋势距离我们每个人的日常生活太过遥远。

不同的个体对同一个大趋势,可能会有完全不同的感受。20 世纪 30 年代,美国经济遇到了大萧条,这是大趋势,但不同的阶层、不同的企业感受到的却完全不一样。如果你去问农民,他们会说,大萧条早在 20 世纪 20 年代,甚至更早就开始出现了,因为农产品价格下降已经持续了很长时间。如果你去问股票投资者,他们会觉得 1929 年的股灾最刻骨铭心,其实,真正把美国经济拖入深渊的是 30 年代由欧洲银行危机带来的传染效应。如果你去问围绕在罗斯福周围的年轻人,他们会觉得这是一个最好的年代,因为所有新鲜的事物都可以尝试去做,他们感到自己正在拯救这个国家。

或许,过去,在中国的发展初期,你只要知道大趋势就好了。比如,你知道要搞市场经济,那你如果有勇气,就敢下海经商了。你知道中国刚刚进入城市化,住房制度改革了,那就买房呗。当社会和经济发展到了一定的阶段之后,反而会出现分化。城市和城市变得更不一样,企业和企业变得更不一样,个人和个人变得更不一样。这时候就出现了小趋势。

小趋势的概念是美国未来学家马克·J.佩恩提出来的，他在《小趋势》一书序言中写道："小趋势的基础是这样一种理念，即在我们这个社会中正在出现一些最有力的力量，它们是与我们直观印象相反的趋势，这些趋势正在塑造着马上就要出现在我们面前的明天。"佩恩认为，小趋势就是占美国人口1%的群体出现的变化。在《小趋势》一书中，他研究了75个群体，比如，他注意到了住在一个城市去遥远的另一个城市上班的人、信奉新教的墨西哥裔美国人、在家里上学的孩子、受过良好教育的恐怖分子，等等。虽然他们都是社会里的"非主流"，但他们的出现却引发了一系列的涟漪反应。比如，为了服务那些在家里接受教育的孩子，出现了专门为他们提供特殊的教材的公司，有的州还专门通过法案，不得歧视在家上学的孩子。再比如，那些信奉新教的墨西哥人，成了美国2004年大选中布什总统能够胜出的重要因素之一。

佩恩的这一观察视角启发了我们：有些人群虽然人口数量相对较小，但却能产生跟其人数似乎不相称的影响力。占中国总人口千分之一就有140万人，占百分之一会有1400万人。这些人多不多呢？看起来众多，但你要知道，在99.9%、99%的人看来，这只是很小很另类的一个群体。在小趋势里面的人觉得这是一片海，在趋势外面的人觉得这只是一滴水。不过，这些群体虽然人数相对较小，但更为团结，观念更一致，更喜欢尝试一些跟别人不一样的东西，而且他们互相声气相投，能够彼此鼓励和支持，形成了一个线上和线下的网络，这就能成倍地放大其力量。所以，小趋势的特点是：要足够小，才能显示出锋芒，但又必须足够大，才能彰显出力量。

那么，为什么会出现小趋势呢？可能，在小趋势里面的人们会觉得，这都是因为他们自己的力量，其实并非如此。之所以会出现小趋势，是因为首先有了大趋势。小趋势之所以能够有这么大的影响力，是因为有了好的时代、好的平台。

我们拿盖房来说吧，盖房的时候一层一层起高楼，每一层的盖法都是一样的，盖出来的毛坯房也是一样的，但是，等到盖完房，要装修的时候，每一家的装修风格就不一样了。有的喜欢金碧辉煌的洛可可风格，有的喜欢《延禧攻略》中性冷淡风格的莫兰迪色系。所以，盖房子就是大趋势，而装修就是小趋势。

我们再看互联网技术，最早的时候，你要是做个网站得专门找人给你做，但随着技术的发展，比如有了微博，有了微信公号，你不用懂任何编程，直接就能发微博和微信，做自己的自媒体。互联网平台是大趋势，而自媒体就是小趋势。

所以，小趋势的出现是因为技术的赋能、平台的提升、环境的改变、创新的激情。

你可能会问，找到小趋势，对我来说，能有什么用呢？我来举个例子。假如你是个卖水果的，你是卖苹果好呢，还是卖榴莲好呢？你很可能会说，卖苹果。为什么呢？因为大部分人都能接受苹果的味道，但很少人能够接受榴莲的味道。喜欢吃榴莲的人喜欢得不得了，不喜欢吃榴莲的人讨厌死那种味道了。其实，卖榴莲很可能会比卖苹果更值得尝试。为什么呢？买榴莲的人会形成彼此的认同感，买苹果的人就不会。过去，喜欢榴莲的朋友散落在各处，但互联网出现之后，有着这种奇怪爱好的人们才能找到同好。你知道吗？人类历史上第一个烤榴莲的品牌居然被一个叫桥哥的小伙子做出来了。他原来卖过红糖、卖过樱桃，都没成功，唯独换成卖榴莲之后，两年就开了100多家连锁店。

从这个小小的成功案例，你一定能悟到：如果你能找到一个小趋势，并且一心一意地服务好这个小趋势，想不成功都难。

那么，你又会问，我该到哪里去找到小趋势呢？佩恩在《小趋势》一书中列举了美国的75个小趋势，在今天的中国也许有更多的小趋势，只是你必须要跳出自己的圈子，去关注在别的地方发生的新鲜事，才有可能发现。在互联网时代，虽然看似信息更加发达，但我们反而更难找到小趋势。过去，我们一张《参考消息》就能了解天下大事，而且所有的人看的都是同一张报纸，我们接受到的信息是一样的。现在，互联网把我们分成了不同的"部落"。你是不是每隔一段时间就会把朋友圈里跟自己三观不一样的人拉黑？拉黑，拉黑，直到眼前全无碍眼之人，可以，你也就变成了新的"洞穴人"。在你的朋友圈里刷屏的文章，可能在另一个圈子里根本就没有人看。你不了解的圈子，可能人数和影响力远远超过你的想象。虽然你每年都经历了很多事情，也听到了很多消息，但是，在你的部落之外，在你的目力到不了的地方，正在发生着一些更有意思、更有价值的事情，那些事情通过千丝万缕的联系，会直接或间接地影响你的生活，一些最有意思的小趋势，很可能会在你从不注意、也不了解的另一个圈子里。

所以，想要找到小趋势，你必须尽可能地跳出自己的圈子，去做个流浪者。你要学会用指南针开始自己的旅行，先找到慢变量，最终到达小趋势。慢变量好比是高速公路，上去了你就不会迷失方向。但你在高速公路上是看不到令人惊艳的美景的。你要不时地从高速路的出口下去，在城市的街道、乡村的小路上游荡。你要停下车，下车走进人群，跟遇见的各色人物聊天，倾听他们的故事，了解他们的喜忧，同时用眼睛的余光扫视来来往往的人流，直到蓦然回首，发现让你激动的小趋势。

2018 年 12 月

中文版第1版序言

中国需要知道点"小趋势"

王梦奎 | 前国务院发展研究中心主任

在当今世界急剧变化的浪潮中，共同性的扩大和差异性的张扬是并行不悖的两种趋势。互联网等新技术革命成果的普及，交通和通讯的空前便利，统一市场的迅速扩张，越来越多的共同游戏规则的制定，使传统的社会经济和文化受到猛烈冲击，许多事物显现出全球化或者说一体化的趋势。但是，这种共同性的发展，并没有抹杀世界的差异性；而毋宁说，共同性的扩大正是以差异性的存在为前提的。不仅固有的差异性依然顽强地存在着，在新的条件下还生发着新的差异性。大而至于国家社会经济制度，小而至于公众日常琐细的生活习俗，都是如此。我们依然生活在丰富多彩的世界里，今后仍将在丰富多彩的世界里生活。这是我读了这本《小趋势》所引发的一点感想。

这是一本具有敏锐洞察力的著作。作者是美国著名的民意调查专家，为多家大公司服务，并且做过美国总统的战略顾问。其安身立命的看家本领，就是这本书所反映的对美国诸多社会现象的分析。作者并不以深刻的理论分析见长，而是以独特的视角，广泛涉及美国商业社会预言中的时髦话题，通过纷繁多变的美国社会生活百花筒，揭示出许多新的发展趋势。读者从这本书可以看出，美国的社会生活正在发生多么巨大而又静悄悄的变化。作者名其书曰《小趋势》，但讨论的并不是无关紧要的琐事，而是如副标题所标明的，是"决定未来大变革的潜藏力量"。作者善于发现社会生活大潮中新近表现出来的差异，见微知著，从细微处洞察未来发展，得出人们不曾注意，或者已经被研究者从不同的侧面触及而决策者尚未引起关注的趋势。文字叙述和社会调查数据的背后，往往包含着对企业家或者政府的决策建议，其中也不乏对美国时弊的针砭。

当然，本书所讨论的，并不是通常所说的根本社会经济制度问题，我们也未必同意作者的所有见解，但无疑都是对国家的社会经济政策和体制有重要影响的问题。不仅可以借此了解美国，也有助于预见中国，因为这里所揭示的美国社会生活中的新趋势，有的在我国已经表现出来——你读读就知道了——需要预为之谋。

中国和美国有很大不同。社会制度不同，历史文化传统不同，发展阶段不同。但是，就当今中国社会变革的广度和深度而言，那是美国所远不能比拟的，恐怕也超过世界上绝大多数国家。经济体制的改革，经济发展方式的转变，工业化和城市化的推进，城乡二元经济结构的转型，使中国处于前所未有的社会大变革之中。整齐如一和"清一色"的社会生活，正在变得越来越多样化。人们的生活，不仅是物质生活，包括思想文化活动独立性、选择性、多变性和差异性都在空前增强。

由于我们往往是以非常矛盾的方式经历着这种变化，使这种独立性、选择性、多变性和差异性增添了更为复杂的景观。妥善处理共性和个性、普遍性和特殊性的关系，是实现社会和谐的题中应有之义。对于日益增强而复杂的独立性、选择性、多变性和差异性，首先是要了解，也要学会尊重，并且适当地加以引导。这就需要进行更多方面深入细致的调查研究，唯有如此，才能准确把握现阶段中国社会经济、政治、文化和社会生活的变化趋势。

这种调查研究不仅对于政府决策者、企业家和社会科学研究者有用，对于其他社会阶层的读者也有益处。应该说，这些年我国的统计工作和社会调查工作都是有显著进步的，但同剧烈变化着的社会生活相比仍然显得不足。我们往往停留在抽象的判断和认识层次，不大重视对社会生活变化的细致入微的调查和分析，而正是这种细微变化往往预示着未来的发展趋势。《小趋势》这类著作，可以增进我们对自己周围所发生的微妙变化的观察与思考，它所提供的调查和分析方法也是值得借鉴的。

《小趋势》所讨论的是严肃的社会问题，但文笔生动，语言幽默，常有机智的譬喻穿插其间，阅读不觉费力。统计数据虽多而仅以说明问题为度，能增加可信度而又没有枯燥烦琐之嫌。这也是目下我国同类著作不多见的。我饶有兴趣地读了书稿，觉得对中国读者会有些帮助，故乐为之序。

2008年6月7日

译者序

"小趋势"中藏有大力量

26年前，也就是1982年，美国著名未来学家约翰·奈斯比特（John Naisbitt）写过一本风靡一时的书《大趋势：改变我们生活的十个新方向》（*Megatrends:Ten New Directions Transforming Our Lives*）。作者根据他所观察到的美国，乃至世界已经进入或即将进入"信息时代"的特征，预言美国将按照十个"大趋势"向前发展，而这十个"大趋势"将影响到美国乃至世界的"社会组织结构、制度的变化和每个人的日常生活、工作与政治态度"。

四分之一个世纪过去了，美国乃至世界确实发生了巨大的变化。不过在有些人看来，美国和世界并没有像约翰·奈斯比特所预言的一样，只朝着十个"大趋势"的方向发生变化，而是按照比十个"大趋势"多得多的"小趋势"在发生变化。这些人当中的两位就是本书的作者马克·J.佩恩和E.金尼·扎莱纳。他们在2007年向美国和世界推出的《小趋势：决定未来大变革的潜藏力量》中就是这样认为的。现在这本书的中译本就摆在读者的面前，读者可以看到，两位作者的基本观点是，"仅仅根据'大趋势'或普遍的经验，你不可能更多地了解这个世界。在今天这个分裂的社会，如果你要成功地做一些事情，你必须了解只有细心观察才能发现的那些群体，他们正在按照纵横交错的方向迅速而激烈地发展和运动。这就是小趋势"。而这些"小趋势是一种只有细心观察才能发现的正在成长的群体，他们有目前众多公司、销售商、决策者和其他将影响社会行为的人或机构不能满足的需求"。

　　两位作者确实是"细心观察"的人。马克·J. 佩恩是位顶尖级政治家的战略问题顾问，也是一家公共关系公司的CEO。他对美国，也许还可以说，他对世界的观察广泛而又深刻，而且他的"大脑异常敏锐"，常常能够从"独到睿智的视角"观察到只有细心人和聪明人才能观察到的事物。E. 金尼·扎莱纳也是美国联邦政府中的常客，一直以"社会变革的视角"来观察世界，从而以"自己独到的精神见解"为白宫效力。应该说，两位作者的观察力是一流的。他们通过对美国社会的细心观察，发现了美国社会中的很多"小趋势"。他们对"小趋势"的定义是：在美国3亿人口中，只要有1%，即300万人口在价值观、生活习惯或行为方式，甚至在身体特征（太胖、太瘦、高大、娇小或者左撇子）上相同或近似，从而构成了一个群体，且具有目前社会不能满足的共同需求，即是一种"小趋势"。作者用敏锐的目光捕捉到75个"小趋势"，并按照15个主题对它们进行了分类，这15个主题是：爱情、性与男女关系；工作生活；种族与宗教；健康与快乐；家庭生活；政治；少男少女们；食品、饮料与节食；生活方式；金钱与阶级；外观与时尚；技术；休闲与娱乐；教育；国际。这些小趋势涉及政治、经济、社会、文化，简直可以说是包罗了当代美国人的方方面面，读起来，确实像是在读当今美国的"百科全书"。在叙述和分析一些"小趋势"的时候，作者还把美国的这些"小趋势"与国际同类"趋势"进行比较，用一种世界的眼光来观察和分析，从而为他们自己的结论提供更广泛的支持。

　　当然，仅仅是笼统地描述这些"小趋势"，应该来说不是很困难的。但两位作者除了"细心观察"以外，还广泛利用美国政府机构公布的数据，以及美国民间权威的调查公司的数据（实际上，马克·J. 佩恩自己就是一家著名调查公司的CEO）为自己的观点说话。这可真应了这样一句话："美国人，什么都拿数据说事儿。"于是，我们在大部分章节中都能看到图表和统计数字。这为我们进一步了解和研究美国社会提供了社会学和统计学的工具。

　　作者发现"小趋势"，是为了让美国社会迎合已经形成的"小趋势"，或者为正在形成的"小趋势"做好准备。而这种迎合和准备首先是需要更新观念的。说到观念，我对作者在谈论一种"小趋势"时发自内心的一番感慨印象极深。作者说：

（在美国黑人中）事实的真相是，新的一代出现了，21世纪第一个10年的现实也应该取代20世纪50年代和60年代的老观念了。黑人社会取得的进步，简直令人感到惊异。虽然每年有数以万计的黑人青少年触犯法律，但是，每年也有数以万计的黑人青少年走进大学的校门，为自己设计第一流的职业生涯。黑人青年是大学毕业生中人数增长最快的群体，他们毕业后常常能找到收入丰厚的工作。这个超级成功者阶层的出现，正在改变着美国的文化，瓦解着旧有的成见，摧毁着办公室和高层政治决策机构中的种族壁垒。关于黑人青年学坏的消息越来越少了，而关于他们走正路的新闻却越来越多了。体制正在发挥着推动年轻黑人中的这种小趋势向前发展的作用。

……（这）还意味着黑人青年正在稳步地致富和切实地发挥着领导社会的作用。实际上，大部分美国的黑人孩子，包括男孩子在内，都在上学，他们虔诚地信赖美国的民主制度，为了使美国更加美好，他们会做出（或更多地做出）自己应该做出的贡献。他们不仅应该成为技术、服装、体育和娱乐产业重要的目标市场，他们也应该获得就学、就业、充当志愿者和充任各级领导的机会。

确实，美国有太多的黑人青年在拼搏，我们这个富裕的国家必须切实关心他们的问题。但是，媒体和市场营销专家也需要纠正某些陈腐的看法，大部分黑人青年有着非同一般的公民意识，他们的表现堪称模范。黑人中也有一些超级成功者，他们的成就毫不逊色于白人成功者。在这个具有成功取向的群体推动下，黑人社会或迟或早会发生根本的变化。在如此众多的美国人似乎没有采取正确的行为方式的时候，他们做出了正确的表率。

读到此处，我不禁想到我最近在美国与黑人交往的一个小故事。今年早春季节，我到了美国的费城。费城是美国的一个黑人人口居多的大城市，在美国历史上，有着悠久的历史传统。有一天，天气很冷，我在市中心闲逛。因为冷，就到位于 South Broad Street 上的 Borders 书店里去避寒。我在那里看到很多黑人在看书，其中不少是黑人青年。我发现他们很讲究公德，看完一本书，就放回原处，然后再拿一本书看。他们看的书有艺术类的，有文化类的，也有政治、历史、法律等人文社会科学类的。他们看书时，神情专注，旁若无人，总之是非常的投入；偶尔还会跟同伴轻声细语地交流几句。我受到他们的感染，也很专心地浏览架上的图书，并买了几本我很喜欢的书。在我快离开时，我想请他们给我在这家书店留影纪念。说实在的，看到他们在那样专心地看书，我真不忍心打搅他们。但我没有办法，因为没有其他人在旁边。当我充满歉意地向旁边的一位黑人青年提出我的要求时，他非常爽快地答应了，并为我以书店落地窗透进来的大教堂为背景拍了一张照片。如果说，故事说到这里，也没有什么值得我感动的，可故事还没有完。我看完照片，觉得取景、构图都不理想，而且光线也有些暗，我就跟他说，能不能再拍两张。他说，当然可以。然后我就给他讲怎么取景，怎么构图，怎么用光。他睁大眼睛，张开嘴巴，非常认真地听，而且还不时地点头，说 OK。然后，我摆好 pose，他准备照。也许是因为他比我高，找不到我所要求的角度，也许是因为什么其他原因，他一会儿把照相机抬高，一会儿把照相机放低；一会儿蹲着，一会儿坐下，甚至做士兵卧倒射击状，摆弄了好半天，才按下了快门。我接过相机看他的作品。非常遗憾，还是没有达到我的要求。我不好再麻烦他了，说了声谢谢就要走。可他问我"OK？"因为我认为不 OK，所以我不能说 OK。这位可爱的黑人年轻人跟我说了一声"对不起"，就让他的一个同伴来为我重照。如此反复了几次，终于达到了我基本满意的程度。我非常真诚地说了好几遍"谢谢"，然后才依依不舍地离开了书店。

在我过去读到的关于美国黑人出版物中，不少都是把美国黑人，尤其是美国黑人青年与贫困、饥饿、绝望，甚至吸毒、强奸、杀人、放火这类令我非常厌恶的词汇联系在一起的。我在美国的时候，也有不少朋友非常善意地劝告我"天黑不要到黑人多的地方去""不要带很多现金，免得被人盯上，特别是被黑人盯上"。但在我横跨美洲大陆的愉快的旅行中，无论是在费城还是在旧金山，无论是在纽约还是在华盛顿，无论是那些可爱的黑人中学生，还是那些敦厚的黑人妇女，以及像汤姆叔叔那样慈祥的黑人老人，对人都很和善，都很愿意帮助陌生人，而不是"不跟陌生人说话"。在美国的旅行中，我从包括黑人在内的美国人当中得到过很多热情、无私和慷慨的帮助。他们都以帮助他人为自己的快乐，都很阳光，都对自己的生活以及别人的生活充满了热爱，尤其是在那些黑人青年身上，我还感觉到了一股蓬勃向上的可贵精神。

据这本书的作者说，按照美国好公民的三条标准——定期上教堂、积极从事志愿者的活动和参加投票——来对黑人青年和白人青年做个比较，数据显示："黑人青年不仅优于白人青年，也完全可以称之为是黑人中的楷模。"对于这种说法，我没有亲眼验证过，但我在美国短暂的经历，使我或多或少地相信这种说法，至少我过去对美国黑人，尤其是对美国黑人青年的那种误解早就烟消云散了。所以当我再次在一些城市的街头徜徉的时候，朋友们对我善意的劝告早就被我忘在脑后了。

当然，必须承认，我去美国只是走马观花，观察虽然是近距离的，但时间是短暂的，认识也是比较肤浅的。但我参与翻译的这本书却印证了我对美国黑人留下的良好印象。至少当我再看到贫困、饥饿、绝望，甚至吸毒、强奸、杀人、放火这类令我非常厌恶的词汇时，首先想到的不是黑人，尤其不是黑人青年。我希望，这本书谈到的"黑人中的楷模"这一"小趋势"能够改变那些没有去过美国，但因受到某些传媒的宣传，对美国黑人，尤其是对黑人青年产生负面看法的人的看法，或者消除那些以前去过美国，但对美国黑人印象不怎么好的人对黑人的误解。

其实在我们的生活中，大多数误解并不是我们直接体验的结果。之所以对一些事物产生了误解，形成了不容易改变的范式和偏好，除了受到外界——包括媒体的宣传、意识形态的灌输，等等——的影响之外，在很大程度上是我们受到了传统观念的束缚，看不到事物的变化，因此对新的事物、新的现象比较隔膜，甚至反感。但世界在变化，人的观念也需要改变，因为只有人的观念改变了，才能获取力量，以适应这个世界的变化，并进一步推动这个世界的变化。写到这里，我想到今年 3 月出版的一期《时代周刊》(TIME) 上的一篇封面文章：《改变世界的 10 个观念》(*10 Ideas that are Changing the World*)。编辑在介绍这篇文章的时候说：观念改变着世界。一种新观念的力量就是转变我们生活和思维方式的发动机。"是啊！同蒸汽机、火车、轮船、飞机、火箭、原子弹、电子计算机这些发明来比较，观念的力量不知道要大出多少倍。观念的力量是怎么估计都不过分的，因为无论什么新的发明，也不管这些新的发明具有多么大的力量，都是人的观念转变的结果。观念改变着我们的生活，观念改变着我们的思维方式，观念的改变使人变得比以往任何时候都要聪明。于是因观念转变而变得聪明起来的人们就会发现正在变化的世界中的无数个"小趋势"，从而发现无限的机会。也许正是作者改变了观念，使他发现了"足球妈妈"、"举足轻重的摇摆选民"和"奋起斗争的非法移民"等"小趋势"，并建议他们的政治家雇主改变竞选战略，从而赢得更多的选民；也许正是因为作者发现不少人改变了对爱情、婚姻、家庭的传统观念，所以他发现了"通勤夫妻"和"LAT 夫妻"以及"高龄奶爸"这样的"小趋势"。而他对这些"小趋势"的详尽描述也许会让商家睁大眼睛，盯着能够使他们发财，甚至发大财的机会。因为对任何商家而言，谁敢对至少有 300 万人口的庞大的客户群视而不见呢？

其实，如果细心的中国读者比照美国的"小趋势"来观察中国当今社会的话，也许能够发现比美国多得多的"小趋势"。因为道理很简单，中国的人口比美国多出 10 亿，尽管 13 亿中国人生活在与美国不同的经济发展阶段，各自的教育程度不同，对外界的敏感度也存在着千差万别，但同样都向往着生活的富足、精神的欢乐。现在的中国人，尤其是中国的青年人渴望进取，渴望实现自己的人生价值。他们不想重复父辈的生活，他们要主宰自己的命运，编织自己的梦想。而随着各种思潮、时尚、机会的涌动，这种欲望的冲动会以各种方式迸发出来，从而使追求目标相同、个人喜好相似、行为方式相近、家庭背景相仿的人形成无数个"小趋势"（只不过在中国，我们称之为"族"）——比如"白领族""打工族""健身族""爱美族""供房族""有车族""丁克族""独身族""啃老族""讨厌跟家长一起住族""舍不得吃，舍不得喝族""有钱不花，死了白搭族"，等等。问题在于政治家能否及时地发现这些"小趋势"，并针对这些"小趋势"制定适当的社会政策，引导积极向上的"小趋势"健康地发展，把那些对社会来说不那么健康的"小趋势"的负面影响降到最小。问题还在于商家能不能对这些"小趋势"进行精细的划分，从而发现自己现成的或潜在的客户群，不仅为自己赚钱，也为别人提供赚钱的机会，而且更重要的是，帮助政府解决令人头疼的就业问题。总之，尽管中国经济不如美国发达，文化也不如美国多元，但中国同样存在着"小趋势"。我们希望读者看完这本书，能够比照大洋彼岸的"小趋势"，举一反三，发现更多的具有中国特色的，而且可能对未来中国社会产生影响的"小趋势"。这就是我们愿意翻译这本书的原因之一。

  本书是集体翻译的成果。刘庸安翻译了序言、第一部分至第四部分的第一、二节；贺和风翻译了第五部分至第十一部分；周艳辉翻译了第十二部分至第十五部分和结束语以及致谢，刘庸安对周艳辉翻译的部分进行了校改。中南民族大学外语学院英语专业05级学生丁昊同学翻译了第四部分的第三、四、五节，贺和风对丁昊同学的译稿进行了校改。全书最后由刘庸安统稿。

  在本书翻译过程中，我们得到了我们的同事许宝友同志的热情帮助，在此，我们对他表示诚挚的谢意。

  最后需要说明的是，本书反映的是美国最新的生活方式、最新的生活习惯、最新的价值观念，而且作者用词考究，语言生动、幽默，极富口语化，要想准确地移译原文的意思，还原作者的文风，对于我们这些不太熟悉美国社会生活，对当代美国英语的发展没有进行过专门研究的人来说，无疑是一种不小的挑战。因此，尽管我们尽心尽力，想努力为读者提供一个一流的译本，但因能力不逮，难免有错译和疏漏之处，敬请方家不吝指正。

译　者

2008 年 8 月

于北京西单西斜街

前 言

1960年，大众汽车公司（Volkswagen）的一则广告震动了整个汽车世界，广告的整个画面只有寥寥几个字：想想小的吧。这是一个革命性的想法——一个在成功就是资本增值和扩大地盘的时代，要求改变想法，降低期望值，缩小规模的号召，就连你在路上开车，也是如此。

在美国正在变成一个世界超级大国，正在成长为一个具有支配地位的经济体，正在为全球市场确定步伐的同时，作为一种反文化现象，大众牌甲壳虫小汽车（Beetle）开了出来——这代表着与20世纪50年代的那种什么东西都追求大的想法完全相反的个性。

美国从有汽车以来就从来不习惯于小汽车。但问问三分之二的美国人，他们就会告诉你他们都是在为小企业工作。美国人只有在首先看到将引起大变化的那些小的、具体的步骤时，他们才愿意做些大的改变。而且，他们还向往着美国小城镇的生活方式。今天，在美国最大的运动中，很多都是小的———般来说，都是大家看不到的，除非是最细心的观察者。

《小趋势》的基础是这样一种理念，即在我们这个社会中正在出现一些最有力的力量，它们是与我们的直观印象相反的一些趋势，这些趋势正在塑造着马上就要出现在我们面前的明天。有那么多人在关注着少男少女的犯罪问题，却很难看到那些与过去完全不同的年轻人正在走来。有那么多人把贫困看成恐怖主义的原因，却很难看到躲在很多袭击背后的正是那些富有的、受过教育的恐怖分子。有那么多人在关注着大的、有组织的宗教，却很难看到发展最快的正是那些新的、小的教派。

个人选择的力量从来都不是很大的，而且这些选择的理由和方式从来都是不难理解的，也是不难分析的。在市场营销或政治选举中，把小作为目标的技巧——找出那些小的、人员密集的亚群体，就他们的个别需求与他们进行交流——从来就没有得到过更多的重视。对待世界的那种千人一面的方法已经行不通了。

30年前，我在哈佛大学拉蒙特图书馆（Harvard's Lamont Library）里看过一本书，这本书的开头写道，"这本小书的观点与通行的观点不同，它是反传统的观点，这个观点是：选民不是傻瓜"。它的作者V.O.小基（V.O. Key, Jr.）得出了一个观点，从那天起，这个观点就一直指导我如何对选民，如何对消费者、公司、政府以及整个世界进行思考。如果你用正确的工具来研究事实，结果就会是，一般的美国人实际上是相当聪明的，他们会做出一些非常理性的选择。

但我差不多每天都听到专家们说，选民和消费者都是受到错误引导的没有头脑的家伙，他们往往根据一条领带的颜色就做出决定。这就是政治家们为什么向告诉他们穿褐色西装或祛除脸上皱纹的顾问们付费的原因。这就是很多商业广告往往讲与产品不相干的故事的原因。候选人和生意人往往不相信重要的事实和结果，他们常常才是傻瓜。我敢打赌，在所有的信息交流中，至少有三分之二的信息因为是只有制造者才懂的文字和图像而被白白浪费掉了。

本书的看法是，30年过去了，V.O.小基的观点不仅仍然站得住脚，而且应该成为理解美国和世界上出现的各种趋势的指导原则。人们对于他们在日常生活中所作出的选择，并不非常复杂，并不具有更多的个性，并不是了解得更多。但正如V.O.小基所说，要发现潜藏在这些选择之下的逻辑模式，就要做认真的科学研究。在面对人们似乎是矛盾的选择时，把它们归结为褐色西装和肉毒素[①]可能要容易得多。

实际上，今天的各种矛盾现象是显而易见的。尽管人们从来没有像现

[①] 肉毒素（Botox）：美国在20世纪80年代发明的一种祛除面部皱纹的美容药品。自发明以来，受到欧美人士的青睐，并风靡世界。当时有专家预测，肉毒素注射除皱将成为"21世纪美容除皱的主要方法"。
※ 本书中脚注均为译者注。

在这样钟情于健康食品,但麦当劳连锁店里巨无霸(Big Mac)的销售额却从来没有下降过。尽管福克斯新闻(Fox News)排名第一,但反战运动的消息却占据着大多数报纸的头版。尽管美国正在变得越来越老,但我们在广告和娱乐节目中所看到的美国在我们心中却永远年轻。尽管人们已经不再像以前那样约会了,但他们却比以前更关心那种更深入和更持久的男女关系了。尽管喝没有添加物的纯净水的人比过去多了,但喝"魔力"等添加了化学物质和咖啡因的能量饮料的人也比以前更多了。

事实上,若干大趋势决定美国和世界发展方式的整个想法,正在逐渐失去说服力。能够裹挟着我们大家一起走的大力量已经不复存在了。相反,美国和世界正在被一些错综复杂的选择拉开了距离,这些选择大量存在于"小趋势"——只涉及百分之一的人口,但正在有力地影响着我们社会的那些小的、雷达都测不到的力量——之中。"小"就是新的"大",这种说法好像没有充分根据。要想真正知道正在发生着什么,我们就得有比肉眼和灵巧的舌头更好的工具。我们需要有相当于高倍望远镜和显微镜那样的东西,用社会学的术语来说,这些东西就是民意测验、调查和统计数据。这些方法可以把要研究的东西切下一小片,把它放在显微镜下,把它放大,更清晰地研究它。与你过去曾想象的相比,你会在这种研究中更清楚地认识你自己、你的朋友、你的委托人、你的客户以及你的竞争对手。

在1996年为克林顿总统工作期间,我发现了一个雷达都测不到的群体,这个群体就是后来人尽皆知的"足球妈妈"(Soccer Moms)。(我很想为这项年轻的足球运动做些事,尽管实际上我要说的不是这件事。这个词专指那些忙于工作和照料孩子的住在郊区的妇女,她们是真正关心总统政策的人。)在那次竞选之前,人们一般都认为政治是由男人支配的,他们的家人投谁的票是由男人决定的。但在1996年,真实的情况却是,大多数男性选民已经对选举拿定了主意。剩下需要影响的人是那些由关心她们的工作和孩子的独立的妈妈们组成的新的组织,她们还没有明确认定哪个政党对她们的家庭会更好些。她们,而不是她们的丈夫,是具有决定作用的摇摆选民。为了把她们争取过来,克林顿总统发起了一场向抚养孩子的母亲伸把手的运动——在学校做吸毒化验、制定防止孩子吸烟的措施、限制媒体上的暴力内容、限制统一校服。这些妈妈们在实际生活中并不需要更多的政府作用，但在孩子们的生活中有那么一点点政府的力量，以便使孩子们守规矩，她们还是很高兴的。

回想起来，一场深刻的政治变革就是因为发现了这么一个小小的趋势而引起的。以前，几乎所有的民主党人都盯着下层的、没有上过大学的工人，特别是盯着制造业部门。但工会会员正在减少，制造业的就业状况不断萎缩，更多的人都要上大学，而且几乎美国所有的选民都把自己称为中产阶级。如果民主党人忽视了这些重要的趋势，他们就会坐失良机。

现在，候选人都热情地盯着"足球妈妈"——尽管有人要他们知道这些趋势是发展很快的，而且"足球妈妈"也向前发展了。现在10年过去了，她们的孩子正在准备上大学，她们当中有很多人都离了婚，她们自己的经济保障已经成为对她们来说与10年前抚养孩子同样大的一个问题。

由于所有的注意力都给了那些妈妈们，所以爸爸们——那些住在郊区、关注家庭、到办公室上班倒成了兼职的爸爸们——却在政治上、广告上和媒体上受到了忽视。在21世纪，爸爸与孩子相处的时间比历史上的任何时期都要长。麦迪逊大街（Madison Avenue）上的广告换了吗？爸爸们是回到学校运动的目标吗？

在未来的营销学中，可能会有一次大转变，这种转变与1996年在民主党政治中所看到的转变不会有什么两样。

通过民意测验发现趋势的技巧是，找到那些正在采取相同行动和追求共同愿望，从一开始就走到一起，或者通过体现他们需要的正确诉求而走到一起的群体。"足球妈妈"存在十几年了，但是，只有把她们看作美国的一个具有巨大影响力的投票群体，她们才能成为一个政治阶层。

今天，在不断变化的生活方式、互联网、交流的小型化以及经济全球化的共同作用下，个人主义被注入了新的含义，而这种富有新意的个人主义正在有力地改变着我们的社会。根据全球化的观点，这个世界也许正在变得更为平坦，但它却住满了60亿个小小的精灵，他们不会乖乖地跟在一群人的后面，听任吆喝。不管他们的选择多么离奇，他们都能找到十万个或更多与自己拥有相同品味或志趣的人。

事实上，如果一种趋势涉及百分之一的人口，就会对电影、畅销书或新的政治运动产生影响。个人选择的力量对政治、宗教、娱乐甚至战争正在发生着越来越大的影响。在今天的大众社会，只要让百分之一的人真心做出与主流人群相反的选择，就足以形成一次能够改变世界的运动。

就以美国的非法移民发生的变化为例。几年以前，他们还是被遗忘的美国居民，躲着日光，躲着当局。而今天，就在他们和他们拥有合法投票权的亲戚们居住的地方，他们举行了政治集会，他们也许会变成新的"足球妈妈"。这些为了打破移民制度的藩篱而奋起斗争的移民，很可能就是下一届总统选举中最重要的选民，他们聚居的西南部各州对大选的结果具有举足轻重的影响，那里将成为新的战场。

在做生意的时候也是如此，因为互联网很容易把人联系在一起。在过去，向分散在全国各地的各种各样的小群体推销某种产品几乎是不可能的。现在，找100万个要品尝你的葡萄酒的人，或者找100万个晚上不能哄他们的孩子睡觉的人，实在是小菜一碟。

选择的力量是特别明显的，因为越来越多的美国人对他们自己的生活做出了决定。比如，美国人口增长率已经下降到0.9%，但家庭的数量却在爆炸。在离婚的人、长期单身的人、寿命很长的人和从来没有结婚的人中间，我们看到作为一家之长的人的数量正在爆炸——在2006年几乎达到1.15亿，而在1980年大约是8000万。包括独身的百分比从1976年的17%上升到2003年的26%。结婚并有孩子的家庭的比例下降了将近25%。

所有这些按照一种单身的、独立的生活方式生活的人正在把美国分成几百个很小的部分。单身的人和家里没有小孩的人，有更多的时间追求他们的兴趣，重新捡起他们的爱好，在网上冲浪，争论政治问题，或者出去看电影。按理说，现在应该没有人再去看电影了——你可以通过互联网下载或用即时付费的办法很快地看到正在上演的电影——但对拥有一个自在的星期六夜晚的人来说，电影是一种很实惠的选择，因为剧场正在涨价，而不是降价。更多的人有了比以前更多的可支配资源（包括金钱、时间和精力）。他们正在调动这些资源，以追求在过去从来没有得到过的个人的满足。因此，我们正在得到一张更加清晰的图画：这些人是谁，他们要什么。而且不管是在处理经济问题、政治问题，还是在处理社会问题时，只要有了这些信息，就可以做出完全不同的决定。

本书说的是美国怎样被分成一小部分一小部分的。为什么不再有一个美国、两个美国、三个美国或八个美国。实际上，是有几百个美国，有几百个小部分，这些小部分是由因共同兴趣而走到一起的人组成的。

一个国家被分成很多个小部分，这种现象不仅发生在美国。在 21 世纪，它是使人民团结在一起变得极为困难的一种全球现象。就在我们想到这一点的时候，幸亏有了互联网，这个世界才不仅能联系在一起，而且能最终在赞成民主、和平和安全的共同价值观周围团结起来，但现在正在发生的恰恰是相反的事情。我们正在以一种创纪录的速度突然爆裂。

我最近去打保龄球，看到一个与非常流行但却是被误导的想法相反的现象，在那里，没有人一个人在玩。事实上，把保龄球扔进球道的人既不是人们常说的那些大腹便便的人，也不是边喝啤酒边玩保龄球的人。实际上，在这里，这一拨人和另一拨人好像没有一点相似之处。在第一条球道上的是一家印度移民，包括爷爷奶奶。在第二条球道上的是带着两个小孩的黑人母亲。在第三条球道上的是 4 个半大的白人孩子，有的刺着文身，有的穿着波罗衫。隔着两条球道，是一对讲西班牙语的男人和女人，他们不时地搂抱在一起相互亲吻，显然是借着打保龄球来约会的。

选择自由的兴起带来的是个性的张扬。个性的张扬带来的是选择权力的扩大。人们的选择越多，就越会把自己融入社会中愈来愈小的一部分中去。

选择的爆炸

1773 年，被波士顿茶会①扔到船外的也许只有一种茶——英国早茶。今天，如果美国人造反，将会有几百种不同的茶被扔进海港，从不带咖啡因的茉莉花茶到摩洛哥薄荷茶，再到泰国的清甜茶。

如果你不从烤薯片、炸薯片、波状薯片、减肥薯片、加盐薯片或调味薯片——调味薯片还分熏味薯片、甜味薯片、葱味薯片和干酪胡椒味薯片——当中挑选，你甚至买不到薯片。

我们生活在一个存在着大量选择的世界。今天，几乎在生活的每一个

---

① 波士顿茶会（Boston Tea Party）：北美殖民地时期马萨诸塞州波士顿居民的一个组织。1773 年这个组织为抗议向英国交纳茶叶税而袭击了抵港的三艘英国船只，把 342 箱茶叶倒入海港。

方面，美国人都有比过去更广泛的选择自由，包括新的工作、新的食品、新的宗教、新的技术，以及新的交流和互动的方式。

在某种意义上，这是星巴克经济（Starbucks economy）战胜了福特经济（Ford economy）。在1900年代初，亨利·福特（Henry Ford）发明了组装线，所以规模消费——千篇一律的消费——才得以出现。几千名工人生产出一辆黑色的汽车，千百次地重复着同一个动作。

今天，像这样的产品没有几样了。（具有讽刺意味的是，在剩下的这几样产品中，有一样是个人电脑，每家的每张书桌上都有一台，从根本上说，这些电脑都是一样的，只是在边边角角上有一些按照顾客要求的设计，但如果你上一家普通的CompUSA①买一台电脑，你的选择余地还没有在超市买菜的选择余地大。）

相反，星巴克是由这样一种理念管理的：人们可以按照自己的意愿选择想要享用的咖啡、牛奶和甜点，选择的余地越大，人们的满意程度就越高。（即便是顾客们的那些简单的选择也是无法预测的，有人不要咖啡因，有人不要脂肪，有人不要糖，也有人无论饮料中是否含有咖啡因、脂肪和糖，都会很高兴地享用。）星巴克是成功的，因为它能够给所有人提供所有口味的咖啡——不用为一套选择优于另一套选择而打赌。

在福特经济中，很多人生产一种千篇一律的批量产品；而在星巴克经济中，几个人生产几千种量身定做的个性化产品。

星巴克模式似乎是占了上风。iPods受到欢迎，不是因为我们可以带着它边走边听音乐——在20世纪80年代，我们就能用随身听做到这一点。它们之所以受到欢迎，是因为它们可以让我们挑选自己喜爱的歌曲。个人技术已经成为个性化的技术，而且现在我们可以在差不多每一个消费领域都能得到我们自己所要求的东西。你甚至可以在不到一个月的时间内得到按照订单制造的汽车——这虽然比得到一张比萨饼的时间要长，但技术所创造出来的业绩仍然令人称奇。

个性化和选择的胜利对喝咖啡的人和买汽车的人来说是很有好处的，但对想要发现趋势的人来说却是一场噩梦。当选择变得越来越精细的时候，

---

① CompUSA：北美一家计算机零售和技术服务商，在世界各地设有零售服务连锁商店。

你肯定会发现，认清选择是如何发生变化的将更加困难。

不过，既要记住恐怖分子，也要知道在美国差不多有30万人购买的畅销汽车是什么牌子。与历史上的其他任何时期都不同，小趋势可以带来大变化。所以，虽然同过去相比，发现趋势更加困难，但发现趋势的工作也更加重要了。

因共同的需求、习惯和偏好而聚集在一起的小组织正在兴起。它们是有力量的，而且它们很难被发现。本书的目的就是对它们进行详细的描述。

数字的力量

最近一些年来，有一些非常不错的书，探讨了美国发展的若干个大的方向。本书的观点恰恰相反，美国正在沿着几百个小的方向发展。这些趋势一旦出现，就会发展得很快。它们是我们伟大力量的组成部分，也是隐约出现的向我们提出挑战的组成部分。

这些小趋势往往是并行不悖的。在美国，有一群显眼的时髦的城市年轻人，就有一群过时的定期去教堂做礼拜的老年人。有一群酷爱新技术的极客[①]，就有一群讨厌技术的人。美国人现在比以前更热衷于节食，但上餐馆吃牛排的人却比以往更多了。政治被分成"红色州"和"蓝色州"这两个极端，但却有更多的选民称他们自己是独立党人。

在我读V.O.小基的那本书后的30年以来，为了发现这些趋势，或发现这些人群的变化和发展，我一直使用最可靠的工具：数字。美国人声称，他们是凭感觉做事的民族——所谓感觉就是指我们笼统地称为"价值观"的那些东西。你不是多次听别人说做事要凭感觉吗？

不过，在大多数情况下，这种劝告是相当糟糕的。如果你要最安全的交通工具，那你就坐飞机，不要走近汽车；如果你要减肥，就要计算卡路里，忘掉越橘汁和亚麻籽；如果你知道怎样去读取数字，数字就几乎总会带你到你要去的地方。

[①] 极客（Geek）：在美国俚语中，这个词是指智力超群、善于钻研技术但不懂与人交往的学者和知识分子。这里是指对计算机和网络等新技术有狂热兴趣并投入大量时间钻研的人。

一般来说，我们喜欢数字——这些日子，最热门的一档电视节目甚至就叫《数字追凶》(Numb3rs)。但我们也害怕数字。部分原因是，我们在数学和科学方面受到的训练要大大少于我们在语言和文学方面受到的训练。作为一个国家，我们怀疑我们不太善于读取数字。读取数字几乎和在公共场合讲话一样，使我们感到害怕。而与此同时，数字也在吸引着我们。

我们当中的很多人对数字持有一种相当怀疑的态度，因为一些总想赶在日程前面的人滥用了数字。你还记得"千年虫"(YZK)恐慌吗？地球上的每一个计算机用户都担心在新千年到来的时候，他们的文档会受到损害。实际上，世界上只有三分之一的计算机对千年虫的错误是敏感的——而且在这些计算机中，也不会真的出现问题。禽流感也是一样，在2005年底，禽流感在世界各地蔓延，但在东南亚所报告的140多起感染禽流感的病例中，只有一半最后死亡。报告者的悲观结论是禽流感的死亡率超过了50%。真的很可怕！但事实上，这些数字所依据的病例样本只是最重的病人。那些被感染上禽流感而没有去医院的人并没有计算在内。我把这些报告数字称为"吓唬人的统计数字"。

我当了30年的调研员，我的工作就是对调查得来的数字去伪存真。在为各种各样的客户——其中包括比尔·克林顿、比尔·盖茨和托尼·布莱尔(Tony Blair)——工作的过程中，我学会了打破根深蒂固的常规偏见，去发现那些有助于应对重大挑战、与直观印象相反的社会趋势。如果你是一个有影响力的领导人，一些巧舌如簧的拥护者每天在你身边喋喋不休，报纸也向你说三道四，你的顾问们还时不时地打岔，在这个时候，做出正确的选择就成了一件困难的事，除非你还掌握着一些要素：数字。我的工作就是听完所有的意见，然后根据这些数字对现实情况提出一种有根据的、用数字说话的看法，以便使领导人在作决定的时候，能够对要决定的事情有一个全面的、真实的了解。在我看来，没有文字的数字是没有意义的数字，同样，没有数字的文字也是没有意义的文字——你需要为文字配以适当的数字，也需要为数字配以适当的文字，以便使有说服力的观点得到通过数字表示出来的现实的支撑。在本书后面的章节中，我们会谈到美国犯罪率上升的问题——一直受到无数论文和理论关注的一个非常困难的问题，这些论文和理论涉及从失业到父母对孩子的放任等方方面面的问题。但当你了解到最近从监狱里释放出来的重罪犯的数字已经增加到每年 65 万人的时候，你马上就会想到在街上会受到一些新的威胁，而且想到应该有一套新的解决方法。

我是调研员，也是策略专家，我的职责就是根据数字帮助客户制定出奇制胜的策略。1996 年，帮助克林顿总统拉"足球妈妈"的选票就是一个例子。2000 年，我帮助马上就要成为参议员的希拉里·克林顿在纽约上州（Upstate New York）拉选票，从历史上说，民主党在那个地区没有多少支持者。我们打破了为公司做广告的惯例，而是让公司把它们的广告分发给年老的选民，而不是年轻的选民。我还为 15 名外国总统选举的获胜者提出过建议，他们的语言，我从来没有听说过，更不用说明白了，但我始终根据数字，而不是根据当地人的偏见向他们提出建议。人们往往因为离形势太近，以致看不见真正的事实——而事实却会带来一种客观的看法，告诉他们实际上正在发生什么。领导人是非常孤独的，他们常常受自己的幕僚左右，只能听当地的记者告诉他们发生了什么。和语言比起来，数字可以减少很多无用功。

记得有一天，我告诉哥伦比亚的新总统，他的人民以压倒多数的比例准备进行一场对付毒品的全面战争。正如大多数人所认为的一样，他们认为国家不能只实现现代化，而对毒品视而不见。总统对这个问题保持沉默——但最后他的参谋长说："马克，你是对的，但我们大家都会被杀死。"那天，他跟我说了数字的局限性，但最终总统和这个国家都决定对大毒枭开战，都决定拿他们的生命去冒险。

本书讲的是数字的力量，也讲数字是如何推动美国和世界的。在表面上，数字好像算不得什么，但一般来说，没有数字支撑的看法往往是不明智的看法。那些有影响力的、与直觉相反的趋势就在我们的面前，只是我们还没有看到而已，它们可以被用来推动一个新的行业，进行一场新的战役，开始一场新的运动，也可以用来作为你的投资战略指南。尽管这些趋势在我们面前正在注视着我们，但实际上，我们却常常看不到它们。

在环境中发现趋势的人

我感到骄傲，因为我是发现趋势的人之一。阿尔温·托夫勒（Alvin Toffler）和约翰·奈斯比特（John Naisbitt）都是当代首屈一指的思想家，前者写过《未来冲击》（Future Shock）等一系列著作，后者写过《大趋势》（Megatrends），他们最先研究了人类行为这个巨大的、正在变化的世界，并试图用事实和数据来理解这个世界。他们弄懂了一件事情：信息时代改变着一切事物。

但信息时代尤其改变的一件事情是观察这些趋势本身的性质。正如我们在本书从头到尾所看到的一样，仅仅根据"大趋势"或普遍的经验，你不可能更多地了解这个世界。在今天这个分裂的社会，如果你要成功地做一些事情，你必须了解只有细心观察才能发现的那些群体，它们正在按照纵横交错的方向迅速而激烈地发展和运动。这就是小趋势。

但当大多数人"发现趋势"的时候，他们所做的事情是完全不同的——这本身就是一种不断发展的趋势。2年、5年或10年后，会有一些别墅销售商和社会学家告诉你你必须知道的10件或15件事。由于这个社会在消费、文化和个性方面正在发生的变化，他们会用更新奇、更漂亮的名字重新定义他们周围的这个世界，完善这个世界。不错，我在本书中也要为一些趋势起些名字。但在本书中，趋势不仅仅是一种"发展"，就像慢慢不使用现金一样。趋势不仅仅是人们做事方式的一种"转变"，就像更多的女人用丈夫的姓氏一样。趋势不仅仅是不断变化的对某一产品或行为的一种"偏好"，就像越来越多的人使用卫星定位系统（GPS）一样。小趋势是一种只有细心观察才能发现的正在成长的群体，他们有目前众多公司、销售商、决策者和其他将影响社会行为的人或机构不能满足的需求。

潜心研究

在《小趋势》中，我们将研究75个群体，他们凭借他们的日常决定，正在打造着今天和明天的美国与世界。虽然一些群体要比另一些群体大，但它们的共同点是，相对来说，它们都是看不见的——不是因为它们的实际人数少，就是因为常规的看法总是看不到它们的潜能，有时候强调的甚至是它们相反的一面。

在一些群体中,你将发现你自己或你的朋友,你的客户或你的选民。一些群体看起来似乎非常遥远,一些群体看起来非常有趣,另一些群体看起来却很可怜。偶尔,我会记录一些截然相反的趋势。这些趋势加在一起,构成了一幅关于美国和世界的印象派图画。

最后,我们往后退一步,看看这幅画。不用再往上画什么了。现在,美国和世界是由很多微小的点组成的一个集合体,这些点需要一个一个地进行考察。我们最后将看到浮现出来的画面是什么,它对我们的未来意味着什么。

 第一部分
爱情、性与男女关系

性比例失调的单身男女

也许没有哪种感觉比被忽视更加令人感到难受。每个人都记得没有被选入运动队，或者被排除在朋友晚上外出小聚之外，或者只有自己一个人没有被邀请参加婚礼是什么滋味。当然，最让人生气的是不公平——为什么是我呢？我是一个不错的球手，是一个忠实的朋友，是一个合群的客人——但我却被忽视了。

在今天的世界中，越来越多的女人发现她们正在受到婚姻的忽视。一些女人故意逃避婚姻，另一些女人则在约会网站上频频填写自己的资料，但实际上结果往往是令她们失望的。很多女人都自己责备自己，怀疑自己做错了什么。

实际情况是，那些没有几个异性恋男人对其动心的单身女人并没有做错什么。150年前，在西大荒①没有多少女人，所以他们不得不从别的地方引进新娘。今天，我们的问题正好相反。非同性恋的男人少，而非同性恋的女人却多，所以，让人没有想到的是，女人被拖进一场随音乐抢椅子的游戏②——在这场游戏中，至少有3%的女人被晾在了一边。

1994年，全美舆论调查中心（National Opinion Research Center）关于"性的社会组织"的一份研究发现，9%的男人和4%的女人承认他们在青

---

① 西大荒（Wild West）：指美国拓荒时期的西部地区。
② 参加这种游戏的人比椅子多一个。游戏开始后，参加游戏的人随着音乐围绕椅子绕圈走，音乐停止时未抢到椅子的人将被淘汰，然后减少一把椅子，重新开始一轮游戏，直到最后只有一人抢到最后一把椅子。

春期以后有过某种同性恋性行为。哈佛大学公共卫生学院（Harvard School of Public Health）的一个小组所做的另一项研究报告说，有6.2%的男人和3.6%的女人承认，他们在过去的3年里有一个同性性伙伴。第三份研究报告说，在至少有一次同性恋经历的人当中，有9%的男人和5%的女人承认这些经历可以被说成是"经常性的"或"正在进行中的"。

这些研究表明，不管同性恋者的实际人数有多少，在美国，男性同性恋者和女性同性恋者的比率大约是2∶1。这些数字说明，在美国异性恋者随音乐抢椅子的游戏停止时，被晾在一边的都是女性。

这种情况意味着，在美国第一次出现了这样的情况：更多的单身女性可能要永远单身生活下去。

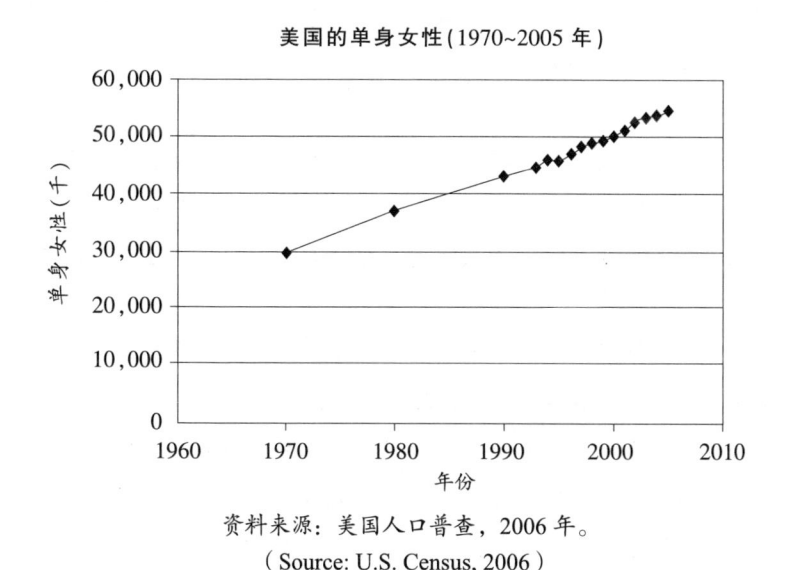

美国的单身女性（1970~2005年）

资料来源：美国人口普查，2006年。
（Source: U.S. Census, 2006）

这里的数字是怎么出来的呢？

在婴儿出生时，女孩具有相当大的优势。每年出生的男孩要比女孩多9万人，这确定了有利于女孩的约会比率。但到这些孩子长到18岁的时候，性别比例发生了相反的变化，男女比例倒了过来，女孩和男孩的比例是51∶49，因为在青春期死去的男孩多于女孩。（研究人员把这种现象称为"睾丸素风暴"，这导致有较多的男孩死于车祸、自杀和溺水。）

尽管从社会的角度说，这对异性恋的女人还不算太糟糕，但男性同性恋加剧了这种情况的恶化。（根据专家的说法和调查结果，）我们假定美国大约有5%的成年人是同性恋者，那么在美国就有750万名男性同性恋者和350万名女性同性恋者。如果你从已经不平衡的男女总人数中减去同性恋者的数字，你得到的数字就是有1.09亿非同性恋的女性和0.98亿非同性恋的男性——非同性恋的女性与男性的比例是53∶47。

对黑人女性来说，情况更加糟糕。把黑人同性恋放在一边（实际上，这个因素并不能改变成年黑人的性别比例，因为成年黑人的数量相对较少），由于十几岁的黑人男孩死亡率比较高，在成年黑人中，女性和男性的比例一开始是56∶44。后来，由于黑人男性被监禁的比例相对比较高——每10万名黑人男性中就有4700人，而每10万黑人女性中只有347人，这个比例变成了57∶43。在黑人男女比例失调这一现象中，最突出的是黑人男女接受大学教育的人数比例失调，因此，很多黑人女性，特别是比较成功的黑人女性是单身就不令人感到奇怪了。

与男同性恋者相比，女同性恋者可能更不愿意暴露自己是同性恋——当然，通俗小报经常披露一些女性公共人物是同性恋者。另一方面，研究似乎表明，即使女性有过同性恋经历，她们也很少把它当成她们固定的生活方式。

我们大家都知道，一般来说，同女人相比，男人会早死4年，所以寡妇总是多于鳏夫。但显然，性别比例失调出现得太早——在男女约会的时候就出现了——是因为人们没有充分认识到这样一个事实，即女性往往会因为一些从统计学意义上说超出她们自己控制能力的事情而责备自己。

单身男女的比例所产生的影响是显而易见的。2005年，单身女性是第二大购房群体，仅次于已婚男女。那一年，她们买了150万套房子，是单身男性购房数的两倍。尽管这种情况在50年前从来没有听说过，但美国女人现在一般都在买房子，就是说，在她们买嫁妆和成家之前先购置房产。

由于单身女性人数的上升，一个相关的趋势是，在没有配偶的情况下自愿抚养或收养孩子的女性——单身母亲——人数也在上升。在20世纪90年代初，当电视喜剧人物墨菲·布朗（Murphy Brown）决定在没有丈夫的情况下要一个孩子的时候，这对于副总统丹·奎尔（Dan Quayle）来说仍然是很超前的，他在到那时为止的那次最著名的讲话中，狠狠地训了她一顿（这也许是一位副总统唯一一次在辩论中对一个虚构的人物产生兴趣）。但在那个时候，在美国，像这样的女性只有 5 万人，而现在估计是那时的 3 倍。

这种对非同性恋女性不利的男女比例在某些方面可能会使女性灰心丧气，但也促使她们在其他地方表现得出类拔萃。正如我们将要在与能说会道的女人有关的趋势中看到的一样，在诸如法律、公共关系和新闻等领域，年轻女性的数量超过了男性。在 2004 年的总统选举中，女性和男性的投票比例是 54∶46。在大学中，女性和男性的比例大约是 57∶43。

当然，由于单身男女的比例失调，最大的受益者就是非同性恋的男性，坦率地说，这些男人的感觉从来没有这么好过。上大学的时候对男人不屑一顾的女人们，在 8 年或 10 年以后开始注意到，现在的男人比过去明显少了。那些有固定工作的秃头家伙，以及那些相当不错的未来父亲突然开始走俏了。

另外，这种现象也有更多的商业和政治含义。住宅维护和修缮以及家庭保安公司有一个专门为单身女人服务的巨大市场。就在不久之前，美林证券公司（Merrill Lynch）意识到在单身女性的投资和养老金背后的巨大潜力，准备改变自己的商标标识——把那头饱含睾丸素的公牛改成比较优美的什么东西！

如果女人实际上像要房子那样要丈夫，那么有一天，我们会不会有邮购丈夫——就像我们曾经向西大荒输送新娘一样向特伦顿（Trenton）和塔斯卡卢萨（Tuscaloosa）输送丈夫呢？

如果女人不要丈夫——这种情况并不好——但仍然要孩子，那么就会对精子捐赠有一个几乎是没有限制的市场，这样就需要制定所有经济和伦理方面的规定。

历史学家们已经充分证明，一个有太多没有老婆的男人的社会将导致战争。那么一个有太多没有丈夫的女人的社会能带来和平吗？

"美洲狮"
——和比自己年轻的男人约会的女人

大众文化的每一时代都会重现那些年龄大的女人和比自己年轻的男人之间的一些令人兴奋的事情。在 1967 年的《毕业生》(*The Graduate*) 中，世故女人安妮·班克罗夫特（Anne Bancroft）（名门望族西蒙［Simon］和加芬克［Garfunkel］的罗宾逊夫人［Mrs.Robinson］）勾引天真的达斯廷·霍夫曼（Dustin Hoffman）。1996 年出版的《当老牛碰上嫩草》(*How Stella Got Her Groove Back*)，是特里·麦克米兰（Terry McMillan）的一部畅销小说，写的是一个成功的股票经纪人的母亲意外地找到与一个年轻的牙买加岛民的浪漫爱情。在 2003 年的《爱是给予》(*Something's Gotta Give*) 中，50 多岁的黛安娜·基顿（Diane Keaton）（在选定杰克·尼科尔森［Jack Nicholson］之前）和 30 多岁的基努·里维斯（Keanu Reeves）约会。

不过，这些开始是丑闻，后来却引起人们好奇心的事情，现在已经相当平常了。

老男人金屋藏娇是一种自古就有的现象。"下流的老头儿"是一种相当普遍的说法。但目前在美国，随着在财富和性爱方面独立性的提高，女人们也对与比自己年轻的男人约会越来越感兴趣。根据美国退休人员协会（AARP）所做的一项研究，在 40 岁到 69 岁的女人中，有三分之一的人正在与比她们年轻的男人约会，在这些男人中，大约有四分之一的人比这些女人年轻 10 岁或更多。

尽管美国人口普查局（U.S. Census Bureau）对 1997 年到 2003 年的这

类男女约会的统计不尽相同，但数量显然是在增加：1997 年，在美国，女人大男人至少 10 岁的夫妇不到 50 万。到了 2003 年，女人大男人至少 6 岁的夫妇将近 300 万。

在 2002 年到 2005 年之间，在线约会服务商 Match.com 说，在他们的数据库中，愿意与比自己小 10 岁或更多的男人约会的女人的比例翻了将近一番。

也许，这是因为不仅在好莱坞，就是在现实生活中，女人与比自己年轻的男人在一起也成了一种时尚。在《三军统帅》(Commander in Chief)中扮演国家第一位女性总统的女性，51 岁的吉娜·戴维斯（Geena Davis）嫁给了 35 岁的雷扎·加拉希（Reza Jarrahy）。60 岁的苏珊·萨拉兰顿（Susan Sarandon）与 48 岁的蒂姆·罗宾斯（Tim Robbins）有了孩子。麦当娜（Madonna）快 50 岁了，而她的丈夫盖伊·里奇（Guy Ritchie）才 39 岁。

这一趋势的明显证据是，现在对那些与比自己年轻很多的男人约会的女人有了一个专有名词：美洲狮。根据《多伦多太阳报》(Toronto Sun) 两性专栏作家和《美洲狮：和比自己年轻的男人约会的女人指南》(Cougars:

女比男大得多的夫妇（1997~2003 年）

资料来源：《匹兹堡邮报》，2005 年，转引自美国人口普查数据。
（Source: *Pittsburgh Post-Gazette*, 2005, citing U.S. Census data）

A Guide for Older Women Dating Younger Men）一书的作者瓦莱丽·吉布森（Valerie Gibson）的说法，这个词开始出现在加拿大不列颠哥伦比亚省的温哥华，用来贬低那些上酒吧，到打烊的时候就跟留在酒吧的一个随便什么男人回家的老女人。但在最近一些年，这个词变成了一个比较正面的词——指那些知道自己要哪种男人的单身老女人。她们有钱，有信心得到自己想要的那种男人，她们不会受到要孩子的愿望和白色警戒栏杆的限制。

另外，到目前为止，至少有6家网站致力于"美洲狮"的约会，登录这些网站的人会得到杯子和T恤。2003年，欧普拉（Oprah）探讨了"和比自己年轻的男人约会的女人"的问题。在非常流行的《欲望都市》（*Sex and the City*）中，40多岁的萨曼莎·琼斯（Samantha Jones）与"玩具男孩"史密斯·杰罗德（Smith Jerrod）约会的时间比她在6个演出季中与任何一个人约会的时间都要长。20世纪90年代因出演电视喜剧《天才保姆》（*The Nanny*）而一举成名的电视明星弗兰·德雷舍尔（Fran Drescher），2005年又推出一出新戏，叫作《家有老辣椒》（*Living with Fran*），讲的是一个有两个孩子的母亲爱上一个只有她一半年龄的男人的故事——显然，这出戏是根据她自己真实的生活经历拍摄的。VH1台播出的《保持》（*Kept*）是一个真实的故事，说的是一群20多岁的男人在一年内竞相追求米克·贾格尔（Mick Jagger）的前妻，50多岁的杰里·霍尔（Jerry Hall）。所有这些娱乐节目中的故事都反映了现实生活中的一种趋势。

有一些因素引发了"美洲狮"的增长。高离婚率，以及较长时间的单身生活，意味着女人更可能重新进入约会市场。事实上，根据美国退休人员协会在2004年所做的一项调查，在"高龄离婚者"——在40多岁、50多岁或60多岁离婚的人——当中，有66%是由女人而不是由男人提出来的。女人在职场上的成功意味着一些女人要的是一个在事业上不太顺利的男人——以至如果她需要，他就能来，或许意味着他们将成为她们的孩子的主要看护人。（当然，这些男人渴望这种安排已经好多年了。）

不过根据瓦莱丽·吉布森的说法，这全是因为性。女人的性高峰期与比自己年轻的男人的性高峰期更加吻合。不管是求婚遭到拒绝，还是经历过一次不成功的婚姻，年龄大的女人寻找的是更轻松和更轻浮的东西，在女人40多岁或50多岁的时候，吉布森说，性对于女人来说是消遣，而不是生儿育女。

当然，除非她想要孩子。在 2004 年，有 10 多万名年龄在 40~44 岁之间的妇女生育，比 10 年前增加了 63%。有 5000 多名年龄在 45~49 岁之间的妇女也生了孩子——比 10 年前增加了 129%。所以，"美洲狮"也是各种各样的。

这种关系对男人意味着什么呢？

显然，他们喜欢大龄女人的自信、性经验，而且一般不要求男人有所承诺。与几十年前不同的是，由于想什么时候整容就可以在什么时候做美容手术，想什么时候健身就可以在什么时候做运动，大龄女人现在每天看起来都比过去年轻。

结果，在 Match.com 上的男人也对比自己大的女人产生了兴趣。在 2002 年到 2005 年之间，对与比自己大 5 岁或更多的女人约会感兴趣的男人增加了 44%，那些对比自己大 10 岁或更多的女人感兴趣的男人则翻了一番。

美国的"美洲狮"会把我们带到什么地方去呢？在一种意义上，"美洲狮"意味着年纪大的男人要留神比自己年轻的男人，因为在这个时代，年轻的男人也可能频频与这些女人约会。也许在这方面，约会的规则是完全平等的。

另一方面，由于公开的同性恋男人越来越多，单身女人有的是时间，现在她们的老姐们，甚至老妈们又成了她们新的竞争对手。（母亲和女儿为了同一个男人而关系紧张，这是《毕业生》和《爱是给予》隐含的话题。）

但对那些由于事业上的成功而更具性魅力的人来说，今天的"美洲狮"是自然本能的结果。过去男人用金钱才能得到的东西，如今拥有权力和成就（或者一份丰厚的遗产）的女人也能得到。亿万富翁们需要提防觊觎自己财产的女人，让她们用自己的时间来换取金钱，同样，现在的"美洲狮"们也需要提防那些找地方躲避风雨的年轻男人。她们也可以用侦察设备看看她们年轻的男朋友和配偶准备干什么；而且她们也担心：如果年纪大的那个人生病了，或只是到了晚年没有了做爱的兴趣，年轻的伴侣会留在她们身边吗？

"美洲狮"也需要一个组织。对于什么样的男人可以寻找，什么样的男人需要躲避，她们也需要指导。她们需要关于未婚夫、性和承诺的新的约

第一部分 爱情、性与男女关系

会规则，而且对于如何处理父母、兄弟姐妹、前夫、朋友特别是孩子的反应，她们也需要姐妹般的劝告。她们需要合适的休假地点。她们甚至需要一张来得及时的生日贺卡。在你的家庭里或许没有"美洲狮"，但你可以问问周围的人，或者观察几分钟在人来人往的大街上忙碌的人们，你很快就能在人群中发现她们。她们坚持自己的生活方式，而这对于她们是什么人，她们在想些什么都是非常重要的。并且，她们的人数正在接近那魔术般的1%。具有1%的统计意义，就可以使她们成为一种小趋势，成为政治家、电影制作人、牧师和生意人感兴趣的市场。

罗宾逊夫人[①]将为此感到骄傲。

---

① 罗宾逊夫人（Mrs. Robinson）：美国电影《毕业生》中的女主人公，她与刚毕业的大学生本杰明·布莱多克多次上床，最后却发现布莱多克正与自己十几岁的女儿在谈恋爱。

办公室里的恋人

如果有一件事情是你母亲（或你的监护人，或既在你的爱情生活、也在你的职业生活中为你打气的好朋友）也许警告过你的，那就是不要在工作时间约会，否则，你将会遭遇令人心碎的痛苦。你将不会专注于提高自己的专业技能；你将会惹上性骚扰的官司；你在工作中就会分心；你的情感也不会得到应有的寄托。客气的劝告是：不要把工作和找对象搅在一起。

但是，苍穹调查公司（Vault）（"职场信息领域最受信任的名字"）2006年对雇员调查的数据表明，2003年的时候，美国有47%的雇员发生过办公室恋情，现在这个比例上升到了将近60%。就是在42%没有发生过办公室恋情的雇员中，也有9%的人说，他们希望能遇到那种事。

尽管很多办公室恋人会竭力掩饰自己的恋情，但这样的事几乎人人都知道：43%的雇员说，在他们的工作场所正在发生着办公室恋情，而另有38%的人说，在他们的办公室里可能有这类事情。（对很多人来说，发现这种事情并不难：在另一家机构Hotjobs所做的调查中，有44%接受调查的人说，他们实际上在上班时间就撞到过正在"谈情说爱"的同事。）但问题的实质是：没有人真正在乎这种事。75%的雇员认为，同事之间的恋情和性关系——至少如果他们是匹配的一对的话——是完全可以理解的。

为什么办公室恋情来得如此汹涌呢？从长期看，这当然是因为工作场所中的男人和女人越来越平等了，男女之间的差距在过去几十年中一直不断地缩小。

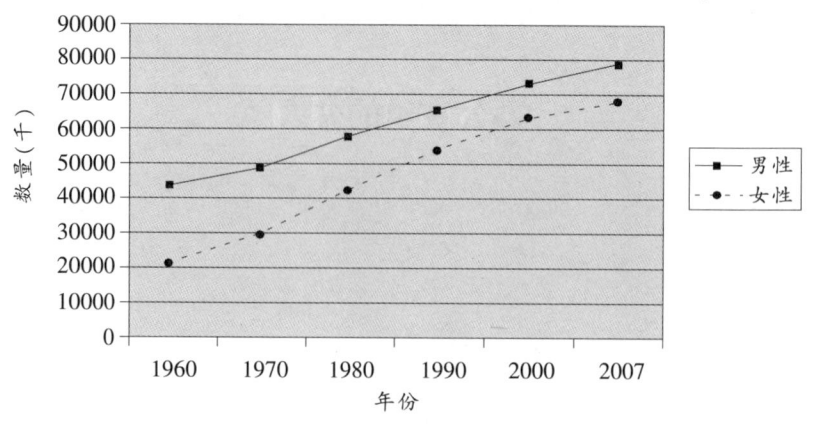

不断缩小的差距：美国男性和女性的就业人数（1960~2007年）

资料来源：美国劳工统计局，2007年。
（Source: U.S. Bureau of Labor Statistics, 2007）

　　从短期看，这种现象不能不说与单身上班族的兴起有关。现在职场上的单身上班族比过去任何时候都要多（自1995年以来，上升了22%），而且年龄在25岁到34岁的单身上班族，每周工作的时间要比过去长——自1970年以来，增加了大约8%。（所以，他们能在另外的地方找到恋情吗？）

　　当然，一些已婚者也参与了这类行动。苍穹调查公司的调查发现，50%的雇员知道一个已婚的同事与某人在办公室有那种事。

　　毫不奇怪，男人在工作中比女人更喜欢调情（根据一项调查，喜欢在办公室调情的男人占66%，而女人则占52%）；而且有多达45%的男人说，他们曾经在办公室与旁人有过肌肤之亲，而说有过这种浪漫经历的女人只有35%。后一组数字的差异不是意味着女人往往不是跟一个男人在办公室里偷欢，就是意味着男人更喜欢吹嘘，或者意味着在发生这种事情之后，调走的往往更多是女人，再不就是意味着发生这种事情的男人，有一些是同性恋者。我认为底线是这样的：办公室已经成了21世纪单身男女的酒吧，饮料是新型的杜松子酒，而衬托音乐则是新俱乐部里那种有节奏的敲打声。

　　显然，同其他工作场所相比，一些工作场所更容易引发办公室里的男女肌肤之亲。苍穹调查公司的调查发现，最容易在办公室里引发男女肌肤之亲的行业是传媒业和娱乐业，随后是广告业、营销业和咨询业。（主要由男人统治的金融和技术领域是最不会引起这种放纵行为的领域。)我是一家公共关系公司的首席执行官和一家咨询公司的总裁,我骄傲地说,我们就有几桩在办公室里成就的婚姻,而这些婚姻就是从办公室里的浪漫故事开始的,所以有很多好事就是从这里来的——现在男人和女人在工作场所拥有更多的平等,可以在工作中找到具有相同技能和兴趣的人。

把办公室里的浪漫恋情培育成天长地久的爱情的,并不是我们一家。在2006年人力资源管理协会(Society for Human Resource Management)的一项研究报告中,有超过60%接受访问的人力资源管理者说,他们办公室里的浪漫故事的最后结果是婚姻。我可以从个人的经验证实,同事结为夫妻是一种丰厚的收获——他们对我们的工作都有激情;如果在家里有了危机,他们可以互相支持;而且他们甚至在下班的时间也能为公司产生效益,因为他们甚至在给孩子洗澡的时候,也在讨论如何应对工作的挑战(他们就是这样告诉我的)。

工作和爱情融为一体并不是新鲜事。从农业社会开始,妈妈们和爸爸们就肩并肩地一起干活;在商业社会中,妈妈们和爸爸们又肩并肩地一起做生意。实际上,已婚夫妇在美国商界占了很大部分,超过120万对夫妻搭档在管理着公司。另外,在美国人心中,对于在一起工作的夫妻(从乔治·伯恩斯[George Burns]和格雷西·艾伦[Gracie Allen]到索尼[Sonny]和雪儿[Cher]),以及结成夫妻档的合伙人(从斯宾塞·特雷西[Spencer Tracy]和凯瑟琳·赫本[Katharine Hepburn]到布拉德·皮特[Brad Pitt]和安吉丽娜·朱莉[Angelina Jolie]),总是有一种特殊的位置。没有著名的流行歌曲夫妻搭档(从约翰尼·卡什[Johnny Cash]和琼·卡特[June Carter]到碧昂斯·诺里斯[Beyonce Knowles]和杰伊-Z[Jay-Z])哪里还有音乐呢?(没有邦尼[Bonnie]和克莱德[Clyde],哪里还有犯罪呢?)

当然,在工作中发生风流韵事也不是新鲜事,"老板和他的秘书"亲昵嬉戏一直是20世纪的老生常谈。但现在的区别是,结成夫妻的雇员(合伙人)和在一起工作的夫妻,不只是在比好莱坞更大的生活场景中出现,在夫妻店中出现——尽管这些夫妻店也正在按照一种破纪录的速度发展——而且也在大中型公司中出现,这就需要一些新的规则。根据苍穹调查公司的调查,在5家公司中只有一家有关于男女雇员在办公室里谈情说爱的规定。因为这关系到侵犯雇员隐私的问题，所以大多数公司都不愿意做太多的规定，也许只敢禁止上级跟下级发生男女关系，或者只敢逐步提高他们对性烦恼的警告程度。（沃尔玛的政策是相当具有侵犯性的，正如你在2007年看到的一样。在公司内部，调研员发现两名高层营销经理——一名职位较高，一名职位较低——有了那种事的证据之后，公司就把他俩全都解雇了——这件事情引起了一场公关风暴，最后把这两个人言词亲密的电子邮件公布在公司网站首页上才算了事。）

但是，这些政策够用吗？卷入爱情故事的平等的同事包括上司吗？是包括一个项目中的上司，还是包括办公室中的上司？如果谈得一帆风顺，也许皆大欢喜——但如果爱情变了味，他们当中的一方就可能会报复。

和客户或卖主坠入情网怎么办？和竞争对手的雇员——特别是如果你的雇员是低级雇员，而竞争对手的雇员是高级雇员——发生恋情怎么办？那是一种见不得人的竞争优势吗？

此外，由于越来越多的男女关系在办公室里发生，更多的放纵行为出现了问题，所以确实到了重温关于亲属就业的劳动规章、习惯和支持系统的时候了。目前在美国，没有关于禁止雇用亲属的统一法律，但据估计，40%的公司在它们的公司手册上仍然有关于禁止"裙带关系"的规定——20世纪50年代以来制定的旨在防止白人男性雇主雇用他们不合格的亲属的一整套规定。（"裙带关系"这个词实际上来源于"表亲"这个词。）确实，防止不合格的表亲染指公司的资源，仍然是一个好主意。但难道我们也想拿那些结成夫妻——因而突然违反公司关于配偶在同一家公司就业的规定——的同事的工作冒险吗？我们不是说如果不是非常合适的同事，就不鼓励他们结婚吗？在2006年，当国会试图通过一项禁止法律制定人的配偶在国会山游说的禁令，并把它作为道德整肃的一部分时，一些人抱怨说，这个问题以及由此引起的混乱，不是让我们在道德感和家庭感之间发生冲突吗？政治能产生不少陌生的枕边人，对这种陈旧的说法，也许已经有了新的含义。

显然，在每个层面都存在着大量摆不到桌面上的人力资源需求。在一起工作的夫妻要受到审查并得到赔偿，而其他人则不会受到这种对待。但另一方面，如果夫妻当中有一方被解雇了，他们也会对此心存感谢，因为公司就会想尽办法留住另一方。从雇主方面说，老板需要某种保证，如果在一起工作的一对分手了，他们不能因此而离开公司，特别是不能占用同事的时间，要求他们支持某一方。至于同事，他们也需要有某种保证，即在决定提升、奖励或其他补偿的时候，正好要与决策者结婚的同事不能受到优待。也许，新的工作场所的政策不太关注表亲，而是更多地关注丈夫和妻子，所以这种政策应该叫作关于"婚姻关系"的政策。

除了正式工作场所的政策以外，办公室恋人们和已经结为夫妻的同事还需要有一个组织，以便后来的效仿者们能够分享他们的经验。男女隐情被公开或一对男女分了手，处理这种事情的最好办法是什么？工作场所的争执或竞争带到了家里怎么办？两个人选择的医疗保险不一样怎么办？两口子一起休假怎么办？夫妻在办公室里交欢，会不会两个人都受到羞辱？

在所有工作场所中，我们不妨先看看大学。由于女博士的人数像火箭一样上升——从1966年大约8000人到2002年超过20000人——共同从事学术活动的夫妻的人数也在急剧增加。所以，几十年来大学一直一个劲儿地想办法，不但允许，而且还鼓励男女双双取得学位候选人的资格。由于这种情况可能会成为未来的一股潮流，所以其他雇主也许会留意。

最后，夫妻本身也需要重新评估"把所有的鸡蛋放在一个篮子里"这句谚语意味着什么。由于人的寿命越来越长，所以可以毫不夸张地说，一对在一起工作的夫妻在50年或60年中，每天24小时都得在一起。我知道，对有些人来说，这是非常愉快的。但对另一些人来说，这也许有点太亲密了。

这是与过去由男性支配的办公环境完全不同的新的工作场所，在过去的办公环境中，性骚扰是首当其冲的问题。现在权力结构正在发生变化，社会结构也在发生变化，但性骚扰仍然是一个严重的问题。或许我们可以期待这样一个时代，在这个时代，不管男女担任什么样的行政职位，他们之间的社会关系是真正平等的，而这样一种关系是我们在工作和社会生活中的一种推动力。

与此同时，由于工作场所出现了这些变化，你也许比过去更容易撞见正在搂搂抱抱的同事，或者在吃午饭的时候更容易看到正在卿卿我我的同事。两个人一边喝着清凉的饮料，一边亲热地窃窃私语。或者是，两个人在下午做工作陈述之前，偷偷溜出去亲热一会儿。

通勤夫妻

2006年5月,《纽约时报》头版刊登了比尔和希拉里的一张彩色照片,占了整整一大版,照片的标题是"克林顿夫妇:优美的舞步和公开的生活"。读者一看到这张照片,就想知道关于美国这桩最值得关注的婚姻的一些新的闪亮的细节。

这对夫妇的故事是非常引人注目的——尽管从传言或政治的观点来说,不是如此。他们的故事之所以引人注目,是因为前总统比尔·克林顿和参议员希拉里·罗德姆·克林顿的生活方式——两种职业、两套房子,一个月有14天互相见面,每3个周末一起出去旅行2次——正在成为越来越多的已婚美国人的生活方式。这种婚姻被称为"通勤婚姻"(commuter marriage),不过克林顿夫妇绝不是孤单的——有超过350万人正在这样做。

1990年,估计美国有170万已经结婚的人由于各种原因而与配偶分居。15年后,这个数字翻了一番还多。

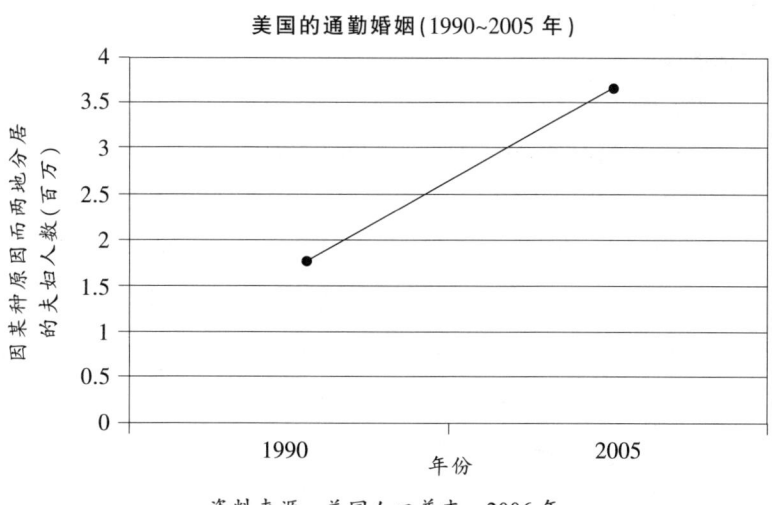

美国的通勤婚姻（1990~2005 年）

资料来源：美国人口普查，2006 年。
（Source: U.S. Census, 2006）

每个人都开始采取"一人一屋"的生活方式是不是有点过分？

真实情况是，在我们的文化中，通勤婚姻的比例一直是很大的。美国第一位驻法国大使本·富兰克林（Ben Tranklin）就是其中之———他就常常不回家。从源头上说，美国的一些最重要的工作就要求他们这样做。在部队调动期间，现役军人就得离开他们的配偶和孩子一段时间。像希拉里这样的美国参议院议员，以及某些离首府很远的州议会议员，一般都在工作地点附近的公寓内有一张床，而且只有在周末才回家。（还有个别美国国会议员像大学新生一样，住在国会山的集体公寓中。）

但有越来越多的普通的人——不只是军人和公务员——正在和他们的配偶分居。他们几乎全部都是双方都有工作的夫妇，他们不能也不愿意仅仅因为一方不得不在另一个地方工作，或攻读学位，就放弃自己的职业生活。50 年前，这样一种决定是不可想象的。女人挣钱太少，让女人单独在外生活对男人来说是非常耻辱的事情，而且旅行也是很花钱的，以至于如果丈夫不得不迁移到异地，妻子总是跟着一起去。但现在，女人挣钱多了，几乎有 30% 的美国家庭是一个人生活，而且航空旅行相对来说比较便宜——通勤婚姻只是双方都挣钱的夫妻解决他们的工作和生活问题的很多方法中的一种。顺便说一下，这种方法不只适用于年轻人和刚开始工作的人。根据美国退休人员协会的专家的说法，从2001年到2005年，分居的50岁以上的已婚者人数翻了两倍。

一方面，很多美国人通过家里的计算机终端远距离地工作，这样就可以有更多的时间与他们的家人在一起；但另一方面，通勤夫妻正在做着相反的事情。他们人在工作的地方，但却用技术与他们的家人保持着联系。所以，关于新的流动雇员的文章写得多，对他们的关注也不少，但新的流动夫妻却没有受到多少注意，因为他们虽然离得远，却可以通过技术经常保持联系。而且夫妻双方通过他们手机中的卫星定位芯片，很快就可以追踪到对方，所以他们总是能够找到他们所爱的那个人在什么地方。

这种通勤婚姻有危险吗？根据长距离男女关系研究中心（LDRs）的研究结果来看，通勤夫妻并不比住在一个地方的夫妻更容易分手。该中心主任格雷戈里·古德纳博士（Dr. Gregory Guldner）说，通勤夫妻通常不太会对他们的关系感到不满足，也不太会欺骗对方。古德纳博士说，只要夫妻双方找到随时分享快乐、分担痛苦的方法，找到讨论重要问题的方法，就是说，"学会处理远距离性关系的技巧"，通勤夫妻之间的关系就会和任何夫妻关系一样，牢固可靠。

通勤夫妻对美国意味着什么呢？在政治层面上，你突然有了更多的"属于"两个州的人。这使关于投票、税收和学校录取的规则变得复杂了，因为所有这些都是以居住地为基础的。此外，还出现了不少的市场机会，包括理财计划、通讯、旅行以及特殊事情的策划，等等。在分开成为家常便饭的时候，两个人的相聚就有了特殊的含义。这些婚姻为什么看起来还不错的一个原因也许是，实际上，人们是相互欣赏对方对通勤婚姻的容忍态度——而且聚在一起的那种特殊感觉往往是新鲜的，而这种感觉在成天泡在一所屋子里的婚姻中是最容易失去的。另外，他们可以拥有那些一般婚姻所没有的某种程度的空间和隐私——在一个离婚是正常的世界中，这种空间也许正是给这些婚姻带来一个平等的或更好的成功机会的减压阀。

通勤夫妻对工作场所也产生了影响。你也许认为在两个地方来回跑的人不会是一名忠诚的雇员，因为他们不是在星期五下午第一个跑回去与远处的情人团聚过周末的人，就是在办公室里最爱发脾气的人，因为他们因配偶和孩子不在身边而感到很孤独。

但真实情况却是,通勤夫妻在雇主所在的城市时,也许比那些家人在身边的人或忙碌的单身男女少分一些心。实际上,和他们的同事比起来,他们更能把一周5天的工作时间全都贡献给他们的雇主,如果周末不回家,他们甚至可以一周工作7天!所以不管怎么说,在变换工作成为家常便饭的时代,大多数招人喜欢的雇员可能看起来都是爱跳槽的雇员——他们不会依附于某家公司,也不会在某家公司干一辈子——除了每月周末和假期才聚在一起的夫妻。

不管怎么说,不论是丈夫还是妻子,总得有一方跑来跑去,所以大多数通勤夫妻不会永远这样跑来跑去。既然人们现在每2年到4年就换一次工作,那么机会就在于大多数通勤夫妻在他们团聚之前,能把那种状态持续多久。但是,既然有这么多工作变化,既然有这么多双方都有工作的夫妻,那么机会就在于,至少在未来的几年,像通勤夫妻这样跑来跑去——至少对他们的部分生活来说是如此——的人数会像火箭冲天一样地上升。所以要为现代生活的另一些新的条件做好准备。

国际画面

处在通勤婚姻中的350万美国人不是孤单的。

在这个工业化世界的每一个地方,国外的工作机会——以及双方都有工作的夫妻的人数——都在上升。结果,不管是在哪个国家,越来越多的夫妻至少要在不同的城市,度过他们婚姻生活中的一部分。不管在哪种语言中,都有这样一句话,即"无论你走得有多远,我都将随你而去",但现在,这句话好像不如从前那样引人注目了。

很多通勤婚姻都是选择的结果,特别是在美国,而一些通勤婚姻却是不得已而为之的结果——特别是如果配偶第一次工作调动是去外国,就更是如此。根据1999年全球工作调动趋势调查(Global Relocation Trends Survey)的结果,有将近50%的受访者在他们的配偶调到其他地方之前就有自己的工作,只有11%的人能够在配偶调去的地方找到工作。另外，雇主也没有多少同情心：只有19%的雇主愿意帮助雇员的配偶寻找工作，而三分之一的雇主一点儿忙也帮不上。（其他一些雇主只能提供一些建议或寻找工作的费用。）更糟糕的是，只有很少的国家允许外国人的配偶在驻在国工作。所以，即使想在一起生活的夫妻最后也可能不得不成为通勤夫妻。

实际上，这样说也许是公平的，即世界上的大多数通勤婚姻都不是发生在层次较高、双方都有工作的夫妻中间——而是发生在层次较低、由于经济原因不得不分居的夫妻中间。就拿美国来说吧，有几百万名外国工人（和非法移民），他们当中很多人的配偶都回家了。在中东，这种情况往往是非常普遍的现象。

◎ 在科威特，63%的人口是在外国出生的——主要是从埃及、菲律宾、巴基斯坦、印度和斯里兰卡来的服务业的工人和劳动力。（估计有4%的埃及人到国外工作，其中70%是到阿拉伯海湾国家。）
◎ 在迪拜，只有17%的人口是在本国出生的。
◎ 在沙特阿拉伯，三分之二的工作是由外国人承担的。在2006年，这些工人为他们的家庭寄回140亿美元。

对很多这样的夫妻来说，幸运的是，国际旅行比过去更快了，而且也比过去便宜了。国际电话和电子邮件的费用也比过去便捷和便宜了。所以，人们现在只有一个希望，就是夫妻经常能够团聚团聚，以保持婚姻的完整——而且希望丈夫和妻子之间能够真正做到这一点，不要忘了，在互道晚安时给对方送去一个吻。

通过互联网结成的夫妻

用互联网进行约会曾经是一件见不得人的事。这样做有点极客的味道,与社会上的通常做法是格格不入的——因为这些人不能在"真实的"约会世界中进行约会,这些人总是有些事情需要遮遮盖盖。对那些在奇怪的时间内单独找陌生人约会感到绝望的人,正常的约会也许,甚至是令人毛骨悚然的洞穴。最低程度地说,网上约会使人想起了那些年龄较大、事业不成功的单身男女,他们的最佳约会时期正在过去,他们的生物钟在滴滴答答地走,上网是你还不算太老的时候寻找伴侣的最后努力。(而且男人都明白,在网上找女人并不困难——实际上这女人不正在网上向男人推销她自己吗?)

但在最近几年,网上约会改变了,它成了一个目的地,尽管不是最后的目的地,而是第一个放松心情的旅游地。对那些找不到"正常"约会渠道的人来说,网上约会不再是一个避难所,它逐渐被看成是遇到更多的潜在约会的一种有趣的办法,同时还可以有效地排除"根本就不愿意见面"的约会。根据佩尤互联网(Pew Internet)与美国生活项目(American Life Project)的研究结果,61%上网的美国人不认为网上约会是"令人绝望的",几乎将近一半上网的美国人认为互联网约会是认识人的一种好办法。

结果,几乎每4个单身的美国人当中就有1个——大约有160万人——在网上寻找着自己的意中人,他们使用的约会网站有1000家还多。在20多岁的美国人中,每5个人当中就有1个;在30多岁或40多岁的美国人中,每10个人当中就有1个在上这类网站。在2004年,这些网站净赚了大约

4.7亿美元，而在2001年仅赚了4000万美元。社会的网络化不是为政治发明的——它是为社会化发明的。

原来寻找配偶的场所——宗教场所、联谊会、婚姻介绍所——正在被只要能找到新一代的地方——比如办公室和互联网——所取代。

确实，网上约会仍然有它的风险。www.onlinedatingmagazine.com 是一家致力于"为网上约会提供全面细致服务并对网上约会的人提供忠告"的网站，在这家网站的网页上有6篇流传很广的文章，其中3篇的题目是《网上约会的危险者》《网上约会安全提示》和《认清已婚的男人》。然而在成千上万在网上约会过的人中，确实有一些把网上约会变成婚姻的人。根据佩尤的研究，17%的网上约会者——就是说将近300万美国成年人——不是把网上约会变成了一种长期的男女关系，就是变成了婚约。这个数字与说他们是在教堂相遇的夫妻的人数几乎一样。

尽管没有通过互联网结成的夫妻增长的确切数据，但这一趋势显然是在增加。最早开展在线约会服务的网站Match.com在1995年以前还不存在。自称拥有最多征婚者的网站eHarmony到2002年才建立。当时好几百家其他约会网站——包括专门为少数特殊人群服务的网站，像DateAGolfer、Animal Attraction（为宠物爱好者提供网上约会服务的网站）和Positive Singles（为患性传播疾病的人提供网上约会服务的网站）——才刚刚出现。而现在对于想上网寻找意中人的人来说，下载照片甚至视频是件很容易的事情，"直接命中"的可能性正在变得越来越现实。

在2007年，大约有440万美国人结婚，其中差不多有10万人是在网上相遇的。

在2007年春天，我们对在网上相遇并结婚的人做了一个简短的问卷调查。虽然通过互联网结成的夫妻多种多样，但最普遍的好像还是出现在层次较高的人群、城市人群和民主党人中间，他们对网络约会非常认真，而且对现在的婚姻也非常非常的满意。

◆ **层次较高的人群**。在通过互联网结成的夫妻当中，66%是在家庭以外的某个地方上班的人，另有12%是全职在家带孩子的人。70%是在专业和管理岗位上的全职雇员。69%的人拥有自己的住房。61%的人完成了大学教育,其中 20% 完成了研究生院的课程。多达 51% 的人家庭年收入达到 75000 美元或者更多。

◆ **城市人群**。几乎一半通过互联网结成的夫妻住在城市。根据推测,住在农村的人往往是互相认识的,而城市环境则意味着在你所居住的地区,可能有成千上万有可能与你成双结对的人,而你却不认识。

◆ **民主党人**。在通过互联网结成的夫妻中,有 72% 的人说他们是自由党人或中间派人士,43% 的人认为他们是民主党人。(在一次常规性的全国抽样调查中,民主党人只占全国人口的三分之一。)有趣的是,与你认识的普通的民主党人相比,在这部分人当中,信教的人稍多一些。51% 的人说他们一个月至少参加一次宗教活动,而只有 31% 的人说他们"从不或几乎从不"参加宗教活动。(在常规性的民主党人的抽样调查中,定期参加宗教活动的人很可能不到三分之一。)

通过互联网结成的夫妻不得不在这个过程中花费很多的时间。在 10 个人当中就有 6 个说,他们在约会网站用了一年或更长的时间才找到了他们的配偶,而且几乎有同样数量的人在找到那个人之前,不得不与至少 6 个不同的网上征婚者约会。(几乎有四分之一的人不得不与 10 个以上的征婚者在网上见过面。)尽管通过互联网结成的夫妻没有这种绝望的感觉,但他们还是感到不大高兴,还是感到没有多少自信。

在你第一次考虑在网上约会时,你对这种事的态度是什么?(答案多选)	
	百分比
紧张	65
怀疑	55
不好意思	27
无所谓	22
高兴	20
有信心	10
这是最后一个放松心情的地方	10

资料来源:PSB,2007 年。(Source: PSB, 2007)

但他们的辛苦没有白费。高达 92% 的人说他们的婚姻是幸福的,其中包括80%的人说"非常幸福"。57%的人说，因为他们是在网上相遇的，所以他们的婚姻关系更为牢靠，而认为他们的婚姻关系比较脆弱的人只有6%。73%的人认为，他们和他们的配偶因为他们相遇的特殊方式而具有特殊的优势，而认为不占优势的则只有24%。

通过互联网结成的夫妻还很愿意向旁人传授经验。84%的人曾建议其他单身朋友或家人到网上去约会。88%的人说，（有一天）他们将支持他们的孩子在网上约会。有高达92%的人说他们会支持他们的孩子与他们自己在网上认识的人结婚。

最后，在年龄方面，通过互联网结成的夫妻，各种年龄的人都有。55%的受访者的年龄是在35岁以下（在他们当中，30岁出头的人占大约三分之一），但46%的人是36岁以上的人，包括三分之一的人超过了45岁。

网上约会也适合二婚的人：在通过互联网结成的夫妻当中，有31%就是在网上成就了他们的第二次婚姻。

通过互联网结成的夫妻可能会成为未来的一股潮流。由于通过互联网成就的婚姻比率在开始的时候非常低，所以那些想找配偶的人需要一种不仅有效，而且效率较高的方法，以减少被晾在一边的感觉，能够很快进入实质性的约会阶段。在我们的问卷调查中，我们问受访者，他们认为网上约会的最大好处是什么。在他们的回答中，排在最前面的两个回答是，"我可以把我寻找的目标集中在某一类人的范围之内"和"我可以在很短的时间内对很多人过过目"。婚姻可不是一件什么想当然的事，如果你想遇到你要的那个人，你就得实实在在地去寻找。

实际上，在一个越来越强调自我决定的世界中，把寻找心灵伙伴这样的事情放到单身酒吧和办公室里去进行，或者托付给朋友的朋友，不仅是相当被动的，而且也是非常轻率的。在这个世界上有60亿人，但在你日常生活的圈子内只有很少的一些人。如果你真的要爱情，你就应该去追求爱情。对准你找到的目标，射出你的丘比特之箭。

随着通过互联网结成的夫妻的增加，我们可以预见到几件事情：第一，将出现更多的通勤夫妻。美国选择这种生活方式的人数已经增加到了350万人，但因为通过互联网结成的婚姻已经更多地出现在不同的城市——而且由于能够在网上亲密聊天而感到更加惬意——所以通勤夫妻这一趋势很可能得到发展。

第二，预计将出现更多不同种族、不同民族和不同国籍的夫妻。各种不同的婚姻也会增加——约会市场一旦更加开放，不再受到传统的生活圈子或地域联系的限制，那么不管具有什么样背景的心灵伙伴都会更加自由地寻找着对方。（当然，少数族群或信奉某一宗教的少数人也会更容易找到和自己差不多的心上人。只要上 www.EligibleGreeks.com、www.EthiopianPersonal.com、www.Muslinma.com，或者用鼠标点一两下就会找到几十个其他少数族群的小型约会网站，然后上其中的任何一个就行了。）

第三，需要网上心理治疗师。尽管通过互联网结成的夫妻具有缩小寻找爱情范围的优势，但他们也可能牺牲了曾经是约会的基础的那种东西：表亲、同屋或同事所做的个人担保，这些人实际上在你寻找心上人之前就知道你想找什么人。现在，越来越多的男女关系是速成的，而不是通过感情一点一点的积累而自然形成的，所以如果你被要求对一个你不认识的人提出看法，你不免会感到有些惊讶。在我们的问卷调查中，通过互联网结成的夫妻（记住：他们当中的大多数人至少在这些网站上花了一年的时间）说，到目前为止，在互联网上约会最糟糕的事情是，你在网上遇到的人不能真实地介绍自己的情况。在通过互联网结成的夫妻中，有些人说在互联网上约会没有优势，他们最大的问题是他们不能充分了解他们的配偶的背景和家庭。

第四，在谈到通过互联网结成的夫妻的家庭时，就要谈谈令人担心的网上安全问题。这些夫妇的孩子长大以后，他们会听到他们的爸爸妈妈是怎样通过电子邮件和聊天室相爱的。这样的话，在这些父母让他们的孩子关掉电脑的时候，孩子们还会听他们的话吗？而且更为不祥的是，这些孩子在网上与陌生人聊天的时候，他们有能够对他们提供适当保护的保护人吗？

和办公室里的恋人一样，通过互联网结成的夫妻也需要有一个属于他们自己的小圈子，在这个小圈子里，他们可以分享经验，吸取教训，对付共同的挑战，也可以互相开开玩笑。在这本书中，我认为很多围绕小趋势而形成的群体都需要这种团体。尤其是在通过互联网结成的夫妻当中，我有实实在在的证据可以证明这一点：在通过互联网结成的夫妻中，只有37%的人说他们至少认识几对在网上相遇的夫妻，而82%的人说他们愿意认识更多这样的人。

怀疑论者可能对通过互联网而结成的男女关系的感情和真实性表示怀疑，他们怀疑在网上所找到的那个人将回到网上去。但我们对他们进行问卷调查的结果正好相反——他们是在经过广泛的选择之后才选定他们的配偶的，而且从一开始就有非常坚实的基础。

我们现在还不能说将来有多少通过互联网结成的夫妻的子女会热衷于网上约会，不过，看看这种方式能否真的成为一种主流的约会和结婚方式，是一件有意思的事情。先在网上见见面，然后就结婚生孩子，那些通过互联网结成的夫妻不就是使他们走到一起的这种方式的活广告吗？如果他们是，那么20世纪90年代的那种在网上约会是不光彩的说法将会消失，取而代之的是，通过互联网满世界地寻找自己的心上人是一件值得骄傲的事。

第二部分
工作生活

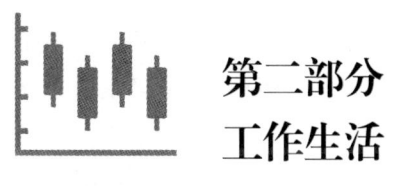

Microtrends
the small forces behind tomorrow's big changes

退而不休的老人

在美国公民的个人生活中，只有几个数字是不用怀疑的。你可以在18岁的时候投票（也可以被征兵入伍）；你可以在21岁的时候喝酒；你可以在35岁的时候成为总统；你可以在65岁的时候退休。

但是最后一个数字——美国人真的要在65岁退休吗？现在活到85岁还很健康的美国人这么多，有谁还愿意在65岁退休呢？今天，在美国有500万名65岁或超过65岁的劳动力，几乎是20世纪80年代初的两倍，而且这个数字还在膨胀。

美国劳动力中65岁以上的男性和女性的人数（1985~2005年）

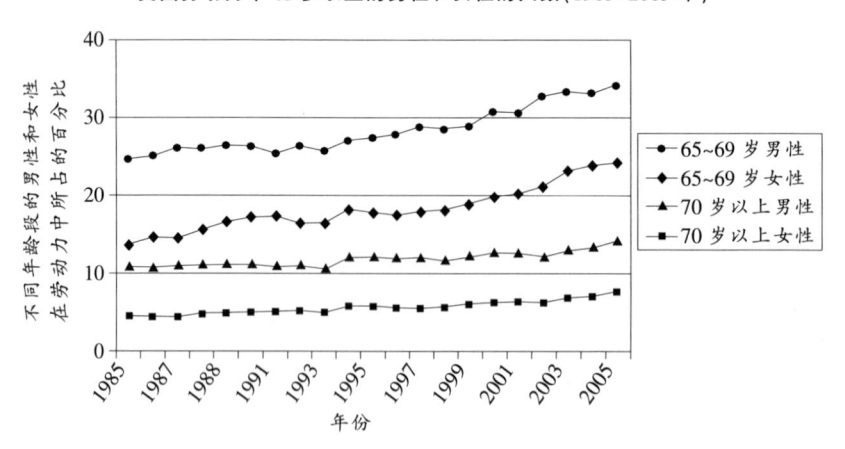

资料来源：劳工统计局，当前人口调查，2006年。
（Source: Current Population Survey <CPS>, Bureau of Labor Statistics, 2006）

一些人过了 65 岁还工作，是因为他们不得不工作：医疗保险的费用不断上升，而社会保险支付——平均每月 1000 美元——不足以支付他们的花费。但年纪大了还工作的更大原因是这样一个事实，即美国人热爱工作——我们不仅要继续活着，我们还要继续工作，我们还没有干够。我的朋友和顾问、全球人力资源公司伯森 - 马斯特勒公司（Burson Marsteller）（我是这家公司的首席执行官）的创办人之一哈罗德·伯森（Harold Burson）马上就到 86 岁了，可仍然每天来上班，而且还会时不时地冒出一些主意来。

平均来说，美国人一年工作超过 1800 个小时，可以说，比世界其他地方的大部分工人的工作时间都要长。尽管同其他西方国家的工人相比，我们每年休假时间比较短（英国是 28 天，法国是 37 天，而我们是 13 天），但就是这样短的假期，我们至少还有一半没有休。实际上对我们来说，不带黑莓手机外出的日子才算休假。在 2006 年，我们当中有几乎四分之一的人（23%）在不在公司的时候查看与工作有关的电子邮件和留言——而在 2005 年，这样的人只有 17%。我们很多人都热爱工作。

事实上，工作的冲动是人类基本的冲动，所以摩西十戒中的第四戒（对天主教来说是第三戒）规定一周要放一天假，这一条戒律是一天不做工。其他戒律还有不可杀人，不可奸淫，不可偷窃。我们往往认为大多数人都想早点回家——一个星期都在等待着星期五的那个下午，所以时间一到，他们就会扔下工作，离开公司。确实，在过去，很多工作是可怕的——甚至威胁到生命——而且从道理上讲，人们不能不干工作，等着回家。但当工作完全成为管理性的、咨询性的和用软件就可以完成的工作时——在制造业的工作不断减少时——很多人改变了他们对工作的态度，工作狂的数目像火箭一样在上升。你不是多次听过这样一句老话吗？"没人希望在办公室干到死"，但现在很多人正在这么干。吃三明治长大的一代人在给他们在办公室工作的 70 岁的父母打电话时都感到吃惊，他们发现父母们太忙，没有时间照看孙子。

美国人一般都喜欢工作，但事实是，在婴儿潮时期出生的一代人现在正在接近 65 岁，而且明显的是，"退休"的传统概念——戴着金表，坐着安乐椅，学打高尔夫——就是为退休的人准备的。

在婴儿潮时期出生的美国人在20世纪60年代以及80年代的经济成功中焕发了青春，他们不想按照其他人的公式来安排他们的老年生活。根据美林公司2005年进行的一项调查，每4个婴儿潮时期出生的美国人就有3个说他们不想过那种传统的退休生活。相反，他们是向前看，一直看到20多年以后的将来（社会保险制度是在1935年建立的，当时一个65岁的人只能预见到以后的13年）——而且他们说，他们还要向前看，看到更远的将来。一些人要继续缴纳他们的医疗保险费，或者要有足够的钱来支付更长时间的医疗保险费——但更多接受调查的婴儿潮时期出生的美国人说，他们继续工作，是为了保持身体健康、精神愉快，是为了继续与人保持交往。

工作环境的现代化使这些愿望成为可能。在更多的工作需要体力的时候，受过伤痛的老年人或许不占优势。但在信息时代，还是老家伙们比其他人拥有更多的信息。不管怎么说，像希乐葆①这样的药能使成千上万的美国人继续工作，尽管他们有伤痛。而且如果上了年纪的工人最后在身体上受到了损伤，依照美国伤残法，他们还可以得到公司更优厚的待遇。

退休还工作的老人对美国来说是一件很重要的事情。单纯从数字上说，他们是比任何人所想象的都要庞大的劳动大军。每年大约有200多万美国人达到65岁。如果他们当中只有一半决定继续工作，那么就有100多万人——几乎是现有劳动力的1%——进入劳动力市场，而这些人是原来没有想到的。

这种情况还具有一些重要的意义。首先，它挤占了年轻雇员的机会，这些年轻雇员一直在等着轮到他们主事的机会。如果人们突然在40岁而不是35岁才能当上经理或副总裁，他们还愿意留在公司等待吗？如果他们愿意留在公司等待，那不就是培养了比较消极的领导人吗？——因为那些比较有进取心的潜在领导人就会挣脱这种束缚，开创他们自己的事业。

对于某些行业来说，它甚至有更大的意义。低收入的老年工人往往干点零星的活，而且往往是干些兼职的活；而高收入的老年雇员，不管是在他们熟悉的领域还是在他们所喜欢的爱好中，往往会成为顾问或者独立的承包人。而且他们更喜欢干由他们自己说了算的事情，所以老年雇员在独

---

① 希乐葆（Celebrex）：美国辉瑞公司生产的一种镇痛药。

立承包人中占7%，而在传统安排中却只占2.5%。但不管是哪种情况，对家得宝公司①和CVS公司②以及很多技术领域的人力资源部门来说，安排这类老年人做这种工作是比较容易的事情。

但在所有行业中，雇主都是需要调整的。美林公司的研究发现，没有几家公司关注那些上了年纪的雇员，它们优先关注的是比较年轻、比较健康的雇员，因为这样可以减少福利费用。但在制定一揽子福利计划的时候，就要既考虑年轻雇员的产假和育婴假等这些优先关注的福利待遇，又要考虑年老雇员的"冬假"和处方药报销范围等问题。和妇女运动面临新的选择——是外出做兼职工作还是在家里做家务——一样，老年人要在传统的工作和其他非传统的工作中进行新的选择。

我不欣赏那些高尔夫俱乐部的发起人，也不欣赏那些设计高尔夫课程的人——让退休的人整天围着这些课程转的想法可能达不到他们的目的，而且这些俱乐部和课程可能会出现过剩。与此同时，商业中心也许会成为为退休老人服务的最忙碌的地方。我们期待着出现越来越多的专门为老年人服务的市场，为他们配备适合他们使用的计算机、手机和其他移动设备，以及各式各样的用于读书看报的老花镜。

退休后还工作的老人还会对政治前景产生影响。上了年纪的公民拥有投票权，而当退休后还工作的男男女女把工资支票带回家的时候，他们在经济中就保留着他们的某种利益。上了年纪的选民一直是有价值的选民——特别是那些脾气不好的老男人。让他们继续工作，也许会使他们更多地根据什么对工作和经济更有利，而不是根据一些文化问题投出他们自己的选票。

另外，还需要有新的立法和判例，特别是需要新的年龄歧视法。从1978年以来，强迫一个人在70岁以前退休一直为非法，而且从1986年以来，还没有发生过任何强迫退休的现象。但从目前的情况来看，到70岁，如果你要把你的社会保险延续下去，你就没有另外的优势了。为什么不是超过73岁呢？

---

① 家得宝公司（Home Depot）：美国最大的家居零售业公司之一，也是世界上第三大零售业巨头。
② CVS公司：美国最大的药品零售商之一。

对那些从表面上看不出来的年龄歧视，有什么办法吗？如果与年轻雇员相比，年老的雇员干同样的工作多用了点时间，他们会得到原谅吗？当大家都在YouTube网站竞争一个办公室职位——就像篮球比赛，大家都在抢一个球——的时候，这种环境会成为"敌视老年人的环境"吗？

退休还工作的老人在商业上的意义是不难想象的。在很大程度上说，"高级"产品生产商主要关注高尔夫俱乐部的会员和经常散步的人。办公室里的椅子怎么能适应患有关节炎、背痛和动过膝盖手术的老年人呢？对那些早上7点就上班，但在下午2点到2点半必须打一个盹的老人来说，需要给他们准备更适合于打盹的设备吗？每个工作场所的走廊上都要备有除颤器吗？办公室里的咖啡桌上备好无钠食品了吗？

退休还工作的老人对家庭生活也有很大的影响。现在还不清楚，妻子在男人突然选择工作，而不是和她们一起享受黄金时光的时候会有什么反应。（是看不起她们吗？或者说，是一种很大的解脱吗？）他们这样做，对已经成人的孩子意味着什么？他们不能再指望他们的父母照看他们的孩子，因为他们的父母和他们一样在辛苦地工作——这表明托幼行业将会得到很大的发展。

此外，还有对公共卫生的影响。每年增加100多万工人，这意味着路上的公共交通更加拥挤。在所有交通事故中，有7%涉及65岁或年纪更大的司机；在所有致命的交通事故中，有10%涉及65岁或年纪更大的司机。

不过，退休还工作的老人对社会真正重要的影响是，从根本上说，我们在过去10年中所预测的一切，比如对社会保险的预测，都是错误的。事实上，每个工人并没有养活10个退休的人，因为退休的人也在工作。就拿我们一直激烈讨论的社会保险的巨额负担问题来说吧，在某种程度上说，只要多工作几年，这个问题就解决了——而且在很大程度上说，也不是要所有的人都多工作几年，而只是让那些愿意这样做的人多工作几年。根据乌尔班研究所（Urban Institute）的经济学家尤金·斯特尤勒（Eugene Steuerle）的计算，如果每个人只比预期退休年龄多工作一年，那么我们就可以完全抵消社会保险在老年人福利和税收之间的预期亏空。如果每个人都多工作5年，仅仅交给政府的额外税收就大大超过了这个亏空。

除了这些，还有更大的意义吗？

当然还有，也许，退休还工作的老人还能延长实际寿命。大量研究成果已经证明，活跃的身体和大脑是保持健康生活的关键。对于如何延长寿命，我们会不会知道得更多呢？不通过全新的饮食和锻炼计划，而是在65岁以后还让闹钟吵醒，我们当中说不准有越来越多的人活到100岁呢？

也许，退休还工作的老人还可以挽救家庭——这种说法乍听起来，对那些断然拒绝退休还工作的配偶和那对此耿耿于怀的长大成人的孩子们来说，也许很难接受。如果一个人真能工作到90岁，那就可能在工作和家庭的两难处境中有了一个全新的减压阀。现在妈妈们（或者爸爸们）主要是在23岁到43岁之间抚养孩子，那以后还能再工作50年吗？对现在大学新生的调查结果告诉我们，他们一生中最优先考虑的事情是赚很多钱和养活家人。如果"工作年限"突然比过去长了20年，他们——在经过很多苦恼之后——真的能实现这两个愿望吗？

在上了年纪的美国人的头脑中，曾经的黄金时光现在成了黄金机会。是的，这种发展会导致更多的交通事故，会使年轻一代匆匆忙忙地去独立创业——但仔细想想，这也可以避免美国隐约出现的社会保险危机，可以挽救美国人的家庭。

上班太远的人

在美国，恐怕人人都有上下班的经验。我们当中有1.5亿人在工作，其中只有3%的人在家里工作。有这么多的人——大约1.45亿人——每天早上得离开家到上班的地方，晚上再顺着原路回家。

几年前，有一些研究报告说人们不能容忍超过45分钟的上班路程。好，让我们来分析一下：我们现在平均是25分钟，比1980年提高了几乎20%。根据2005年《商业周刊》（*Business Week*）的报告，1990年在全部工人中，只有24%离开他们的家乡去上班。现在，50%的新工人这样做。

工作岗位和家之间的距离扩大了，这是因为工作岗位都搬出城区，迁到了郊区，后来又搬到了"远郊区"。所以人们先是在城里上班，后来又跑到郊区上班，再后来又跑到远郊区去上班，工人和工作岗位好像是在比赛，看谁跑得更远。越来越多的人为上班付出了代价，结果在2000年，几乎有1000万美国人上班需要花一个小时以上——而在10年前还不到700万人。

在2006年春天，上班路程太远成了一个非常普遍的现象，以至米达斯·穆菲勒（Midas Muffler）举办了一项赛事，对上班路程最远者给予奖励。这项赛事吸引了成千上万的人，米达斯把这一奖项颁给了加利福尼亚州（California）马里普萨（Mariposa）的戴维·吉文斯（David Givens），他每天往返开372英里的车到圣何塞（San Jose）的思科系统公司（Cisco Systems）去上班。（每天早上4：30离开家，中间停一次喝咖啡，在7：45分到达他在思科公司的办公室。下午5：00，他再返回，大约8：30到家。）

美国上班太远的人的人数（1990~2000年）

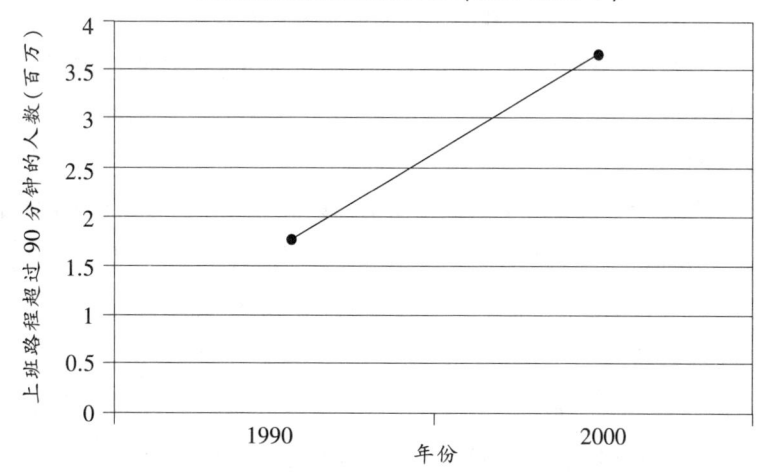

资料来源：美国人口普查，上班路程统计资料，2000年。
（Source: U.S. Census, Journey to Work, 2000）

这340万上班太远的人都是些什么人呢？他们为什么要到离家那么远的地方去上班呢？

对大多数人来说，住得太远的人是住不起公司附近的房子。从1980年中期以来，新房子的价格涨了将近3倍，现在平均差不多是30万美元。根据统计局的数据，在2002年到2003年之间，上下班时间增加最多的州是西弗吉尼亚州——那里的房价还是能够承受的，但在华盛顿特区、宾夕法尼亚州和俄亥俄州，能赚到更多钱的工作把工人从朝九晚五的状态中吸引了出来，如果把他们路上的时间也算上，他们的工作时间是从早上4：30到晚上8：30。

其他一些上班太远的人，是为了提高生活质量。当地价下跌时，越远离城市的土地，下跌的幅度就越大，所以人们决定忍受上班太远的痛苦，以换取更大的房子、更大的草坪、更少一些交通堵塞、更少一些犯罪。更不要说，这样做可以贴近自然了。大约有25000人每天从宾夕法尼亚州的波科诺山区（Pocono Mountains）开几个小时的车到纽约市（New York City）上班——但在周末，他们在家附近就可以徒步旅行、滑雪和享受山里清新的空气。

一些夫妻都上班挣钱的人成为上班太远的人，并不是因为经济或生活方式方面的原因，而是因为逻辑上的原因。随着夫妻都上班的家庭的增加，一方或双方将需要跑很远的路上班的机会也增加了。对于那些需要在纽约和费城两头跑的夫妻来说，普林斯顿和新泽西这些因大学而闻名的地方也成了受欢迎的郊区。

确实，在这个国家，上下班交通最糟糕的地方是纽约和华盛顿特区，在这两个大都市地区，上班平均需要的时间分别为34和33分钟。正是因为上下班需要这么长的时间，而且还要加上昂贵的汽油，才使人们重新乘坐大众交通工具。

但仍然有超过300万的人——这正好是构成小趋势的具有魔力的1%——伴着星星起床，然后跨过州界，甚至跨过气候区去上班。所以公共政策的制定者、公共卫生官员和商界也许需要注意这些事情。

首先，这是一群对汽油价格非常关心的人。在所有开车上下班的人当中，有多达76%的人是一个人开车，而且据推测，这个数字在上班太远的人中甚至更高。（早上4：30就上班，确实很难有人拼你的车，而且也没有几个人跟你一样，跑到125英里以外的地方去上班。）米达斯·穆菲勒上班路途最远奖获奖者吉文斯先生说，在获得这个奖项的时候，他每个月花在汽油上的钱大约是800美元。当乔治·W. 布什在2006年国情咨文中说美国人"依赖石油"的时候，北卡莱罗纳州的一名上班太远的人头发都立了起来。她问道："我们还要上班吗？"住在城市的人也许不在乎汽油税，但这300万人不管什么时候都是不会投主张征收汽油税的候选人的票的。

上班太远的人还要为开车狂躁等行为以及健康问题冒更大的风险。缓解司机压力方面的专家约翰·H. 卡萨达博士（Dr. John. H. Casada）说，人们上下班的路途越远，他们就越可能患上开车狂躁症——这不仅会导致暴力，而且会导致心脏病、中风和溃疡病。

上班太远还与肥胖有关。佐治亚理工学院（Georgia Tech）的研究人员发现，每开30分钟的车就会有增加3%体重的危险。在2005年，美国广播公司和《华盛顿邮报》共同进行的一项关于交通状况的问卷调查中，在10个人中就有4个说他们在堵车时吃东西。

罗伯特·普特南（Robert Putnam）在2000年写的《独自玩保龄球》

（*Bowling Alone*）一书中明显地发现，你上下班的时间每增加10分钟，你在家里和社区待的时间就少10%。（我猜，除非你白天把小孩带到工作场所来照看。）很多上班很远的人买了郊区的低价房，以追求小城镇生活，但在我看来，这是非常不幸的，也是非常富有自我牺牲精神的。很多上班很远的人这样做是为了他们的家庭——为了给他们提供一种更好的生活、一个更好的学校。其他人等待着在周末欢聚，理由是他们开了一个星期的车上下班就是为了欢度周末。

很多上班很远的群体还有重要的商业意义。根据《新闻周刊》（*Newsweek*）2006年的报告，快餐店推出了适合于放在杯子套里的全套食品，一些车现在加装上了比座位还多的杯座。加油站在油泵上装上了触摸式屏幕菜单，这样人们就可以在加油时点上一份三明治，等到开走时准备好吃的东西。卫星导航系统现在也具有了实时交通选择功能，以帮助司机避免堵车。下一个战场，观察家们说，就是舒适座椅。那些每天在方向盘后面坐3个多小时车的人可能会对像背部按摩器那样的超舒适设备很感兴趣。（到现在为止，还没有人开发出来一种卫生的、社会可以接受的、便携式的车用坐便器。）

最后，上班太远的人还是一个拥有很多可自己支配时间的群体。一些磁带销售公司宣称，你只需听16个小时它们的西班牙语教学磁带，就能从零开始打下学习西班牙语的足够基础。不管怎么说，上班太远的人在车里听这种磁带就可以在一个星期内学会说几句西班牙语，而不用放弃其他的活动。而且在两三个月后，他们可能会成为联合会的译员，如果他们保不住现在的工作的话。

上班太远的人还可以听灌成磁带的书。他们在上下班的时候，就像是快速读者。他们在12天之内就可以听完《战争与和平》，在5天之内就可以听完《达·芬奇密码》。

林顿·约翰逊（Lyndon Johnson）说，他正在向贫困宣战，并开始大规模的城市重建，因为他预测95%的美国人想在城市生活。但事实上，人们已经以比任何人所预测的都要快的速度，把农村变成了郊区和远郊。（这仅仅证明对50年以后的美国到底是什么样做出预测有多么的困难——在你关注那几个大趋势的时候，其他一些小趋势也会加入进来，并打乱你的预期。）那些搬到郊区的雇主们确实离他们的一些工作场所近了。但对一大批其他工人来说，他们的雇主搬家所带来的唯一结果就是鼓励他们搬到更远的地方去——对很多人来说，这表明最重要的事情是一所房子、一个院子和一种更安静的生活，而不管在金钱或时间上要付出多大的代价。

底线是，越来越多的美国人都在路上——但却没有多少人像杰克·凯鲁亚克[①]那样在寻找着他们自己。更可能的是，他们正在寻找一杯咖啡和一个打包的丹麦酥饼，希望今天的堵车将可以忍受，而且他们知道明天还得走这条路。

国际画面

1957年，欧洲经济共同体（EEC）成立时，它的任务是打破贸易壁垒，保证所有的欧洲人都能自由地在成员国家内旅行。欧洲经济共同体的创始人让·莫内（Jean Monnet）在当时并不知道这种"自由旅行"会出现今天上下班路途太远，甚至乘喷气式飞机上下班的欧洲人。

在欧洲内部，英国人可以凭平均上班时间最长——45分钟，比美国平均上班时间多整整20分钟——而获奖。欧盟成员国平均上班的时间是38分钟，意大利是23分钟，德国是44分钟。

但有趣的故事不仅涉及单调的上下班时间，而且涉及很多上班族自愿长途跋涉的里程。跨海快速火车欧洲之星（Eurostar）往返于法国和英国之间，全程超过200英里，在搭乘这辆火车的乘客中，有整整一半是上下班的人——主要是在法国居住而在伦敦上班的人。（在2007年，一位法国总统候选人第一次在法国以外的地方举行了一次集会——试图争取将近50万名在伦敦居住或工作的法国公民。）

更有戏剧性的是那些不是开车或坐火车，而是乘飞机上下班的

[①] 杰克·凯鲁亚克（Jack Kerouac）：美国"垮掉的一代"的代表作家，曾写过著名的小说《在路上》。

人。一家欧洲旅行社预计，到2016年，在英国上班，但住在别的国家——不只是法国北部，而且还有巴塞罗纳、帕尔玛、多布罗尼克和维罗纳——的人将达到150万。低价航线将使这一点成为可能。在1994年，低价航空公司的数目为零；在2005年，就有了60家。像Ryanair、easyJet和SkyEurope这样的低价航空公司仅仅在2003年一年就运送了大约2亿名旅客。

  乘飞机上下班的人在欧洲迅速增加的同时，这种现象在亚洲也处在早期阶段。Jetstar、Oasis、AirAsiaX等航空公司的机票正在打折，价格很低，但它们仍然不得不与主要由国家控制的航空公司竞争。不过，你可以预料，亚洲人也将尽快抓住这个趋势。中国人开车上班已经平均用1小时或更长——同这相比，一天两次在天上来回飞，是一笔多大的买卖啊！

在家工作的人

尽管有 340 万美国人每天开 90 分钟或更长时间的车去上班,但仍然有 420 万美国人穿着拖鞋,走进家里的办公室。

这间办公室可能是个富有想象力的小房间,不让孩子入内,而且有一个单独的入口。或者可能只是一张这个雇员刚睡过的床,床上立着枕头,床头柜上放着盛有燕麦粥的碗,笔记本电脑就扔在被称为工作场所的地方——他或她就是这样成了美国劳动力中创造价值的一员。

不管在家工作看起来像什么,从 1990 年以来,在家工作的美国人增加了 23%,达到 420 万人,比 1980 年增加了几乎一倍。

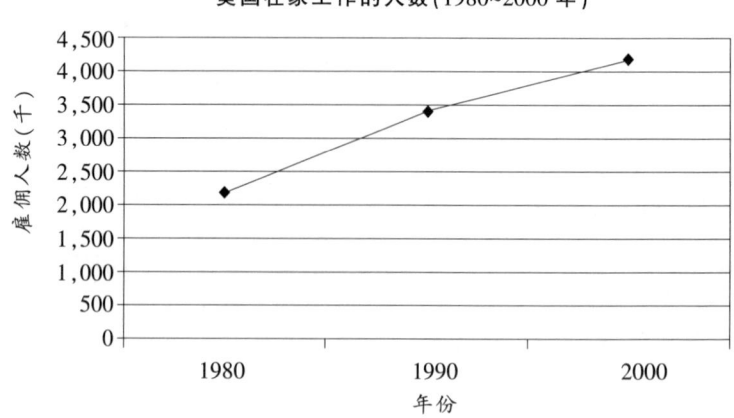

美国在家工作的人数(1980~2000 年)

资料来源:美国人口普查,2000 年。
(Source: U.S. Census, 2000)

这种在家工作的美国人并不包括大约 2000 万"有时候"在家工作的人。不，这些人是每天从刷牙的地方到上班的地方只需要走两秒钟的人。

为什么这些人在家工作呢？在上一章所描述的上班路程远得可怕，往往是一个足够的原因——这可以省下很多匆匆忙忙的上班时间，省下汽油费，在汽车保养上也不用付很多的钱，而且还能享受到脱了睡衣就可以淋浴的快乐。

在家工作，也有利于兼顾工作和家庭，缓解工作和家庭之间的矛盾。尽管人们在主要想着（叫醒）孩子的时候，不可能完全把心思放在工作上，但很多在家里工作的人发现，在孩子到托儿所或上学的时候，他们在家工作更有效率。

当然最大的原因是，在家工作的人在增加，是因为能够在家工作：笔记本电脑、快速互联网接入、黑莓手机、移动电话甚至可视电话创造了和公司办公室几乎没什么两样的办公环境，而且后来还提供了在 1980 年完全不能想象的容量和价格。所以不管你是为自己还是为别人工作，不管你是在公司小隔间还是在家里的小单间，对你的同事和客户来说，在做法上几乎没有什么两样。

美国在家里工作的都是些什么人呢？根据 2000 年的统计，53% 是妇女，相比之下，在公司上班的妇女只有 46%；88% 是白人；68% 至少是在大学，而在公司上班的只有 59%；大多数工作都是管理性和专业性工作。在 3 个全职雇员中就有 2 个在家工作，他们当中的很多人挣钱都不少。

这是一群成功的、具有自我驱动力的阶层。

确实，相当大的一部分在家工作的人（58%）开着他们自己的公司，不管是正式的还是非正式的合伙公司。35% 的人在家使用远端办公系统为位于别处的私人公司或非营利机构工作。在家工作的人只有 4% 为政府工作——考虑到不知道在多少政府的笔记本电脑里存有公民的私人信息，而这些笔记本电脑以后有可能在上下班的路上被人偷走，所以他们在家工作也许是一件好事。

在家工作的男人是一群更为成功的人士。他们拥有大多数以家庭为基础组成的股份公司，他们不仅受过较好的教育，而且同一般人相比，他们年纪较大，更为富有。在工资级差表上排在最上面的绝大多数都是这些人。

但不要认为只有男人才将自己的房间变成私人办公室。"妈妈企业家"运动——妇女带着孩子走出传统的工作场所，开始为收入或满足感，或者既为收入也为满足感而开办自己的公司——也正在蒸蒸日上。根据 2000 年的统计数字，在所有以家庭为基础的企业——它们占美国所有企业的一半——中，超过一半归妇女所有。这些企业有从"雅芳"美容用品商店——在全世界有 500 万家分店——到由很成功的女性当老板的咨询公司，一般来说，这些很有成就的女性在开始的时候都能凭借她们以前的经验招来客户。仅仅在 2002 年到 2006 年，女性拥有的（以家庭或其他地方为工作场所的）咨询公司的平均年收入就增长了 45%，超过了 15 万美元。

不管是在哪个层次上，人们实际上都愿意在家工作。除了不受控制和机动灵活之外，35% 在家工作的人并没有开办他们自己的企业，而是受其他公司或机构雇用，要不是受到控制，他们也会有很多的乐趣。根据美国企业协作会（American Business Collaboration）的一项研究，76% 每天利用远程终端工作的人说他们有很高的工作满意度，而每天到公司上班的人的工作满意度只有 56%。当然，这不是因为他们想偷懒。在家工作的人每周工作时间平均为 44.6 个小时，而每天到公司上班的人是 44.2 个小时。

雇主不只为雇员做了额外的工作而感到高兴，也为他们因减少了雇员的汽车废气排放而得到税收方面的好处，以及节约了办公空间而感到高兴。在我的问卷调查公司，为了方便在家工作的雇员，我们取消了设在东海岸的电话采访中心，我们公司的电话采访员过去就住在那里。这不仅更方便了雇员，而且使我能找到更多愿意在纽约时间凌晨 3 点给在日本的客户打电话的人——如果他们能在家里，而不是在我的电话中心打电话的话。最终，所有调查采访工作都将按照这种方法来进行。

在家工作的人还没有——像人们曾经预言的那样——改变所有的行业，但这个迅速增长的穿着拖鞋干活的群体对商业和政策仍然具有重要的意义。

首先，在家工作的人需要一种办法建立他们的团体。具有讽刺意义的是，一方面，我们实际上不能一个人玩保龄球；另一方面，我们正在越来越多地一个人工作。在家工作的人对自己一个人在同一个地方吃早饭和午饭早就厌倦了。我们需要一个实际起作用的冷水饮水器，它能使人们与他们的同事保持联系——不只用那种紧急短信的方式，还要用一种合作的、能够共享空间的、容易相处的方式。因此，显然有一个可以教会人们如何召开和参加远程会议的方法的市场。

第二，当工作场所的更多功能可以搬回家的时候，就提出了家庭办公室的安全、舒适和设计等问题。显然，因放在废弃的儿童家具上的复印机、计算机设备插销插得不当，和因打印机电线让家里的狗咬断而导致不断上升的火灾、伤害及造成其他损失的事故率，使劳工部长不得不在2000年号召举行一次关于家庭办公安全的"全国性的对话"。如果你一脚踩在你女儿撒了一地的牛奶上摔了一跤，你能得到赔偿吗？如果你的笔记本电脑爆炸了，而且把你家客厅的地毯烧了一个洞，老板应该赔你钱吗？

随着自己当老板并在家工作的人，特别是这类人中的成功并有冲劲的人越来越多，也许我们最后要为目前那些自己当老板的人提出一种更好的医疗保险和退休储蓄制度。

另外，我们也许将看到"午餐俱乐部"的增加，这些俱乐部过去曾是男人喝马汀尼酒，女人在不同的房间喝茶的地方。职业白领男女需要有一个地方会见客户、建立网络，而这些在家里的小房间是做不到的。离婚率的上升开辟了一个像 residence Inn 这样的长期房客市场，同样，在家工作的人的增加也会引发一个离家不远就可以谈谈生意、临时开个会或者临时展示一下产品的地方。

从最低限度上说，我们需要明确，当人们在家庭"办公室"参加视频会议成为常态时，他们应该在会前修好边幅，穿好衣服或做好其他准备。需要做的一件事情是，在你的家庭办公室的餐具柜上摆上一张你引以自豪的家庭照片。另一件事情是，在你通过电脑终端与同事讨论公司策略问题时，别让孩子和家里的狗叫出声来。

能说会道的女人

哈佛大学的前任校长拉里·萨默斯（Larry Summers）在2005年遇到了很多麻烦，因为他认为女人在科学方面天生就逊色于男人。但他没说的是，女人几乎接管了新闻、法律、营销和通讯这类跟说话有关的行业，如果他说了，就不会有那么多女教授跟着别人一起把他赶下台了。

为了不使我遇到和萨默斯一样的麻烦，我首先澄清一下，我不知道男人为什么更多地进入科学界，而女人为什么更多地进入"跟说话有关的"行业。对于生理特征、文化背景或社会化在这些选择中发挥了什么作用，我一概不知。但我可以告诉你们，这些选择正在急剧地改变着某些行业的面貌，而且对美国来说意味着巨大的变化。

拿新闻界来说吧。根据劳工统计局（Bureau of Labor Statistics）的资料，在2005年，57%的新闻分析员和记者是女性；57%的新闻编导是女性，而这种权威地位一度是为像沃尔特·克朗凯特（Walter Cronkite）这样的人保留的。确实，卡蒂·库里克（Katie Couric）在2006年制造了一条大新闻，因为她捞到了一个在全国热播的晚间新闻插播节目。但是在地方电视节目中，全世界的玛丽·理查兹（Mary Richardses）的粉丝们在很久以前就取代了特德·巴克斯特（Ted Baxters）的粉丝。

在公共关系——帮助人们用恰当的方式表现自己的艺术——领域，女性所占的比例大约是70%，而在20世纪70年代只占30%。（在我当首席执行官的伯森—马斯特勒公司，女性占了70%。）《今日美国》（USA Today）最近观察到，公共关系行业很可能成为第一个由女性重新定义的传统的男性白领行业。

再来看看法律界，这是一个更需要文字能力和口才的行业。从1970年以来，女律师的数量已经增加了2900%。女性在法学院的毕业生中超过一半，将近一半的律师事务所的合伙人是女性。法学院的副院长有三分之一是女性。

这些数字远远超过了在科学界和商界供职的女性。在建筑界和工程界，女性只占14%。在主要的理工大学，比如加州理工学院（Caltech）和佐治亚理工学院，女性教授只占15%。在财富500强的公司中，担任高级文员工作的女性只有16%。在高科技公司收入最高的管理人员中，女性只占3%。

确实，女性大量涌入需要口才的职业，这并不意味着她们总是支配着决策权。特别是在新闻界和法律界，尽管在新闻学院和法学院到权力走廊之间的通道上往往会在某一个地方停了下来。在法律合伙人当中说了算的女性只占17%。为主流媒体工作的全职女性记者只有三分之一。尽管如此，这是一个新的趋势，所以对它来说，要成为一个非常活跃的趋势，恐怕还要经过一段较长的时间。

在妇女加入电视新闻业的几十年中，工作场所关于堕胎、儿童抚养和性歧视的故事层出不穷。根据《华盛顿邮报》一篇分析文章的说法，在伊丽莎白·瓦尔加斯（Elizabeth Vargas）任美国广播公司（ABC）的《今晚世界新闻》（World News Tonight）首席编导的短暂时期内，美国广播公司用于"性和家庭"节目——涉及避孕、堕胎、孤独症、胎儿成长、分娩、产后忧郁症和儿童色情问题——的时间比哥伦比亚广播公司（CBS）和全国广播公司（NBC）这两家公司的晚间新闻时间加在一起还要多。

20世纪70年代以前，在法学院中，家庭法一直是一门晦涩难懂的选修课。现在有十几种家庭法的刊物，而且家庭法是法学院最受欢迎的课程之一。

在公共关系和广告领域，情况也是如此。月经棉塞、阴道油和"痛经缓解剂"的电视广告过去隔很长时间才播一次，而现在在黄金时段甚至不到半小时就出现一次。

女性进入以说话为主的职业的其他影响是男人也许可以完全离开这些行业。1971年，在美国公立中小学的教师中，超过三分之一是男人。随着女性进入这个行业，男性的数量下降到不足四分之一。在公共关系和电视传媒领域，管理人员开始担心男性大规模撤退的问题。一些人宣称，"最优秀的"专业人员已经完全取得了胜利，而其他人则做出了与拉里·萨默斯相反的判断：既然人类有一半没有得到充分的重视，那么我们真的会发挥出我们的全部潜能吗？

真实的情况是，现在妇女在很多方面都沿着新移民取得成功的传统路子在走。资本比男人少的妇女加入劳动力大军，成群结队地涌入这些行业，被证明是一条向上流动的途径。能说会道的女人要求人力资本，而且她们的成功是因为学习和工作努力，而不是因为力量和体力。尽管女性首先是在中小学和幼儿教育领域取得支配地位的，但她们的向上流动已经导致出现了一个超越这些职业的成功的新阶梯。

选择以说话为主的职业是一种逻辑的选择——这是女性凭借她们自身优势而获得成功的地方，也是她们带来人们不知道的新见解的地方，而这些见解以前一直没有机会表达。所以女性越来越感觉到欣慰，因为这些职业是她们能够在其中出类拔萃的职业。她们离开了对男人最有利的体力竞争，从事在和平民主时代可以决定很多事情的语言竞争。

而且，你可以预见这一趋势将会传遍全世界。随着各地妇女进入劳动力大军并接受更多的教育，一大批新的专业工作岗位正在向她们敞开。

当然，最畅销书的作家之一、《哈利·波特》的作者J. K. 罗琳是一位英国女性。

政治也许是女性下一个未开垦的领域。我与希拉里·克林顿工作过很长一段时间，我看到在公共生活中曾经存在的对女性的偏见正在慢慢地变成对女性的接受，甚至变成偏爱。整个一代年轻的女性现在正在注视着美国是否会像英国、德国、以色列和智利一样，也会出现它的第一位女总统。如果成千上万的年轻女性在新闻界、公共关系界和法律界越来越得到人们的接受，那么政治领域就会出现一次逻辑上的飞跃——因为政治领域要求很多和在其他领域所要求的同样的技巧。在华盛顿，很多最受尊敬的政策指导人员都是女性，她们影响着白宫和国会制定推动我们国家发展的政策。在2007年，我们已经有了16位女性参议员，尽管距离50位女性参议员还有不小的差距，但同25年前只有一位女参议员相比，这是一个巨大的飞跃。

拉里·萨默斯由于说了这个问题的错误一面而倍受关注。其实，他并不是对女性在数学和科学界没有她们自己的代表表示惊讶，也许，他是注意到了女性在那些能说会道的行业中为什么会取得如此的成功，她们的成功为什么最终可能会导致出现一种全新的政治学。她们的口诛笔伐，确实对他产生了影响。

身强力壮的女人

还有一些女人，她们同样是具有明显特征的女人，并且正在向着一个相反的方向迅速发展，如果没有这些女人，那些能说会道的女人也许就不会形成一个真正的小趋势。现在，我们来说说在美国的另一些女人，她们正在越来越多地选择那些需要强壮体力的工作。

她们包括运动员、建筑工地急救员和士兵。尽管第一次女子健美比赛实际上是身着比基尼的选美比赛，但现在也有了女子健美和举重比赛。2000年，女子举重比赛成了奥运会的正式比赛项目。2004年，女子自由式摔跤也成了奥运会的正式比赛项目。2007年4月，丽娅·蔻蒂西欧（Ria Cortesio）成了几十年来在美国棒球大联盟比赛（Major League Baseball）中的第一个女裁判。

橄榄球仍然使人想起围着橄榄球挤作一团的男人，但在2007年，实际上在美国出现了3个职业性的女子橄榄球联盟，包括80支球队，而在2000年这样的球队只有10支。据说，玩英式橄榄球的女子——这种事情在20年前根本就没有听说过——在大学有10000人，在高中还有3000人。

确实，她们只是互相玩——而不是像20世纪70年代电视直播的比利·简·金（Billie Jean King）战胜鲍比·里格斯（Bobby Riggs）的那场网球比赛——但问问你们的奶奶，她是否会想到在2007年，美国差不多有100支职业女子橄榄球队。

在建筑工地急救方面，美国职业消防队员中大约有5%是女性，总共有6000多人（另外有35000名志愿者）。在执法人员中，每4个人中就有

1名是女性，比几年前有了很大的增加。在全副武装的警察中女性超过了十分之一。

1953年在全国建筑业妇女联盟（National Association of Women in Construction）成立时，它只有16名会员。今天，它有差不多6000名会员，在全国各地有180个分会。

在军队中服役的女性也有了很大的增加。在1960年，陆军只有31700名女性，只占全部陆军人数的1%。到2005年，在陆军服役的女性超过了20万人，几乎占全部陆军服役人员的15%。（2003年，在伊拉克成功获救的杰西卡·林奇［Jessica Lynch］就是成千上万名美国女兵中的一位，直到2006年，大约有15万美国女兵在伊拉克和阿富汗服过役。）在美国总共有170万女军人——几乎和中小学里的女教师人数相等。尽管在军队中直接参加战争的工作不是太多，但这些工作显然对肌肉发达的男人和女人都具有很大的吸引力，而且也能给他们带来不小的回报。

2007年春天，我们做了一次简短的问卷调查，以对那些从事体育、警察、消防、军事和建筑等职业的女性有更多的了解。总的来说，她们都是一些体格健壮、思想保守、性情快乐、具有异性恋取向的女人——她们为战斗做好了准备，而且正在顺着经济的阶梯向上攀登。

首先，她们身材高大。几乎每4个人当中就有1个身高超过5.7英尺，而且一般来说，90%以上都是白种女人。（在整个抽样调查中，这种身高的人90%都是白种人。）她们的体重也很重，58%的人体重在150磅以上，而且差不多在每3个人中就有1个超过170磅。也许不令人感到惊讶的是，在每10个这样的女人中就8个是运动员，而且有兄弟的比有姐妹的多。（几乎有一半至少有两个兄弟。）

这些身强力壮的女人也有右的倾向——76%的人称自己是保守的或温和的，在每4个人中只有1个认为自己是民主党人。从全国抽样比例来看，这样的女人住在乡下的多，住在城里的少。

身强力壮的女人很喜欢自己的工作。在这样的女人当中，有44%的人在大部分时间内都热爱自己的工作，另外52%的人在大部分时间内都喜欢自己的工作。而且几乎所有这样的女人都向想做这些工作的女孩和年轻女人推荐过自己的工作——超过一半的人在推荐时热情很高。

你想把你的工作推荐给想做这份工作的年轻女性吗？	
想（非常热情）	56%
想（有点犹豫）	30%
不想（也许不想）	8%
不想（根本就不想）	2%
不知道	4%

她们对自己工作的热情是很高的，尽管做到这一点并不是很容易。在每 10 个这样的女人中就有 6 个说，因为她们是女人，她们曾在工作中受到过歧视，而且在每 10 个这样的女人中就有 4 个说，在她们的工作过程中，女人的看法往往受到忽视。但这种工作的开创性是令人振奋的。64% 的人说她们对从事传统上是由男人做的工作更感兴趣，而只有 10% 的人说，她们对此不太感兴趣。在一般人的谈话中，这些传统上由男人做的工作是一个令人感到骄傲的话题。

在你告诉别人你的工作时，你感到	
骄傲，因为它是一个传统上由男人做的工作	76%
不想告诉别人，因为它是一个传统上由男人做的工作	4%
不知道	20%

最后，身强力壮的女人发现她们的行情在上涨。尽管在她们当中，只有不到四分之一的人读完了大学，但她们挣的钱却不少——42% 的人的家庭年平均收入超过 75000 美元，其中 14% 的人超过了 10 万美元。对于她们的工作，她们最喜欢的是工资和福利，仅排在心理挑战之后。

在婚姻状况方面，76% 的彪悍女人是结了婚的，另外有 18% 是曾经结过婚。尽管大多数受访者说她们认识一些男同性恋者或女同性恋者，但只有 13% 的人——受访者中人数最少的一群人——说在她们的同事中有这样的人。

不过，在男性占大多数的行业中工作似乎有受到性攻击的危险，或者容易引发这种性攻击。在每 10 个受访者中几乎有 4 个人说在她们生活中的某些时刻，她们曾经是性攻击的受害者，与关于一般妇女受到性攻击的报告所列举的比例相比，这个比例是很高的。也许，正是因为容易受到性攻击,才派这些女性到那些看重身体力量,而不容易受到攻击的地方去工作。

身强力壮的女人的兴起对社会具有实际的意义。首先,这些女人热爱她们的工作,她们不会离开她们的工作。尽管一些妇女组织抱怨说,进入传统男性角色的女性数量增加得还不够快,但坦率地说,那些只愿意让男人做这些工作的男人是不会让女人占上风的,他们宁愿自己成为这个地球上最强硬的、最富有献身精神的挑战者。

第二,在某种程度上说,妇女将改变这些职业。在刚开始进入这些职业的时候,她们的提升完全要靠她们与男性同样的表现——但她们一旦形成了一定的规模(就像在法律界和新闻界,而且据说还在医学界,所发生的情况一样),她们的看法就会改变这些行业本身。2002年,全国妇女和警务中心在对7个主要的美国警察局进行的一项研究中发现,一般来说,女警察不像她们的男性伙伴那样喜欢滥用权力,或者说,她们受到滥用权力的指控要比男警察少。所以,在涉及警察滥用权力的案子中,平均来说,男警察为打这类官司所花的钱是女警察平均花费的2.5倍或5.5倍。这是因为女警察更注意化解紧张事态而不是平息紧张事态吗?尽管这不是解决所有案子的有效办法,但在更大的范围内,它会是防止滥用权力的一种有用的制衡手段吗?

在所有暴力犯罪的报警电话中,有一半是要求警察解决家庭暴力的。一名女警察对如何处理这类犯罪会有更好的感觉吗?

当然,我不是有意夸大女人的力量,而回避女人的弱点。确实,在美国第一位女总检察官珍妮特·雷诺(Janet Reno)的领导下,全国的警力变得更注意"社区的治安",更注重在犯罪开始之前预防犯罪。另一方面,美国第一位女全国治安顾问(后来的国务卿)康多丽扎·赖斯(Condoleezza Rice)帮助开辟了通向伊拉克战争的道路。另外,同过去所有的前任相比,英国第一位女首相玛格丽特·撒切尔(Margaret Thatcher)对英国军队的部署更具有侵犯性。对于女性掌握权力和男性掌握权力会产生什么不同的结果,由于目前还没有足够的女性掌握权力,所以还很难对此做出全面的总结,但根据我们在法律界和新闻界所看到的情况,我希望在身强力壮的女人所在的行业中也发生一些变化。

谈到身强力壮的女人,还有一件很有意思的事情,这就是,由于越来越多的女性进入了需要体力的职业,女性的平均力量也可能增加了。从 1960 年代末以来,男子把马拉松纪录提高了 3 分钟——而女子却提高了 31 分钟。由于就大多数女性而言,她们被剥夺增强体力锻炼的机会时间太长了,所以女性(和男性)把女人比男人长得小、力量比男人弱、速度比男人慢当成了上帝给予的事实。但谁知道这是不是上帝给予的事实呢?作为一个纯粹的进化问题,女人仍然处在向她们的全盛时期挺进的过程之中。有一段时间,男人一直根据自己的身体力量来证明自己。现在女人也正在得到这种机会,成千上万名从来没有参加过真正的长跑比赛或检验过自己的体能的女人开始得到这样的机会。这将大大缩小——如果不是消灭的话——两性之间的体力差距。

正如很多女性发现了语言的力量一样,另一些女人正在发现她们自己的身体力量,发现她们在最要求体力的行业中与男人进行针锋相对的竞争的能力。那些选择这些新道路的女人喜欢这些新的道路,而且正在成为女性当中的特殊群体——强壮的、自豪的、热情的、引领其他女性前进的群体。25 年前,我们曾就平等权利修正案的问题进行过一次全国性的辩论,反对这项修正案的重要理由之一是,女人也许不得不在武装力量中服役或当警察。今天,那些身强力壮的女人正在证明:那次辩论是多么的无聊。

第三部分
种族与宗教

Microtrends
the small forces behind tomorrow's big changes

打破彩色玻璃天花板的女人

职业妇女还有最后一个趋势。女性对于她们以语言文字为基础的职业支配美国，比如新闻、公共关系和法律，也许习以为常了。但在谈到与语言文字有关的职业时，女性的出类拔萃就变得更加复杂了。

在过去20年中，美国女性神职人员的数量增加了两倍多。读神学院的女生超过了51%。在过去10年中，学宗教或神学专业的女性增加了一倍多，而在男性中只增加了不到一半。我们看到，在一套新的个人选择职业的标准的促使下，越来越多的女性加入了牧师的行列，因此一个新的牧师群体正在迅速成长。她们一方面在神学院接受深造，另一方面，她们仍然在美国的宗教生活中寻找着自己的固定位置。

那些担任神职的女性似乎是受到了一种深刻感觉的驱使，这种感觉就是：这个世界是需要修复的。女性神职人员的这种感觉往往比她们的男同事更加强烈，而且她们在政治问题和世俗问题上非常积极。根据对女性神职人员的一些调查，到目前为止，她们最关心的问题是社会福利问题，其中包括富人和穷人之间正在不断扩大的贫富差距问题。其次是宽容和权利问题，其中包括种族主义的问题；紧随其后的是公共秩序和礼貌问题，然后是同性恋的权利问题。在她们所列的问题表中，列在最后面的是国防和外交政策问题；尤其与美国男性神职人员相反的是，女性神职人员最后选择的问题是，"家庭价值"问题或"这个国家正在脱离上帝的精神和道德关怀"的问题。

也许令人感到不惊讶的是，根据这份问卷的调查结果，女性神职人员们有不少是自由党人，有时候，绝大多数女性神职人员都是自由党人，而且一般都支持民主党候选人上台。在上一代人中，很多女性都是教师、社会工作者和公民志愿者，但现在她们正在把自己对社会公正的责任与她们个人的信念结合起来，而不是只关心在传教士和牧师的阶梯上向上爬。

女性神职人员的增多预示着美国宗教中的一些变化。不管是男性神职人员还是女性神职人员，他们都对问卷调查人员说，在女性神职人员传道、布教和向人提出劝告的时候，她越来越关心参加宗教活动的人的个人生活，越来越关心培养个人的经验，越来越可能在个人经验上花费更多的时间。也有报道说，这些女性神职人员对聚会政治、统治他人的权力以及工作声望完全没有兴趣。而且据说她们更加受到那些被教会疏远、刚来参加宗教活动的人的欢迎。

不过，尽管有这些贡献，而且她们的数量在增加，但女性神职人员仍然面临着一些非常严重的挑战。首先是个人压力的挑战，据报道，女性神职人员感到的压力要比男性神职人员大得多。在对全国190位联合卫理公会（United Methodist）的女性神职人员进行的一项研究中，60%的人说她们睡得不踏实，56%的人说她们感到伤心，超过三分之一（35%）的人说，"即使有家人或朋友的帮助""也不能消除她们的忧郁情绪"。女性神职人员们报告说，到目前为止最大的挑战是工作和家庭的兼顾。常年担任牧师，还要在家照顾孩子，这是相当繁重的。而且大多数男性神职人员的妻子们在礼拜会上可以起到与教友沟通、建立感情的作用，而女性神职人员则要承担妻子和神职双重责任。最后，对单身女性神职人员来说，约会就是一个非常大的挑战。没有结婚的女性神职人员报告说，大多数男人都被她们吓跑了，而且那些没有被吓跑的男人——比如同行——又太忙，以至于不能成为理想的伴侣。（想一下在与一个牧师的初次约会中，怎么说服你的这位同教兄弟吧。）

更普遍的情况是，即使那些允许女性担任神职人员的宗教组织似乎也在抵制她们发挥更大的作用。在女性神职人员中间，有一种被广泛观察到的现象，这就是被称为彩色玻璃天花板的现象，即尽管她们在人数上和男性神职人员相差无几，甚至比男性神职人员还多，修完的功课也不比男性神职人员少，但她们在教会组织中的升迁要比男性神职人员慢得多。一直到今天，几乎还不知道有哪个宗教，由女性神职人员单独来主持规模非常大的礼拜活动。

有人说，这只是时间问题，女性神职人员早晚会打破这个彩色玻璃天花板的。她们在其他行业——特别是在以语言和文字为基础的行业——中已经取得了实实在在的成就，在这个领域恐怕需要更长的时间，这部分原因是第一修正案阻碍了反歧视法的进程。（这就是男性神职人员能够带着不纯洁的动机阻止女性神职人员进入他们的行业的原因，他们说："你们想想看，在亚当服从他老婆的领导吃了禁果时，产生了什么结果？"）

不过，进一步地研究女性神职人员的斗争，就可以看到上面所说的也许不是什么好消息。

在过去50年中，几乎每一个允许妇女担任神职人员的主要宗教团体，其教徒的数量都大大减少了，而每一个不允许妇女担任神职人员的主要宗教团体的教徒都显著增加了。如下表所示，允许妇女担任神职人员的大部分主流新教团体的教徒人数下降了，大多数其他不允许女性担任神职人员的教派的人数却在增加。

美国主要宗教教徒人数的增减趋势（1960~2002年）

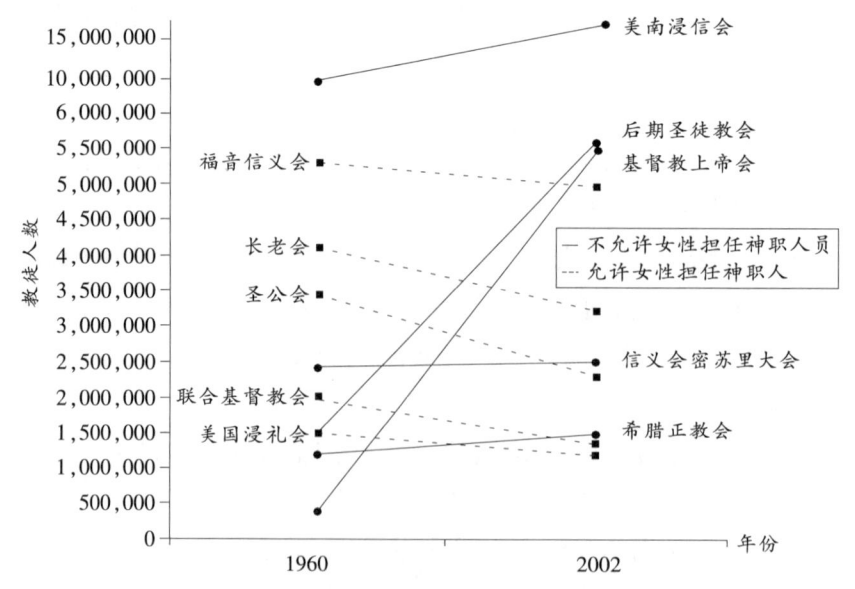

资料来源：美国基督教会会员人数统计：1960~2002年。

(Source: Demographica, Christian Church Membership in the United States: 1960-2002)

美国天主教会的教徒人数太多，以至于在这张图上没有办法显示出来，它排斥女性神职人员，在过去的50年中，它的教徒人数从420万增加到670万。美国的穆斯林人数太少，在这张图上也没有办法显示出来，它也排斥女性神职人员，但根据美国各种宗教教徒人数调查的结果来看，穆斯林从1990年的52.7万人增加到2001年的110万。（现在，他们的人数也许更多了。）当然移民也发挥了作用，但起更大作用的是宗教形式问题。

一些人会发现，说出这一点是很有意思的，即妇女在某些教派的存在是很多人退出这些教派的原因。圣·保罗（St. Paul）说过："我不允许女人教训男人，也不允许女人拥有超过男人的权威。"——但如果你仅能用经验来证明不让女性神职人员主事，你的教派就能得到发展，那么谁还需要圣·保罗的这句话呢？

但更可能的是，接受女性神职人员是一个更大的自由发展趋势的组成部分，这个趋势本身在信教的人当中是不受欢迎的。正像她们在女权运动中所做的一样，女性神职人员代表着不断发展的市民社会融入宗教的趋势。但越来越多的是，人们在星期天早上寻找的不是进步的主张。在经常去教堂的人当中，有高达77%的人说他们喜欢去教堂是与心灵有关，只有23%的人说他们喜欢去教堂是与头脑有关。人们指出，对于那些具有相同政治主张的人、志同道合的人和具有共同伦理标准的人，他们可以去塞拉俱乐部[①]之类的组织。如果他们去教堂，他们就需要灵感、畏惧和信仰。另外，女性神职人员们正在努力发现一种能够给她们不只是心灵，而且还有别的东西的宗教，而对于那些老教徒来说，这些东西则完全是新的。

当然，某种宗教的教徒多并不能说明这种宗教就掌握了真理。世界上所有较大的宗教在刚开始的时候都很小。所以一种宗教教徒人数的减少也许说明人们要求的东西更多了，但也有很多人认为，不能什么东西都朝上帝要，也不能说教徒要的东西越来越多了。现在，冷冰冰的统计数字表明，这个新的女性神职人员阶层还要苦熬很长一段时间，因为更严格的宗教正在发展，而比较自由的宗教正在萎缩。但这种状况在以前就反复出现过多

---

① 塞拉俱乐部（Sierra Club）：美国科学家约翰·谬尔（John Muir）在1892年发起成立的环境保护组织。

第三部分 种族与宗教 69

次，在今天如此众多的世界冲突中，宗教的作用也许会导致对宗教极端化的反抗，因此，打破彩色玻璃天花板的女人也许是一次新运动的先驱，这种运动将成为现代宗教的主流。现在，共识和怜悯心也许并不一致，但它们将来肯定会一致起来。美国也许应该为白宫出现第一位女总统做好准备，同样，我们也应该为第一位女性的葛培理（Billy Graham）——第一位通过电视甚至互联网的力量抓住这个国家想象力的女性牧师——做好准备。

喜欢找犹太人的人

伍迪·艾伦（Woody Allen）在1977年有一部大获成功的电影《安妮·霍尔》(Annie Hall)，其中最有趣的一个场景是，阿尔维·辛格（Alvy Singer）去威斯康星州的奇珀瓦－佛尔斯（Chippewa Falls），到他那不是犹太人的女朋友家见她的父母。尽管安妮和她的家人对他很客气，绝口不提他们在宗教上的不同，但艾伦的影片却告诉我们，阿尔维是如何想象着安妮的奶奶会把他看成什么样子的：长着一把胡子，头上戴着小圆帽，身上穿着派沙（犹太男人穿的那种传统的卷边长袍），一样都不少——一副老派犹太人的模样。

今天，这个电影场景也许会重新出现，但方式却不同了。今天，阿尔维戴着小圆帽，穿着派沙，纯粹是为了好玩；而安妮的父母可能会默不作声地坐在旁边，希望阿尔维和安妮能够喜结良缘。

因为今天在美国，和犹太人谈恋爱成了一种时髦。不管在什么地方，犹太人都成了抢手货。过去引起人们对犹太人怨恨和嫉妒的东西，现在好像成了羡慕和追逐的对象。过去，犹太人找与他们不同信仰的男人或女人，往往不愿意谈他们的宗教。但现在越来越多的证据表明，相反的趋势正在出现：不是犹太人的人喜欢找犹太人。

对订餐一直很刻板的犹太女人现在成了男人热情追逐的对象，很受年轻一代的看重。没有几个犹太女人会做饭，这也许是真的，因为犹太女人在过去几十年中走在了职业革命的最前头，她们当中的大学生、研究生和从事具有高学历的人才能从事的工作的人数已经达到其他人群无法相比的比例。(在25岁到44岁的犹太女性中,有68%的人具有大学学历,到目前为止,是美国所有宗教群体中比例最高的。)

在今天以教育为基础的服务型经济中,一度被认为不合主流的生活方式现在却非常普遍。所以犹太人(不论男女)是那些寻找成功的、受到良好教育的配偶的人的首选。

过去并不是如此,美国也曾经出现过反对犹太人的运动。1939年,罗波尔调查公司(Roper)的一项调查发现,只有39%的美国人觉得应该像对待其他人一样对待犹太人;53%的美国人认为,"犹太人与其他人是不同的,因此应该受到限制";10%的人实际上认为,应该把犹太人驱逐出境。在20世纪40年代,几项全国性的调查结果都发现,同其他全国性的、宗教的或激进的组织相比,犹太教(Jews)被认为是对美国福利的一种更大威胁。

让我们把这个结果与盖洛普在2006年8月所做的一次问卷调查做一下比较。在被问到如何看待美国信奉不同宗教或信仰的人时,在美国所有人群中,犹太人的得分最高,有54%的人对犹太人的态度是完全积极的。在美国各地的人的看法中,没有一个人群——卫理公会教徒(Methodists)、浸礼会教徒(Baptists)、天主教徒(Catholics)、福音基督会教徒(Evangelical Christians)、基要基督会教徒(Fundamentalist Christians)、摩门教徒(Mormons)、穆斯林(Muslims)、无神论者(Atheists)或科学会教徒(Scientologists)——比犹太人的得分高。

这种"对犹太人亲近的态度"对某些人来说已经变成一种非常明显的个人偏好。根据世界上最受欢迎的犹太人网上约会网站J-Date的调查,在2007年初,在它的会员中,有将近11%的会员不是犹太人。这意味着在世界上大约有6.7万名非犹太人、在美国有将近4万名非犹太人每月付费,以便得到在网上寻找与犹太人约会并与其结婚的权利。在我们于2006年9月进行的一次问卷调查中,每10个非犹太人中就有4个说,他们对与犹太人约会或结婚"非常"感兴趣,或"在某种程度上"感兴趣。

对犹太人最感兴趣的人是那些温和的、社会地位稍低的、信奉天主教的男人。(他们的情况比追求安妮·霍尔的人稍差些,比追求《六人行》[Friends]中的乔伊·特里比亚尼[Joey Tribiani]的人稍好些。)正是与犹太人的这种一致性使他们更喜欢亲近犹太人，因为一般来说，信奉这两种宗教的人在某种程度上都强调大家庭价值，都对某些食品有明显的偏好——都喜欢就着肉丸吃无酵饼团。在历史上，这两部分人都觉得受到过排挤，都受到过歧视，而且他们在后来都从社会中获得了很大的收益。在某一时期内，在美国出现一位信奉天主教的总统似乎是不可思议的。不过，像盖洛普这样的调查公司也调查过这样的问题：在美国有可能出现一位犹太人的总统吗？

2006年，在美国参议院中有11位犹太人参议员——包括一位从俄勒冈（Oregon）来的犹太人参议员，而该州的犹太人还不到该州人口的1%。

在美国，人们喜欢犹太人的另一个重要因素是，在人们想不到的一些地方出现了对以色列的强烈支持。在今天的美国，支持以色列的新教徒比犹太教徒还多。鲍伯·本内特（Bob Bennett）参议员在犹他州只有0.2%的犹太选民，在最近的一次亲犹太人的集会上，他成了主要的发言人。乔治·W. 布什总统——他一家人都曾受到犹太人的很大质疑——只在世界上的一个国家获得了很高的支持率，这个国家就是以色列。

在我们对喜欢犹太人的现象进行调查时，他们对希望得到一个犹太人配偶所给出的第一个理由是强烈的价值感，将近三分之一的人承认他们是受到了金钱、容貌或者犹太人"对他们的配偶更好"的那种感觉所吸引。2004年，我曾和约瑟夫·I. 利布曼（Joseph I. Lieberman）参议员一起工作，他是一个传统的犹太人，当时正在竞选总统。尽管他没有赢得他的政党的提名，但他强调在全国确立一种价值观，而这种价值观提高了美国人对犹太人生活的认识。在他竞选期间，有更多的犹太人，而不是非犹太人告诉他，一个犹太人不应该去竞选。但在2006年，他那强烈的原则感起到了很大作用，当时在康涅狄格州的民主党人拒绝提名他继续当选美国参议院议员之后，那些共和党人和独立党人——曾经不太可能成为一名犹太人的候选人的支持者——向他提供了帮助。

大众文化好像也发现了美国人对犹太人的亲近态度。当麦当娜沉迷于喀巴拉——一个源于犹太教神秘主义的精神运动——的时候，美国的一个全新的方面开始介绍犹太人的生活。这种生活不是情景喜剧《宋飞正传》（Seinfeld）所表现的那种生活——在那种背景下，犹太人的文化是飘忽不定的——而是那种独一无二的、与其他文化明显不同的宗教文化。应该承认，有人认为麦当娜把这种文化表现得过了头：在她2004年的重新发现之旅中，她除了喝喀巴拉水以外，拒绝喝任何饮料，而且由于她对犹太人安息日的尊重，她也不会在星期五晚上演出。

一旦不是犹太人的人开始对犹太教失去热情，犹太人自己也就开始对它失去了热情。在2005年，犹太雷鬼①艺术家马蒂斯亚胡（Matisyahu）（他的名字是意第绪语，意思是"上帝的礼物"）戴着小圆顶帽、穿上派沙、对上帝给我们的那种向上的力量提出了尖锐的批评，尽管如此，他的第二张CD一上市仍然排在排行榜的第二位。这里面的原因不是一个犹太人在唱摇滚歌曲，而且唱得还很好听，而是因为很多像罗伯特·齐默尔曼（Robert Zimmerman）——他把自己的名字改成鲍勃·迪伦（Bob Dylan）——这样的犹太人穿起了牛仔裤和T恤，唱起了美国歌曲，变成了摇滚的一代。现在的情况是，马蒂斯亚胡看上去像一个从13世纪波兰犹太小村庄来的犹太人，一会儿用意第绪语唱，一会儿用希伯来语唱，吸引着越来越多的来自俄克拉荷马州的粉丝们。

随着喜欢犹太人的偏好在不断蔓延，犹太人特有的习惯也在传播，即使在不是犹太人居住的地方也是如此。不是犹太人的人开始实行犹太人的戒律，在孩子长到13岁的时候，举行犹太人的"成人"仪式。有一个博客还专门介绍在非犹太人的婚礼上如何使用犹太人的结婚天棚及其注意事项。无酵饼团就是"没有苦恼的面包"，据说犹太人在逾越节期间就是吃这种东西，以纪念他们的祖先逃到埃及的历史。而现在，一些不是犹太人的人一年到头也都吃得津津有味。

也许，所有这一切都是伴着黑麦面包和热狗一起出现的，人们完全相信，如果是在犹太人开的食品店里制成的，它们的质量会更好。我的父亲在20世纪50年代曾在一家犹太人开的食品店里工作，当时这家食品店的老板面临的是一个日益萎缩的市场，因为就是犹太人也不买犹太人制作的食品。今天，由于正确的营销方式，他受到了越来越多的犹太人以及非犹

---

① 雷鬼（reggae）：一种始于20世纪60年代中期的牙买加民间音乐，后与非洲、北美的流行音乐和摇滚乐结合在一起的音乐。

太人的欢迎。根据这一趋势来看,如果将来有什么事情会发生的话,那么就是犹太人在今天正在占领着越来越多的市场。

根据犹太人的传统,一个非犹太人要皈依犹太教,必须学习犹太人的文化和习惯,而且要经过三次问话才有可能。在当今时代,他们或许不再经过这种问话了,现在,非犹太人在一个偶然的机会就会受到犹太教的吸引,而且他们也渴望受到犹太教的吸引。与此同时,信奉犹太教的单身男女(像风靡全国的那种带有犹太人口味的热狗一样)是一群很受欢迎的人:他们"接听电话"的次数是很高的。

跨种族通婚的家庭

在美国历史上，也许没有任何问题比种族关系更为重要，更容易引起纠纷，更耗费时间。也许值得注意的是，现在由不同种族或不同肤色的人结成的夫妻已经超过了那个重要的百分之一。

今天，在美国有 300 多万桩婚姻是跨种族的。83% 的美国人说他们赞成不同种族之间通婚，这一趋势表明美国人的宽容态度发生了很大变化。

我最早参与的一次问卷调查（当时我 13 岁）就是关于美国种族关系问题的。我请纽约市霍拉斯曼学校（Horace Mann School）的老师们填写问卷，这项调查是由哥伦比亚广播公司在全国范围内进行的，是关于对白人和黑人的态度问题的。我发现，在谈到种族问题的时候，我的老师们知道的比普通老百姓要多得多，而且他们的态度也比普通老百姓更为开放（这次调查也许就是我对为什么不同人群会对同一个问题具有完全相反的态度着迷的原因）。但即使在这些老师中间，也没有我们在今天年轻一代身上所看到的那种接受这种婚姻的态度和渴望交流的愿望。

1970 年，在美国大约有 30 万桩跨种族婚姻，占结婚人口的 0.3%。到 2000 年，这个数字增加了 10 倍，大约为 310 万，占所有婚姻的 5.4%。

跨种族婚姻及其跨种族子女的问题具有很重要的意义，以至于在 2000 年美国统计局（U.S. Census）第一次允许美国人在"种族"这一栏中有多项选择——除了 63 个可能的混合种族以外，还有"其他"一项选项。

从种族角度上说，谁会经常把自己的种族身份搞乱呢？

根据佩尤研究中心 2006 年的数据，尽管大多数跨种族婚姻中都包括一个说西班牙语的人，但最普通的跨种族婚姻（大约占14%）是白种男人娶亚洲女人。

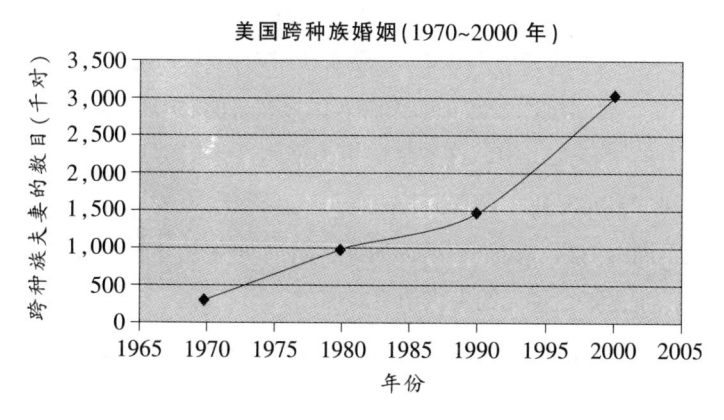

美国跨种族婚姻（1970~2000年）

[图表：纵轴为跨种族夫妻的数目（千对），从0到3,500；横轴为年份，从1965到2005。数据点：1970年约300，1980年约950，1990年约1,450，2000年约3,000]

资料来源：人口查询局，2005。
（Source: Population Reference Burean, 2005）

在跨种族婚姻中，列在第二位的是黑种男人娶白种女人，占8%。（有趣的是，在白种人和亚裔人的婚姻中，白种男人娶亚裔女人的婚姻可能是亚裔男人娶白种女人的3倍；而在黑人与白人的婚姻中，黑种男人娶白种女人的婚姻可能是白种男人娶黑种女人的3倍。观察家们对于黑种女人和亚裔男人之间的婚姻前景并不看好，正如人们所看到的一样，这两种人的通婚只是一个纯数学问题，这样的婚姻好像还不多。）

此外，跨种族婚姻在西部比在南部、东北部或中西部出现得多。但盖洛普的最近一份调查说，最赞成黑人和白人结婚的是住在东部的人。这正好应了大家都听过的那句话：说归说，做归做——实际上，在去教堂的路上，也是这种情况。

不同种族的人之间的相爱不只限于恋人——它还扩大到了孩子的抚养问题。从1998年到2004年，在美国跨种族收养的孩子（这通常意味着黑人孩子被白人夫妇领养）的百分比从14%一跃上升到26%。从1990年到2005年，被美国夫妇从其他国家——包括从中国、危地马拉和韩国——领养的孩子增加了两倍——在所有被领养的孩子中差不多占到18%，也就是说每年有20000个家庭从这些国家领养孩子。

即使把这些家庭都算在内,跨种族家庭的数量在所有美国家庭中也只是很少的一部分。但是跨种族家庭正在迅速地增加,而且毫无疑问,这种趋势还将继续下去。主要原因是,接受这种跨种族关系的家庭猛增。在1987年,不到一半的美国人认为,"黑人和白人相互约会是他们的权利";而到2003年,有超过四分之三的美国人认为这是他们的权利。

在今天的年轻人当中,这种想法更为强烈。他们不只是通过学习"不同文化"和"多元文化"课程而长大的一代,今天30岁以下的年轻人也是历史上最不同的一代。也许正因为如此,超过90%的年轻人接受跨种族的家庭关系,而在年纪较大的人当中只有50%。

他们不只这样想,而且也这样做。2002年,在18~19岁的年轻人当中,有20%的人说他们正在与不同种族的人约会;而在10年前,这个数字还不到20%。在Match.com网站的会员中,有70%的人说他们愿意与不同种族的人约会。

今后种族问题似乎不像过去那么具有决定性的意义。克林顿总统曾经说过,人类的基因99.9%都是相同的,只有0.1%的基因是不同的。人与人之所以不同就是因为这0.1%的不同基因,而这种基因的力量也在减弱。

跨种族夫妻、以不同种族的生活为基础的家庭的急剧增长,并不是说这种夫妻和家庭没有遇到过阻力。几乎一半的黑人和白人结成的夫妻说,与不同种族的人结婚使婚姻更加困难。有三分之二的黑人和白人结成的夫妻说,在刚开始的时候至少有一方的父母是持反对态度的。跨种族恋人的朋友和兄弟姐妹似乎也以各种不同的方法回避这个话题——就像对斯派克·李(Spike Lee)主演的《丛林热》(*Jungle Fever*)中的韦斯利·斯奈普斯(Wesley Snipes)和安娜贝拉·莎拉(Annabella Sciorra)那样,不是有保留地支持就是生气,不是嫌弃就是嫉妒。

现在,白人夫妇领养美国的黑人孩子,仍然要接受"文化能力"的训练——对(从20世纪70年代到20世纪90年代初的)那个时期要有所了解,在那个时期,领养不同种族的孩子被指责为"文化上的种族灭绝"。

不过,除了我们应该尊重和支持各种跨种族的家庭以外,我们也应该给予它们足够的注意,因为它们正在悄悄地动摇着某些假设,而这些假设对美国几十年来的种族政策、做法和习惯一直具有指导性的作用。

比如，在黑人的祖先既是受害者又是被压迫者的时代，反歧视行动意味着什么？这样的人是应该受到优待，还是不应该受到优待？

在确认人的种族归属的问题上，我们还要坚持多久"一滴血"的原则？伊利诺伊州的参议员巴拉克·奥巴马有一个独自把他抚养成人的白人母亲，但是不是所有的人（包括参议员），虽然表面上不是黑人，都能把自己的故事告诉别人呢？哈利·贝瑞（Halle Berry）也有一个独自把她抚养成人的白人母亲，但是她的自传（以及她在接受奥斯卡奖的那篇长篇讲话中）的第一句话就是，她是第一位获得奥斯卡最佳女演员的非裔美国人。研究种族问题的学者认为，种族是一种经验，而不是一个事实——所以一个人如果被认为是黑人，他或她就是黑人，而不管验了"几滴"血。

不过毫无疑问，在各个领域中的明星——从政治领域的奥巴马、好莱坞的贝瑞到体育界的泰格·伍兹（Tiger Woods，一半黑人血统，一半亚裔血统）——中间，跨种族家庭周围的那些耻辱感正在消失，实际上，现在到处都可以听到对这种家庭的赞许声。1967年，美国上演了一部电影《猜猜谁来吃晚餐》（Guess Who's Coming to Dinner），在这部电影中，当女儿把西德尼·波伊特尔（Sidney Poitier）带回家的时候，她的父母感到非常不快，而现在的美国人早就不是这样子了。

既然麦当娜已经领养了一个从马拉维来的孩子，安吉丽娜·朱莉（Angelina Jolie）已经从埃塞俄比亚、柬埔寨和越南领养了一帮孩子，那么尽可能使你自己的家庭变得多种多样就不那么惹眼了。

当然有人会认为，由于越来越多的人接受了这种跨种族的家庭关系，也有可能失去每一种族曾经具有并一直想保留的特殊性。在美国所有种族中，美国原住民的跨种族婚姻的比例是最高的，他们为失去了他们自己的风俗、语言以及用于定义他们的特征而感到悲哀。最近他们已经在华盛顿开了一家博物馆，以纪念他们的文化。

本书的一大主题是，美国不再是一个大熔炉——恰恰相反，小群体现在正在以比过去更鲜明、更突出的特征来定义他们自己。在某种程度上，跨种族家庭是一个例外。几百年来，这个国家有着严重的种族分离，而现在这些分离在一些很重要的方面似乎变得淡薄了。不过与此同时，人们现在可以表达和选择他们的那些不是由种族、宗教信条或出生日期先前决定的个性，而是像表达他们的人生经验和信仰一样地表达和选择他们的个性。美国人正在学会如何按照新的方法与众不同，如何按照新的方法接受不同。也许使跨种族婚姻成为一个好兆头的是，它表明：即使是以往的分离也可以随着时间的推移而成为团结的力量。美国在宗教、政治、艺术或文化等问题上曾发生过种族冲突，但它现在不想重复这些冲突。由于小趋势使美国按照几百个新的方向发展，所以这个中心主题可以用来减少种族差别对社会演变的影响——除了不让过去的狂热继续存在以外，还要消灭以往的差别。

国际画面

确实，跨种族婚姻不只是美国独有的现象。世界各国的人们似乎正在不分种族、不分国籍地结成秦晋之好——尽管其中的原因与推动这种小趋势在美国发展的原因有所不同。

跨国婚姻增加了亚洲国家的知名度。

- 2005 年，韩国的涉外婚姻占到全部婚姻的 14%，而在 2000 年只占 4%。
- 2003 年，在日本每 20 对新婚夫妇中就有 1 对是由一个日本人和一个非日本人结成的夫妻。在这些婚姻中，大多数是日本男人娶了外国妻子。
- 由于在工作场所遇到日本、韩国、马来西亚和中国台湾的女人的机会增多，以及男性比例失调——这些国家的男人发现他们自己成了抢手货，那些来自其他亚洲国家的女人也为自己能够高攀而感到高兴。越南仅次于中国，成了新娘的第二大供应国：在过去的 8 年中，有超过 87000 名越南女人嫁给了外国人。其他亚洲国家的女人也赶上了这个机会，这些国家包括泰国和印度尼西亚。

20世纪90年代，俄国以向美国人输出新娘而出了大名，但是随着时间的推移，情况完全改变了。土耳其现在取代了美国，成了俄国女人喜欢的丈夫的来源。2006年，在莫斯科的跨国婚姻中大部分是俄国人与土耳其人的婚姻，其次包括与来自德国、美国、英国以及来自前南斯拉夫地区的人的婚姻。

不过，在所有这些跨国婚姻中也存在着黑暗的一面。尽管一些婚姻的基础可能是爱情或恋情，但大多数这类婚姻都不是必然发生的。一些在国外找老婆的男人之所以这样做是因为经济上的拮据，他们当中的大多数人在经济上没有能力找到跟他们同国籍的女人当老婆。有些婚姻的唯一目的是为了获得公民权，一旦获得公民权，马上就离婚。很多这类婚姻的最后结果都是分手和虐待。

不过，跨种族、跨民族以及国际婚姻正在兴起，他们的子女也在增加。贝纳通[①]恐怕得做些新的设计了。

[①] 贝纳通（Benetton）：意大利服装品牌，包括休闲服、化妆品、眼镜、内衣、鞋等，主要针对大众消费者，特别是年轻人和儿童。在休闲服装领域，与美国的 Esprit 并驾齐驱。

第三部分　种族与宗教　81

信奉新教的墨西哥裔美国人

猜猜看，哪个国家往美国输送的信奉天主教的移民最多？对，是墨西哥。

再猜猜看，哪个国家往美国输送的信奉新教的移民最多？不错，还是墨西哥。

在美国，信奉新教的墨西哥人到底有多少？信奉新教的拉美人到底有多少？

每个人都知道拉美人在美国的影响正在迅速扩大。2006年，在美国的拉美人超过了4300万，而在1990年只有大约2200万。如果算上波多黎各岛上的人（400万）以及肯定少算的人，美国拉美人的人口达到了大约5000万人。

2003年，拉美人超过了非裔美国人，成为美国人口最多的少数民族。他们现在占美国人口的14%，占选民的8%，而在1976年只占选民的2%。

不过一般来说，拉美移民被认为是信奉天主教的。说句公平话，70%的拉美移民是天主教徒，而且由于现在移民比例较高，美国信奉天主教的拉美人是历史上最多的，大约有2900万。根据天主教会自己的统计，它在美国大约有7000万名信徒，而且预计到2015年，他们当中至少有一半是墨西哥裔人。

但在美国的拉美人当中，有一个非常重要的亚群体，这就是新教徒。根据2005年出版的《美国拉美人宗教和世俗活动》（Latino Religions and Civic Activism in the United States）的统计，将近四分之一的美国拉美人认为自己是新教徒或基督教其他教派的教徒，这些教派包括耶和华见证会和摩门教。这些人在美国大约有 1000 万——比美国的犹太教徒多，也比美国的穆斯林多，更比圣公会教徒或长老会教徒多。在 1000 万信奉基督教的拉美人当中，有将近 90% 的人说他们自己不是"传统的"基督教徒，也不是自由主义的基督教徒，而是五旬节派教徒、福音派教徒，或是"再生派"教徒。

在一定程度上说，这完全是因为五旬节教派在世界范围内的急剧增长，在过去的 70 年中，全世界的五旬节教派的信徒从不到 5000 万增加到 4 亿。当然，在信奉新教的拉美移民中，有一些人是在他们自己的国家就信奉新教，但很多人是到美国以后才信奉新教的。根据 2003 年对美国公共生活中的墨西哥裔人教会的一项研究，从第一代拉美裔美国人到他们的孙子辈，信奉天主教的人差不多下降了 15 个百分点。确实，丢掉上辈移民的道德传统是各种宗教都有的老故事——除了现在，因为现在正好相反。新的一代不会与美国"混杂在一起"，他们会做出各种各样的选择。

有些人注意到了这一现象，即拉美移民正在改变他们的信仰，他们说，在几个层面上，五旬节教派对移民都是很有吸引力的。五旬节派教会用移民的母语向移民提供服务，而且非常关注个人。他们尊重社会流动和财富流动，这将激发很多移民树立个人理想。他们帮助那些低工资的移民，向他们提供疾病治疗，因为他们当中有很多人都没有医疗保险。根据研究美国拉美文化的一位专家的说法，拉美移民社群中的五旬节派教会很像美国东北部城市中的老教区首领，他们向教徒提供工作、卫生保健、贷款和社会支持。对低收入的拉美移民来说，五旬节派教会很像一个大家庭。

另外，据说在五旬节派教会运动中，信奉天主教的拉美人受到更大的担任领导的机会所吸引。虽然在美国所有天主教徒中，拉美人占了大约 40%，但在美国天主教牧师中，只有不到 8% 的人是说西班牙语的，而且他们当中有很多人都是从哥伦比亚和西班牙来的。所以对拉美裔美国人来说，五旬节派教会运动提供了更多、更快担任领导的机会。

也许最重要的是，五旬节派教会目前正在积极地四处出击。在一些地方，他们制定了非常成熟的公司策略，直接向拉美移民邮寄教义宣传品，向他们发出热情诚恳的邀请，向他们提供对所有人都具有吸引力的"舒适幽雅"的宗教环境。

这一点为什么重要呢？因为信奉新教的墨西哥裔美国人——很多政治家甚至还不知道他们的存在——是一股潜在的政治力量。2000年乔治·W.布什竞选总统之所以失败，2004年乔治·W.布什竞选总统之所以成功，起决定作用的就是两个主要的群体：墨西哥裔美国人和白种女人。2000年，投布什票的墨西哥裔美国人只有35%；而在2004年，投布什票的墨西哥裔美国人上升到40%，而且在最初民意调查中高达44%。这是一个重大的转变，对总统来说是非常关键的。但最明显的是，所有转变都发生在信奉新教的墨西哥裔美国人中间。2000年和2004年，布什在信奉天主教的墨西哥裔美国人当中得到的选票比例完全一样，都是33%。只有信奉新教的拉美移民加大了对布什的支持力度，从44%增加到了56%。大多数美国人不太了解的信奉五旬节教派的墨西哥裔美国人，是左右2004年选举的关键力量之一。

在随后的选举中，公平地说，布什总统和共和党对拉美裔美国人表现出了很大的善意，就移民问题提出了一系列建议，但那些信奉各种宗教的拉美裔美国人却认为这些建议是令他们感到不快的。在2006年中期选举中，拉美裔美国人又回到了他们原来的立场，至少是从全国范围内来说，回到了他们原来的立场，在每3个人中就有2个投了民主党的票，只有一个投了共和党的票，在历史上他们就是这样投票的。甚至信奉五旬节教派的墨西哥裔美国人也更强烈地关注移民问题，而在他们曾与共和党人有更多共同看法的一些问题上，却没有表现出更强烈的兴趣。但是根据佩尤美籍墨西哥人研究中心的说法，在6个参议员和州长职位的竞选中，共和党人候选人得到了拉美裔美国人的大力支持。而且对于一个不同的共和党总统候选人，或者在带有感情色彩的关于移民问题争论不激烈的一个年份，一般来说，拉美裔美国人，特别是信奉基督教的拉美裔美国人还是可以回过头来支持共和党人的。

政治家们把拉美裔美国人选民聚集在一起是要冒风险的。确实，大多数拉美裔美国人信奉天主教，而且正在竭尽全力地重新振兴美国的天主教会。但越来越多的拉美裔美国人成了基督教徒和五旬节教派教徒，除了移民问题，他们与他们的天主教教友们很少有什么共同点。比如：

◆ 根据我的公司在2006年所做的一次民意调查，各种信奉天主教的拉美裔美国人（42%）认为，在总统选举中，最重要的是经济问题。相反，各种信奉基督教的拉美裔美国人是尊重价值观的选民。对信奉天主教的拉美裔美国人来说，在总统选举中，价值观是最不重要的考虑因素，在这些人当中，只有23%的人说，在所有因素中，价值观应该排在最高位。

◆ 信奉天主教的拉美裔美国人可能是属于工会的信奉基督教的拉美裔美国人的三倍，或者说，信奉天主教的拉美裔美国人的家庭可能是信奉基督教的拉美裔家庭的三倍。

◆ 信奉天主教的拉美裔美国人比信奉基督教的拉美裔美国人的社会地位稍微高一些。23%的信奉天主教的拉美裔美国人的年收入是75000美元或者更多，而同样收入的信奉基督教的拉美裔美国人只有12%。

拉美裔天主教徒和拉美裔基督教徒优先考虑的问题之不同(2006年)

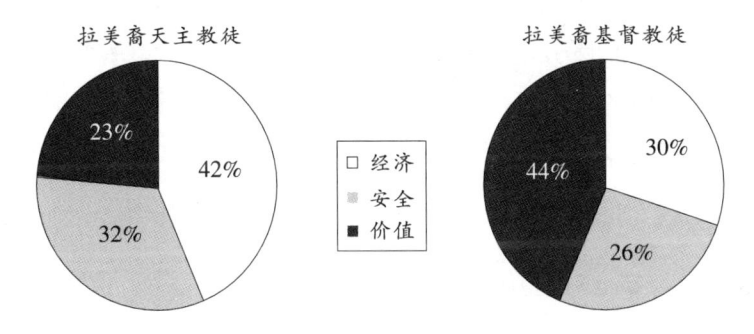

拉美裔天主教徒：经济 42%，安全 32%，价值 23%
拉美裔基督教徒：经济 30%，安全 26%，价值 44%

资料来源：PSB，2006。
（Source: PSB, 2006.）

◆ 超过一半的信奉基督教的拉美裔美国人讲英语，或在大多数时候讲英语，偶尔讲点西班牙语。而在信奉天主教的拉美裔美国人当中，这样的人只有28%。就算信奉基督教的拉美裔美国人代表着以后几代的美国人，但这与一个更大的趋势是一致的，即在很多拉美裔美国人的头脑中，成为一个真正的"美国人"意味着在语言上要说英语，在信仰上要信奉五旬节教派的教义。

◆ 也许最明显的是信奉天主教的拉美裔美国人和信奉基督教的拉美裔美国人在堕胎问题上的不同态度。58%的信奉基督教的拉美裔美国人强烈反对堕胎，而在信奉天主教的拉美裔美国人当中，强烈反对堕胎的人只有26%——这又一次使我们想起了在2004年总统选举中，信奉天主教的拉美裔美国人与乔治·W.布什总统结成的联盟，在那次总统选举中，赞成堕胎的信奉天主教的拉美裔美国人为41%，而持这种态度的信奉基督教的拉美裔美国人的百分比略低，占37%。

对于2006年移民大失败来说，共和党中的中坚分子在很大程度上控制了很多潜在的拉美裔美国人选民。最明显的是，在人数增长最快的美国族群中，那些发展最快的宗教人群看来喜欢共和党人。这些人包括非体力劳动者、反对堕胎者、喜欢讲英语且注重价值观的选民。啊，在2006年，这些人群又转向了民主党人。

这一趋势不只有政治含义。越来越多的基督教会需要学习西班牙语和文化，而越来越多的天主教会需要了解，到底是什么东西使五旬节教派的教义具有如此大的吸引力，以至于这一教义成了他们的"基本教义"。民众需要一些全新的社会网络，包括面向青年人的全新的社会网络。现在，人们用一些奇怪的方式做祷告，而带有各种传统做法的祷告仪式也在兴起，只不过用的是新的语言。

温和的穆斯林

"9·11"事件以来,这个日子对在美国的穆斯林来说一直是一个非常不安稳的日子。

几乎有一半的美国人对伊斯兰教持否定态度。当问到他们对所有主要宗教的态度时,只有山达基教(Scientology)的名声排在伊斯兰教的下面。

不过,如果一个人直接认识一个穆斯林,他的态度就会是温和的——但只有三分之一多一点的美国人直接认识穆斯林。几乎一半(46%)的美国人认为,同其他宗教相比,伊斯兰教倾向于暴力行为;而在2001年"9·11"事件发生时,持这种看法的美国人只有35%。一半以上的美国人说,穆斯林不尊重妇女。44%的美国人说,穆斯林的宗教信仰太极端。22%的美国人说,他们不愿意同穆斯林做邻居。

但是,如果你研究一下穆斯林在美国的实际人口统计图,你就会发现一幅完全不同的图画。

美国人认为穆斯林喜欢暴力,真的是这样吗?有高达81%的美国穆斯林支持枪支管制,而在全体美国人当中,只有不到一半的人持有这种观点。穆斯林真的在宗教信仰上持极端态度吗? 25%的美国穆斯林说,他们每个星期都参加宗教活动,这个数字与另一个数字几乎是完全一样,即在全体美国人中,有26%的人每周都参加宗教活动。40%的美国穆斯林说,他们是温和的——这与在全体美国人中说自己是温和的人的数字是一致的。

实际上,如果我跟你们说在美国人当中有这样一个人群,在这个人群中结婚率是70%,登记投票率是82%,受过高等教育的人比例是59%,而且平均年收入超过 5 万美元，那你猜猜看，这是哪部分人群呢？

对，这就是美国的穆斯林。他们年轻、重视家庭、受过良好教育、富有，而且在政治上也是很积极的。

啊——穆斯林还在不断地增多。20 世纪 60 年代，当时有利于东欧移民的配额被取消，从那时起，穆斯林移民就不断地大量涌入美国，主要是去密歇根、加利福尼亚、纽约和新泽西等州。目前在美国有 1200 多座清真寺，而在 1980 年大约只有 450 座。仅仅从 1994 年起，清真寺的数目就增加了 25%。尽管在 2001 年恐怖袭击以后，穆斯林移民的人数急剧下降，但毫无疑问，后来又有所回升：2005 年，大约有 10 万从伊斯兰国家来的人成为美国合法的永久居民——比 1985 年以来的任何一年都要多。

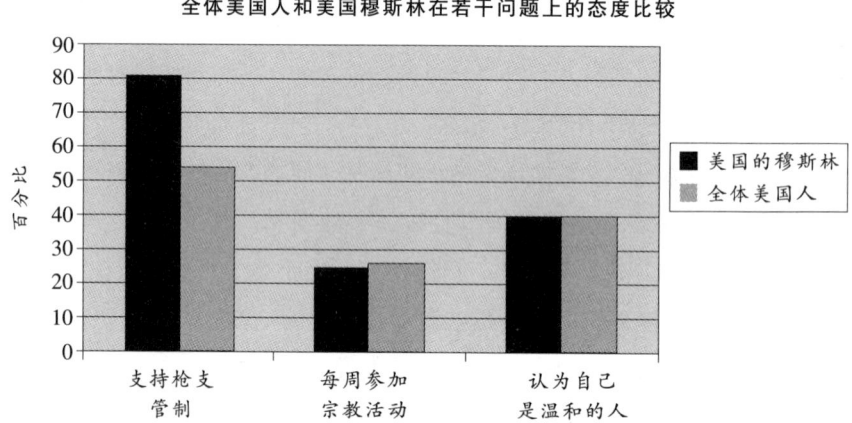

全体美国人和美国穆斯林在若干问题上的态度比较

资料来源：MAPS/Zogby 项目调查数据，2004 年；
哈里斯互动网，2005 年，2006 年；盖洛普，2004 年
（Source: Project MAPS/Zogby Poll, 2004; Harris Interactive, 2005,2006; Gallup, 2004）

对于实际上有多少穆斯林——包括穆斯林移民、他们的子女，以及在美国出生的皈依伊斯兰教的人——生活在美国，专家们有不同的估计。你将看到的估计数字从 200 万到 700 万不等。但没有人对这一点有不同看法，即穆斯林不仅在数量上，而且在政治影响力上正在增长。在 20 世纪 90 年代，一个称为美国穆斯林联盟的组织打算到 2000 年安排 2000 名美国的穆斯林担任经过选举才能担任的职务。在 2001 年穆斯林人口急剧下降之前，他们已经安排了 700 名——但是在 2006 年，明尼苏达的基思·埃里森

（Keith Ellison）成了第一位被选入国会的穆斯林。

穆斯林社会兴起的实际意义不只是穆斯林数量上的变化，而且还有对穆斯林社会内部变化所产生的潜在影响，这种影响将按照一些重要的方式继续下去。随着美国穆斯林社会的不断扩大，他们在他们自己内部所做的选择将决定伊斯兰教在美国的地位，而这种地位在某些小的方面将影响到伊斯兰教在世界上的地位。

美国的穆斯林在总统选举中已经在政治上来了个180度的大转弯。2000年，他们当中的很多人支持共和党的乔治·W.布什，反对民主党的艾尔·戈尔（Al Gore）；在后来的选举中，超过75%的美国穆斯林没有投乔治·W.布什的票，而是投了民主党人约翰·克里（John Kerry）的票。当然，在对伊斯兰国家进行干预的那几年中，布什在"9·11"事件之后发动了占领阿富汗和伊拉克的战争，但在绝大多数穆斯林看来，这两场战争并不是针对恐怖活动的，而是针对伊斯兰教的——所以这种转变尽管激烈，但还是可以理解的。

但美国人要注意：穆斯林在他们自己的社会中也正在成为摇摆选民。

2004年，位于密歇根的社会政策与谅解研究所（Institute for Social Policy and Understanding）对美国穆斯林最集中的大城市之一底特律的去清真寺做礼拜的人进行了调查。调查发现，65000名，也就是38%去清真寺做礼拜的人在他们的宗教活动中"喜欢一种灵活的做法"。大约有同样数量的人（36%）是保守的人（包括8%认为自己是最反动的沙拉非［Salafi］组织的人，这个组织把性别歧视当成一条神圣的法律来实行，而且认为所有非穆斯林都将下地狱）。

尽管如此，仍然有四分之一去清真寺的穆斯林——不管是"持灵活态度的"穆斯林还是"持保守态度的"穆斯林——对一些信仰持开放态度。M. A. 穆克特塔尔罕（M. A. Muqtedar Khan）是一位政治家，也是温和的穆斯林的一位主要辩护人，他在他发表的一项研究成果中将这些温和的穆斯林称为"自由人"（freelancers），作为一个政治民意调查人员，我把他们称为"摇摆的穆斯林"。

美国伊斯兰教的未来很可能取决于他们。如果他们决定倾向于保守主义的态度，美国的穆斯林也许就会在实际上与他们信仰中的那些教条的、僵硬的戒律保持更多的一致，继续实行性别隔离，而且对其他宗教继续持仇恨态度。但是如果这些摇摆的穆斯林倾向于"灵活的态度"，那么就会在这个国家播下一场真正的伊斯兰改革的种子，这场改革不仅在美国，而且在全世界的穆斯林和非穆斯林之间将起到桥梁的作用。

温和的穆斯林也许是比调查所显示出来的人群大得多的一个群体，因为那次调查只涉及去清真寺的人。据估计，在不定期去清真寺的穆斯林当中，有三分之二的人对温和立场持更加开放的态度。所以如果你加上那些不去清真寺的人，那么持灵活态度的穆斯林以及摇摆的穆斯林——就算假设穆斯林有400万或500万（取专家估计数字的一半）——你也会很容易得出这样的结果，即温和的穆斯林已经超过了300万。

一些机构试图将这些穆斯林召集到一起。"9·11"事件之后成立的美国伊斯兰大会谴责恐怖主义，并推进温和的穆斯林在美国更多地存在。一位叫卡玛尔·纳瓦什（Kamash Nawash）的穆斯林，他自称是"穆斯林的马丁·路德"，发起成立了自由穆斯林联盟，目的是更加强烈地谴责宗教暴力和恐怖主义，因为他认为"9·11"事件之后，一些阿拉伯组织在这一点上做得还不够。

五角大楼本身也开始注意招募美国的穆斯林加入美国军队，雇用伊玛目当随军神职人员，庆祝穆斯林的节日，并保证在西点军校（West Point）和其他军事院校有穆斯林的祈祷室。

我不知道谁能赢得美国温和的穆斯林的心。但是不管是谁，只要他转向美国的伊斯兰教，就有可能转变美国对穆斯林社会的看法，甚至也许可以产生未来有利于架起东西方之间的桥梁的国际领袖。也许同欧洲发生的情况相比，在美国定居下来的穆斯林自己已经选择了使他们对西方文化更友好的道路（见下面的国际画面）。要不就是，美国的穆斯林没有忘记在波斯尼亚和科索沃事件中，美国是如何采取强硬的反塞尔维亚、亲穆斯林的军事立场的，并对此心存感激之情。不管是什么原因，美国穆斯林社会和欧洲穆斯林社会的区别是非常明显的。但是，美国伊斯兰教的未来进程绝不是预先就可以决定的，而且温和的穆斯林对国内融合和美国外交政策的看法、对于国内和国外的和平都是非常重要的。

国际画面

很多美国穆斯林的特征是温和的,但欧洲穆斯林的特征却不是如此。

穆斯林在欧盟人口中占 5%,或者说有 1500 万到 1800 万之间——估计是生活在美国的穆斯林的许多倍。但是,由于移民比例很高,而且穆斯林的出生率是欧洲其他非穆斯林的三倍,所以欧洲的穆斯林的人数增长很快。到 2015 年,欧洲的穆斯林人口将增加一倍,也许穆斯林很快将在几个欧洲主要国家成为多数族群。

不幸的是,穆斯林人口的增长可能会使欧洲分裂,而不是使欧洲更富有。根据佩尤全球对欧洲穆斯林的态度的研究结果,尽管同生活在伊斯兰国家的穆斯林来说,欧洲的穆斯林对西方表现出了比较积极的态度,但是相当多的把家安在法国、西班牙和德国的穆斯林群体仍然认为西方人是"自私的""傲慢的""倾向于暴力的""贪婪的"和"狂热的"。但感情是双方面的:多达 83% 的西班牙人和 78% 的德国人认为穆斯林是"狂热的"。(英国和法国持这种态度的人的比例较低,大约 50%。)

关系紧张的根源既有文化原因,也有经济原因。德国的土耳其人的失业率高达 24%——是全国失业率的两倍半。法国的北非人的失业率高达 30%——是全国失业率的三倍。

恐怖主义似乎有蔓延的趋势。同样根据佩尤的那项研究的结果,法国、德国和西班牙的大多数穆斯林就连在阿拉伯人是否应该对 2001 年 9 月 11 日飞机冲向世贸大厦负责这一问题上,态度也是不一致的——在英国的穆斯林中,有 56% 说阿拉伯人不应该负责,也许最令人不安的是,在法国、英国和西班牙,每 7 个穆斯林中就有 1 个多认为,从保卫伊斯兰教的意义上说,自杀性爆炸是正义的。

确实,美国的穆斯林也许是比较温和的——与那些无论是在地域上还是在文化上都远离西欧的穆斯林相比,那些通过各种途径来到美国的穆斯林也许在很大程度上开始喜欢上了美国的价值观。这也使所有美国人抱着积极的态度去接触美国的穆斯林,特别是去接触那些摇摆不定的穆斯林,即温和的穆斯林产生更大的兴趣。

第四部分
健康与快乐

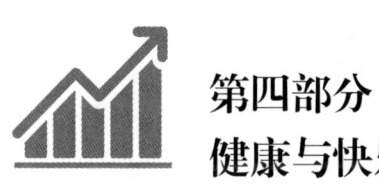

不喜欢阳光的人

千百年以来，人类一直崇拜太阳。我们曾经把太阳当成现实中的上帝，但现在太阳更可能是一种文化意念，特别在夏威夷、新泽西、佛罗里达和加利福尼亚，更是如此。在度假时，我们大家都喜欢晒太阳；我们在吃午饭的时候，也喜欢享受阳光。如果我们在工作或学习时享受不到阳光，我们就会想象着自己躺在被晒成褐色的床上，或者想象着自己被晒成了橘黄色。今天在美国，营业性的阳光房比星巴克还要多出两倍。

尽管美国人知道阳光有多危险，但情况仍然如此。根据2002年的一项调查，93%的美国人知道过度地暴露在阳光下对健康是不利的，但仍有81%的美国人认为出去晒晒太阳，他们看起来会更好些。在美国，每10次休假就会有1次选择在海滩，最受欢迎的休假地就是夏威夷。修建室内阳光房的产业每年的花费高达50亿美元，大约有3000万美国人修建了阳光房——在阳光房晒太阳的美国人中，包括200万名十来岁的孩子。根据另一项调查，每10个12岁到18岁的孩子中就有1个使用太阳灯，在3个这样的孩子当中只有1个使用防晒霜。

在我们年轻时，吸烟对我们也有很大的诱惑力，但我们不得不说，太阳崇拜和抽烟不一样，它关系到我们的身体对太阳的依赖（显然，一些人正在试图摆脱这种依赖）。不过，为了在短时间内看起来好看一点而有意识地伤害自己的皮肤，似乎是一种很不好的习惯——想想吧，一时的满足，可能会换来长期的痛苦，这种选择到底值不值呢？

不过，尽管有大批崇拜太阳的人，但也有一些人对太阳持不同看法，这些人正在迅速地增加，他们承担着改变这一切的使命。他们就是不喜欢阳光的人。这些人戴着松软的帽子迎接夏日的阳光，这种帽子看起来就像是一战时雷达轰炸机上的起落架（还有两个耳扇）；他们穿着像潜水服一样的衣服，把全身裹得严严实实的，非常勉强地参加在游泳池边上举行的聚会；他们抹上14层防晒霜去上班，甚至在办公室里也要抹防晒霜。

这不是他们的过错。当今美国，皮肤癌是最常见的一种癌，每年被诊断出来的新病例超过100万例。从1970年以来，皮肤癌的死亡率增加了50%。1980年至1987年，长有恶性黑素瘤（实际上就是一种危险的皮肤癌）的人数增加了83%，患上皮肤癌的十几岁孩子的比例——在上一代人当中，听都没听说过——也有所上升。

虽然在那些喜欢把皮肤直接暴露在阳光之下的人当中，皮肤癌是比较常见的，但皮肤癌如果出现在美籍墨西哥人或者非洲裔美国人身上便更有可能导致死亡（因恶性黑素瘤而死亡的最著名的人物之一就是鲍伯·马尔雷［Bob Marley］）。

在一个人18岁之前，至少有25%的皮肤危险会发生（虽然被广泛报道的数字超过了这个数字）。如果说到坏习惯，你把你的孩子带到海滩上去，实际上就是培养孩子的坏习惯。

所以，不喜欢阳光的人决心保卫美国，而不仅仅是在饮料瓶子上贴上防阳光系数。就像20世纪70年代反对吸烟的人和20世纪80年代提倡吃有机食品的人一样，他们成为最早提倡避免阳光暴晒的人，而且他们所提倡的东西很快将成为风靡全国的一种热情。

到目前为止，他们已经为防晒衣铺开了一个产业，这种防晒衣就是用那种比一般衣料织得更紧密的布料缝制的长袖衬衣和长裤。（一般夏天穿的白T恤衫都贴上防紫外线系数［UPF］，而且防紫外线系数最低是5。）一些衣料中加上某些防晒产品或化学剂，比如能够反射太阳辐射的二氧化钛。实际上，在2000年，这个行业还不存在，但现在防晒衣行业每年的营业额差不多是1.8亿美元。确实，这个行业还不是什么了不起的行业。但它已经为进一步发展做好了准备，特别是如果防晒品的制造商们可以找到一个办法，使那些耳扇看上去不像一战的轰炸机起落架的话。

不喜欢阳光的人还促发了将防晒融入我们日常生活的一些革新。现在市场上已经出现了一种被称为阳光卫士的产品,将防晒剂添加到衣物之中的一种洗衣辅助液——这种辅助液能将衣物的防紫外线系数从5提高到大约30——也投放到了市场。在化妆品行业中,20世纪90年代之前还没有人听说过用防晒霜来梳妆打扮。而现在,大部分粉底霜和护肤乳都标有防紫外线系数或防晒系数(SPF),而且系数至少是15。

快速发展的防晒产品是私人专用的阳光房,它能够改变阳光的颜色,这样既能享受到阳光,又能保护自己的皮肤。显然,这是不会受到紫外线辐射的唯一安全的办法。从1997年到2005年,这种产品的销售量几乎增加了80%。在2000年代初,散照式阳光房的销售量猛增了67%。

也许,有人会开发出耐久性防晒霜,就和他们曾经开发出耐久性化妆品一样。

这个不喜欢阳光的群体到底有多大呢?如果你把美国所有皮肤病专家(大约14000人)及其家人、最近因皮肤癌而死亡的人(从1997年到2006年大约有80000人)的家人、最近皮肤癌患者(大约有50万人)及其家人,以及美国对什么事情都小心翼翼的人(这些人总是首先注意皮肤病专家的警告、只食用最安全的食品、开最安全的汽车)都算在内的话——至少有200万不喜欢阳光、在8月份还戴着浅软呢帽子的美国人。

他们能够影响到公共政策吗?

到目前为止,美国政府对规范我们晒太阳的行为还没有表现出积极的态度。(既然阳光房与太阳崇拜是牢牢联系在一起的,那么他们也许是害怕遇到像第一修正案一样的挑战。)但是澳大利亚这样做了,因为他们的皮肤癌发病率已经达到了天文数字。另外,美国皮肤病学会(American Academy of Dermatology)也说,如果目前的趋势继续发展下去,因阳光导致的癌症可能将超过肺癌,成为全国第一号癌症杀手。

纽约州和新泽西州刚刚通过了禁止14岁以下儿童在家里的阳光房暴晒的法律。但实际上,这条法律好像不大顶用。如果要动真格的,就应该去找联邦有关机构或州总检察长,让他们像对待大烟草公司(Big Tobacco)那样对待阳光房的问题。如果不喜欢阳光的人真想找到办法,那就应该多看看海滩上的警告标示,并对那些没有提供足够数量警告标牌的海滩度假设施的人提出起诉。那最后的结果如何呢?私家游泳池也必须立上警告标示吗？室外露台的家具上也必须摆着警告标示吗？全国的公园也必须这样做吗？

将来会出现主张得到"二手阳光"权利的诉讼吗？儿童如果不愿意在学校晒太阳又怎么办呢？

在较短的时间内，一些城市有可能对防晒霜和护肤乳的防紫外线系数和防晒系数做出明确的定义和规定。目前，我们很看重的那些贴在防晒霜瓶子上的数字只提到了它减少阳光暴晒的时间倍数。（如果在正常情况下，你在太阳底下暴晒10分钟就受不了了，但如果你抹上标有SPF15的防晒霜，你就有可能暴晒两个半小时。但即使你用防晒霜，如果不反复抹，阳光对你皮肤的伤害是同样的。）

这种官司已经开始出现了。2006年，加利福尼亚人对防晒霜生产商提出了一起头等诉讼，认为他们将产品对皮肤的保护作用说得太绝对了，被明显夸大了。"安全有效"的使用会防止皮肤癌，果真如此吗？

对太阳光的危险的关注也许正好与对全球变暖的关心是一致的——顺便说一下，有人说，全球变暖稀释了臭氧层，从而加剧了皮肤癌的严重性。不幸的是，在未来十年内，我们将会感到越来越热，没有任何舒适可言，就像我们随时穿着皮衣。

美国的妈妈们过去总爱对孩子们说："出去，吸点新鲜空气。"现在她们会说："别忘了抹防晒霜。"晴朗天气中的阳光不再是美好的了。

睡眠不足的人

谁都知道，你每天应该睡 8 个钟头的觉。这和营养学家们老是翻来覆去地假设我们需要多少碳水化合物，酿酒专家老是来来回回地讨论我们是否应该喝红酒是完全一样的——150 年来，睡眠专家一直在唱着同样的一首歌：人应该每晚睡 7 个半到 8 个小时的觉。

好，如果按照这个标准来衡量，我们就没有达标。现在美国人的平均睡眠时间是每晚不足 7 个小时，比 1990 年代初下降了大约 25%。由于有了一天 24 小时的电子钟，以及各种各样的期待，所以我们醒着的时间比有史以来的任何美国人都要长。

确实，平均每晚睡眠不足 6 小时的人数正在很快地增长——在美国成人人口中，睡眠不足 6 小时的人在 1998 年占 12%，而到 2005 年却上升到 16%。也就是说，有大约 3400 万人正在点灯熬夜：不是像半夜开着的"洗衣机"，就是半夜上网的瘾君子，再不就是你来我往地闲聊。

人们不得不承认，在某种程度上，睡眠少的人比我们当中的其他一些人更能吃苦耐劳，他们当中的一些人给人留下了这种极为深刻的印象。据说玛格丽特·撒切尔一晚上只睡 5 小时，麦当娜强调她一晚上只睡 4 个小时。托马斯·爱迪生曾责备自己过于放纵，一晚上居然睡了 5 个多小时，他还叫他的雇员也检讨自己。（不过，据这个雇员说，实际上，爱迪生的睡觉时间比他所承认的时间要多得多。）我的一位在大学的好朋友，赚钱能手吉姆·克雷默尔（Jim Cramer），晚上睡觉从来没有超过 4 个钟头，否则他就会被哈佛那些非常有竞争力的家伙们赶上。

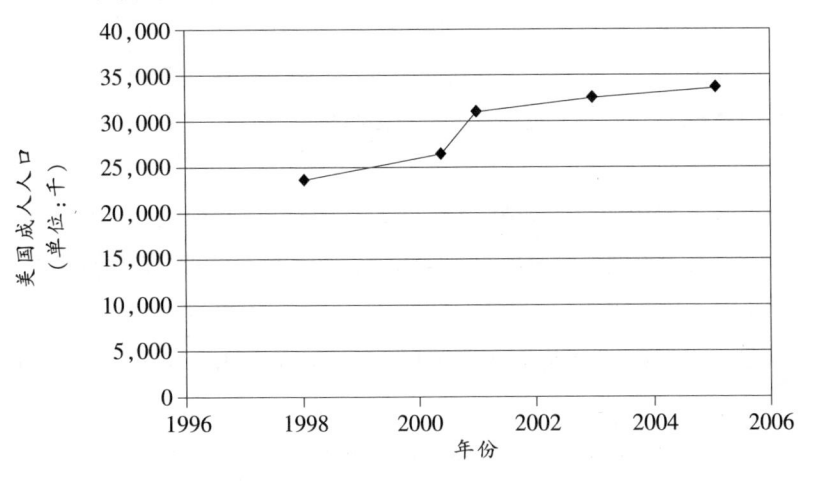

美国成人人口中一周内每晚睡眠不足 6 小时的人数（1998~2005 年）

资料来源：全国睡眠基金会，2005 年。
（Source: National Sleep Foundation, 2005）

老实说，你能想到除了不让睡觉以外，还有哪些活动既能起到折磨战俘的作用，又能成为为超级发奋者增光的一种象征呢？你可能羡慕那些说自己睡眠很少的人，在为争取更多成就而进行的竞赛中，就算没有得到别的什么，他们至少会获得更多的时间。每天多出 90 分钟——那就是每天多醒了十分之一的时间——或者比一些人的预期年龄，比如 82 岁多活了 8.2 岁。虽然你睡觉少了，但你的生活经历却相当于活到 91 岁的人。现在，这是很有诱惑力的事情。

但是真实的情况却是大多数睡眠太少的人既不因此感到自豪，也不像人们所想象的那样吃苦耐劳。一些睡眠太少的人不是羽翼正在丰满的年轻的外科医生，就是整天在美国和亚洲飞来飞去的华尔街上的攀登者。大部分为了工作而不睡觉的人是上夜班的人，或者是急救服务的工作人员，比如急救医护人员或公用设备的巡线员，而且他们要在没有额外收入承诺的情况下冒着受到伤害、事故和健康问题的高风险。

更为普遍的是，大多数人半夜起来是因为他们睡不着，而不是因为他们不想睡。统计数字表明，实际上，缺少睡眠与健康状况不佳、焦虑、压力，以及低收入是相关的。男人比女人睡得少——尽管女人，尤其是年轻女性更喜欢说她们的觉睡得不够。（在18岁到34岁的女人当中，有高达76%的人说她们一周至少有一次是在白天睡觉。）在仅有的一次包括很多美国黑人的关于睡眠的大规模调查研究中，黑人男人的睡眠时间比一般人的睡眠时间整整少了1个小时，而且不管是与黑人女人相比，还是与白人女人相比，他们的睡眠质量都要差很多。

如果可以预测的话，睡眠少的人数上升将造成悲剧性的结果。2005年，在一项关于美国人睡眠状况的调查中，60%的参与调查者说他们在上一年白天曾经犯过困，没有精神；37%的人说他们曾在方向盘后面打盹或者睡着了。全国高速公路交通管理局（The National Highway Traffic Safety Administration）说，在一年超过5万起的交通事故中（包括1500起死亡事故），大多数事故的原因是疲劳驾驶。像"埃克森·瓦尔德兹"（Exxon Valdez）①号油轮触礁这类著名的灾难以及斯塔腾岛轮渡（Staten Island Ferry）碰撞事故，显然都是因驾驶员在方向盘后面睡着了而造成的。

睡眠少还意味着生产率下降。在每10个美国成年人中就有2个说，瞌睡使他们在最近的工作中出现了差错，由此而造成的损失估计高达500亿美元。

此外，睡眠少还威胁到家庭的和谐。在美国成人——包括64%年龄在35岁到44岁的女人——的性活动中，有39%的人说，他们为了睡觉，不得不放弃性生活。在每4个美国成人中就有1个说他们的配偶或性伙伴在睡眠方面的麻烦使他们也不能入睡。到底是什么东西使男人比女人更经常地不睡觉呢？人们只能在网上色情、网上赌博方面去找原因，而且在丈夫要去公司，而妻子要休息的时候，往往会出现不和谐。

不过，也许最令人吃惊的影响是睡眠少与肥胖之间的恶性循环的关系。体重超重会导致睡眠问题，这些问题包括飞行员在飞拥挤时段的航班时往往要屏住呼吸。但实际上，由于缺少睡眠会引发增强饥饿感和食欲的激素，所以睡眠太少还可能增加肥胖的机会。根据美国国家卫生研究所全国睡眠紊乱研究中心（National Center on Sleep Disorders Research at the National

---

① 1989年，美国美孚石油公司旗下的"埃克森·瓦尔德兹"号油轮在阿拉斯加海域触礁，导致大量原油泄露。

Institutes of Health）的调查研究，每天只睡 6 个小时，你得肥胖症的机会就会提高 23%，每天只睡不到 4 个小时，这种机会就会提高 73%。

有太多的美国人不知道用 5 英里跑步的方法来对付失眠。5 英里跑步似乎是同时解决失眠和肥胖这两个问题的办法。

一些制定法律的人正在开始制定关于睡眠的法律。2003 年，新泽西州关于疲劳驾驶导致刑事犯罪的研究报告把疲劳驾驶等同于酒后驾驶——尽管其他州对这种提法的反应比较慢。

私营部门正在抓住帮助人们在晚上睡觉和在白天保持清醒的机会。目前，安眠药行业就是一个如日中天的行业：2004 年，一种新的、没有任何依赖作用的安眠药 Ambien 在全球的销量创下了 20 亿美元的纪录。年龄在 20 岁到 44 岁服用安眠药的人数从 2000 年到 2004 年翻了一番。从保持清醒这方面说，在接近 1000 亿美元的饮料行业中，含有可卡因的能量饮料是增长最快的一个门类，可以预计，从 2005 年到 2008 年，这些饮料带来的利润将超过所有常规饮料以及体育饮料的总和。当然，星巴克店面装饰的颜色比美国零售业的领头羊 Folgers 的颜色要深得多，更接近可卡因的颜色，因此星巴克已经深深地渗透到了美国文化之中，不管你是在哪个街区散步，都会碰到星巴克。

如果你晚上睡不着觉而白天又不能睡，那么有一家叫都市午睡（Metronap）的公司就会在机场、写字楼和其他公共场所向客户提供午睡仓。确实，一个人在大白天夹在一大堆陌生人中间，这简直是不可想象的事情——毕竟，睡觉是一个非常隐私的习惯。不过，缺少睡眠已经成了一个公共问题。

不过，现在很难想象会发起一场"争取睡上更多的觉"（Get More Sleep）的运动——深更半夜的玩笑话确实是很轻松的，装扮入时的发言人也太难找——也许应该出现一种美国式的午睡（Siesta）[①]。但是，这好像不符合美国人那种以勤奋工作为美德的道德标准，这种道德标准是在一天 24 小时都可以发电子邮件和上网购物之前制定的。现在如果关注于公共安全和生产率问题，那么午休的理由就显得非常充分了。过去就有过一些很出

---

① 原文为西班牙语，西班牙人的午睡以时间长而著称。

第四部分　健康与快乐　　101

名的人物，他们就喜欢午睡，比如温斯顿·丘吉尔（Winston Churchill），他往往工作到深夜，但在下午却穿着像斗篷一样的睡衣睡上一大觉。据说，罗纳德·里根（Ronald Reagan）和比尔·克林顿也是非常赞成午睡的人。美国为"早睡早起"或者为"如果你累了就闭上眼睛休息一会儿"做好准备了吗？

美国正在面临一个巨大的选择——享受额外的清醒时光，并找出新的、生产率更高的办法，或者干脆直说，我们不是睡不起 8 小时的觉，只是在找出如何睡得起 8 小时觉的办法。何去何从，不是一个小问题。我们的健康和生命都取决于我们的选择。

国际画面

美国人感到很累，世界其他国家的人也好不到哪儿去。

根据 AC 尼尔森在 2005 年进行的一项关于睡眠的调查，10 个夜猫子国家就有 7 个在亚洲。注意，在这 10 个国家中，美国并不是排在第一位。

◎ 中国台湾有 69% 的人口，韩国有 68% 的人口，中国香港有 66% 的人口，新加坡有 54% 的人口，马来西亚有 54% 的人口，泰国有 43% 的人口，经常是在半夜之后才睡觉。

◎ 据报道，有 75% 的葡萄牙人，65% 的西班牙人和 39% 的意大利人经常是在午夜之后才睡觉。这三个国家都是以白天睡觉而闻名于世的，也许白天睡觉是为了补偿晚上不睡的损失。具有讽刺意义的是，午睡文化已经对西班牙的生产率构成了挑战，在 2006 年，政府发起了一场全国性的运动，要求所有联邦雇员午饭时间不得超过 45 分钟。

◎ 除了夜莺国家以外，亚洲国家占了清晨鸟国家的足足一半——

他们以前是 7 点钟就起床吗？再说一次，人们并不认为美国是清晨鸟国家。

◎ 91% 的印度尼西亚人，88% 的越南人，69% 的菲律宾人，64% 的印度人和 64% 的日本人，都是在早上 7 点钟以前就起床。

◎ 在排在前十名的国家中，66% 的丹麦人，64% 的德国人，64% 的奥地利人，63% 的芬兰人和 62% 的挪威人也是在早上 7 点钟起床的。

什么是睡眠不足的主要原因呢？尽管全世界的人都说是"习惯"和"工作安排"决定了睡眠行为，但三分之一的美国人仍然认为，睡眠行为的主要决定因素是"家庭/孩子"，而持相同说法的欧洲人只有 17%，亚洲人只有 16%。欧洲超过一半的人口说，工作是睡眠不足的主要原因，而绝大多数亚洲人说睡眠不足的主要原因是习惯。

随着睡眠时间的不断缩短，美国人感到越来越累，但是他们并不认为自己是最累的人。之所以如此，是因为他们把自己同日本人做了比较，在每 4 个一晚睡眠不足 6 个小时的人当中就有 1 个是日本人。那么哪个国家的人睡觉最多呢？有 28% 的新西兰人和 31% 的澳大利亚人，一晚睡觉的时间超过 9 个小时。

不再受约束的左撇子
——美国的左撇子多了

美国正在向左转。

我所说的左转，是指美国人中的左撇子越来越多了。

虽然美国那种左翼与右翼判然分明的政治格局依然如故，但左撇子的数量却出现了激增的趋势。如果不是人类的基因库正在发生人们尚未发现的变化，那么，左撇子人数的激增，很有可能是由于社会发生了变化，这些社会变化就是今天的各种小趋势最重要的组成部分。

人类最初制作的鱼叉和骨针出自20万年前的智人（Homo sapiens），有一些智人就是用左手来制作鱼叉和骨针的。尼安德特人（Neanderthal）牙齿化石上的印记可以清楚地显示他们喜欢用哪边的牙齿咀嚼，这也表明他们中有许多人是左撇子。5万年以前，大约每4个早期岩洞壁画的画师中就有1个是左撇子，现在，画家中仍然有大约四分之一的人是左撇子。

尽管我们知道人们不同的用手习惯已经存在了20多万年，但我们仍然没有弄清不同用手习惯的成因和影响。

有些科学家认为，左撇子是一种遗传现象，他们的论据是左撇子现象具有家族史。（英国女王伊丽莎白二世的母亲是左撇子，伊丽莎白二世女王是左撇子，查尔斯王子和威廉王子也都是左撇子。）而另一些科学家则认为，左撇子的成因是由于胎儿在母亲体内受到损伤或压迫，理由是双胞胎中左撇子的比率比较高，而且胎儿期母体睾丸素类性激素含量较高的人，左撇子的比率也比较高。

关于左撇子会带来什么样的影响，也存在着截然不同的看法。有些研究的结论是，惯用左手的人短寿；有些研究的结论则恰恰相反。有些研究认为，惯用左手的人患乳腺癌的风险较高，而患老年痴呆症的风险较低；另一些研究却认为左撇子与患病的风险不相干。至少有一项研究认为，惯用左手的人比惯用右手的人更会赚钱，这一点在受过高等教育的人群中尤为突出；而另一项研究则认为，两者赚钱的本事难分伯仲。

科学家们甚至在"脑不对称性"是不是人类特有现象这个问题上都达不成一致看法。一项最新的研究表明，黑猩猩惯用右手；鱼类中却有"左撇子"，捕食者来袭击时，它们会向鱼群逃跑的相反方向开溜。

虽然关于惯用左手和惯用右手会产生何种影响的争论令人莫知所从，但有一个现象是确定无疑的事实：世界上的左撇子多了，而且可能会越来越多。据估计，现在每10个人中就有1个人是左撇子。而将来，这一比率很有可能翻一番。我认为，这是因为人们对育儿方式有了新的认识。

数百年来，左撇子一直遭人嫌弃。从维多利亚时代直到20世纪初期，几乎很难发现有人是左撇子，因为那个时候人们的情感、差异和个性受到压抑是司空见惯的事情。的确，在世界上大多数文化中，与左边有关的东西大都含有邪恶、罪孽和下贱等味道。我们可以来看看"左"的含义。英语单词"sinister"①源于拉丁语"左边"一词；法语的"左边"（gauche）一词含有"笨手笨脚"的意思，甚至英语中的"左边"（left）也含有"笨拙"的意思；汉语中的形容词"左"的意思是"不适当、不得体"；挪威语中"venstrehandsarbeid"（用左手完成的事）的意思是"做得不认真或不能令人满意的事"。（这一事实也可以从相反的方向来证明。英语中的"右"〔right〕含有"正确、恰当"的意思，法语中的"右"〔droit〕含有"法律"的意思，德语和荷兰语中的"右"〔recht〕含有"权威"的意思，西班牙语中的"右"〔diestro〕含有"熟练的"意思。）

对左边的厌恶出自这样一个事实，这个事实就是，在《新约》中，坐在上帝左边的是魔鬼，坐在上帝右边的是圣徒。在伊斯兰教中，左撇子也

---

① sinister，英文释义为"seeming evil or dangerous; making you think sth bad will happen"，见《牛津高阶英汉双解词典》。

第四部分　健康与快乐　105

被看作祸根。1979 年伊朗穆斯林革命前夕,阿亚图拉·霍梅尼(Ayatollah Khomeini)就以伊朗国王的长子是左撇子为由"证明"国王应该遭到诅咒。

因此,左撇子历来不为人们所接受,甚至会被强迫矫正惯用左手的习惯。20 世纪以前,中国和荷兰特别注意"矫正用手的习惯";20 世纪 60 年代以前,美国的小学教师,尤其是天主教学校的老师,会用体罚的方式矫正孩子们用左手写字的习惯。据说,美国前总统罗纳德·里根,还有著名的棒球运动员鲁思(Babe Ruth)和卢·格里克(Lou Gehrig),小时候都是左撇子,他们都经过老师的强行纠正才改用右手写字的。

但是近几十年来,这种状况发生了彻底的变化。人们开始认识到,强行改变用手的习惯是一种痛苦和不必要的做法,过去遭人厌恶的孩子,现在突然之间受到了尊重。我们来看看美国仍然在世的左撇子情况的变化。根据美国加利福尼亚大学洛杉矶分校 1993 年的一项研究,20 世纪 60 年代出生的左撇子在总人口中所占的比例要超过 60 岁以上左撇子的两倍。

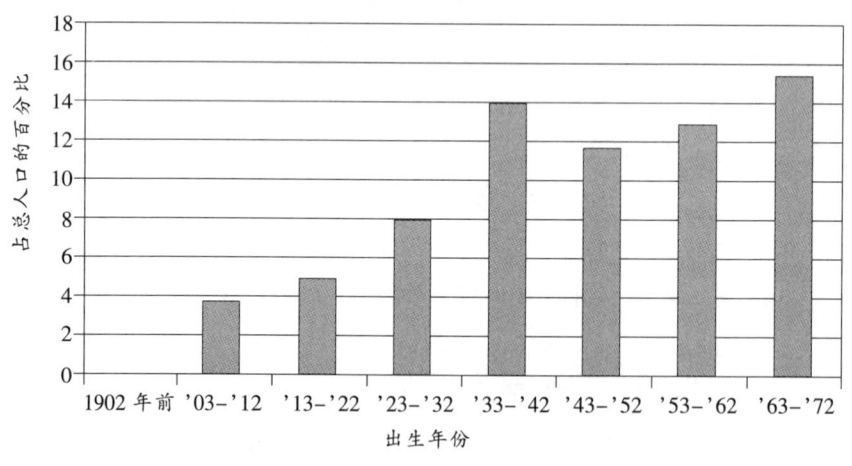

美国不同年代出生的左撇子在总人口中所占的比例

出生年份	占总人口的百分比
1902 年前	3.7
'03–'12	4.9
'13–'22	7.9
'23–'32	13.9
'33–'42	11.5
'43–'52	12.7
'53–'62	15.2
'63–'72	

资料来源:K.哈格达尔,P.萨茨,M.米特鲁欣,E.N.米勒(1993),《左撇子与高寿:左撇子早亡吗?》选自《神经心理学》,第四卷第 325~333 页。(Source: Hugdahl, K., Satz, P., Mitrushina, M., Miller, E.N.[1993] "Left-Handedness and Old Age: Do Left-Handers Die Earlier?" Neuropsychologia, Vol. 4, pp. 325-33)

由上表可以看出,在"自然的"状态下,左撇子在总人口所占的比例,大约是 16% 或者更高,并非是人们普遍认为的 10%。

我认为，左撇子数量的增加，表明人们抚养孩子的方式发生了变化，人们开始认识到，孩子们保持个体的特征有助于他们实现自己真正的潜能。有那么一段时间，父母注意到孩子经常用左手做事，他们会感到不安。孩子会不会成为别人取笑的对象？写字会不会感到别扭？会不会遭到冷落？过去，父母会想方设法矫正孩子惯用左手的倾向。但现在呢？现在，越来越多的父母会耸一耸肩膀说，这没什么大不了的，甚至可能会说这很独特。当然，也有一些父母会阻止孩子用左手做事，由于不再是强行矫正，所以未能改变孩子用左手做事的习惯。这不是一种孤立的现象。这种现象体现的是一种更大趋势，即鼓励而不是压制孩子们的个性。今天的父母会顺应孩子个性的发展，而不会对孩子横加干涉，孩子愿意和幼儿园的小朋友玩就让他们去玩，愿意吃素食就不强迫他们吃肉食。这种现象甚至可以表明，今天的年轻人在性和性别认同方面有了更大的表达自由。对左撇子的宽容只是冰山的一角，在今天的世界，抚养孩子就是要顺应孩子个性的发展，而不是按照一个统一的模式去塑造他们。

除了以上所述的各点，我们还应注意到一个事实，天生的左撇子比原来多了。双胞胎中左撇子的比率明显偏高，从1980年到1997年，双胞胎中左撇子人数的增长率超过了50%。大龄母亲的孩子是左撇子的可能性也明显偏高，按照一位研究人员的说法，女性年过40岁生产，孩子是左撇子的可能性比20多岁时生产要高出128%。众所周知，女性年过40岁生产的情况越来越多了，从1980年到2004年，大龄母亲的生育率增加了将近五倍。

本书的核心思想是，共同的经历可以使人们结成小规模的群体去共同追求自己的利益。在这种思想的驱动下，我认为，左撇子的大量涌现将会极大地促进创造力的发展。左撇子的突出特点就是创新精神和自我表达。爱因斯坦是左撇子，本杰明·富兰克林和艾萨克·牛顿都是左撇子。

左撇子的大量涌现还会进一步促进自我表达。不再受约束的左撇子更有可能按照自己的本能行事，或许这不会令人感到惊讶。一项研究已经得出了如下的结论：左撇子出现男性同性恋的概率比出现异性恋的概率高出39%。

左撇子多了，杰出的军事人才也会增加。著名的军事领袖，例如查理大帝、亚历山大大帝、尤利乌斯·凯撒、拿破仑，还有科林·鲍威尔（Colin Powell）和诺曼·施瓦茨科普夫（Norman Schwarzkopf）都是左撇子。

当然，左撇子多了，罪犯也会增加，电影《比利小子》（Billy the Kid）、《开膛手杰克》（Jack the Ripper）和《勾魂手》（the Boston Strangler）中那些恶名昭彰的罪犯也都是左撇子。

左撇子多了，艺术界和音乐界会出现更多的大师。达·芬奇、米开朗琪罗、毕加索、贝多芬是左撇子，当然，吉米·亨德里克斯（Jimi Hendrix）和保罗·麦卡特尼（Paul McCartney）也是左撇子。

左撇子多了，肯定意味着更优秀的网球和棒球运动员会脱颖而出。罗德·拉沃尔（Rod Laver）、吉米·康纳斯（Jimmy Connors）、约翰·麦肯罗（John McEnroe）、玛蒂娜·纳夫拉蒂洛娃（Martina Navratilova）等网球好手，都擅长用自己强有力的正手底线球压制对手较弱的反手。

英语中左撇子这个词有时写作"southpaws"，这个词来自棒球（棒球场的设置，击球员要面朝东，这是为了避免午后的阳光直射眼睛，因此投手的左臂就要朝向南方），所以棒球运动肯定会由于左撇子的增加而受益。一个棒球队共有9个位置，其中有4个位置——接手、二垒手、游击手和三垒手——左撇子球员不能打，因为本队为防守方时，他们接球和把球掷向一垒跑动的距离过长，但是出于同样的原因，他们在其他5个位置上则具有明显的优势。贝比·鲁斯（Babe Ruth）、特德·威廉斯（Ted Williams），还有巴里·邦兹（Barry Bonds），这些左撇子球员击球时具有明显的优势：不仅右手投球的投手投出的变化球有利于左撇子击球手发挥自身的优势，而且左撇子球员击球的位置，还有击球时的冲力，都使他们更接近一垒。

左撇子多了会给我们的生活带来更多的幽默：影视明星杰伊·莱诺（Jay Leno）、杰里·森菲尔德（Jerry Seinfeld）、乔恩·斯图尔特（Jon Stewart）、伯尼·麦克（Bernie Mac）、本·斯蒂勒（Ben Stiller），还有导演马特·格朗宁（Matt Groening）和他创作的人物巴特·辛普森（Bart Simpson）都是左撇子。

左撇子增加了，具有领导禀赋的人也会增加。商界巨子史蒂夫·福布斯（Steve Forbes）、罗斯·佩罗（Ross Perot）和郭士纳（Lou Gerstner）都是左撇子。自杰拉尔德·福特（Gerald Ford）以来的每一位美国总统，除吉米·卡特（Jimmy Carter）和乔治·布什以外，都是左撇子。（1992年，三位总统候选人乔治·布什、比尔·克林顿和罗斯·佩罗［Ross Perot］全是左撇子，这是美国有史以来第一次，也是唯一一次候选人都是左撇子的总统竞选。）

从左撇子的角度来看，商家早就该考虑到左撇子消费者的苦恼。如果你是一个左撇子，或者你的亲属中有人是左撇子，你就会知道左撇子有多么苦恼，他们使用的活页夹、水果刀、开罐头和开瓶塞的工具，还有其他的基本生活用品，都是为习惯用右手的人设计的。生产黑莓手机的RIM公司有两位首席执行官，那位左撇子首席执行官承认，黑莓手机的设计只考虑了习惯用右手的人，所以导航拨轮和翻页键都在右边。不过，现在设计供左撇子专用的机型不具备成本效益。

但是，左撇子的队伍正在不断壮大，人数在迅速增加。用不了多久，商家就不会再回避左撇子的问题了，他们会推出更多可转换把手的产品和更多专为左撇子生产的产品，从而在为左撇子提供产品的市场上展开竞争。

左撇子人数增加最重要的意义，不仅仅在于学校和工作场所将会出现更多的左撇子，它还表明社会将变得更加开放、更加宽容，更有可能摒弃对个性的压抑，使自我表达成为社会最根本的基础。左撇子在人口中所占的比例似乎是一个微不足道的细节，但事实上，一个能够宽容人们用不同的手工作，鼓励家长让孩子按照他们自己感到自然的方式成长的社会，也更有可能容忍更多的其他方面的自由。左撇子在一个社会的比例，实际上，很可能是我们判定一个社会是开放宽容，还是僵化专横的最恰当的指标之一。我之所以这样看待这个问题，其理由之一就是，我不愿意生活在一个不能宽容不同用手习惯的社会之中。

有病自医的人

在过去的20年里,美国执业医师的数量几乎翻了一番。你或许会因此而认为,出现了这么多新的执业医生,美国人肯定会稍有不适就会去看医生。

可是美国人并没有这样做。实际上,美国医疗保健方面出现的最大趋势,是出现了自己给自己看病的人(Do-It-Yourself Doctors,DIYDs)。这些给自己看病的人生了病,不是去看医生,而是自己对病症进行分析诊断,然后自己决定吃什么药最有效。就是在必须要看医生的情况下,他们要么是把医生看作是开药方的机器,让医生按照他们已经"知道"的需求开出药方;要么向医生出示自己根据那家著名的医疗网站(WebMD)[①]的信息对自己的症状做出的诊断。

如果有钱,他们会自己买一台超声诊断仪,这样他们就可以每晚观察并记录胎儿的生长状况。在公司的会议室里,他们会比较皮肤上色斑的形状和大小,交流各种关于癌症患病概率的说法和最佳的治疗方法。过去,家庭疗法的手段就是喝鸡汤和休息。现在,患者掌握着自己的生命,老式的医患关系变得越来越像卖方与买方的关系——至少对那些自认为对自己的病症无所不知的患者而言,实际的情况就是这样。

有病自己看这种趋势的显著标志之一,是非处方药的销售量出现了大幅度的攀升。在过去的40年中,非处方药的零售额从每年不到20亿美元增长到超过150亿美元,几乎增加了10倍。这里说的不仅仅是广告上经常

---

① WebMD:美国一家为医生和患者提供在线服务的医疗网站。

出现的消食片。这些价值150亿美元的药品包括止疼药、抗组胺药、抗酸药、通便剂和洗液。最近，甚至连赛尼可（Xenical）这种吸脂控食减肥药也变成了非处方药。过去，像这样的药，不论有多安全，都绝对不可能被列为非处方药，必须持有医生开具的药方才能买到。但是现在，患者想买就能买到。

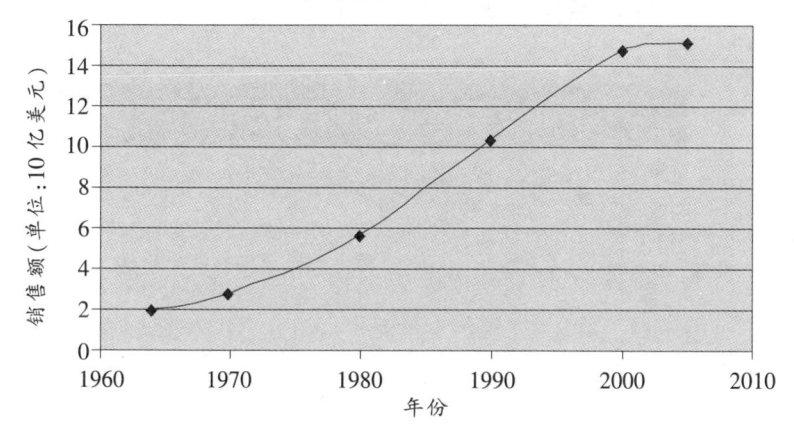

非处方药销售额（1964~2005年）

资料来源：AC尼尔森公司，2005年。
（Source: ACNielsen, 2005）

患者有病自医的趋势的另一个显著标志，是采用按摩、针灸和推拿等无须医生参与的补充和替代疗法的美国人的人数也出现了大幅度的攀升。1997年，美国人花在补充和替代疗法上的钱，比花在住院治疗上的钱还要多。2002年，超过三分之一（36%）的美国成年人说，他们曾经接受过这种替代疗法的治疗。

当然，有了互联网，许多美国人才有可能不去看医生。2005年，利用互联网查询健康信息的人数是1.17亿人；2006年，这个数字激增至1.36亿人，短短一年的时间就增加了16%。现在，健康方面的信息已经成为人们在网络上经常查询的信息。为什么不去看医生呢？过去，生了病去看医生，就诊时间长，花钱多，还可能遇上令人尴尬的事情；而现在，不管是精神上出现不适还是有了炎症，只需在你最喜欢的搜索引擎里键入病症的名称，用不了多长时间，就能把自己的病情搞清楚。

第四部分　健康与快乐　111

医生们不会喜欢这种趋势，不过，人们有病自医在一定程度上却要归因于医生。从 2000 年到 2004 年，医疗保险的保费和免赔额度几乎翻了一番。每 5 个美国人中就有 3 个人表示，他们对医院的用药失误感到担心。（他们的担心不无道理，美国医学研究所［Institute of Medicine］的数据表明，每年医疗事故导致的死亡人数比车祸或乳腺癌致死的人数还要多；每年医院内感染致死的人数是艾滋病的五倍之多。）实际上，公众对医疗机构工作人员信任度的跌落速度和程度都超过了其他主要社会机构。

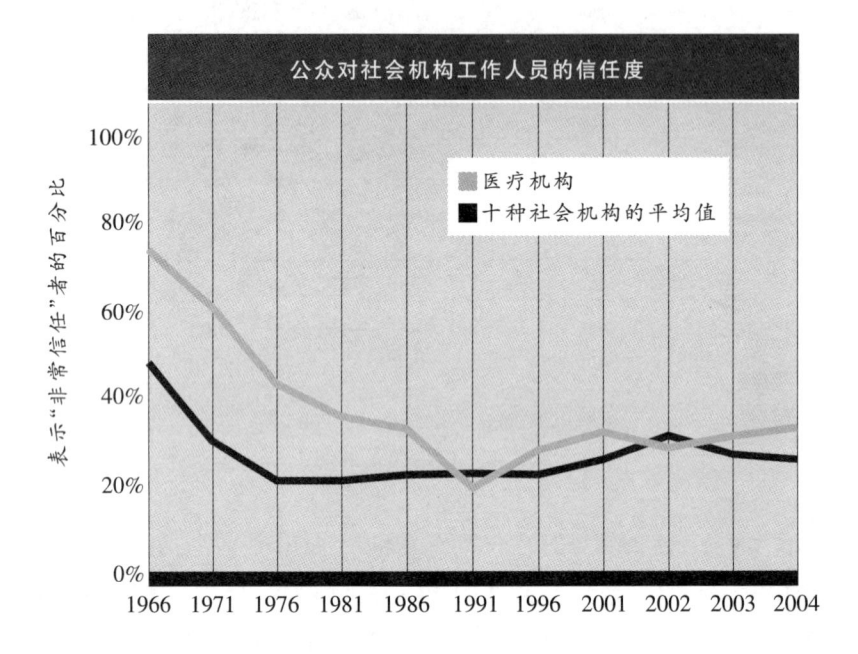

公众对社会机构工作人员的信任度

1966 年以来，公众对医疗机构工作人员的信任度已经从高于其他社会机构，跌落至低于其他社会机构。上图中深色线为公众对十种社会机构工作人员信任度的平均值，十种社会机构为军队、最高法院、高等院校、宗教组织（1991 年除外）、大型企业、联邦政府、行政机构、新闻出版、国会和工作（1991 年、1996 年除外）。

资料来源：Courtesy of Robert Blendon, from Harris 1996-2004,
见《哈佛公共卫生评论》（Harvard Public Health Review）

那么，既然药物和治疗信息可以直接获得，医生们又得不到信任，为什么不试着给自己看病呢？

有病自医者群体的领军人物是妇女，这种情况不会令人感到惊讶，因为在美国 70% 以上的家庭中，看病就医的事都是女人做主。而且，妇女独立行医已有很长的历史，职业医生出现以前，美国行医治病的人基本上都是"老妇女"和从事"家庭医疗"的人。

有病自医者群体中也有年轻人，其原因不仅在于年轻人对网络持更积极的态度，而且在于现在的二三十岁的年轻人认为，诊病和用药是生活中习以为常的事。他们就是伴随着非处方药管制的不断放松长大的，他们这一代人服用的治疗抑郁症、焦虑症和多动症等精神疾病的药物比历史上任何一代人都多。他们中有很多人甚至不经医生的同意便私下买卖处方药。在他们看来，自己的健康问题由自己来解决是很自然的事，就像把自己喜欢的音乐录入 iPod 播放器一样。

有病自医的趋势正在发挥着巨大的影响。药业公司已经认识到，直接面对消费者的广告，例如晚间电视上大量投放的"万艾可"（Viagra）、"犀力士"（Cialis）广告，还有那些"问问医生，你是不是该用紫药丸了"一类的广告，会产生巨大的影响。虽然药业公司仍然投入大量的资金用于面对医生的推销，但用于直接面对消费者的广告的投入也出现了大幅度的增加。1997 年，药业公司投入直接面对消费者的广告费用大约为 10 亿美元；而 2004 年，这笔费用已经超过了 40 亿美元。

有病自医的趋势还预示着美国医生的角色将发生不可逆转的变化。1970 年，有一部收视率相当高的电视剧，名字叫作《马库斯·韦尔比大夫》（Marcus Welby, M.D.），美国每 4 个家庭中就有 1 个家庭看过这部电视剧。剧中的韦尔比大夫行医风格像是一位慈父，对待患者（多数是女性患者）体贴入微，因此深受人们的爱戴。但是，那样的时代已经一去不复返了。现在，有关医药的信息可以到互联网上查询，医生和医院的公众信任度日趋衰落，越来越多的美国人（尤其是女性），往好里说是把自己看作医生的合作者，往坏里说是把自己看作医生的监督者。当事关孩子的健康时，这种态度尤其明显。我母亲把儿科医生的话当作绝对的真理，而我妻子则不然，她会为我们 4 岁的女儿是否应该注射流感疫苗，去咨询三四个医生（而且，还要和 20 多个朋友交换意见）。过去，医生们只有在出现了错误和律师找上门来的情况下才会对问题作出答复。现在，为了解决一个是否应该注射常规性疫苗的问题，他们就要玩一玩"20问"①的游戏了。

可以预期，医生与患者之间的关系将来会更加平等，医生与患者用电子邮件进行沟通会更加普遍。2005年，只有8%的人说他们与医生互通电子邮件，但是，现在有81%的人说他们愿意与医生互通邮件。医生首先要做的是，找出一种对以电子邮件方式就医收费的办法。毫无疑问，医生会喜欢用这种方式来帮助病人，尤其是现有的病人，不过，所有的患者都不到诊所就医可能也并非他们所愿。但是，只要支付系统能够满足实际应用的需求，就会有更多的人采用电子邮件的方式就医。

还可以预期的是，联邦食品与药物管理局将承受把更多的处方药纳入非处方药的更大压力。与30年前相比，非处方药已经多了700多种，但是对于那些铁杆的有病自医者来说，这还远远不够。

有病自医是不是一个好的趋势呢？由于人们不可能因为诊治失误把自己告上法庭，所以这个问题可能永远不会有答案。当然，会有更多的人以信息披露不充分为由对药业公司提起诉讼，因为信息披露对有病自医的人来说具有更重要的意义。（药品信息的披露确实非常重要，但是，信息披露的长度和详细的程度到底以多少为宜呢？）

如果人们有病不去看医生而是自己诊治，肯定会给医生腾出大量的时间。由于每一个有病自医的人都热衷于搞清自己的病症，所以至少会有一些人可能不会完全依赖医生，因此医生就能够拿出更多的时间主动地为需要帮助的患者治病。

但是毫无疑问，有病自医者的人数增加了，误诊和误用药物的情况会增加，拖延就医致使丧失早期诊治机会的情况也会增加。上诊所看病要承担医生误诊的风险，有病自医又对自己的诊治水平有疑虑，孰弃孰取，最终当然是患者拿主意。尽管如此，出了问题医生还是要上法庭应诉。法院不再受理以减肥、秃顶和勃起障碍等病症为案由提起的诉讼，是令医生们感到高兴的事；而把有病自医者当作直接面对的顾客，同样是令药业公司高兴的事。但是，如果患者以医生对癌症治疗处置不当为由提起诉讼，那

---

① 原文为20 Questions，20世纪40年代美国一家广播公司推出的一档猜谜类互动节目，现已成为一款世界流行的智力游戏。

么医生要面对的就是有病自医者这种全新的挑战。

虽然如此，有病自医的人生了病还是会自己诊治。虽然医疗网站提供医疗信息的水平一直在不断提高，但实际上这个系统的运转仍然不很顺畅。病人其实并不知道什么时候可以自己诊治，什么时候应该尽早去看医生；他们其实并不知道什么时候自己是对的，什么时候医疗机构是错的。与所有喜欢自己动手的人一样，有病自医的人其实并不知道哪些东西是自己不知道的。多年以前，基本的急救知识就已经成为学校和军队的必修课了——为了让年轻的有病自医者得到指导，让他们学会处理复杂的医疗问题，或许，到了把网络医疗也列为必修课的时候了。更进一步说，或许可以像给护士颁发从业证书那样，给有病自医者颁发有病自医的证书，但是他们给自己诊病的范围应该受到限制。这种做法不会让有病自医者的母亲们炫耀自己的孩子成了医生，但是，可能会让她们为孩子不去看医生少操一点儿心。

有听力障碍的人

2006年的一项调查发现,在过去的40年中,最受美国人喜爱的两位总统是罗纳德·里根和比尔·克林顿。我们在这里要谈到的是他们的另一个共同之处:他们是仅有的两位在任期内承认自己有听力障碍的总统。

在任总统承认自己有听力障碍,引起了一些人的关注,因为这些关注者也是听力有障碍的人。2000年,美国听力有障碍的人数有将近3000万人之多,与20世纪70年代相比,翻了一番还要多。这意味着,每10个美国人中就有1个人或者听力有障碍,或者是完全失聪。

美国3岁以上有听力障碍者人数增长趋势(1971~2000年)

年份	听力障碍者人数(百万)
1971	约13
1977	约14
1991	约20
1993	约24
2000	约28

资料来源:美国听说语言协会,2007年。
(Source: American Speech-Hearing-Language Association, 2007)

这代人以前,美国人最常见的感官问题是视力不佳。隐形眼镜出现后,框架眼镜几乎被废弃;现在,有了激光原位角膜磨镶术,隐形眼镜又面临着被淘汰的危险。人们大概都知道,海军潜艇部队的兵员配备现在出现了困难，其原因在于，过去为潜艇部队配备的兵员，大多是视力不好当不了飞行员的人；但是现在，人人都想当飞行员，所以视力矫正术就成为美国海军学院一项免费实施的例行手术。

美国人以前的问题是近视眼，而现在的问题是听力障碍。现在，助听器可以做得非常小巧，戴助听器的孩子们在学校里不会再被别人嘲笑为"小四耳"（Four Ears）了，但是听力障碍这种感官机能失常，肯定是美国一个亟待解决的新问题。

美国大多数人的听力障碍都是感觉神经出了问题，也就是说，造成这种听力障碍的原因，是内耳或者内耳与大脑之间的通道受到了损伤。由于这种损伤大多与人的衰老相伴，所以，美国有听力障碍者的人数肯定会不断增加。现在，美国 65 岁以上的老人（大约为 3500 万）已经超过以往任何一个时期，这个年龄段的老人听力有问题的，大约要占到三分之一；而在 75 岁以上的老人中，大约有一半的人出现了听力障碍问题。

不过，听力障碍研究基金会（the Deafness Research Foundation）认为，美国大约有三分之一的听力障碍与衰老无关，而是完全由噪声造成的。美国人的听力障碍，是美国人自己造成的。过去，机械设备的轰鸣或者炮火的巨响是造成美国人听力障碍的主要原因。现在，技术进步了，保护装置得到了普遍的应用，机械和炮火一类的噪声基本上不会造成听力障碍了。但是现在，有听力障碍的实际人数却增加了，休闲和娱乐成为听力障碍的主要成因。

最近看没看过少男少女的电影？要是不带耳塞，我都无法看完影片播放前的剧情简介。那种感觉，就像是一个国家在出现恶性通货膨胀的时候，决定换发货币，一万卢比顿时变成了一卢比。看电影的时候，周围的少男少女兴高采烈地嚼爆米花，他们似乎感觉不到震耳欲聋的声音，而我的感觉却是，是不是有人突然提高了"正常"噪声标准的底线。

日常生活中有许多噪声会损害人们的听力。噪声达到 85 分贝就有可能对人的听力造成永久性伤害。那么，我们日常生活中的声音都有多少分贝呢？有些人每天都会长时间使用的吹风机的声音，还有我们并不在意的电话振铃的声音、孩子啼哭的声音、两口子吵嘴的声音，都能达到 90 分贝；摩托雪橇的声音能达到 100 分贝；地铁站台的噪声有 105 分贝；飞机机舱里的噪音有 120 分贝。在摇滚音乐会的现场待上 9 秒钟，就会明显体验到听力障碍。

iPod 是否会对听力造成损害，目前尚无定论。由于全世界用这种便携式音乐播放器收听音乐的人高达 1 亿之众，所以不仅出现了关于这种播放器损害听力的诉讼，立法者也对这种播放器是否会对听力造成损害展开了调查。最近，法国政府宣布，销售可播放超过 100 分贝音乐的 MP3 为违法。iPod 的生产者苹果公司已经更新了这种播放器的软件，消费者（或者是他们的父母）可以在自己的播放器上安装减音帽。

无论是听音乐、看电影、吹头发，还是旅行，我们的日常生活都会给听觉神经造成损伤。就人口统计学的意义而言，男性的听力状况比女性更为糟糕，65 岁到 74 岁年龄段的男性有将近 12% 的人患有耳鸣；黑人的听力状况要好于白人或美籍墨西哥人。当然听力状况还有地域上的差异：南方人患耳鸣的比率几乎是东北部人的两倍。耳鸣是不是与更多的户外活动相关呢？

企业家们一直在为占据这个不断扩大的听力障碍市场进行着激烈的竞争。克林顿总统公开宣布自己的听力有障碍的时候，他佩戴的那种可以植入耳道深处的小型助听器，就是一种时髦的数字助听器。这种助听器与过去人们常用的助听器大不一样，老式的助听器就像是"米老鼠的耳朵"，要挂在耳朵的外面，助听的机理与电话一样，是从外向内把声音传入耳道深处。但是，仅仅过去了 10 年，助听器的体积变小了，但效果却提高了。同时，外科手术方面也取得了长足的进步，通过手术治疗，听力重度失常者就能听到以前从未听到过的声音。

生育高峰时期出生的那些人，会有越来越多的人患上听力障碍，总是把播放器的音量放得很大的年轻人，也会有越来越多的人患上听力障碍，但是，可以肯定地说，防治听力障碍也会不断取得重大的进展。例如，可以植入体内 15 年不用更换电池的单芯片仿生耳处理器；能够减少对娇贵的内耳毛细胞造成损害的氧自由基分子生成的抗氧化药物。干细胞研究人员也开展了对受损内耳再生可能性的研究。

当然，还会出现反对噪声的运动，因为噪声问题事关公众的健康。与吸烟上瘾和日光灼伤一样，如果听力障碍形成于青年时期，很可能永远无法恢复正常。所以噪声问题已经具备了形成公众运动的条件——当然，也有一个条件尚不具备，那就是不用大轰大嗡的形式让华盛顿的当权者们听到公众的呼声。

有听力障碍和失聪的人群已经跻身主流群体。1995年，希瑟·怀特斯通（Heather Whitestone）成为美国第一位"聋人小姐"。全美职业橄榄球联盟（the National Football League）、全美职业棒球联合会（Major League Baseball）都出现了聋人选手，比如丹佛野马队（the Denver Broncos）的肯尼·沃克（Kenny Walker）和前大联盟的华盛顿参议员队（Old Washington Senators）中绰号叫"哑巴"的威廉·霍伊（William "Dummy" Hoy）。2001年，拉什·林博（Rush Limbaugh）因免疫性内耳疾病突然失聪。聋人女演员玛丽·马特林（Marlee Matlin）由于出演了以聋人为主题的电影《悲怜上帝的女儿》（Children of a Lesser God），21岁时就成为最年轻的奥斯卡最佳女主角奖得主；成名之后，又在一系列影视作品中出演了一些听力有障碍的角色，例如《法律与秩序：特殊受害者》（Law and Order : SVU）中的那位胚胎学家，《宋飞正传》中的那位网球司线员，还有我最喜欢的电影《白宫风云》（The West Wing）中的那位民意调查员。

当然，手语是非常流行的交流方式。幼儿园老师在讲话的时候，很少有不辅以手势的情况；婴儿还不会说话的时候，教他们用手势表达自己的需求更是极为普遍的现象。

或许，失聪人数的增加能够使我们稍许感到安慰的，就是这种现象能够促进伟大的创新。在过去的150年中，通讯领域两项最伟大的发明——电话和互联网，就是在饱受无声之苦的人的启发下发明出来的。亚历山大·格雷厄姆·贝尔（Alexander Graham Bell）的母亲和妻子都是听力功能失常的人，他发明电话的部分原因就是想把声音放大，让听力有障碍的人能够听到声音。据说，被广泛认为是互联网之父的文顿·瑟夫（Vinton Cerf）之所以发明电子通讯——后来发展为电子邮件——就是因为自己（他的听力也有障碍）无法与其他研究人员和自己失聪的妻子很好地交流。

不管出于何种原因，你都应该去检查一下自己的听力。现在的孩子们能听到的高音，很多年过四五十岁的中年人已经听不到了（因此出现了学生们都在使用的"蚊声"铃音，使用这样的铃音，他们就可以偷偷地把手机带进教室）。这种情况，如果不用科技手段来应对，就会成为一个问题，例如，商店里来了闲逛的年轻人，老板为了驱散他们，就会播放只有年轻人才能听见的烦人噪音。但是，如果你身处听力障碍高发人群之中，你的听力功能很可能正在衰退，所以，你该去做个听力检查了。

第五部分
家庭生活

Microtrends
the small forces behind tomorrow's big changes

高龄奶爸

斯特罗姆·瑟蒙德（Strom Thurmond）、米克·贾格尔（Mick Jagger）、卢齐亚诺·帕瓦罗蒂（Luciano Pavarotti）、查理·卓别林（Charlie Chaplin）和鲁珀特·默多克（Rupert Murdoch）有什么共同之处呢？

他们都是在55岁之后又添了孩子。

事实上，如果将刚好在55岁添了孩子的米克·贾格尔排除在外，那么，另外的几个人都是年过65岁又添了新孩子。瑟蒙德、卓别林和默多克添新孩子的年龄实际上已经超过了70岁。

然而，高龄奶爸不仅仅是富豪和名人中的趋势。在现在的美国，新出现了一个人数正在扩大的男性群体，他们外出和在后院玩球时会带上止痛药，但是，和他们一起玩的不是他们的孙辈，而是他们的孩子。

近些年，大家高度关注那些高龄产妇，关注女性的工作加上受孕治疗方面取得的进展是如何促使怀孕的年龄上升，甚至超过40岁的。

但是，人们忽视了对爸爸们的关注，他们的年龄越来越大，而且他们不会面临对大多数40岁左右的女性而言都会出现的同样的生理障碍。

在1980年的美国，在23个新生儿中，只有一个新生儿的父亲的年龄在50岁或50岁以上。到2002年，该比例上升到了大约1∶18。与此同时，在40~44岁的父亲当中，生育率增加了32%；而在45~49岁的父亲当中，生育率增加了21%；而对于50~54岁爸爸而言，该比率上升了将近10%。类似的趋势可以在许多西方国家看到，包括荷兰、英国和新西兰。

孩子在大学毕业时拥有一位62岁的父亲，现在是一种普遍现象了。

虽然大多数孩子在出生时，其父亲的年龄依旧是在 20~34 岁，但是，在孩子出生时年龄超过了 40 岁的爸爸所占的比例正在急剧增加。

当然，部分原因与高龄产妇有关。因为女性由于其工作的原因而对生育孩子不够重视，他们的另一半——他们往往还要大几岁——极有可能是些在妇产科医师的候诊室里翻阅《财富》[①]而不是诸如《马克西姆》[②]之类杂志的人。

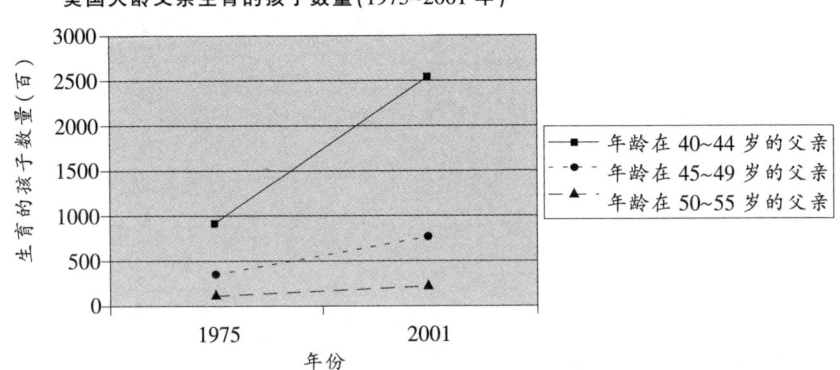

美国大龄父亲生育的孩子数量(1975~2001 年)

[图表：纵轴为生育的孩子数量(百)，从 0 到 3000；横轴为年份，1975 和 2001。三条曲线分别为年龄在 40~44 岁的父亲、年龄在 45~49 岁的父亲、年龄在 50~55 岁的父亲]

资料来源：国家健康统计中心，2002 年。
（Source: National Center for Health Statistics, 2002）

另一个原因是离婚。众所周知，一半的婚姻是以离婚收场的。但是，男性比女性会更快地再婚，再婚的频率也会更高，这也是事实。他们有时被称为"重新开始的爸爸"（Do-Over Dads），越来越多的有了点年纪的男性正尝试与比自己年轻的妻子一起再做一次父亲。（可以回想一下如下趋势，自 1999 年以来输精管切除恢复手术增加了大约 40%。而泌尿科医生说，试图进行此项手术的男性一般都是 45、46 岁左右，或者年龄更大，而他们的新妻子至少比他们年轻 8 岁。）

生理条件和个人能力的共同作用是第三个原因。高龄奶爸在生理方面依旧能够生育孩子；他们拥有更多接触年轻女性的机会；而且，他们在晚

---

① 《财富》(Fortune)：美国著名的财经杂志，是全球最知名的商业期刊之一，该杂志每年评出的"全球最大 500 家公司"（世界 500 强）排名为中国人所熟知。
② 《马克西姆》(Maxim)，全球知名的男性杂志，内容以香艳、时尚、搞笑为主，体育明星们也是杂志关注的对象。

年可能拥有更大的能力来抚养孩子。

高龄奶爸会是更好的爸爸吗？他们因为年龄太大而无法承担照看那些蹒跚学步的孩子的繁重任务而受到批评，而且，当他们的孩子处于重要的人生转折点时，他们中那些年龄最大的很有可能已经不在了。但是许多高龄爸爸说他们感觉"获得了新生"，他们比其职业生涯早期的拼搏阶段（或者可能是一直以来的情况）更加轻松，也对家庭生活更感兴趣。现在漫长的工作日越来越不吸引人了。许多人也说他们与孩子在一起时感到自己更加聪明和更爱思考了；而且他们开始越来越意识到自己的生命期限，也越来越带着欣赏的眼光来关注他们的孩子。

我本身就是一位高龄奶爸，我最小的孩子出生时，我48岁；我的孩子的年龄跨度从4岁到19岁。高龄奶爸的身份让我关注如下问题：当我的孩子需要我时而我又不在了，那会发生什么事情呢？但是这一身份也意味着家庭生活的乐趣会一直持续到我60岁的时候。退休时期和空巢期在缩短，或者完全消失了。偶尔在芭蕾舞学习班或者家长会上，我会看到教室的一边是年轻的爸爸们，他们还有许多东西需要学习，另一边则是高龄的新爸爸们，他们则要轻松得多。这种年龄上的区别在公立学校最明显——在私立学校里，高龄奶爸们都混在人群中——但是，在公立学校的聚会上，我们非常显眼。

私立学校和公立学校之间的这种不同只是这一趋势具有的商业和社会意义的一个方面。高龄奶爸最有可能是较富有的爸爸。因此对于许多孩子而言，这意味着获得财富和特权的机会，这是那些年轻的正在奋斗的父母所生育的孩子可能从来没有拥有过的。

与此同时，这些孩子也成了未知的社会试验的一部分。到目前为止，我们已经研究了十几岁少女怀孕的问题，而我们忽视了问题的另一面——即使在2001年，出生时父亲的年龄超过了40岁的孩子的数量事实上与出生时母亲的年龄低于19岁的孩子的数量是相等的。

与高龄产妇拥有许多支持团体不同，高龄奶爸则是一个被遗忘了的群体，任其自生自灭，没有什么指导、书籍或者组织来满足他们的需要。需要注意的是美国退休人员协会，我们可以在50岁时加入，但是我们之中有越来越多的人的孩子还在上小学。

所有这一切对于我们的社会及其赡养制度而言具有重大的意义。高龄奶爸需要工作更长时间，以及更晚退休，以便在晚年时支付孩子的大学学费和其他抚养孩子的费用。

他们需要一系列全新的较少需要体力而更多心智方面的活动，这些活动是他们能够与其不同年龄段的孩子共同参与的。

高龄奶爸可能是能量饮料和育儿类书籍较大的消费群体，因为相比于他们空巢的同龄人来说，他们更多是在与人拼车，而不是打高尔夫球。

他们的孩子更有可能成为独生子女或者排行最小的孩子，他们将需要其他人来做年轻的爸爸们通常做的各种事情，例如体育活动和需要精力的游戏。另一方面，这些孩子将拥有年龄更大的行为榜样——这可能使他们对啤酒兴趣不大，而更关注葡萄酒；对快速驾驶兴趣不大，而更关注安全驾驶；在观念方面较少具有反叛性，而更趋向于保守。

我们或许还需要反省一下我们的老龄父母赡养制度，因为现在许多老龄父母在他们的孩子能够赡养他们之前需要帮助。

高龄奶爸也成了一支新的政治力量。在英国，离婚的爸爸们在寻求其父亲权利的过程中已经成了好战分子，他们因为冲进了白金汉宫而在全世界登上了报纸的头版头条。

最后，如果人们普遍认为，20多岁的选民关注个人机会，30多岁和40多岁的选民关注家庭问题，50多岁和60多岁的选民关注大学学费和退休问题，而超过65岁的选民关注社会保障和健康医疗问题，那么，高龄奶爸则完全打破了这一进程。现在，他们在40岁和50岁的时候将完全围着孩子转，在他们60岁和70岁的时候则在考虑大学学费问题……

宠物父母

美国人喜欢宠物。自切斯特·A. 阿瑟（Chester A. Arthur）以来，没有哪位总统在搬进白宫时不带上至少一只狗或一只猫，而19世纪的几位总统还会带上山羊、母牛和公鸡。当然，宠物给人以温暖和陪伴，它们是我们公认的最好的朋友。好几项研究甚至已经表明它们能够降低我们的血压，减少我们的压力，消除心脏病，以及防止情绪低落。

因此，关于猫猫狗狗们又有什么新情况呢？现在有了新品种的宠物，它们在我们的社会中也扮演了新角色。它们取代了孩子，而成为美国排名第一的伴侣。而随着这些新孩子出现在街区，一些宠物的地位正在上升，几乎和黑色的美国运通信用卡（American Express Card）、白金级空中常客贵宾卡（Platinum Frequent Flyer card），以及终身女仆和管家一道，成了新的奢侈生活的组成部分。它们所获得的是它们之前的宠物很少得到的——这就是面对高级问题和过上高级生活的机会。在当今美国，最顶端的1%的宠物比世界上99%的人都要生活得更好。

情况是这样的：养有宠物的美国家庭的比例从1988年的56%上升到了63%。这意味着4400万家庭至少每家养有一只狗，3800万家庭至少每家养有一只猫（虽然有趣的是，在美国猫的数量比狗整整多出了1700万只，因为养猫的人不止养一只的可能性要大得多）。

除了这些家庭，还有少数养鱼、养鸟、养蛇和养其他小动物的人，而由此我们可以得知美国养宠物的家庭的百分比要比养小孩的家庭的百分比多出两倍多。事实上，在过去的15年中，养小孩的家庭在百分比上的下降

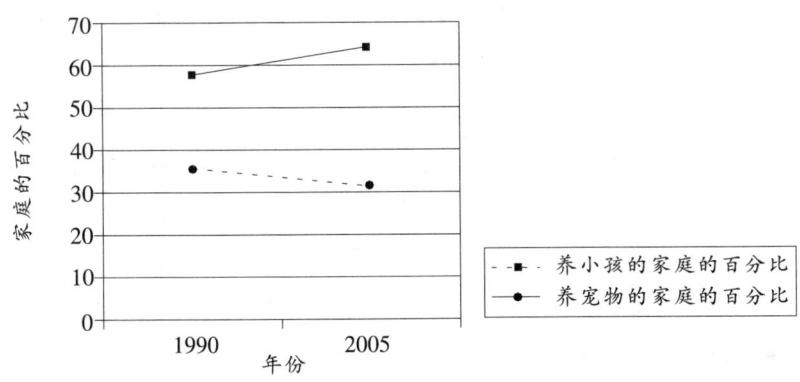

与养宠物的家庭在百分比上的上升几乎一直是相同的。

养宠物或小孩的美国家庭(1990~2005年)

资料来源：1990年和2005~2006年美国宠物用品制造商；美国国家统计局，2006年。
（Source: American Pet Products Manufacturers, 1990, 2005-06; U.S. Census Bureau, 2006）

  女性现在越来越多地独自生活或者成为一家之主。这些都是人口方面的复杂变化，这些变化对我们的国家产生了一些或大或小的影响。

  没有孩子的家庭的数量增加，而溺养宠物的家庭数量也同时增加，这不是巧合。据一位大型宠物商店的管理者说，一般的宠物商品购买者是年龄在24~45岁的女性，她们没有孩子。美国的新生活方式意味着孩子增加的速度更慢，而宠物增加的速度更快。在过去，孩子曾经是养宠物的推动者——孩子一看到小动物就会缠着他们的父母买，直到父母最终答应他们的要求。宠物所享受到的任何资源都是以减少孩子所享受的资源为代价得来的，他们分享父母所拥有的资源。

  现在超级富有的宠物正在继承所有的一切。不仅仅有更多的中年夫妻没有孩子，而且也有更多的空巢家庭度过孩子离开家后的更多时间。单单是我们寿命的延长就使因为孩子离开家上大学而导致的空巢期的时间增加了四倍。因此，无论是从来没有孩子的成年人，还是思念他们已经长大了的孩子的成年人，在美国有越来越多的人不是单独生活，而是收养了更多的宠物并将它们当孩子一样看待。

  显而易见，这是一些非常幸运的宠物。2006年，美国人在他们的宠物身上的花费从20世纪90年代早期的170亿美元增加到了将近400亿美

第五部分　家庭生活

元——这使得在宠物身上支出的开支成为美国排名前十名的零售部门之一。现在宠物商品是比玩具、糖果或五金器具更大的一个产业。但是新出现的不是其大众市场——奢侈宠物市场的规模才是前所未有的。最顶端的1%的宠物可能得到了所有甜头中的40%。

当你能养一只宠物的时候，谁还需要孩子呢？十分之八养狗的人和三分之二养猫的人会在生日或节日的时候给宠物买礼物。宠物健康保险正在急剧发展。70%购买宠物保险的人和其他对宠物保险感兴趣的宠物主人说，为了挽救宠物的生命，他们愿意"倾其所有"。2004年，美国人购买了价值140亿美元的宠物食品，包括为我们的动物花费在"人类级别的"、美味的、素食的、低碳水化合物的和有机的食物上数量破纪录的开支。

2006年，我们为我们的宠物在非处方类医疗和用品供给方面的开支超过了90亿美元——不要认为这仅仅是除蚤项圈和猫抓板。我们购买牙齿洁白剂、口气清新剂、皮毛光亮剂、专门设计的外套、小狗佩戴的珠宝以及动物用汽车座椅。我们购买治疗小猫下颚粉刺的药物。我们购买"Doggles"[1]，是为了让小狗们坐在敞篷车里时，保护它们的眼睛不被强烈的光线所伤害。此外，还有小动物遮光剂、猫用指甲油、动物用防老化面霜、爪用香水（K#9暂时只有Barneys百货店[2]有售）。是的，我们还为我们的宠物购买隐形眼镜。

一些宠物父母花费数千美元，甚至数万美元购买定制狗舍。狗舍一直在提升档次，成了能够提供散步、游泳、电视、美味食物和修脚师的豪华宾馆。纳什维尔洛伊酒店（The Nashville Loews Hotel）（为人服务的）最近引入了一项"音乐猎狗"（The Hound of Music）的全套服务。在这项服务中，花费1600美元，你就可以让你的小狗坐着豪华轿车去录音室，为它的吠叫声加上伴奏，通过数字控制将其录制到一张假日光盘（holiday CD）上。此外还有按摩服务，当然是为狗提供的。

就像每位慈爱的宠物父母所知道的，还有各项与生命周期相关的服务。宠物成群结队地活动，从而促进了社会化。母猫精修学校，小狗约会服务，

---

[1] Doggles：宠物狗专用的太阳眼镜的一种品牌。
[2] Barneys百货店：全称Barneys New York，是Jones Apparel集团所属的高档百货商店。

嗯，还有婚礼服务。在动物退休之家，性情相近的各种宠物在一起组成各种团体，在治疗期间玩耍。当然还有宠物葬礼、宠物纪念碑和宠物悼念仪式。你知道吗，你可以用你亲爱的宠物的遗骸做成钻石！有证据表明，在所有人造钻石中，有20%是这样产生的。

一点也不奇怪，《马利与我：与世上最坏小狗的生活与爱》（Marley and Me: Life and Love with the World's Worst Dog）在2005年和2006年票房最好的影片中卖得最好。而2006年重拍的《灵犬莱西》（Lassie）成了这一年最受影评家褒奖的影片。

宠物父母的存在意味着什么呢？

显而易见，宠物商品和服务市场将继续繁荣。它不再只是宠物流行服饰小商店的发展；现在大型宠物商场正在开发"宠物饰品"以满足宠物父母的需求。甚至"面向人类的公司"也想挤进这一市场。宝美奇品牌（Paul Mitchell）的头发护理产品就为动物的皮毛建立了一条专门生产线。奥马哈牛排（Omaha Steake）出售"袋装宠物食用牛排"（虽然，可以想象得到，这不是为母牛准备的）。各种服装、玩具和床垫公司正兴致高昂地加入到这场与Kibbles'n Bits[①]展开争夺的宠物产品领域的竞争中。

这一趋势对于动物医学而言也是一个重大消息。因为这些高端食品和待遇，宠物们现在的寿命是它们30年前的三倍或四倍，过去兽医的作用是控制狂犬病和犬瘟热，现在与此不同了，他们治疗的是动物的肥胖症、肾功能障碍和动脉硬化。美国各地的兽医中心都在为自己在心脏医学、神经医学和皮肤医学方面的附属专业而吹嘘。

或许，"做一只生病的狗"不再是那么糟糕的一件事？

除了独特的宠物商品和服务，创新者还应该关注人类和宠物共享的空间。2005年，本田公司发布了名为Wow的汽车，这是为经常搭载宠物狗的人设计的一款概念车。有三个座椅的那一排的中间改成了一个围栏，车内的地板是木质的以便于清理，车的后门为拴狗绳、刷子和清理宠物粪便的铲子留有隔间。越来越多的人在为宠物工作，而不是相反。帮人遛狗的人带着一群狗在街区溜达一小时可以赚200美元；一位宠物设计师如果正

[①] Kibbles'n Bits：美国的一家狗粮制造商。

好为 Fifi[①] 服务的话，他每小时可以赚到 100 美元。

此外还有公共空间。国家公园仍然不允许带宠物入内（牵着狗，会引来美洲狮），但越来越多的宾馆不仅仅允许宠物入内，而且为它们提供豪华的狗床和浴室。提供当场食用的打包袋[②]的饭馆的数量在不断增加。商场为 Fido[③] 提供水球运动，这样"爸爸妈妈们"就可以购物了。

人们也希望能将宠物带到工作场所。参加国际宠物照护协会（Pet Sitters International）的"带着宠物上班日"的公司的数量从 2003 年到 2005 年增加了一倍。我们还没有处理好在公司照看孩子的问题，但是照看小狗不是应该更容易吗？

宠物父母正在推动的这一趋势会模糊法律在宠物和人类之间的区分。2004 年，加利福尼亚的一位法官在一起兽医医疗事故起诉案中判给宠物主人一笔破纪录的 3.9 万美元的赔偿，这就等于承认，如果狗真的只是被视为"财产"，那么它拥有的合理市场价值就只会是 10 美元。2007 年，宠物食品中毒丑闻让律师们手忙脚乱地翻阅各种诉讼卷宗，想弄明白什么是宠物中毒。这一趋势对于喜爱宠物的人而言可能看起来是一个巨大的成功，但是我们需要密切关注那些站在另一角度的动物权利保护者，他们认为养宠物是不人道的。如果在法官看来宠物不是财产，那么，人们究竟为什么被允许占有它们？

另一个新的因素是，在很长一段时间内，科学家们曾坚持认为那些可爱的小狗的动作全都只是出于本能，宠物并没有真正的感觉或情感。现在科学界已经完全颠覆了这一看法，承认了如下的明显事实——宠物就像真正的小孩一样会思考，会行动，会爱。或许根基要浅得多，但是宠物和它主人之间的情感纽带（尤其是在没有孩子的家庭）是真实的，不应该被低估。说到我们的孩子，没有什么是我们不能给他们的，即使他们是些猫猫狗狗。

---

① Fifi：一种名贵的宠物狗。
② 打包袋（Doggie Bags）：过去美国人认为把在餐馆吃剩的饭菜打包回家是丢面子的事，便会跟服务员说是带回家给狗吃的。Dog Bag 就是指用来装吃剩的饭菜的袋子，尽管实际上是给人吃的，但这一用法一直保留到现在。
③ Fido：这是美国人对喜爱的小狗的通称。

溺爱孩子的父母

没有多少话题能像如何抚养孩子那样在美国人当中引起如此大的热情。本杰明·斯波克（Dr. Benjamin Spock）博士几乎依旧是一个家喻户晓的名字——在他的《婴幼儿保健常识》(The Common Sense Book of Baby and Child Care)出版50年和印刷5000万册以后——现在美国人又在以数百万的数量纷纷抢购他的后继者的著作。

1975年，美国大型出版社出版的关于如何当好父母的书籍是75种；2003年，出版的相关书籍是那时的12倍之多。实际上还有数百本杂志和数千家网站在兜售如何应付各年龄段孩子的建议，从婴儿到蹒跚学步的孩子，到八九岁的孩子，一直到十几岁的青少年。而婴儿用品生意——它在某种程度上支撑着所有这些出版物——现在是一个价值70亿美元的巨大产业。

这一领域不仅仅规模巨大，而且充满争议。斯波克博士的一部分天赋在于他几乎吸引了美国的所有父母。与此相反，现在该领域分裂了，充满了争吵，就像十几岁的兄弟姐妹为了爸爸新买的便携式DVD而在争吵。斯波克博士曾经在成功教养孩子方面被看作代表了理性的声音，现在他却可能受到像詹姆斯·杜布森（James Dobson）这样的人的指责，因为他对孩子过于宽容了（"父母必须是主导！"），他也同样可能受到像希尔斯（Dr. Sears）博士这样的人的指责，因为他对孩子过于严格了（"孩子需要依靠父母，而不是独立！"）。

当你有了孩子的时候，你就会感受到这种巨大的分歧。如果你认为自己正站在受到赞扬的一方——或者站在受到质疑的一方,或者无论你怎样看待如何当父母的问题——并大肆宣扬自己的观点,那么你实际上就正处在孩子教养专家及其追随者的论战之中。不想用母乳喂养孩子?太自私了吧!在公共场合喂奶?太不文明了吧!让孩子和你一起睡?依赖性太强了吧!把自己的孩子扔在婴儿床上?多么无知,多么可怜的美国人啊!

在这些激烈的派别争论中,很难找到当今美国父母们一致同意的观点。但是我认为我发现了两件事情:第一,大多数美国父母认为他们自己是严格的。第二,他们确信自己是唯一的这种人。

2006 年,我们对那些孩子不满 18 岁并住在家里的美国人进行了一项民意测验,根据宽容/严格的标准对不同群体进行了衡量。一些情况并不让人惊讶——那些最严格的父母每周都去教堂,甚至次数更多,他们被视为保守主义者,居住在南部,而且年龄较大。最不严格的父母年龄更年轻,更具自由主义倾向,居住在东北部,而且他们本身就是由宽容的父母抚养大的。而男性又比女性要严格一些。新教徒比天主教徒要严格一些。

但是,如果你看看接受民意测验的全部父母群体,你就会意识到一致的看法就是大多数父母认为他们是严厉的。55% 的父母认为他们是严格的,与此形成对比的是,只有 37% 的父母认为他们是宽容的。52% 的父母(还有 58% 的老龄父母)认为用"纪律和制度"来引导孩子比用"温暖和鼓励"更有效。认为使他们的孩子成为良好公民更重要的美国父母与认为使他们的孩子快乐更重要的美国父母之间的比例超过了 2 : 1。

有趣的是,绝大多数美国父母还指出其他父母在对待孩子的教育方面没有尽心尽力。绝大多数(91%)美国父母认为"现在的大多数父母对孩子太纵容了",与此形成对比的是,只有 3% 的父母认为现在的大多数父母对孩子过于严格。

因此,我们看到的多数父母都认为自己是严格的,而其他人却完全不是如此。事实是,他们只对了一半——就是他们关于其他人的看法。同以前相比,在当今美国,几乎所有的父母对他们的孩子都更加宽容,尽管他们自己感觉像愚笨的父母(Bad-Ass Moms and Dads)。而说到宽容,就像一本畅销书的书名一样,当今的父母处在一种"否认的状态"(a state of denial）中①。

首先说说婴儿的睡觉问题。在20世纪上半期，父母被告知应该让婴儿遵守严格的就寝时间表，即使这意味着不得不让他们在半夜三更"哇哇大哭"。20世纪50年代，斯波克博士被打上了"宽容"的标签，因为他提出，有时候，走到孩子床边哄哄他们是不错的——虽然在其著作的后来版本中，他也认为通常最好让孩子大声哭出来。20世纪80年代，哈佛大学的理查·法伯②博士在其畅销书《解决你孩子的睡眠问题》（Solve Your Child's Sleep Problems）中向父母们建议，让孩子们逐渐地学会大声地哭——现在这一做法通常被称作"Ferberizing"。

但是美国的父母们是如何看待Ferberizing的呢？通常，有一些父母相信这种做法，但大多数父母认为这无异于把孩子送上绞刑架。60%参与我们民意测验的父母宣称"只要小孩子哭，就应该好好哄他们"——与此形成对比的是，只有35%的父母认为应该允许孩子大声哭出来，这样他们就会学会睡觉。而在妈妈（可以想象，她们是更多做出这些实际决定的人）当中，在支持孩子一哭就哄这一点上，分歧是66%对30%——比例超过了2∶1。（爸爸们夸夸其谈，反正不管怎样在孩子的哭闹声中他们总能睡着。）

哪种观点更接近你的看法？	父母双方	爸爸	妈妈
孩子一哭就应该去哄	60%	48%	66%
孩子应该被允许在晚上大声哭出来，这样他们就会学会如何睡觉	35%	44%	30%
不知道	5%	8%	4%

当说到孩子和睡觉，我们整个社会的重心就移向了均衡的斯波克博士的左边，他在自己的时代被认为是宽容的。法伯博士自己在其著作的2006年版中竭尽全力地澄清说，他从来就没有使用过"大声哭出来"这种说法，

---

① 指鲍伯·伍德沃德（Bob Woodward）关于布什政府的新书《否认的状态》（*State of Denial*）。
② 理查·法伯（Richard Ferber）：美国波士顿儿童医院儿科睡眠疾病中心主任，美国当代著名的、同时也是争议颇大的儿童睡眠专家。他发明的睡眠训练方法被称为"Ferberizing"，该方法主张应该让孩子醒着的时候就躺到床上，让他自己学会睡觉，而不是由父母哄睡着了再放到床上。

他所提倡的是"积极的等待"。

或许在教养孩子方面最有意义的导火线与打屁股有关。1968年，几乎所有的人都赞同体罚，94%的美国人认为打孩子屁股是可以的。到了1994年，赞同率下降到了68%，而从那个时候以来，该比率一直维持在稳定的65%左右。虽然65%依旧意味着大多数人对此赞同，但是你在仓促之中将想到另一个迄今为止支持率的下降速度类似的社会趋势。即使是死刑的支持率现在也只是从80%下降到了大约65%。

如果对待睡觉培训和打屁股的态度还不足以说明美国人日益增加的宽容，那么，真正让我感到震动的是父母们讲述的他们如何应付自己八九岁和十几岁的孩子的。我们的民意测验询问父母们，如果他们9岁大的孩子骂他们，并扬言恨他们的话，他们将如何处置。在不同年龄和性别的家长当中，排名绝对靠前的答案是"坐下来再问他为什么会那样认为"，以及"告诉他，他这样想，你很难过，但无论如何，你是爱他的"。（如果这个孩子是女孩，做出此种选择的父母的数量甚至更高。）只有14%的父母说他们会揍他，在35岁以下的父母当中，选择动手打人的不到一半。仅仅有十分之二的父母说他们将取消孩子至少一个星期的特权。

假定你9岁大的儿子/女儿大声咒骂你并扬言他/她憎恨你，你将做出怎样的回应？(%) 答案多选					
两组数字分别对应儿子/女儿的情况	父母双方	父亲	母亲	35岁以下的父母	35岁以上的父母
坐下来再问他/她为什么会那样认为	58/64	60/59	57/66	53/63	61/64
告诉他/她，他/她这么想，你很难过，但无论如何，你是爱他/她的	56/57	44/51	63/60	63/67	51/57
把他/她打发回自己的房间	44/46	37/38	49/50	51/53	40/41
取消他们的特权差不多一个星期	34/33	39/27	31/35	41/39	30/28
取消他们的特权一个星期甚至更长时间	21/25	22/24	21/25	15/26	25/24
动手揍他/她	14/14	18/2	11/20	8/20	17/10
什么也不做	0/2	0/4	0/1	0/1	0/2
不知道	3/1	1/3	4/0	7/1	1/1

没问题，你会说，毕竟这个孩子只有9岁而已。他只是曲解了某种新得到的独立而已。但是，我们也询问过父母们，如果他们发现他们15岁大

的孩子正在使用非法药物,他们的第一反应会是什么。在这种情况下,整整四分之三的父母说他们会坐下来和孩子谈话——将近十分之一的父母说会跟孩子坦承他们自己使用非法药物的事。现在只有 15% 的父母会取消孩子的特权(不到十分之一的妈妈会取消她们儿子的特权),而实际上没有父母说他们将动手打人。

假设你有一个 15 岁大的儿子 / 女儿,你发现他 / 她正在尝试使用非法药物,你的第一反应会是什么? (%)					
两组数字分别对应儿子 / 女儿的情况	父母双方	父亲	母亲	35 岁以下的父母	35 岁以上的父母
坐下来问他 / 她为什么要这样做	68/66	55/70	75/63	73/68	65/63
取消他 / 她的特权一个月或更长时间	10/6	16/7	6/5	4/4	13/7
告诉他 / 她你自己使用非法药物方面的经历	7/8	11/9	5/7	8/8	6/7
取消他 / 她的特权差不多一个月	6/8	13/6	3/9	6/9	7/6
叫警察	4/4	3/3	4/4	1/3	5/4
寻求心理咨询,或者送他 / 她去接受康复治疗,或者送他 / 她去参加可怕的改过计划	1/2	0/0	1/4	1/3	5/4
跟他 / 她谈论类似的压力,或者告诉他 / 她滥用药物的危险或恶果	1/1	1/3	2/0	1/0	1/2
动手打他 / 她	0/0	0/0	0/0	0/0	0/1
其他	1/3	0/0	0/4	0/1	0/4
不知道	3/3	1/2	4/4	4/5	2/2

"孩子不打不成器"已经被"进行一次真正的贴心谈话"所取代了。我不会对任何一种方法作出判断,但是我会注意到这一变化是如此急剧。虽然越来越多的孩子得以自由出入家门,但是比起以往来,有更多的成年人锒铛入狱——受到法律中各种变化的刺激,法官们已经站到了父母们的对立面。父母们是在把更多的问题推给社会制度吗?或许是这样。

是的,这些民意测验的数据都是父母们自己提供的——因此,也许父母们说他们会坐下来谈,而实际上他们会怒吼或者打人。但是同样是这些人在描述抚养孩子的最佳方式时曲解了严格。他们认为这就是严格。

对美国而言,所有这些新出现的宽容意味着什么呢?

这是一个意义深远的问题,因为在孩子教养问题中每一个阵营所具有

第五部分　家庭生活　135

的热情不仅仅来自他们对孩子的爱，也来自他们认为世界的未来取决于他们的胜利这一认识。社会上的保守主义者会说，越大的宽容（就像本文中所描述的那样）意味着孩子长大后会以自我为中心、蔑视权威以及容易犯罪。他们甚至会列举出全美国一些自由主义的黑人领袖，他们公开说过妈妈或者奶奶对他们的偶尔重罚让他们能够守规矩。而在我们的调查中，他们会指向这一事实，即不能列在严格父母名单上的，除了自由主义者、西北部人和由宽容的父母抚养大的人之外，还有农村的父母，这或许是令人吃惊的。在犯罪大量下降的20世纪90年代，农村地区犯罪率的下降速度，无论是比城市还是比郊区都要慢很多。

另一方面，自由主义者会举出数十年来的研究，这些研究认为打孩子会带来短期的驯服，但却会产生更严重的长期问题——具有讽刺意味的是，这些问题包括不服从。因此在美国，更大的宽容最终将意味着一个更健康的社会。

但是无论是哪种方法，说到底，管教孩子在社会上已经成为不可接受的事情。最近我在飞机上遇到一位过度紧张的父亲，他威胁说如果他的孩子不守规矩，就会取消滑雪之旅。而其他乘客似乎被这位父亲的反应惊吓到了，以致我认为我们应该当场采取干涉手段来制止这位父亲。取消滑雪之旅——这被视为最极端的方式。我也不知道谁对谁错——但是我认识到了如果你当众管教你的孩子，大多数人将站在你孩子那一边。

现在这些宽容的父母的存在具有实实在在的商业意义。20世纪90年代，人们坚定地相信忙碌的父母们最需要的是技术——例如暴力节目过滤芯片和互联网拦截软件——以便于在那些不好的影响进入家庭并触发各种家庭战争之前就屏蔽掉它们，但是事实证明——没人使用它们。2001年，在暴力节目过滤芯片成为新型电视机的标准付费两年多之后，不到十分之一的父母使用它。我们的民意测验显示，虽然在孩子使用电脑的父母当中，有高达85%的父母对他们进行监控，但不到三分之一的父母使用过过滤器或者相关软件。现在这些宽容的父母说他们需要更多熟练的技术手段，但是他们真正需要的是关于如何进行"谈话"的指导。

过去，孩子们只能面对棍棒之苦，或至少是粗暴的行为。而现在，他们有人接送，可以暂时休息，还可以提出非常具体的条件。我们是要一个更少暴力的社会，还是要更多不愿听从权威的人，对于这个问题，陪审团还没有做出裁决。

溺爱孩子的父母或许不只是一个小趋势——这一趋势影响着数百万的父母，具有巨大的社会意义。但是与这一趋势相关的违反直觉的一点是，父母们竟然认为他们自己是严格的，事实上，他们对什么叫严格，却按照最低的标准进行了重新解释，严格管教从身后的皮带彻底变成了小心翼翼地闲聊。

国际画面

因此美国正在变得越来越"以孩子为中心"，因为所有人都忙着在半夜安慰哭泣的孩子，而且体罚的情况正在迅速地减少。但是，稍微看看世界上的其他趋势，就会知道，就动手打孩子而言，美国或许依然比世界其他国家更严厉，但就督促孩子学习方面而言，美国可能还不够严格。

尽管不赞同体罚的美国人的比例比以往都要高，但是赞成的比例依旧是接近绝大多数的 65%。还有 22 个州允许在学校实施体罚。这使我们成了少数派。

◎ 欧洲。在冰岛、波兰、荷兰、卢森堡、意大利、保加利亚、奥地利、法国、芬兰、俄罗斯、挪威、葡萄牙、瑞典、丹麦、塞浦路斯、德国、瑞士、爱尔兰、希腊和英国，是明令禁止学校实施体罚的；在这些国家中，许多国家也是禁止在家对孩子进行体罚的。即使在英国，虽然它在 2004 年通过了一部保证父母拥有打孩子的权力的法律，但是它也随时准备颠覆这一法律。"不可棒打孩子协会"（Children Are Unbeatable Alliance）进行的一项调查发现，71% 的英国成年人现在同意给予孩子和

第五部分　家庭生活

成年人一样的免受暴力的权利。
- ◎ 非洲。在非洲，纳米比亚、南非、津巴布韦、赞比亚和肯尼亚是禁止在学校对孩子进行体罚的。
- ◎ 亚洲。日本、泰国、中国都已告知教师们放弃棍棒手段，转而求助于其他的惩罚方式。（当然，1994年，新加坡因为一名18岁的美国少年破坏了两辆汽车而公开对其进行了体罚。）

因此，说到动手打自己的孩子，就全世界而言，美国确实是严厉的，但是说到减少学业负担，我们是相当宽松的，这可能也是有害的。根据佩尤中心在2006年进行的一项调查，56%的美国人认为父母在激励孩子在学校求上进方面施加的压力太小了。但在中国、印度和日本——这些国家因为它们竞争激烈的教育环境而闻名——绝大多数父母认为他们施加给孩子的压力过大。

当然，亚洲学生在某些国际考试中的分数要比美国学生高。在2003年的一次全球数学能力测试中，美国在29个经合组织国家中排名第24，远远低于日本和中国。这与兰德公司和布鲁克林研究院所发现的如下事实，即普通美国学生每天花在作业上的时间还不到一个小时有关吗？

或许我们应该放弃棍棒，纵容老师[①]——而这只是为了让孩子坐下来，好好做作业。

[①] 英文为 spare the rod and spoil the teachers，是依照谚语 Spare the rod and spoil the child（省了棍子，坏了孩子）而来。

事后曝光的男同性恋者

2004年8月，新泽西州州长詹姆斯·迈格里维（James McGreevey）向本地的新闻记者、全国各新闻机构和3亿电视观众宣布，因为他与一位使他面临着"虚假传闻和威胁要揭发他的隐私"的男士发生了桃色事件，所以他将辞职。

还有许多曲折的内幕。公共资金是否被滥用来雇用这位情人担任"安全专家"，而这个家伙事实上从来没有接受过任何培训？由于他一直在为政府工作，那么这段恋爱关系是否是滥用权力？一位有前途的政治人物在其性取向方面撒了谎，他在其他事情上还应该值得信任吗？

然而，另一个内幕却没有受到更多的人的议论：迪娜·马托斯·迈格里维（Dina Matos McGreevey），她是州长的妻子，在她丈夫发表声明的过程中，她忠实地站在他的一旁。"真实情况是，我是一个同性恋美国人。"迈格里维说。而他结婚4年的妻子，一位有着2岁大女儿的母亲，则带着标准的微笑看着他。

在迈格里维与其第一任妻子离婚后，在1996年的某一天与马托斯相遇。他们一起走向女方的汽车，就在这一晚他们接吻了。在约会4年后，他们结婚了，小型结婚仪式是在弗吉尼亚州的伍德布里奇（Woodbridge）举行的，随后在可以俯瞰白宫的（这可能是很快就当选为州长的迈格里维渴望有一天能入主的地方）、一流的海·亚当斯酒店（Hay Adams Hotel）举办了一个招待会。两年后，他们庆祝了小杰奎琳的诞生。现在，在他们结婚将近4年后，在全国的电视节目中，47岁的詹姆斯·迈格里维告诉全世界他是一位同性恋者。

这种事后曝光的同性恋者在美国是一支正在发展的力量。虽然准确的数字很难被计算出来，但是专家估计至少存在 200 万名曾经与异性结过婚或者依然保持着异性婚姻的男女同性恋者。根据美国健康与公共事务部 2002 年进行的"全国家庭增长调查"（National Survey of Family Growth）的调查结果，3.4% 目前还有婚姻关系的、年龄在 15~44 岁的男性——换言之，就是大约 90 万名男性——宣称他们与其他男性发生过性关系（虽然值得注意的是，这样的描述比某人是同性恋的描述涵盖面要更广）。如果再加上那些曾经结过婚的，我们将得知结了婚或者曾经结过婚的、宣称与其他男性发生过性关系的美国男性超过了 120 万。

看起来，大多数事后曝光的男同性恋者在步入婚姻的时候并不是刻意隐瞒的。一些人很晚才意识到真相；至少有一项研究发现五分之一的男同性恋者是在 40 岁以后才发生了他们的第一次同性之间的性经验。其他一些事后曝光的男同性恋者开始时是怀疑，但也只是在他们与自己内心的真实想法斗争了数年后才认清事实的。还有一些事后曝光的男同性恋者是被迫暴露的，经常是他们的妻子在他们的电脑中发现了同性恋色情文学或者性描写露骨的电子邮件。或者，就像在迈格里维州长的事件中那样，是由他的同性爱人自己暴露的。还记得科罗拉多州的牧师特德·哈格德（Ted Haggard）吗？他包养了数年的男性情人最终决定，他受够了哈格德在公开场合发表的那些反对同性恋的措辞激烈的演说。当这位男妓迈克·琼斯（Mike Jones）在 2006 年揭穿哈格德时，哈格德是 50 岁，已经结婚 28 年，有 5 个孩子。

当奥普拉·温弗瑞（Oprah Winfrey）在 2004 年做了一档题为"我的丈夫是同性恋"的节目时，我就料想到事后曝光的男同性恋者会"正式"成为一个全国性的现象。

为什么会出现这么多事后曝光的男同性恋者呢？这一发展看起来可以直接归结为人们对于同性恋的日益接受。在这些人中的大多数人还在上中学的时候，有不到 30% 的美国人认为同性恋是"可以接受的另一种生活方式"。现在，到了 2006 年，这一趋势已经翻转过来，绝大多数美国人宣称他们可以接受这一现象，认为同性恋者在工作领域应该拥有同等权利的美国人从 1977 年时只有 56% 增加到了现在的高达 88%，而男女同性恋者的支持团体已经大量增加而遍及整个美国。

因此，数年前无法想象的事情——当时的人们会把他们的同性恋欲望归咎于过去的经历或者私密的幻想，而与他们真正关心的男性或女性结婚——现在已经变得可以想象了。这些事情也是可以付诸行动的，而越来越多的人正在这样做。

这样做的男性似乎比女性更多。这是因为男同性恋比女同性恋更多，而且因为，据专家讲，妻子们从意识到自己是同性恋到真正离婚通常速度更慢。当然，《六人行》中罗斯（Ross）的妻子会为了健身房中的一个辣妹离他而去，而在奥古斯丁·柏洛斯（Augusten Burroughs）2002 年的畅销文集《夹缝求生》(Running with Scissors) 中的妈妈（在 2006 年改编的电影中由安妮特·贝宁 [Annette Bening] 饰演）在中年时期发生过几段同性恋事件。但是在现实生活中，更常见的情况是像 2002 年的电影《远离天堂》(Far From Heaven) 中的丹尼斯·奎德（Dennis Quaid）那样。他是一位居住在郊区，有两个孩子的男人。他过着良好的生活，却无法忽视同性吸引力的浮出水面。他在 40 岁的时候出柜。

美国事后曝光的男同性恋者需要帮助，尤其是在男同性恋者团体之内。虽然对于十几岁和二十几岁的同性恋者而言，现在出柜可能比以往要更容易，但是"中年的"刚刚出柜的同性恋者仍然会有迟迟无法消失的不舒适感——更不用说在同性恋聚集的场所明显缺少冷静的氛围。www.comingoutat48.blogspot.com 网站的创办者说，当他开始作为一个男同性恋者的新生活时，他不知道穿什么去酒吧，他过早地暴露了自己的身份。《威尔和葛蕾丝》(Will & Grace) 中至少有几个情节是关注威尔或者杰克（Jack）"引领"一位事后曝光的同性恋者加入他们的团体的。

但是把这些事后曝光的男同性恋者的需要放到一边，说这些事后曝光的男同性恋者极大地改变了他们的配偶和子女的世界是毫不夸张的。根据 1990 年关于性社会组织（Social Organization of Sexuality）的一项研究（该研究也被关于家庭发展的资料所证实），大约有 300 万女性曾经的或现任的丈夫现在与其他男性同床共枕。此外，还有大约 350 万孩子的父母后来被证明是同性恋，他们必须与父母谈论这个与性有关的尴尬话题。

第五部分　家庭生活　141

被抛弃的异性恋配偶（Straight Spouses Left Behind）在国际异性配偶网（International Straight Spouse Network）上拥有很多资源，该网络协调着美国国内外80个支持团体的运作。据报道，网站 www.straightspouse.org 每天拥有300个访问者，他们需要支持。据专家说，那些事后曝光的同性恋者的配偶所经历的全部阶段就是一个人在其所爱的人去世时所经历的——生气、悲伤、拒绝接受、愤怒。有时候，她们会以"错的不是我，错的是他"这样的方式来缓解痛苦。有时候，她们会感到恐惧，尤其是在谈到通过性行为传播的疾病和艾滋病时。但是对于一位被抛弃的异性恋配偶而言，几乎总是会拒绝接受、感到羞辱和背叛，而有时候是强迫对自己的判断和对真理的认知进行极端的重新检视。

尽管存在这一切，但在实际层面，她们也在努力面对分手的问题，面对尽力重新在一起的可能性（这牵涉到夫妻关系中的第三者），以及面对寻找新感情时的复杂情感。许多异性恋配偶发现自己一直被蒙在鼓里，一直到事情大白于天下——这个时候，她们不得不忍受来自朋友、父母、同事和孩子的大量复杂问题。的确，她们现在与奥斯卡·王尔德（Oscar Wilde）、罗克·赫德森（Rock Hudson）和埃尔顿·约翰（Elton John）的那些曾经发狂的妻子们站到了同一条战线上——但这也无法解除她们的痛苦。

200万事后曝光的同性恋者动摇了至少400万成年人的世界——但是他们也从根本上改变了所有其他人的神圣期待（altar prospect）。现在美国的婚姻状况正在经历一个相当艰难的时期，因为在每1000个人中结婚的人数从1980年的10.6人下降到现在的7.5人。但现在即使是那些渴望结婚、碰到了一个合适的伴侣并打算结婚的人，也有新的问题需要应对。15年后，我的配偶会被事后曝光是同性恋者吗？——或者，情况更糟糕，他一直秘密地保持断背关系？他能否说他爱我——实际上他从来没有对其他任何一个女人有想法——却依然在我们45岁的时候为了一段更炽热的感情离我而去？当我们还在约会的时候，我如何及时地辨别出这种同性恋行为？

为了弄清人们潜在的同性恋倾向，或许相亲网站和婚前咨询服务将来需要增加两个问题。满怀希望的夫妻现在正在做着各种性格测验，以了解谁和他们相配，如何预期（以及缓解）感情冲突，以及如何使婚姻获得幸福的概率最大化。确保人们在找到一个伴侣之前先弄清楚自己的取向或许不是一个坏主意？

可以争论的一点是，如果美国人对同性恋的宽容持续增加，那么，根据那种认为同性恋者只是从一开始就是同性恋，应该结束异性恋婚姻这一转移视线的错误做法的理论，事后曝光的同性恋者的数量将减少。特别是如果同性恋者的婚姻和养育孩子获得了主流意识的认可，那么同性恋者将不会因为选择了同性伴侣而遭受任何损失，而异性恋配偶也将避免这种苦恼。（就像戏剧演员詹森·斯图亚特［Jason Stuart］说过的："我希望你们这些异性恋者能允许我们这些同性恋者结婚。如果你们这样做，我们就不会再与你们结婚了！"）

但是在美国，这一天不会很快来到。51%的美国人依旧认为同性恋"在道德上是错误的"，而将近60%的人是反对同性恋婚姻的。许多美国人（36%）认为同性恋应该得到更少的认可，而不是同等的或更多的认可。而只要同性恋者在美国还属于二等公民，大量拥有同性恋倾向的人就会把他们的这种倾向隐藏起来，而赞同异性恋婚姻，买上一栋围着白色尖端篱笆的房子，生上几个孩子。但是如果数年后，这些倾向复苏了，或者以全新的方式出现，那么就会出现曝光他们的性取向的新闻——而所有其他人也需要重新做出调整。

孝顺的儿子
——美国的男性照顾者

到如今，我们清楚地知道美国人现在的寿命要长得多——现在出生的人完全可以期待活过70岁，与此形成对比的是，如果你是在1900年出生的，你的预期寿命是47岁。而现在，活到80岁和90岁是越来越平常的事情。

我们也知道，现在人们去世的过程变得更加缓慢——遭受的是像心脏病和老年痴呆这样的慢性病，而不是过去那种迅速致命的疾病的折磨。

结果是，大多数老年人最终需要某种临终照顾，而与普遍的看法不同，很少有老年人在疗养院或看护中心得到这种照顾。事实上，只有4%的65岁及以上的老人真正居住在这种地方。大量需要照顾的老人或者在家里从无须支付酬劳的亲戚那里获得帮助，或者与家人一起生活。这样的时期平均要持续4~5年。这对于照顾他们的人而言是一个沉重的负担。

显而易见，在美国，大量照顾老人的负担落到了女性身上。女儿之路（Daughter Track），就是专指那些为了照顾她们年迈的父母而将自己要求苛刻的工作放到一边的职业女性的一个术语，这些女性中的很多人在20年前就曾选择了妈妈之路（Mommy Track），20年前，她们为了照顾自己的孩子也曾将自己要求苛刻的工作放到一边。

但是，虽然女性承担了更多的照顾老人的工作，而且相当多的是极其沉重的照看工作，然而在美国出现了一个悄悄发展的——而且有可能不断壮大的——无须支付酬劳的男性照顾者群体。根据全美照顾联盟（National Alliance for Caregiving）和美国退休人员协会（the AARP）在2004年进行的一项研究，在美国无报酬照顾体弱成人的440万人当中将近有40%是男性。这意味着大约有170万儿子、女婿、侄子、兄弟和丈夫在"空暇"时间照顾他们的亲人。在整个20世纪90年代，为那些得了慢性疾病的成年人提供照顾的亲属中人数增长最快的群体是儿子。

这绝不仅仅是说你在周末的时候偶尔去看一下你的父亲，帮他搬一下他自己再也抬不动的旧沙发。美国的男性照顾者平均每周要花费19个小时来照看那些体弱的亲人。而且对于一些人而言，所花的时间比这还要多得多：在看护那些最需要帮助的亲戚的照顾者当中，几乎有三分之一是男性。

在这些孝顺的儿子身上，有一些与他们同样孝顺的姐妹不同的特征，而这些特征最终将具有政治含义。男性照顾者往往不会把他们的工作放到一边或减少他们的工作，他们从事全职工作的可能性比女性要大得多（两者之比为60%：41%），因为男性拥有额外的资源及其带来的影响力。男性照顾者会更经常地帮助其他的男性——与35%这样做的男性照顾者相比，只有28%的女性照顾者这样做。第三，与女性相比，男性照顾者所处的境况更多是他们自己选择的：有将近三分之二的男性照顾者说在这件事上他们可以有其他选择，与此形成对比的是，不到五分之三的女性照顾者是如此。

另一个有趣的反常现象是，在孝顺儿子当中，有不少是亚裔，这样的人所占的比例很高。虽然只有少数男性照顾者是亚裔美国人，但是54%的亚裔美国照顾者是男性——与此形成对比的是，该比率在西班牙裔人中只有41%，在白种人中是38%，在非洲裔美国人中是33%。事实上，在成人照顾者当中，亚裔男性美国人是占居多数的唯一群体。毫无疑问，这是由于亚洲人关于孝道的核心价值观。这种价值观可以追溯到孔子，在亚洲的传统文化中，它是个人道德发展的核心。结果就是在亚洲人的家庭中，长子通常应该照顾他的父母亲。

最后，许多男性照顾者是同性恋者。2006年12月的《纽约时报》上刊登了一篇关于皮特·纳普里塔诺（Peter Napolitano）的令人感动的新闻，这位48岁的单身男同性恋者为了照顾他那81岁的老母亲，搬回家去住了——主要是因为他的异性恋的哥哥及其妻子无法在他们已经拥挤不堪的家里安置他们的妈妈。

因此，同性恋者可能一直在承受错误的指责——当说到对妈妈、爸爸、配偶和伙伴时，他们中的许多人真的是很体贴。毫无疑问，亚裔美国男人有很多东西值得我们其他的人学习，但是孝顺儿子中的这种发展趋势预示着人们的观念很可能发生某些更大的转变。虽然尊重自己的父母是十戒之一，但是美国的价值导向确实不是将孝道作为首要价值的。美国在根本上是以孩子为导向的；我们总是在谈论下一代，而不是上一代。我们关注未来会带来一种力量——但有时可能会以牺牲我们的父母为代价。

就像我们在本书中所看到的高龄奶爸、退而不休的老人以及其他群体一样，老一辈人需要做的事情很多，远不止是玩玩高尔夫球——他们的寿命将会更长，会更多地牵涉到他们孩子的生活，随着时间的流逝，他们会与孩子产生更深的感情联系。因此统计数据说明，在我们的生活以及他们的生活中，照顾父母将成为一个非常重要的问题。这意味着虽然孝顺儿子的数量在增长，但是对下一代而言，为了避免两代人之间的不幸，我们真正需要的是更宽泛的理解责任，而不仅仅是将其视为"回报"。回报依旧是一个非常实在的观念，我们越来越需要使这一观念在我们的社会和我们的价值观中扎下根来。

孝顺的儿子需要得到比现在更多的帮助。与女性照顾者一样，他们需要更多的老年病护理人员来帮助指导他们弄清公共医疗补助制（Medicaid）和医疗保险制度（Medicare）中的复杂情况；如果工作需要他们离开家，那就需要有人提供替补性的照顾；为了照顾那些刚刚出院或者需要在家进行短期护理的亲人，那种半医疗培训是必需的。很少有用人单位为照顾老年人提供任何真正的福利，即使照顾老年人已经在技术上适用于家庭医疗假法案（Family and Medical Leave Act），但"照顾父母"假基本上没有像产假那样渗入主流文化。产假模式实际上也不适用于对老年人的照顾。你能想到0~3岁孩子的成长需要，并准备一步步地将孩子送到日托或幼儿园。另外，孩子和你们是住在一起的。而年迈的父母可能住得很远，他们的健康需求不稳定，他们需要照顾的时间长短、照顾程度是完全无法预料的。

但是孝顺的儿子也可以利用一些只适用他们的有利条件。既然他们成为孩子的主要照顾者的可能性较少，那么，或许同女性相比，他们更容易感觉到照看那些体弱的、心灰意冷的、有时还不领情的人——即使是他们所爱的人——是件很气人的事。由于在工作中没有几个情况相似的同事，他们可能会发现当照看父母的重担使得他们迟到、早退或者干脆耽误了工作的时候，他们甚至得不到多少同情。

或许父母们，尤其是父亲们，在他们衰老的时候对待儿子比对待女儿更严厉。特别是男同性恋者在照看父母方面面临着大量复杂的问题，他们的父母可能在某种意义上从来没有完全接受他们。

目前正在对这些人提供一些帮助。在2006年底，国会通过了生命期暂缓照顾法案（Lifespan Respite Care Act），批准各州和地方机构以竞标的方式动用大约3亿美元的资金来帮助减轻那些对家庭成员进行长期照顾、付出情感的人的负担。

当然，还有更多的事情需要去做。3亿美元是一个良好的开始，但家庭照顾者提供的照顾价值估计将近3000亿美元。我们刚刚意识到一个正在迅速发展的问题，而我们也才刚刚开始盘算可以在哪里找到我们需要的家庭健康护理人员来做这些事情。

特别是，由于美国人的寿命变得更长，而老年医学专家的人数正在减少，所以我们更需要意识到有越来越多的50岁左右的美国人正在照看那些70岁和80岁左右的美国人——而他们需要在工作场所得到更多的迁就。孝顺的儿子们有权力和能力来改变这一局面，将它从一个一直以来只被认为是"女人的问题"变成一个广泛的社会问题，最终能促使关注这一问题的强大的政治力量把它同医疗保险制度和社会保障制度等问题放到一起，为大众所关注。

需要注意的是，1997年，各公司因雇员要照顾体弱的亲人而导致的离职、缺勤和中途离开使这些公司损失了110亿美元到290亿美元。公共政策制定者必须认识到照顾者们"免费"创造的价值3000亿美元的贡献。如果成年的儿子和女儿不愿意承担这一工作，谁会为美国的老年人担负起这一重任呢？是已经处于巨大压力之下的社会保障制度吗？

据说，民主党总统候选人乔·利伯曼（Joe Lieberman）在成年之后每天都给他母亲打电话，一直到她2005年以90岁高龄逝世为止。泰迪·罗斯福（Teddy Roosevelt）的母亲去世时，他守在床边。随着越来越多的孝顺儿子响应尊敬父母的号召，他们将给美国人的生活增加另一个道德维度——而这一道德维度也许一直在萎缩。

第五部分　家庭生活　147

第六部分
政 治

感情用事的精英

2008年大选期间,我每天都会听到两种说法。我听到的第一种说法是,"要是X候选人或Y候选人更热情、更友好一点,我就会投他/她的票。"

我听到的第二种说法是,"我喜欢能够提出问题的候选人。这是一次重要的选举,我们需要的是一位能够真正发现我们的问题,并能切实解决这些问题的总统。"

你认为这两种说法哪一种是美国的博士们的说法?是关心个性的说法,还是关心问题的说法?

不管你相信与否,博士们的说法是关心个性的说法。其中的原因是,美国的选民出现了一种有趣的现象,人们的态度颠倒过来了。美国的精英们,也就是我们社会中最富有的和受教育程度最高的人们,已经不太关心美国的经济和战略问题了,他们更关心的是候选人的个性。在精英们的鸡尾酒会上,他们会讨论关于总统选举的最重要问题。我保证,他们谈论的话题,都是关于每一位候选人的个性分析的。我的这种说法是有充分理由的:今天的精英们关心的问题,已经不再是医疗、大学的学费、失业和照看孩子等绝大部分美国人要面对的主要问题了。精英们关心的问题,可能永远与大众关心的问题不一样。但是,在20世纪的美国贤能政治体制中,精英们都是具有特殊教养的人,他们都是通过自己的奋斗才成为精英的,他们都非常赞赏那些努力向上的人们。简而言之,他们是认真严肃的人,他们经历过第二次世界大战,他们关心的都是现实生活和政治中的严肃问题。今天的精英们是在溺爱中长大的,他们没有经历过自己父辈和祖父辈的奋斗。

今天的精英们是从书本上了解汤姆·弗里德曼（Tom Friedman）笔下的《世界是平的》(*The World Is Flat*)，而美国的大众对此则有亲身的体验。精英们看到的是前所未有的经济成功，而在底层劳作的人们的境况却没有得到改善。2007年3月披露的收入数据表明，美国10%的人是高收入者，他们的收入每年都在增加，而1%收入最高者的收入增加得最快（大约14%）。90%的美国人是低收入者，他们的收入一直在减少。实际上，一股潮流的上涨不会托起所有的船只。

这种状况造成了一种特别具有讽刺意味的现象，如果向精英们提出为什么关心个性的问题，他们会告诉你，"选民们"——即低收入和受教育程度较低的美国人——不懂得问题，所以他们要根据个性投票。但是，这种说法与真实的情况相去甚远。美国所谓的芸芸大众的受教育程度比以往更高了，而且，他们对问题的关注也更胜于以往。在政治活动中，标准的美国选民，决不会讨论个性的问题。选民们关心的是医疗保险问题、教育问题，还有在伊拉克服兵役的朋友们的问题。他们对医疗保险方案、医疗补助方案的了解，对学校体制和全球经济的了解，会令许多博士自愧不如。2007年初，希拉里·克林顿设立了一个公务网站，她收到了11000个问题，其中的10个问题是问她喜欢吃什么食物和爱看什么电影，其余的10990个问题的内容，都是人们面临的实际问题和她如何帮助解决这些问题。今天的精英们常常瞧不起普通大众，但我注意到，精英们常常会不顾大量事实而轻易形成自己的看法，而大众则更多地依据事实、价值观和经验形成自己的看法。大学生们总是会有自己的看法，而在走出校门和有了生活经历后，他们也总是会改变自己的看法。今天的精英们没有体验过美国人日常生活的艰辛，所以他们就像是永远不会改变看法的大学生。所以探讨美国精英的问题，要比探讨美国的选民问题容易得多。

有一天，我与一个精英报刊的记者通电话，他不停地向我讲总统个性的重要性。他说："一位教授给我发来了一封讨论这个问题的电子邮件。"我说："教授——那能说明你的想法就是普通美国人的想法吗？"美国的教授们表达的想法，是他们自认为没有受过大学教育的选民们的想法，而没有受过大学教育的选民们的想法，恰恰就是教授们应该表达的想法。当我

第六部分 政治 151

对这位记者的其他看法提出质疑的时候，他说，他征询过"其他记者"的意见，他们的看法与他的看法是一样的。精英们关注其他精英的看法，是为了强化自己的看法，他们认为，自己看待生活的方式，也是其余 90% 的美国人体验生活的方式。

这不仅仅是我的看法，我们来看一看数据。

我在历次竞选中提出一个标准的关于投票意向的问题是，人们投票支持一位候选人最重要的考虑是什么：（1）问题（2）个性（3）经验。我之所以要提出这样的问题，是因为这三者对领导者而言都是重要的，而且难以按重要程度对它们加以排列。

根据我们最近做的一次民意调查，相当多的选民（48%）认为，候选人执着于问题是最重要的，排在第二位的是个性，占 32%。选民们的一致之处，是他们都把问题作为投票时最重要的考虑，无论他们是否上过大学，是否信仰宗教，也无论来自哪个种族。不同之处则在于收入的差别。只要选民的年收入达到 10 万美元，相当多的人的首选就会转变为个性。如下表所示，在年收入低于 10 万美元的人中，以问题为首选的人占 51%，以个性为首选的人占 30%。但是，只要收入达到 10 万美元，首选的比例就会发生变化，45% 的人会以个性为首选，而 37% 的人以问题为首选。

下列选项中的哪一个选项是你在选举总统时最重要的考虑？								
	全部	教育		收入（单位：美元）				
		非大学程度	大学程度	<5 万	5 万+	<7.5 万	7.5 万+	<10 万	10 万+
问 题	48	48	48	50	50	51	46	51	37
个 性	32	22	35	28	34	31	33	30	45
经 验	19	29	15	22	15	18	19	18	18
不知道	1	1	2	1	1	0	1	1	0

这是 29 个百分点的变化，民意测验把这种变化揭示得再清楚不过了。

虽然"个性"有时可以体现一个人某种最重要的品质，例如可靠和正派，但也常常意味着某种一时的和表面的东西，例如，喜欢与某个人一道喝啤酒。当然，讨人喜欢和个人魅力是选择总统的重要因素。但是，它们比解决医疗保险问题和创造就业机会更重要吗？绝大部分美国人都会认为不是这样。坦率地说，只有非常有钱的人才会做出肯定的回答。持肯定态度的还有媒体的专栏作家。《纽约时报》等报刊认为，它们过去过于严肃，没有抓住关注个人的趋势，所以，《纽约时报》现在有了撰写人物心理文章的专栏作家莫琳·多德（Maureen Dowd），新闻记者马克·莱博维奇（Mark Leibovich）关于候选人个性的文章也登上了报纸的头版。《纽约时报》的做法不过是在步《华盛顿邮报》的后尘，《华盛顿邮报》的记者们，例如洛伊丝·罗马诺（Lois Romano），多年以前就开始关注个性问题了。2007年3月，甚至《华尔街日报》也刊登了关于巴拉克·奥巴马的服饰，关于约翰·爱德华兹（John Edwards）的娃娃相和鲁迪·朱利亚尼（Rudy Giuliani）与权势人物关系的文章。突然间，《纽约时报》、《华盛顿邮报》和《华尔街日报》开始刊登闲话类的文章了，而《克利夫兰直言者报》(Cleveland Plain Dealer)和《堪萨斯城星报》(Kansas City Star)却开始刊登深入分析问题的文章了。在今天的精英们眼中，伍德罗·威尔逊①过于死板，他只适合做大众和平运动的领导者。

　　就许多方面而言，智者变成了愚者，傻瓜变成了聪明人。有多少脱口秀嘉宾的年收入不到10万美元？有多少记者会与年收入不到10万美元的芸芸大众谈话？精英们的信息圈主要是由10%收入最高的人构成的，虽然精英们过去也曾推动过更实质问题的讨论，但他们今天的作为却恰恰相反。今天的精英们更热衷的是漫谈，他们讨论的不再是实质性的问题，他们把讨论引向了表面的问题。

　　如果以上所说的"小报变大报"(Tabloid Papers of Record)，"大报变小报"(Real-News Rags)的现象，不是一种怪异的现象，那么它就有可能说明一个问题，精英和大众看待领导者的不同方式，已经对总统选举的失真产生了越来越大的影响。由于竞选捐助的法律发生了旨在使金钱与政治相分离的变化，一批新型的"越来越重要的捐助者"涌现了出来，他们能够对候选人的选择和竞选施加比以往更大的影响。现在，少数捐助者捐赠大笔款项的情况，已经被捐赠额为10000美元以内的大批捐助者所取代。这些捐助者的年收入都超过了10万美元。（除了他们，有谁能够在纳税之后

---

① 伍德罗·威尔逊（Woodrow Wilson，1856~1924）：美国第28届总统。

为一位政治家的初选和大选分别捐赠2300美元呢？）如上所述，这表明他们几乎都不是主流的选民。

现在来看看新型的政治捐赠者具有多么重要的影响。1974年水门事件之后，国会为了清理政治捐款的混乱状况，通过了一系列改革竞选捐助的法案，以限制竞选捐款的额度和增加捐款的透明度。但是，这些法案没有对"软钱"（soft money）——用于一般"政党建设活动"的政治捐款——做出规定，例如利用软钱捞取选票。所以，几十年来，关于软钱的条款被滥用了。2002年，国会通过了一套改革法案，法案取消了软钱，但把"硬钱"（hard money）——个人向候选人的捐款——的最高限额提高了一倍。（以2007年为例，每一个人向每一位候选人捐款的限额，是初选和大选各1300美元；每一个人向每一个政党的捐款限额是28500美元，两年内联邦选举的捐款限额为108200美元）但是，这一届国会没有对非营利组织的捐款做出规定。所谓非营利组织，就是根据税法527条组建的政治团体。现在，527团体（例如右翼的"寻求真相的快艇老兵"组织［Swift Boat Veterans for Truth］，"争取美国进步"组织［Progress for America］；左翼的"前进组织"［MoveOn.org］，服务业雇员国际联盟［Service Employees International Union］）可以不受限制地向忠实于政党的有钱人筹款，而且可以利用这些资金去做以前政党所做的事，例如，为某些问题做辩护，播发有针对性的商业电视节目，以及捞取选票，等等。

我认为，2002年的改革激发了两种人的捐助热情，而且提高了他们捐助的重要性。第一种人是"大捐助者"（the Mega-Donors），也就是非常有钱并认为有责任捐款的人。现在，他们不再把钱捐给政党的专职工作人员，而是把钱捐给拥护某一政党的527团体，他们把自己称为射手。2006年的中期选举，527团体筹集到的资金大约有3.8亿美元，与2002年的筹款额相比，至少增加了三分之一。据2004年的报道称，五位大捐助者（其中的两人是一对夫妇）为倾向于民主党的527团体的捐助款项高达7800万美元，约为民主党所获捐款总额的四分之一。

第二种人是"精英捐助者"（Elite Donors），即夫妻二人年收入30万美元以上而且可以毫不犹豫地捐出10000美元的人。他们都是受过良好教育的职业人士，而且一般选民所面对的问题，基本上与他们无关。他们有医疗保险，有学校，有住房。他们大多是占人口 5% 的收入较高的人，其中大部分是占人口 1% 的收入最高的人。美国的政治候选人与人共进晚餐的时间，这些人可能要占去一半，而另一半的时间才属于其余 95% 的人。

这样，向 527 团体捐款的大捐助者和日益强大的精英捐助者，共同构成了一个在政治中发挥越来越重要作用的新型捐助者群体——统计数据表明，他们的想法与选民的想法毫无共同之处。他们不仅与选民的想法不一样，而且把讨论引向了更加表面的问题。过去的精英们创办了大众广播公司（PBS），但是，今天的精英阶层是不会收看大众广播公司的节目的。

关于领导集团彻底脱离大众的经典描述，是暴君尼禄（Nero）在罗马城发生火灾时仍然在弹琴作乐，不过我们现在的情况还没有达到那么严重的程度。但是，所有这一切的另一面却更加清楚地证明，选民不是傻瓜的原则，是完全适用于大众选民的。与以往相比，大众选民的思想更加敏锐、见识更加广博、受教育的程度更高，而且，他们更加实在了。所以，如果能把喋喋不休的精英和不切实际的记者的那些说法抛到一边，你就能够与某些非常聪明的人对话。

举足轻重的摇摆选民
——选民两极分化的神话

我们每天都能听到一种说法：美国分化成为两个阵营——红色阵营和蓝色阵营，而选举的关键就是扩大选民基数。关于这两个阵营，有人著书讨论它，有人据以作为谋生之道，而且各种运动也以这种认识为基础。但是，事情完全不是这样的。

选民投票的真实情况是，摇摆者仍然是最重要的选民，也就是说，决定谁入主白宫，谁能进入国会（在英国，谁成为唐宁街10号的主人）的人，不是思想家，而是不会投身于任何运动的务实的选民。这些选民是独立的，是不受政党驱动的。而选举的趋势却是越来越偏重于取悦中年选民，而不是老年或青年选民。

我们可以通过计算来说明扩大选民基数与吸引摇摆选民的情况。考察选民投票与否的基础是投票的历史记录，即最有可能投票的选民，是上次选举中投过票的选民。就此而言，仅仅靠扩大选民基数而赢得选举胜利的情况会令人感到气馁。假定现在有10个选民，支持和反对的选票各占一半，则支持票和反对票的比是50/50。如果一位摇摆的选民改变了主意，则支持和反对的比就变成了60/40。如果通过努力扩大选民的基数，使选民总数中增加一位新的选民，那么支持票和反对票的比仍然是55/45（你获得了11张选票中的6张）。如果再增加一位上次没投票的选民，支持票和反对票的比就会回到50/50。换言之，"两个新选民"才能抵得上"一个改变主意的选民"，而要扭转因这位选民改变主意而造成的局面，则要增加三个新的选民。因此，在几乎所有的情况下，更策略的做法是让一个摇摆的选民改变主意，而不是在选民的总数中增加两个或三个新的选民。扩大选民基数，在理论上是一个可以考虑的因素，但是，在95%的选举中，具有决定意义的选民都是摇摆选民。

2006年，在希拉里·克林顿竞选连任参议员的过程中，我预言，我们不会赢得一张新选民的选票，因为这是一次中期选举，人们不太关心这样的选举，所以，我们必须集中力量争取居住在市郊，而且长期以来坚持投票的摇摆选民的支持。通过对这些人的心理分析，我们把这样的选民"细分"（micro-targeted）为6个群体，并让他们注意到希拉里对与他们的日常生活相关的问题所做的努力，例如财产税、电子游戏中的暴力，以及当地的问题，等等。在关键的各市郊选区，希拉里的选票从落后近15万张，增加到领先近15万张，也就是说，她在自己最难以取胜的选区的得票率增加了18个百分点。

关于美国已经无可挽回地陷入两极分化境地的神话，之所以会久传不衰，是因为在大部分权威记者的笔下，每一个想在华盛顿特区生存下去的人，都不得不对分化的两极做出选择。但是，两极分化的说法在美国的大部分地方并不适用，在英国、法国或泰国也同样不适用。实际上，由于信息流的增加，选民们不会再像以往那样刻板了，他们更加开放，也更加灵活了。看一看发展趋势吧。

在过去的50年里，认为自己是"独立人士"的人，也就是既不属于民主党也不属于共和党的人，其人数在所有选民中所占的比例，从不到四分之一增加到超过三分之一。仅加利福尼亚一个州，从1991到2005年，独立选民的比例就"提高了一倍多"。在美国，发展最快的政治派别就是无党派。

密歇根大学"美国全国选举研究"的数据表明，选票分投的选民（split-ticket voters，即投票支持民主党的候选人当总统，投票支持共和党的候选人进入国会，或者是选举共和党的候选人当总统，选举民主党的候选人进入国会）的占比，自1952年以来已经增加到42%。选民们看重候选人本人而不是政党的提名，是美国人的一种全新意愿的表达。这也表明，选民是有思想的，是不受党派意识驱动的。

如果向美国人提出关于投票的问题，有时他们会不无炫耀地回答，自

第六部分 政 治 157

己肯定会或肯定不会投某位候选人或某个政党的票。但是，这种虚张声势的回答是相当靠不住的。在1995年，65%的选民说，他们肯定不会投比尔·克林顿的票，而一年以后，选民们却在总统选举中以压倒性的优势使克林顿获得连任。

我们来看一看美国2006年中期选举的情况，在共和党人宣称两极分化达到难以逆转程度的地区，民主党人赢得了30个新的国会议席。虽然共和党人为了避免出现变故而改划了选区，但是仍然遭到了败绩，其原因很简单：只要让少数独立而又务实的选民改变主意，就会使政治格局发生巨大的变化。

再来看看通行的关于国会议员选举的选前民意测验——"如果今天举行国会选举，你会投哪一个政党候选人的票？"2004年末，选民的支持率是共和党领先5个百分点，到了2006年初，选民的支持率变成了民主党领先15个百分点。其中的原因是，与普遍的看法相反，摇摆选民的数目是庞大的，他们获取信息的渠道比以往更多了，获取的信息也比以往更多了，而且他们都是根据自己获得的信息来投票的。

美国有线电视新闻网选后民意测验的数据表明，在1996年、2000年和2004年的总统选举中，有五分之一到三分之一的选民，是在投票前的最后一个月才决定把自己的一票投给谁。这一数据得到了事实的印证，2004年夏季，选民的摇摆造成的情况是，起初克里（Kerry）的支持率领先8个百分点，而后变为布什（Bush）的支持率领先13个百分点，而最后布什仅以3个百分点的优势获得了总统选举的胜利。

实际上，在2004年的选举中，虽然总的投票率提高了，但是双方的支持率都提高了，抵消了双方扩大选民基数的影响。要是没有摇摆的选民——中年妇女和拉美裔美国人，乔治·W.布什是不会当选为总统的。妇女选民的影响是怎么说也不过分。2004年，美国的妇女选民占到选民总数的54%，这是历史上最高的比例。她们对政治的关心和影响，一直在稳步地提高。

前文说过，在1996年的选举中，"足球妈妈"是极为重要的摇摆选民。今天，这些妈妈们仍然是重要的摇摆选民，但是她们年长了10岁，她们的孩子也该上大学了。现在，她们不仅从电视和广播中获取信息，还从互联网上获取信息，这使她们成为历史上信息最灵通的摇摆选民。在她们的孩子 6 岁和 8 岁的时候，她们没有多少时间，而现在她们有时间去考虑美国的事务和世界的事务了。

摇摆选民相对于选民基数的力量，并不是美国特有的现象。在英国，摇摆选民同样会使工党和保守党政府出现逆转。摇摆选民不断变换支持的对象，也是基于同样的原因，即他们认为谁能成为最好的领导，而不是哪个政党提出了正确的纲领。我曾在世界各地参与过 24 次成功的选举，从哥伦比亚（我在前文说过，那里的总统不准备任命审判毒贩的法官）到泰国和希腊，在每一个国家的选举中，利用电视、媒体和信息争取选民都具有重要的意义。尽管这些国家的文化有极大的差异，但是，我在每一个国家都提出了相似的方法。卡尔·罗夫[①]在 2000 年和 2004 年曾被誉为伟大的战略家，最近却由于没有在中期选举后改变策略而感到懊悔。仅仅 2% 的选民从支持一方转变为支持另一方，就能使选举的结果完全相反。

以前所发现的各种小趋势，常常会认定我们的社会是一个两极分化的社会，也就是说，我们的社会在同时向两个更为极端的方向发展。但是，本书讨论的这种趋势则全然不同，这是一种所有的政党都必须认清的趋势，因为它们的未来就在于赢得中间的选民。这种趋势可以使大部分民主国家不再向更为极端的方向发展。

这种趋势的影响是深刻的。实际上，值得注意的动向是全球的"第三条道路"（the Third Way）运动，这是一场务实和独立的思想战胜左翼和右翼意识形态的运动。大众传播媒体的发展，给这场运动带来了动力，也提高了选民判断领导者及其政策是否胜任的能力。尽管互联网似乎加剧了各种运动的分化，但是，中间选民仍然是至关重要的，他们仍然是具有决定意义的选民。随着时间的推移，这种趋势将会使许多国家摆脱战争，放弃激进的收入再分配政策，使它们建立更广泛的联盟、更自由的市场，以及能够克服当前紧张局势的价值观。

[①] 卡尔·罗夫（Karl Rove）：美国总统（小）布什的政治顾问，被称为"布什的大脑"。

奋起斗争的非法移民

如果说美国有一个一直得不到普遍关注的群体的话，那么，有充分的理由可以认为，这个群体就是美国有1200万之众的非法移民。正如爱德华·R. 默罗（Edward R. Murrow）在他那部于1960年制作的著名新闻纪录片《耻辱的收获》（Harvest of Shame）中所言："移民……有收获你的水果和蔬菜的力量，（但是）他们没有影响立法的力量。"他们一直默默无闻地生活在阴影之中，因此，他们实际上是被美国忘记的一群人。

2006年的春季，威斯康星州的共和党国会议员詹姆斯·森森布伦纳（James Sensenbrenner）提出了一个议案，这是一个对许多非法移民及其家人而言很过分的议案，而参议院却通过了这个议案。这个议案规定，在美国非法居住，或者为非法居住者提供食物或医疗等帮助，都属于重罪。受到深深伤害的美国非法移民走上了街头。

身穿白色T恤衫的非法移民们，至少在39个州的140个城市举行了游行示威。在美国民权运动的诞生地亚特兰大，示威者们举着写有"我们也有一个梦想（We have a Dream, too）的标语牌。在密西西比，示威者用拉丁语唱着"我们会胜利"（We Shall Overcome）[1]。在洛杉矶，2006年3月的游行示威，据说是该市历史上规模最大的示威游行，可能也是整个美国

---

[1] 美国黑人民权运动领袖马丁·路德·金，曾发表过一个题为"我有一个梦想"（I Have a Dream）的著名演讲，"我们也有一个梦想"即仿此而作；另，"我们绝不动摇"（We shall Not Be Moved）是一首在美国民权运动中被广泛传唱的美国黑人歌曲，"我们会胜利"即仿此而作。

西部规模最大的示威游行。(在谈到许多立法者支持修建边境安全栅栏的时候,喜剧演员卡洛斯·门西亚[Carlos Mencia]说:"如果你们驱逐了我们,谁来修建这些栅栏呢?")

此时此刻,非法移民们就是地地道道的美国人,他们正在利用民主的政治体制实现自己的目的。他们不可能去投票,却可能随时会被驱逐,但是他们走上了街头,向立法者申明了自己的权利。

这是一个时代的深刻标记,在今天的美国,1200万非法移民中有成千上万的人,他们不仅感到可以非常安全地举行游行示威,而且发现自己可以行使实际的政治权力。在美国的历史上,非公民的需求和情感可能会第一次成为总统选举的决定性因素。

移民问题并没有成为美国最受关注的问题。虽然大部分美国人一直在关注对示威游行的新闻报道,而且移民问题也成为美国人眼中最重要的问题之一,但是,移民问题受关注的程度仍然排在伊拉克、经济和恐怖主义等问题的后面。在本书写作之时,国会仍然没能解决在制定一部新的移民法问题上的分歧。

但是,非法移民的愤怒之情,在合法移民中引起了深深的共鸣,他们认为,森森布伦纳立法的矛头也是指向他们的。非法移民的愤怒之情,也引起了出生在美国而与非法移民有密切联系的人的共鸣(我曾请教过美籍拉美裔移民问题专家,有多少出生在美国的拉美裔人的父母是非法来到美国的,他的回答是"几乎每一个人")。2006年,大批的美国人突然之间被冒犯了,有些人认为,他们感受到的羞辱,与罗莎·帕克斯①被要求站到公共汽车尾部时所受到的羞辱毫无二致,他们已经把这种激愤转化成一种清醒的认识,他们能够而且必须对移民政策施加影响。

有这种感受的人,其数量之大足以完全改变总统选举的结果。我们来看一看下面的数字。

在2004年的总统选举中,有投票资格的美籍墨西哥人超过了1600万,

---

① 罗莎·帕克斯(Rosa Parks):20世纪中叶美国民权运动中的著名人物。1955年12月1日,美国亚拉巴马州蒙哥马利市黑人妇女罗莎·帕克斯在乘坐公共汽车时拒绝了把座位让给白人和站到公共汽车尾部的要求,帕克斯因此而被捕入狱。此后该市黑人以罢乘公共汽车进行抗议,持续一年之久,迫使公共汽车公司取消了种族隔离措施。

但投票者只有大约 800 万。如果这些享有投票资格的美籍墨西哥人想要投票的话，那么，在 2008 年的选举中，美国至少会有 800 万潜在的选民。

800 万人就能改变总统选举的结果吗？没错。在过去的 15 年里，竞选首任的总统，其获胜的选民差额大约为 400 万票（在第二个任期的竞选中，乔治·W. 布什击败约翰·克里的选票差额，甚至仅为约 300 万张。）其实，在 2008 年的选举中，只要美籍墨西哥裔选民增加 200 万到 300 万，就能产生相当大的影响。美籍墨西哥人是美国的选民中增长最快的群体。1992 年，他们的票数占选票的 4%，而 2004 年选后民意测验的数据表明，他们已经占到了 8%。他们的政治力量在仅仅三届选举中就增加了一倍。

但是，决定谁能当总统的，不是大众的选票，而是选举人的选票。这意味着，美籍拉美裔选民甚至无须打破整个选民的平衡，他们只需改变他们高度聚居的几个州的选举结果即可，那是几个关键的摇摆州。如果佛罗里达、内华达、亚利桑那、新墨西哥和科罗拉多等州（这几个州共有 56 张选举人票）的美籍拉美裔选民全部参加投票，那么他们的候选人（假定他

2008 年非法移民高度聚居的关键摇摆州选举人票数目

非法移民在相关各州总人口中所占的百分比

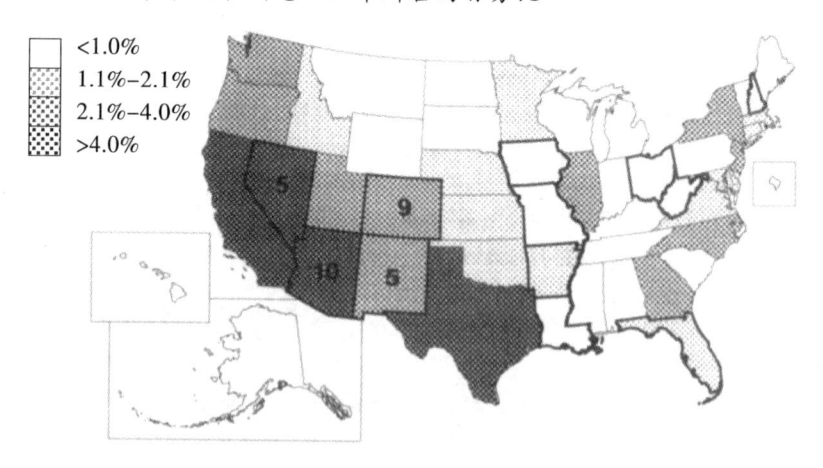

资料来源：移民统计办公室，2000、2005 年未获合法身份的美国居民估计数。
（Source: Estimates of the Unauthorized Population Residing in the United States, Office of Immigrants Statistics, 2000, 2005）

们只有一位候选人）肯定会获胜。他们的选举实力，不仅表现为选民数量在不断增加，还表现为他们能够影响选举的最终结果，因为他们聚居的那几个州几乎可以使获胜的政党发生逆转。

实际上，从 1992 年选举到 2004 年选举，这几个州的美籍拉美裔选民出现了大幅度的增长。

1992 年与 2004 年美籍拉美裔选民在关键的摇摆州选民中所占的比例

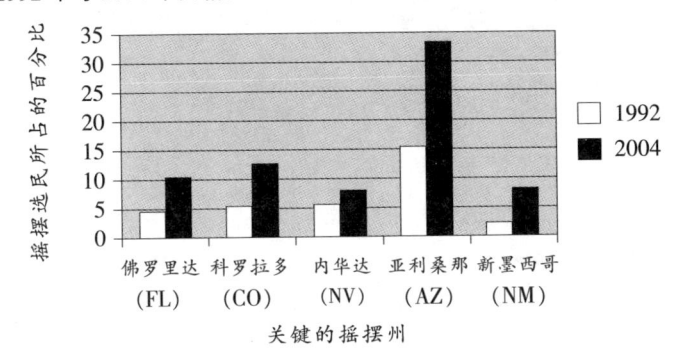

关键的摇摆州	1992	2004
佛罗里达（FL）	5	10
科罗拉多（CO）	5	13
内华达（NV）	6	8
亚利桑那（AZ）	16	34
新墨西哥（NM）	3	9

资料来源：美国人口普查，1993、2005 年。
（Source: U.S. Census, 1993, 2005）

美籍拉美裔人有可能投票吗？谁会是他们的候选人呢？

感到愤慨的美籍拉美裔选民参加投票的人数很可能会增加。佩尤美籍墨西哥人研究中心 2006 年所做的一项"全国美籍拉美裔人调查"的数据表明，75% 的人认为，2006 年的移民大辩论会促使更多的拉美裔人在即将举行的选举中参加投票。（在 2005 年的中期选举中，他们在选举国会议员的选民中所占的比例为 5%，而在 2006 年的中期选举中，这一比例上升到 8%。）63% 的人认为，2006 年春季爆发的支持移民的示威游行，预示着一种新型而持久的社会运动的开始。54% 的人认为，那场辩论使对美籍拉美裔人的歧视成为一个问题——事件的本身就促进了参与。

那么，他们会投谁的票呢？在传统上，美籍拉美裔选民支持民主党候选人出任总统，2004 年，布什总统在美籍拉美裔选民中的支持率，是共和党人有史以来最高的，但他的支持率也仅为大约 40%。而 2006 年的移民大辩论，似乎又把美籍拉美裔选民推回到民主党的一边。在 2006 年的中期选举中，支持民主党的美籍拉美裔选民几乎增加了一倍，而 2004 年支持布什的情形倒可能是一种反常的现象。

另一方面，民主党能否掌控美籍拉美裔选民也是不确定的。佩尤美籍墨西哥人研究中心2006年的调查数据表明，美籍拉美裔人认为共和党在移民问题上采取最恰当立场的比例，从2004年的25%下滑到16%，这是一个相当低的比例。但是，民主党的实际状况也没有好多少。调查数据表明，美籍拉美裔人每四个人中就有一个人认为，共和党和民主党在移民问题上没有采取最恰当的立场，而这一比例在仅仅两年之间增加了三倍。

实际上，美籍拉美裔选民独立性的增加，是2006年移民问题大爆发带来的最重要的后果。2006年的一项关于少数族裔权利与关系的盖洛普民意测验的结果显示，42%的美籍拉美裔人认同民主党，17%的美籍拉美裔人认同共和党，但是，有高达40%的美籍拉美裔人认为自己是没有党派认同的独立人士。新民主网络（New Democrat Network）2006年对讲西班牙语的登记选民也做过类似的调查。调查发现，54%的人为，关于移民问题的辩论提高了他们参加投票的兴趣，但是有高达41%的人认为，移民辩论对他们支持哪一个党没有影响。

这意味着，在2008年的选举中，美籍拉美裔选民会支持在他们最关心的问题上持坚定支持态度的候选人，来自任何一个政党的候选人都有可能得到他们的支持。那么，他们最关心的问题是什么呢？除了移民问题之外，有两个关键的问题：医疗保险和教育。以2005年为例，有三分之一的移民没有医疗保险，这一占比大致相当于美国出生的公民的两倍半。还有就是公立学校的问题，按照移民研究中心（Center for Immigration Studies）的说法，自20世纪80年代中期以来，公立学校增加的入学人数几乎全部都是移民。

在非法移民发挥自身政治影响的同时，美籍拉美裔选民在投票时的独立意识，也在自己亲属行动的影响下不断增强。独立意识的增强，将使他们成为一支不断壮大的政治力量，因为他们的人数在不断增加，他们聚居的那几个州是摇摆州，而且，他们的着眼点已经越来越放在候选人上，而不再仅仅关注政党了。正是由于这个原因，他们可能会成为选举中最重要的投票集团。如果没有赢得40%美籍拉美裔选民的选票，乔治·W.布什在2004年不会成功地连任；而克林顿总统，还有现任的希拉里·克林顿参议员，都获得过美籍拉美裔选民的有力支持。1990年年中，皮特·威尔逊（Pete Wilson）在加利福尼亚州犯了一个重大的错误。2006年，国会的共和党议员们又重犯了这个错误。希望把移民驱逐出去的选民是政治体制中既存的选民，但是，希望美国坚持其移民传统的选民，则是正在觉醒、正在组织起来、正在被激活的选民。所以，虽然美国最强大的政治力量、在今后的选举中最重要的投票集团，也许不能参加投票，但是，他们的亲戚们是能够参加投票的，他们会完全改变选举的结果。

基督教徒中的锡安主义者

人们常说，而更为经常的是假定，美国与以色列的友好关系，是受美国的组织严整而又敢于公开疾呼的犹太人社会推动的。

实际上，美国的普通民众中支持以色列的力量是非常强大的，大约65%的美国人持有赞成建立犹太人国家的观点。但是其中引人注目之处在于，就纯粹的数量而言，积极支持以色列的基督教徒要远远超过支持以色列的犹太人。

这样的人被称为"基督教锡安主义者"（Christian Zionists）。他们认为，他们的基督教信仰要求他们支持犹太人在以色列的统治。据估计，美国的"基督教锡安主义者"有2000万之众。即使每一个美籍犹太人都支持以色列，他们的人数也仅仅是500到600万，当然不是每一个美裔犹太人都持有支持以色列的态度。

所以，基督教徒和犹太人支持以色列的相对人数是令人瞩目的。2006年，一个新成立的名为"基督徒以色列之友联合会"（Christians United for Israel，CUFI）的组织，在华盛顿特区召开首次首脑会议并举行"游说日"活动，到会者有3500人。该组织的执行会长戴维·布罗格（David Brog）说，把相同数目的犹太人吸引到华盛顿参加它的政策会议和游说日活动，美以公共事务委员会（American Israel Public Affairs Committee，AIPAC）用的时间是50年。

美以公共事务委员会已有50年的历史，以强大的国会山游说力量而知名，它声称自己的会员有10万人。虽然"基督徒以色列之友联合会"还没有正式会员，但它通过邮件联系的美国人至少是美以公共事务委员会会员的五倍。

当然，以色列受到全世界基督徒的珍爱，是因为那片土地是耶稣基督生活、布道和受难的地方。但是，美国的基督徒一直支持建立一个现代的犹太人国家是出于何种原因呢？有如此之多的基督徒强烈地支持以色列，为什么人们始终认为美国支持以色列主要是由美籍犹太人推动的呢？

美国的部分基督徒热衷于支持以色列是出于政治的原因：以色列是一个被周边的集权国家包围着的孤独的民主国家，是美国亲密的战略和经济盟友。特别是"9·11"事件以来，越来越多的美国人认识到，美国与以色列不仅有共同的价值观和制度，也有相同的经济特征。

但是，信仰使基督徒把他们对以色列的同情，转化成为狂热的支持以色列的积极行动。按照字面的意义理解《圣经》的基督徒们认为，《创世纪》中上帝向亚伯拉罕的立约——"为你祝福的人，我必赐福于他，那诅咒你的，我必诅咒他"——就是今天关怀犹太人和以色列土地的使命。他们认为先知以赛亚的话"我因锡安，必不静默"和"你们要安慰，安慰我的百姓"，就是代表犹太人的国家采取行动的直接召唤。此外，许多基要派和福音派的基督徒认为，在耶稣复临前，其他地方的犹太人必须重返以色列。在最近的10年里，大约60万基督徒资助了10万犹太人从俄罗斯和埃塞俄比亚移民到以色列。

但是，把古《圣经》的文本直接转化为今天的地缘政治的人，在美国人中肯定为数不多——这种说法对吗？不对。佩尤宗教与公共生活论坛在2006年做的一次民意调查表明，美国南部超过一半的人认为，以色列是上帝赐给犹太人的国家（不是历史上的以色列土地，而是现代的以色列国家）。持同样看法的人，在白人的福音派新教教徒中占69%，在黑人的福音派新教教徒中占60%。那么，有多少美籍犹太人认为以色列是上帝赐给他们的国家呢？大概十个人中还不到两个人。

所有这一切都表明，就在某些知识精英不断淡化对以色列支持的同时，美国对以色列的支持却在不断加强，而美国的基督徒在其中的影响，至少与美籍犹太人的影响是一样的。2006年7月，激进的好战组织黎巴嫩真主党（Hezbollah）俘获了两名以色列士兵，以色列则袭击了真主党在黎巴嫩的藏身之所，就在这个时候，"基督徒以色列之友联合会"在华盛顿特区召开了它计划已久的会议。那一个星期，3500名"基督徒以色列之友联合会"的会员聚集到立法者们的办公室，要求给以色列时间，让他们打击美国和以色列共同的敌人。美以公共事务委员会也参加了那次活动，但那次活动出现的新面孔令人感到惊讶，这些新面孔就是基督徒。

这是基督教锡安主义者新的影响力所在。福音派基督徒多年来一直是一股活跃的力量，早在19世纪他们就曾向美国政府请愿，要求在圣地（Holy Land）为被压迫的犹太教徒建立避难所，现在，他们是能够熟练地活跃于美国政治中的一股力量。正如2006年7月"基督徒以色列之友联合会"活动主要组织者约翰·哈吉牧师（Pastor John Hagee）所说，"基督徒们聚集到国会山支持作为基督徒的以色列，在美国基督教的历史上这是第一次"。

对于福音派基督徒对美国外交政策的影响，持不同观点的基督徒们是了然于心的。吉米·卡特2006年出版了一本关于以色列与巴勒斯坦人的书，这本书在犹太人中引起了轩然大波，并促使这位前总统为此而做出了道歉。实际上，这部著作不是为犹太人写的，或者说甚至不是为主流的读者写的，它是写给基督教锡安主义者看的，因为他们是这种趋势的核心。美以关系问题专家认为，卡特是一个自由主义的基督徒，他撰写这部著作，是想站在基督教关于以色列问题的正确立场上，向力量不断壮大的保守的基督徒提出挑战。

宗教与政治真是令人感到不解，基督教徒会在大部分人认为是犹太教徒与穆斯林之间危机的问题上展开较量。虽然他们之间有斗争，但是，美国的犹太教徒和福音派基督教徒，也发现他们是一对奇特的同伴。多年来，在大部分国内社会问题上，例如堕胎和同性恋婚姻，这两个群体一直分属对立的两派，这使这两个群体都对他们在这个问题上的联盟能够密切到何种程度抱有疑虑。此外，许多犹太教徒认为，基督徒关于耶稣基督复临的观念，不仅包括拯救基督徒，还包括改变犹太教徒的信仰，这些人担心自己的政治伙伴可能会有不可告人的目的。

另外一些犹太教徒则认为，这种说法是没有根据的。"基督徒以色列之友联合会"的会长布罗格认为，基督教锡安主义者"完全可以称之为是那些设法把犹太教徒从大屠杀中解救出来的、正直的非犹太人在宗教中的传人"。在谈到基督教徒与犹太教徒关于伊斯兰激进主义的分歧时，他说，基督教徒与犹太教徒彼此之间的分歧"实际上是微乎其微的"。

随着美国（至少有400万之众）的福音派教徒政治活动的增加，基督教锡安主义思潮的发展，肯定会使更多的基督教徒采取积极的亲以色列的态度。锡安主义的发展，会改变美国以往民主和共和两党都支持以色列的状况，把美国对以色列的支持转变为共和党一党的支持吗？犹太教徒会改变他们长期坚持的民主党立场，转向共和党的立场吗？

那么，能够说以色列对福音派基督徒比对犹太教徒更重要吗？对今天的犹太裔大学生所做的调查表明，无论是在情感上还是政治上，以色列都没有像吸引他们的父辈和祖辈那样吸引他们。如果一代或两代人之后，支持以色列的美国基督教徒，不仅在人数上而且在支持的强度上都超过了犹太教徒，那么，美国对以色列的支持在何种程度上会变得不再像是一个宗教合一的地缘政治联盟，而更像是基督教与伊斯兰教争夺耶路撒冷腹地的斗争？

起初，人们可能会认为，支持以色列的基督教徒，基本上都是讲闪米特语的人，即肯定会找犹太人约会和结婚的非犹太人。但是，讲闪米特语的人大都是天主教徒和居住在东北部的人，而锡安主义者基本上都是福音派基督徒，而且大都居住在南部。讲闪米特语的人对以色列并不特别关心，他们更关心的是找一个犹太人做伴侣。基督教锡安主义者恰恰相反，他们不太关心找一个犹太人的伴侣，但是他们非常关心以色列这个国家。这种现象令许多人感到不解，而且可能是最令犹太人感到不解，他们在感受到高比率的跨种族婚姻带来挑战的同时，也感受到了对以色列国家的支持在不断地壮大。

有犯罪前科的人

还记得1973年那首红极一时的歌曲《老橡树上的黄丝带》(Tie a Yellow Ribbon Round the Ole Oak Tree)吗？一个被判入狱的罪犯曾向自己的妻子表示，她做出什么样的决定，他都能够理解，他告诉自己的妻子，如果看不到那个标记，他就会离家远去，那个标记就是系在老橡树上的黄丝带。这个罪犯服满了刑期后获释回家，乘车返乡途中，他期待着能够看到那个标记，在全车乘客的欢呼声中，他看到了那棵幸福的老橡树上系着100条黄丝带。

如果美国的大部分囚犯在出狱回家的路上都能经历这样的场景，那么，黄丝带产业肯定会繁荣兴旺，当然，橡树种植业也同样会繁荣兴旺的。因为，在1973年，也就是托尼·奥兰多（Tony Orlando）和黎明乐队（Dawn）唱红这首歌的那一年，每年大约只有10万人走出监狱的大门。而今天，这一数字增长了大约600%。

这些刚刚出狱的人有65万之多，他们或者是被假释或者是服满了刑期，被称为"重返社会的人"（reentrants）。他们中有90%是男人（在20世纪90年代，女性所占的比例从8%增加到了10%），其中的近一半是黑人；三分之一是白人；大约16%是美籍墨西哥人。他们的平均年龄是34岁。

现在每年有这么多人被释放出狱，其原因在于，我们在过去的几十年里，把太多的人送进了监狱。

1972年至2004年，美国被监禁的人口从33万人激增到200多万人。再加上500万缓刑者或假释者，美国各级司法机构管辖的犯人超过了700

联邦与各州在押犯人数（1977~2005 年）

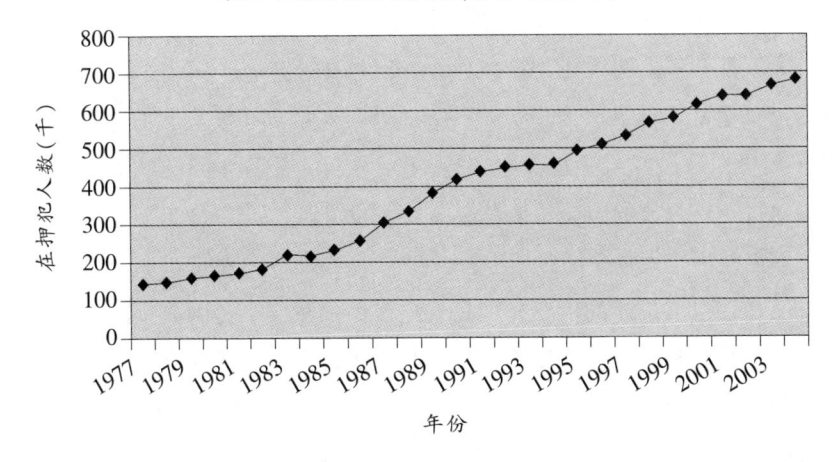

资料来源：司法部司法统计局，1977~2005 年在押犯人数。
（Source: Bureau of Justice Statistics, Department of Justice, Prison and Jail Inmates at Mideyear, 1977-2005）

万人，或者换句话说，每 31 个成年人中就有一个是被判了刑的人，这相当于弗吉尼亚州的全部人口。

从 20 世纪 80 年代初到现在，仅加利福尼亚一个州，被监禁的人口就增加了 500% 还多。

这是因为 20 世纪 80 年代到 1990 年代初，是美国严厉打击犯罪活动的时期，这一时期对触犯刑律者判处的刑期更长、更严厉，也更明确，也就是说在假释者实际服刑年限方面，例如 10 年或 20 年，自由裁量权是有所限制的。40 个州通过了法律，放宽了按成年人的律条审理少年犯的限制。

正是由于这个原因，美国被监禁的人口增加了五倍多。伦敦大学国王学院的国际监狱研究中心（International Centre for Prison Studies, Kings College, London）的研究显示，美国目前每 10 万人中就有 700 个人在监狱中服刑。在同一项研究中，各国的相应数字为，俄罗斯 680 人，南非 410 人，英国 135 人，日本 50 人，美国轻而易举地占据榜首。

但是，有这么多的人被关进监狱，实际上还不是问题的关键所在。90% 以上的囚犯服满刑期后都会离开监狱。这样一来，美国解除监禁重返社会的人数，在 2006 年达到了创纪录的 65 万人。

这一数字超过了巴尔的摩全市的人口，相当于旧金山市的总人口，几乎相当于每年大学毕业生人数的一半。

大家都知道，澳大利亚基本上是一个由囚犯建立起来的国家。19世纪，英国监狱里的囚徒人满为患，一些囚徒就被递解到了澳大利亚。但是，在80多年里，被递解到新大陆的囚徒总数，实际上不到16.5万人。而今天的美国，每年被释放的囚徒几乎是这一数字的四倍。如果15万触犯了刑律的人能够创建一个大陆，那么想想看，六倍于15万的囚徒能够做什么呢？

但是，本书讲述的情况并不具有建设性的意义。美国典型的有犯罪前科的人，大都是受教育程度不高的低收入男性，他们因吸毒入狱，而且没有接受戒毒治疗（吸毒者中每10个人中有7个人需要戒毒治疗，而10个犯人中接受戒毒治疗的大约只有1个人）。因暴力犯罪而入狱的人大约占四分之一。25%的囚徒出狱后不仅没有黄丝带等待他们，还要到无家可归者庇护所去安身。他们中的许多人还患有精神疾病。

所以，许多有犯罪前科的人失败，可能并不令人感到惊讶。一项联邦统计数据表明，三分之二的有犯罪前科的人，在3年之内将会再次被捕，而且将近一半的人会被再次送进监狱。

这不啻是一种人道主义的危机，这种所谓的矫正体制每年要花去美国600亿美元。

在这个问题上采取了什么措施呢？政策制定者们呼吁关注有犯罪前科的人重返社会的问题，至少已有10年。布什总统在2004年的国情咨文（State of the Union address）中宣布，联邦政府将在就业、住房和辅导等方面采取措施（但大部分没有资金保障），帮助有犯罪前科的人重返社会。但是，这不是一个仅靠联邦政府采取措施就能解决的问题。一项对五个大城市的调查数据表明，65%的雇主说，他们不会在知情的情况下雇用有犯罪前科的人。包括指甲护理师和理发师在内的数十个职业团体，不允许有犯罪前科的人加入他们的行列。大部分公共住房也是不允许他们入住的。

这些人可能已经成为一股政治力量。几乎所有的州都拒绝给予因重罪而入狱的人以投票的权利，而且有十几个州甚至永久地取消了重罪犯的投票权，即使在服满刑期之后，犯过重罪的人也不再享有投票权。在2004年的选举中，有大约500万人由于犯过重罪而被剥夺了投票权。而乔治·W.

布什取胜约翰·克里的差额，仅仅为 300 万张选票。

在 2000 年，阿尔·戈尔（Al Gore）在选民票上胜出 50 万张，但是，学者们认为，如果佛罗里达州以前犯过重罪的 400 万人能够参加投票，那么在总统选举中胜出的也将是他。

真正承受着囚徒重返社会压力的，是有犯罪前科者的家庭，顺便说一下，这些家庭常常会比邻而居。一项在俄亥俄州进行的研究发现，该州 20% 有犯罪前科者的家庭，聚居在克利夫兰市 3% 的街区。谁在照料着那些街区的老橡树呢？有犯罪前科者是成功地重返社会还是重回监狱，有否黄丝带的承诺是大不一样的，但是谁会支持那些做出了黄丝带承诺的人呢？

还有孩子们。仅在 20 世纪 90 年代，父母在监狱服刑的孩子的数量，从 90 万增加到了 200 万，增加的幅度超过了 100%。获释囚徒人数的激增，也意味着有犯罪前科者的孩子的数量也在激增，在这些重返社会的人有可能再次入狱的情况下，母亲和父亲被监禁的孩子的数量只有增加这一种可能。

犯了罪的人可以让他们去蹲监狱，但是，他们出狱后却看不到什么前景，还带着不好的社会习气。我们需要的是一种既能帮助他们又能监督他们的方案。

最初提出严厉打击犯罪活动的人可能会认为，有犯罪前科的人并没有全部重返监狱，但犯罪率却在下降了 15 年之后，又开始上升了。这种情况表明，我们需要非常认真地对矫正体制加以改革了。有些统计学家把 20 世纪 90 年代犯罪率的下降归因于多年前的一个案例：罗伊诉韦德案（Roe v. Wade）。但是犯罪率的下降，更有可能是由于克林顿总统增派了 10 万人的警力，警方采用了新型的智能方法，还有就是处罚更加严厉了。不管怎么说，美国这个自由的国家，正在从一个每 10 万人中被监禁人数最多的国家，变为一个每 10 万人中出狱人数最多的国家。

如果有犯罪前科的人无法就业，就业培训不能成为最受重视的问题，这种状况就会形成一种相当严重的恶性循环。囚犯们走出了监狱的大门却无法就业，他们就会认为，除了重操旧业别无选择，即使他们并非擅长此道。

有犯罪前科者的问题，是政府和商界必须立即采取应对措施的一个小趋势。把更多的罪犯关押起来，只会产生一时之效。但是，如果不在帮助有犯罪前科者重返社会的问题上加强公共部门和私营部门的合作，只会陷入另外一种循环：把更多的罪犯关押起来，而一旦他们服满刑期，犯罪率将再次提高。

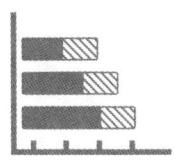

第七部分
少男少女们

轻度精神失调的孩子

如果只有一小部分美国人能上大学，人们对学生们的不同"学习方式"，或者说学习障碍本身，就不会那么担心了。如果你不存在语言表达的问题，那么你就会有很多其他的谋生手段。

但是，目前美国大部分高收入的工作，都要求大学毕业的文化水平，而大部分大学又把高水平的思维作为录取学生的要求，于是，人们对学生们的阅读、写作、拼写、推理、记忆和组织信息的技能，忽然间更加关心了。结果，有大量的年轻人被诊断为患有学习障碍、精神失调和以前未予注意的其他病症。

当然，不应把有学习障碍的年轻人混同于有严重精神疾病的孩子，令人遗憾的是，患有严重精神疾病的孩子的数量也在增加（儿童自闭症患者的数量自1992年以来已经增长了九倍；而从1977年到2000年，接受抗精神病药物治疗的儿童的数量激增了138%）。不，大部分今天被诊断为患有学习障碍的孩子所表现出的微妙症状，在一代人以前很可能就是一种未被注意到的症状，对这些症状的认识，因对儿童发展以及对家长与学校的研究的加深而更加深入了。

差别早在孩子们学步的时候就已经清楚地表现出来了。一个孩子，在25年前可能被认为是"易激动的"，现在就可能被诊断为"感知综合机能障碍"（Sensory Integration Dysfunction）。患有这种症状的孩子，或者感知意识过度，或者感知意识不足，所以他们会认为灯光太亮，声音太响，或者是感到衣服穿在身上不舒服。

一个孩子，在25年前可能被认为是"运动能力低下"（Non-athletic），而在今天，很可能被诊断为"动作计划"（motor-planning）有问题，或者说是在身体运动的计划和实施方面能力低下。

新的精神失调的类别在不断增加。所以从孩提时期，到儿童时期，再到少年时期，孩子们被诊断为患有阅读、书写、说话、倾听和计算障碍的人数，简直可以说是像爆炸一样在增长。根据联邦残疾人教育法（Individuals with Disabilities Education Act，IEDA）关于"特定学习障碍"的定义，患有学习障碍的孩子的数量，在过去的30年里增加了82%。

符合"残疾人教育法"规定的3~21岁有特定学习
障碍者的人数（1976~2004年）

*特定学习障碍包括口头表达、听力理解、书面表达，以及阅读或数学技能。

资料来源：美国教育部，国家教育统计中心，2006年。
（Source: U.S. Department of Education, National Center for Education Statistics, 2006）

我们发现了更多可以叫得出名字的病症，是不是恰恰由于我们对这方面的问题更加关注呢？这个问题没有人能说清。环境和其他因素很可能是造成病症激增的原因，但是，只要对孩子们的状况进行更细致的考察、命名和分类，我们就会发现更多的病症，这一点也是毫无疑问的。

是什么人在积极地推动这样的考察呢？当然是有钱的人。虽然不同收入的家庭都会出现有学习障碍的孩子，但是，热衷于探根究源的实际上都是中上阶层家庭。（说到底，除了他们，谁会认认真真地花费金钱和时间去找出自己孩子的智力仅仅为中等的原因呢？）

今天，大部分学费昂贵的精英学校，不仅有老师，而且还有在每一个孩子的重要发展时期负责关照他们的"学习专家"。现在，阅读、写作和算术运算一般都要包括对注意力、感觉综合和动作计划的关注。这样一来就产生了一个具有反讽意味的结果，虽然在低收入社区，"特殊教育"（special ed）常常表明不能从事学术职业；而在富人社区，到了12岁还没有职业治疗师、演讲教练或者是社会情感顾问，实际上却意味着父母的疏忽。

以"学业能力倾向测验"[①]为例，1990年至2005年，在参加测验的考生中，获得额外答题时间的人数翻了一番，在全国200万考生中足足有4万多人。这样的测验是不可以随意要求增加答题时间的，提出增加答题时间的要求，必须要有心理医生出具的证明考生具有学习障碍的文件，还要有该心理医生为该考生中学期间所有常规考试出具的增加答题时间的证明。谁能得到所有这些证明材料呢？基本上可以断定，是有时间和有金钱的家庭，他们能够请得起专家，可以负担评估和治疗的费用（当然，他们也是断定额外答题时间必要技能的积极推动者）。

2005年，有4万多参加"学业能力倾向测验"的中学生获得了额外答题时间。这一数字相当于俄亥俄州立大学、德克萨斯大学、宾夕法尼亚大学、北卡罗来纳大学、弗吉尼亚大学、奥拉尔·罗伯茨大学（Oral Roberts University）、范德比尔特大学（Vanderbilt University）、德克萨斯农业机械大学（Texas A & M University）和耶鲁大学入学新生的总数。

有钱人在哪里，产业就会跟到那里。大量关于父母的研究表明，课后辅导已经成为一个年产值40亿美元和年增长率为15%的产业。（目前在全国拥有1000多个网点的）西尔万学习中心（Sylvan Learning Centers）和卡普兰教育中心（Kaplan-owned SCORE！ Educational Centers），不仅为努力学习的十几岁的学生们提供辅导，为雄心勃勃的20来岁的年轻人提供辅导，也开始为4岁大的孩子们提供辅导了，这些孩子的家长们太害怕自己的孩子落在后面了。

如果我现在生活在一个刚刚开始推行普及大学教育的国家，我会投资

[①] "学业能力倾向测验"（scholastic aptitude test, SAT）：美国高中生升入大学必须参加的测验。

开办一个像西尔万学习中心那样的机构。十几年以后，课后辅导和补习将会非常普遍。

还是来看一下对精神失调者的不同态度吧。一般的人可能仍然会认为，孩子的大脑出现了问题是一件不光彩的事，而富人却认为孩子的大脑出现问题是一种荣幸，他们会极力解释自己的孩子智力低下的原因。

再来看看精神失调通常会对孩子们产生怎样的影响。定期向专家咨询和被诊断为精神失调的富家子弟为数如此众多，以至于社会上"最优秀和最聪明的人"，也就是最有可能接受良好教育和进入大学的年轻人，会产生一种感觉，他们需要大量的外部帮助才能成为"正常的人"。1980年以后出生的千禧一代就是历史上接受药物治疗最多的一代，这一代人现在大都在大学读书，而关于大学生研究的数据表明，几乎每十个大学生中就有一个人要求助于精神健康顾问。1994年，服用治疗精神病药物的大学生仅为9%，现在，这一比例已经增加到了25%。

有些人可能认为，我夸大了对新型儿童精神失调的关注。但是，大量新的症状在孩子一出生就开始出现了。2005年，新生儿精神健康（即0~3岁的婴儿）医疗总览修订后，增加了2个抑郁症的新亚类，5个焦虑症的新亚类，6个进食行为失调症的新亚类。对于这些大量出现的新症状，父母们的经验也失去了用武之地。

美国人有一种聊以自慰的想法，自己的孩子遭受的挫折，都不是孩子自身的问题，而是由外部因素和以前未被诊断出来的症状造成的，这样的症状是一定能够克服的。人人都知道课外辅导能提高分数，所以考试体制现在已经变成了一种游戏，而能够为自己的孩子争取到额外答题时间的父母，却是以另一种方式在玩游戏。喂，这个孩子哪儿不舒服？好像有点精神失调，不过不太严重。为什么孩子需要额外的帮助，需要额外的答题时间，需要额外的关注，原因就在这里。为什么越来越多的孩子正在转变？因为这可以解释他们为什么没有这样转变，也能解释他们为什么能够，而且应该这样转变，答案就在这里。

喜爱编织的年轻人

我的女儿4岁了,到了上幼儿园的年龄,我在网上查阅了一些华盛顿特区最热门的私立学校的网站。其中一所学校在网页上承诺,在规定的课程之外,还要向七年级的学生讲授编织的技能。编织?在21世纪?在这个国家的首都?他们不是在开玩笑吧?

这可是我从来没有听说过的事。

在美国,凯马特(Kmart)连锁店里的毛衣和围巾,用不了15美元就可以买回家,可是还有大约2000万美国人自己编织。这些(用两根针)编织的人或(用一根带钩的针)做钩针编织的人中,人数增长最快的群体是少男少女和20岁左右的年轻人。

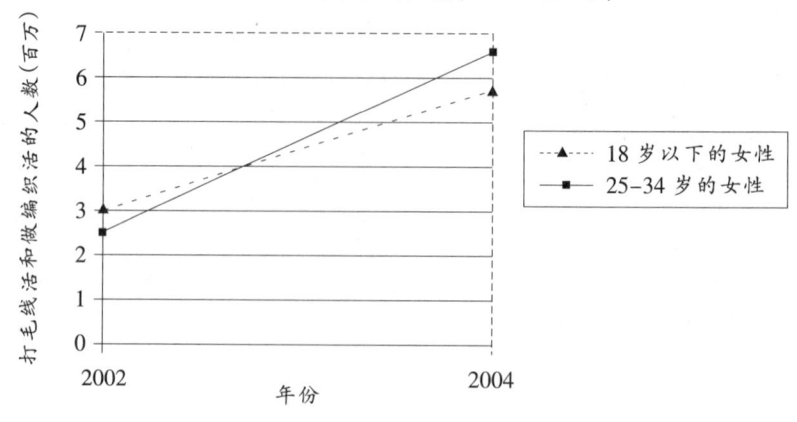

喜爱编织的年轻人的人数(2002~2004年)

资料来源:美国手工纱线制品委员会,2006年。
(Source: Craft Yarn Council of America, 2006)

编织已经有2500多年的历史，现在仍然是一项非常时髦的活动。

当然，这是一种与人们的直觉完全相反的趋势。提到编织，人们会想起坐在摇椅里的老奶奶；提到少男少女，人们想到的是与时俱进的技术。但是，在朱丽亚·罗伯茨（Julia Roberts）、卡梅伦·迪亚兹（Cameron Diaz）和莎拉·杰西卡·帕克（Sarah Jessica Parker）等崇尚编织的名人的影响下，美国玩编织的初中生和高中生有600多万人。

编织几乎在一夜之间从一种老气横秋的活动变成了时髦的行为。一时间，出现了编织的博客，出现了T恤衫上"重新开始编织"的宣传口号，全国各地的城市中还出现了能够聚集数万人的编织组织（例如Knit-Outs和Knit-Ins）。斯克里普斯·霍华德（Scripps Howard）的自己动手网站专门开设了讲授编织基础的栏目（Knitty Gritty），交了钱就可以在一个星期之内学会编织"艳丽、热烈和精巧"等不同的图样。时尚编织（VogueKnitting）刚刚出版了一本以25岁以下喜爱编织的年轻人为读者对象的杂志。戴比·斯托勒（Debbie Stoller）的那本名为《毛衣针法手册》(*Stitch'n Bitch: The Knitter's Handbook*)的书卖出了大约10万册，还登上了《纽约时报》的畅销书排行榜。接下来的那本《钩针快乐针法手册》(*Stitch'n Bitch Crochet: The Happy Hooker*) 问世后两个多月就卖出了25000册。

喜爱编织的年轻人不是那种喜欢离群索居的人，也不是反对技术的人。"我的空间"（MySpace）是一个深受人们喜爱的社交网站，它的许多会员都参加了编织小组，这表明今天的年轻人的喜好并不拘泥于高技术还是低技术，他们可以把两者很好地结合起来。

甚至有些男孩子也参加了编织的活动。据手工艺专家估计，美国全国编织的人中有4%的人是男性，而自己制作滑雪防寒帽的男孩子明显出现了增加的趋势。（如果他们的偶像不是卡梅伦·迪亚兹，可能就是橄榄球明星罗西·格里尔［Rosie Greer］，谁都知道，他不打比赛的时候会编织和做针线活。一个男性编织网站www.MenKnit.net认为，把编织的历史归功于妇女是一种错误的看法；实际上最早编织的人是男性渔民，他们出海打鱼都要穿上厚厚的毛衣，而在第二次世界大战中大规模加工保暖袜的也是男性士兵。）

不过，这种争议清楚地表明，编织是一种比我们想象的更为时髦的活动。那么，是谁使时尚之风刮回到了毛衣针上呢？

人们普遍认为，编织的热潮是"9·11"事件后出现的一个更大的"居家"趋势（"nesting" trend）的组成部分。烹调、家人团聚和简化生活的小窍门迅速成为倍受人们喜爱的节目。手工工艺普遍受到了人们的青睐（1999~2005年，缝纫机的销售量翻了一番），尤其受到青睐的就是编织，因为编织的动作均匀而且富有节奏感，据说可以缓解压力和降低血压。戒掉了吸烟陋习的人认为，是编织帮助他们戒了烟。人们认为编织是一种特殊的体验，把编织叫作"新式瑜伽"（new yoga）和"新式冥想"（new meditation）。

编织有治疗的效果，而且可以一边编织一边治疗。

但是对于年轻人来说，编织甚至具有更大的魅力，是年轻人的世界里最具魅力的活动之一。编织是一种类似"我的空间"（MySpace）的社交活动，人们聚在一起，一边编织，一边交谈，这显然是一种延续了2500多年的社交活动。编织与打电子游戏一样，也是一种有技能要求的活动，技能要求越高，完成之后的满足感就越强烈。

除此之外，谁不希望有一个设计精巧的手机套、比基尼泳装的上装，或是吉他的肩带呢？更不要说那是由自己或自己的朋友手工制作的了。

不过，编织的好处还不止于此。成年人编织可以缓解压力，同样，整天埋头于学习和升学考试的少男少女们，也可以用编织来舒缓紧张的身心。在某些情况下，成年人可以利用年轻人的这种需求，劝导年轻人通过编织去提高自己的专注力、增强自己的创造性思维、开发自己的数学运算和驾驶汽车的技能。有些网站声称，编织可以缓解注意力缺陷障碍（Attention Deficit Disorder，ADD）。开展独立教育运动的华德福学校（Waldorf Schools）已经把编织列入学校的正式课程。

这就是有作用力就会产生反作用力的另外一种反映。有数以百万计的人热衷于高科技活动，就会有数以百万计的人喜欢科技含量低的活动。这种趋势突显的基本思想是，尽管有人认为自己的时间很有限，也有很多人在找时间排解压力。在知识经济中，人们希望能从自己动手的创造活动中获得乐趣，这样，他们就能说，"这是我自己做的"。

年轻人编织会产生相当大的影响。手工制品市场对更丰富的色彩和更花哨的图案会有更大的需求，而且市场上"入时的纱线和毛线"（fashion yarns），较之比恩（L. L. Bean）牌的套头衫选用的那种老气横秋的纱线，将更富质感和装饰感。根据美国手工纱线制品委员会（Craft Yarn Council of America）披露的数据，仅仅在 2004~2005 年，时尚毛线和纱线的销售额就提高了 56%。

可以预期，时装界会推出更多的毛衣和线衣，更多手工制作的高档女装。我不知道时装界是否会推出手工编织的比基尼泳装的上装，而且到目前为止，我也不知道美国各地的城市中是不是每个星期都会出现 10 个新成立的编织组织（Meet-Ups）。

但是，少男少女编织的实际意义表明，孩子们只爱玩电脑的说法是站不住脚的。许多孩子集中精力的时间比我们所认定的时间要长，他们热爱创造性的活动，他们不仅喜欢创造网络上的形象，也喜欢创造一些能表明自身存在的有形而又有用的产品。他们可以熟练地操作电脑，但他们也喜欢一针一针地编织。

文学作品中最著名也是最恶毒的做编织的人，就是狄更斯（Dickens）的《双城记》（*A Tale of Two Cities*）中那个为法国革命的罹难者编织裹尸布的德伐日太太（Madame Defarge）。但是，时下编织的人，既不是上了岁数的人，也不是心怀邪念的"手艺人"。他们所以要编织，是因为编织是一种平和、实用和以人为本的活动。

编织这种趋势的兴起还意味着，由于少男少女们的爱好发生了变化，自己动手制作产品有着广阔的前景。耐克公司最近推出了一项"自己做运动鞋"（Make Your Own Sneaker）的服务，顾客可以按照自己的意愿选择鞋子的颜色和面料。还有一些公司也推出了新的服务项目，例如顾客可以为自己设计化妆和订婚戒指。那么，人们自己做领带行不行呢？为了让孩子们在牛仔服上恰当的地方打洞，是不是可以推出一项自己做牛仔服的服务呢？由于人们喜好的服装样式不尽相同，他们会按照自己的意愿订制套头衫的图案，所以做编织的人不用为市场发愁，而那种既能让人们松缓压力，又能让人们享受自己的劳动成果的新想法也会在市场上大行其道。

堪为楷模的黑人青年

在美国，被成见所模式化的群体，莫过于十来岁的男孩，尤其是十来岁的黑人男孩。2002年，凯希儿童与家庭新闻中心（Casey Journalism Center on Children and Families）发现，美国关于年轻人的新闻，有90%集中于犯罪、暴力、虐待和疏于管教等问题，而关注有建设性意义的新闻，例如儿童护理、儿童健康保险或青年志愿者等问题，还不到5%。在媒体上，少男少女就是坏新闻的同义语。

但事实的真相是，新的一代出现了，21世纪第一个10年的现实也应该取代20世纪50年代和60年代的老观念了。黑人社区取得的进步，简直令人感到惊异。虽然每年有数以万计的黑人青少年触犯法律，但是，每年也有数以万计的黑人青少年走进大学的校门，为自己设计第一流的职业生涯。黑人青年是大学毕业生中人数增长最快的群体，他们毕业后常常能找到收入丰厚的工作。这个超级成功者阶层的出现，正在改变着美国的文化，瓦解着旧有的成见，摧毁着办公室和高层政治决策机构中的种族壁垒。关于黑人青年学坏的消息越来越少了，而关于他们走正路的新闻越来越多了。体制正在发挥着推动年轻黑人中的这种小趋势的作用。

这种好新闻的基础，或许是这些年轻人价值观定位的性质。对好公民的三项主要指标（定期上教堂、从事志愿者活动和参加投票）的比较表明，黑人青年不仅优于白人青年，也完全可以称之为是黑人中的楷模。

在定期上教堂方面，黑人青少年的情况与白人青少年的情况已经发生了彻底的变化。在20世纪70年代，十二年级的白人学生，有40%多的人定期上教堂，而十二年级的黑人学生中，只有大约三分之一的人定期上教堂。在过去的30年中，这一趋势完全颠倒了过来。现在，十二年级的黑人学生中，定期上教堂的人超过了40%，而在十二年级的白人学生中，定期上教堂的人还不到三分之一。

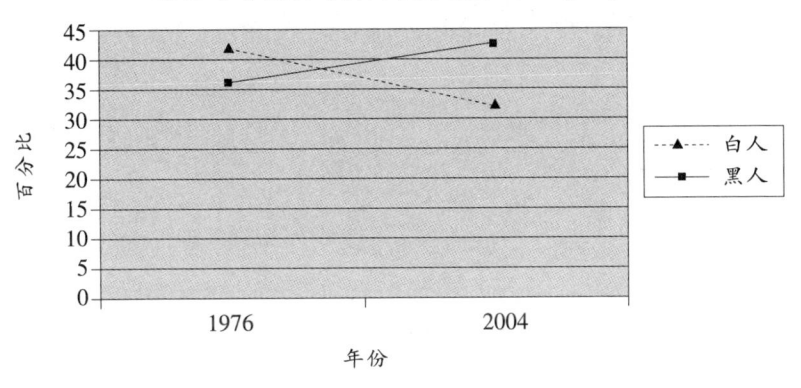

每周至少参加一次宗教活动的十二年级学生的百分比
1976年与2004年白人学生与黑人学生的比较

资料来源：儿童趋势，2004年。
（Source: Child Trends, 2004）

此外，2004年，在十二年级的学生中，超过一半（54%）的黑人学生认为，宗教在他们的生活中起了非常重要的作用，而只有四分之一（27%）的白人学生认为宗教在自己的生活中起到了非常重要的作用。虽然定期上教堂不是判定宗教信仰的唯一标准，但是，有关研究表明，在宗教信仰上持有严肃的态度，与不吸毒、不酗酒、推迟性活动，以及利他的态度和行为，呈强烈的相关关系。而且，以严肃的态度对待宗教的人，还较少采取违法和冒险的行为，更注重锻炼和关照自己，不会在学校惹事，也不会给警察找麻烦。当然，黑人在中学的辍学比例要高于白人，所以黑人学生中有一部分人没有纳入十二年级学生的研究。但是，上述鲜明的对比表明，已经到了重新评价少男少女们的某些行为模式的时候了。

在从事志愿者活动方面，虽然黑人青年从事志愿者活动的比例历来低于白人青年，但是，在过去的10年中，黑人十二年级学生中的志愿者人数一直在稳步增加，而且其志愿者的比例现在已经与白人学生持平（最近几年还要高于白人学生）。如果把年龄段放宽到 15~20 岁，那么在所有种族群体中，年轻的黑人最有可能认为，他们个人的行为会对自己的社区产生影响。如果只就男性而言，则黑人男性青年的志愿者比例（63%）既高于白人男性青年（57%），也高于美籍墨西哥裔男性青年（48%）。

最后，在参与政治活动、投票和公民学习方面，黑人青年的表现在同龄人中也是最出色的。公民学习与参与信息研究中心（Center for Information and Research on Civic Learning and Engagement，CIRCLE）2007 年的一项研究证明，在 15~25 岁的年轻人中，美国黑人青年的选民登记和参与政治活动的比率都是最高的。他们还是中期选举时所有族群的年轻人中仅有的一个投票率增加的群体。黑人青年还是最重视投票的群体，72% 的黑人青年认为，应该把公民和政治课程列入高中的必修课，这一比例在各个族群的青年中也是最高的。

这种公民的热忱和建设性的民主参与，是完全与人们对男性黑人青年的普遍看法相左的。人们对黑人孩子有着根深蒂固的成见，因此，黑人孩子的机会和为黑人孩子所做的投资，都远远没有体现出他们的潜在价值。

目前尚无关于这些"堪称楷模的黑人青年"的全面研究，但大致可以肯定的是，他们大都出身于重视宗教、志愿者活动和公民参与的家庭。（成年黑人通过宗教组织参加志愿者活动的比率是 46%，这一比例远高于白人和美籍墨西哥人。）黑人青年知道该追求什么，也知道不该做什么。上教堂，他们的角色是年轻人的领导。参加志愿者活动，他们更愿意奉献自己的经验和知识（相比之下，白人青年参加的志愿者活动，更多的是"筹款"和"提供交通工具"）。在政治上，黑人青年一般都是民主党人，但是 2002 年的一项研究表明，在 18~25 岁的年轻黑人中，超过三分之一的人认为自己是不属于任何党派的独立人士。我们可以得出的基本结论是，美国的大部分黑人青年是认真参与政治的独立人士，他们随时准备为人民的生活做出积极的贡献。

黑人青年中出现的这些变化，构成了一种更大的趋势，这种更大的趋势就是，美国的黑人青年的行为较之以往已经发生了改观。黑人青年在中学的辍学率，20 世纪 60 年代是大约 30%，现在已经减少到 10%。黑人青年高中毕业后的升学率，1972 年是 45%，现在已提高到将近 66%。

1976~2004年，每年大学毕业的黑人青年的人数几乎增加了一倍（大学毕业的黑人女青年的人数则几乎增加了两倍）。这一时期中，获得硕士学位的黑人青年也增加了一倍，而获得硕士学位的白人青年仅仅增加了39%。

与50年前相比，大批黑人家庭富裕起来了。1960年，有20%的黑人家庭可以称得上是中产阶级家庭，现在，中产阶级的黑人家庭已经超过了40%。42%的黑人拥有了自己的住房，而已婚的黑人夫妇中，这一比例至少高达75%。1997~2002年，黑人拥有的企业增加了45%。有些黑人的富裕程度简直可以使他们变为共和党人。

这不仅意味着，黑人中产阶级的规模，比很多观看晚间新闻的美国人想象的要大，还意味着黑人青年正在稳步地致富和切实地发挥着领导社会的作用。实际上，大部分美国的黑人孩子，包括男孩子在内，都在上学，他们虔诚地信赖美国的民主制度，为了使美国更加美好，他们会做出自己应该做出（或更多）的贡献。他们不仅应该成为技术、服装、体育和娱乐产业重要的目标市场，他们也应该获得就学、就业、充当志愿者和充任各级领导的机会。

确实，美国有太多的黑人青年在拼搏，我们这个富裕的国家必须切实关心他们的问题。但是，媒体和市场营销专家也需要纠正某些陈腐的看法，大部分黑人青年有着非同一般的公民意识，他们的表现堪称楷模。黑人中也有一些超级成功者，他们的成就毫不逊色于白人成功者。在这个具有成功取向的群体推动下，黑人社区或迟或早都会发生根本的变化。在如此众多的美国人似乎没有采取正确的行为方式的时候，他们做出了正确的表率。

中学里的大老板

我是13岁那年开始做第一桩生意的——以邮购的方式向集邮者卖邮票。我在《纽约时报》上做了广告，有买主买了我的邮票，这就是我第一次做生意的经历。我做了两本账册，一本是拍卖会批量买入的账册，一本是邮寄零售的账册。放学回家的路上，我会迫不及待地查看我的邮箱。那时，没有多少朋友帮助我，他们也都在做买卖。

现在，有了互联网和 eBay 等电子商务网站，少男少女们做生意比以前更容易了。你在网上买的太阳镜，可能就是一个"中学里的大老板"（High School Mogul）卖给你的。卖饮料、卖贺年片，还有看孩子，都不时兴了；现在时兴的是网络。《商务周刊》（Business Week）披露的数据是，2000年，在美国所有的少男少女中，有8%的人，或者说大约160万美国的年轻人，通过互联网挣钱。

当然，他们中的有些人在 eBay 网站上卖的，只是自己父亲的老旧棒球卡，或者是过了时的圣诞照相机。但是，越来越多的孩子开始从自己喜爱的活动，比如在线互动，转向认真地做生意。其中的部分原因是，他们可以在网络上做生意；如果你向世界展现的面孔是一个设计精巧的网站，也就是说，你的所有交易都可以通过安全和高效的贝宝（PayPal）来完成，还有谁需要搞清楚你的真实面孔是一个还需要使用超强除痘霜的娃娃脸呢？

有一家名为"巧克力庄园"的网站（www.ChocolateFarm.com），就是那家有十余个员工、每天有数千人登录的网站，那是一家设在科罗拉多的公司，全国各地喜欢吃巧克力的人在通过网络购买它的产品的同时，还能赢得不同的奖品。公司的创建者和首席执行官（CEO）埃莉斯·麦克米伦（Elise MacMillan）2007年才开始读大学。她开办这家公司的时候刚刚10岁，帮她管理网站的是她13岁的哥哥埃文（Evan）。还有一家名为"阿南德技术"的网站（AnandTech.com），这是一家率先开办硬件评论的网站，每天登录网站观看关于数码照相机、摄像机和其他计算机硬件最新消息和分析的访客多达13万人次。网站的创办者是居住在北卡罗来纳州罗利市的阿南德·施姆皮（Anand Shimpi），1997年创建这个网站的时候，他的年龄只有14岁。

中学生做生意也是能赚大钱的。《青年商务杂志》（*YoungBiz Magazine*）的数据表明，2001年，美国收入最高的100名8~18岁企业家的总盈利高达700万美元。

今天的孩子们喜欢做生意。青年成就组织（Junior Achievement）的一项研究表明，70%多的少男少女想成为企业家，而2004年，只有64%的孩子想当企业家。有将近一半的孩子说，他们想当企业家的理由是"有一个伟大的想法！想把这个想法付诸实施"；另有四分之一的孩子想当企业家的理由是，他们希望"能挣到比给别人打工更多的钱"。这些孩子已经不同于过去的孩子了，过去的孩子为了挣到看电影的钱，可以去送报纸和给别人看孩子（今天的孩子们能够从网上下载电影）。今天的孩子们的希望是，创建和经营自己的生意。

《青年商务杂志》把这些年轻的企业家称作"treps"，把主要从事在线生意的年轻企业家称作"eTreps"，这些"中学里的大老板"已经受到媒体的普遍关注，当然关注他们的还有大学里的奖学金。各种训练营、暑期培训班、课外活动小组和非营利组织的发展，也在激励越来越多的年轻人成为企业家。2006年8月，美国小企业管理局（U. S. Small Business Administration）为了帮助想要创办公司的少男少女把自己的想法付诸实施，创设了一个名为"关心自己的生意"（Mind Your Own Business）的网站。他们也许可以把网站命名为"小生意的生意经"（Don't Sell Weed — Sell Widgets）。

受这种趋势的影响，私营产业也有了迅猛的发展。网络公司网罗的兼职员工都是年轻人，他们身怀技能而且精力旺盛。一批向年轻人传授挣大钱之道的新书纷纷问世,《富爸爸、穷爸爸:学校里学不到的挣钱秘密》(Rich Dad, Poor Dad for Teens: The Secrets About Money—That You Don't Learn in School!)一书在两年内就卖出了5万册。

当然,年轻人办企业并不是一件新鲜事。1909年,吉姆·凯西(Jim Casey)在19岁的时候创办了联合包裹服务公司(United Parcel Service, UPS)的前身。20世纪70年代,保罗·奥法里(Paul Orfalea)大学刚毕业就创建了金考公司(Kinko's)。不过,他们的公司都是经过多年的发展才发达起来的。今天的孩子们在几个月的时间里就可以建立起数以百万计的客户群,或者说,他们知道(就像知道如何完成自己的英语作业一样),什么时候采取下一步的行动。

啰啰唆唆讲了这么多年轻人做生意的事,有人可能会提出一个问题:今天的孩子们是否仍然希望上大学。到目前为止,孩子们都想上大学;绝大多数的孩子说,上大学对他们开办企业具有重要意义。实际上,在中学期间成功创办企业的经历,常常就是填写在大学申请表格中最充分和最受青睐的理由之一。那么商学院的情况又如何呢?由于自身的缘故,商学院的课程越来越陈旧,它们能够标榜的,不过是学生毕业后能够得到高于平均起薪水平的工资。对于现在17岁的孩子这一代人来说,再过17年,他们已经掌握了重要的商务经验,那时,商学院的课程对他们还有用吗?

中学里的大老板,可能不会有到别人的公司里积累经验的耐心。现在,有不少讨论工作中的代沟的书,书中所述的代沟不过是60多岁的老板,看到20多岁的雇员在开会时发送电子邮件,就会因为他们不服从命令而给他们降职的处罚,而年轻的雇员实际上是能够熟练地处理多项任务的。但是,孩子们在这么小的年龄就开始挣钱,他们能够等到20岁以后才成立自己的公司吗?

少年企业家最大的问题之一是,他们不受法律明文规定的保护,因此,如果知道了他们的年龄,就不会有多少人跟他们做生意了。在美国的大部分州,未成年人说的话是没有法律约束力的;他们在眨眼之间就可以取消合同。谁愿意为一个孩子承担责任呢?谁又愿意为孩子们拖欠的账单负责呢?我们可能需要修改关于少年企业家责任的法律——如果他们犯了罪也能像成年人一样受到审判,那么,为什么就不能允许他们像成年人一样经营企业呢？

现在，当我们说世界是平的时候，我们必须把全球少年企业家的情况考虑在内，也必须把数以百万计能够把自己的产品推向全球市场的新企业考虑在内。多年前，能在《纽约时报》上刊登一则分类广告，会令我感到喜出望外。而今天，"中学里的大老板"可以在迪比克（Dubuque）拿到来自中国香港的订单。美国可能并不拥有足以使它在全球科学竞争中取胜的所有工程师，但是，我们应该关注和赞美这些会挣钱的孩子。他们的存在说明，美国仍然是一个富有创造精神的国家，它把握住了刚刚显现出来的机遇，正在以自己独特的方式培育着美国的创新精神。

立志成为狙击手的年轻人

我做民意调查已经有30年了。每一次做民意调查，无论是为总统候选人还是为企业客户，无论是在美国还是在世界的其他地方，我都能学到人们的某种新思想。我热爱这个工作，在一定程度上是因为，我每天都能发现人们的某种新抱负、新希望和新关注，我会根据我的发现帮助客户构思他们的产品。

但是，30多年过去了，我做过的民意调查数以万计，而有新意的想法并不多见。当然，也有一些事令我感到好奇；更确切地说，是改变了我的看法。不过，一次调查就能让我无言以对并改变自己看法的情况并不多见。

2006年12月就出现了一次这样的情况。我的朋友和同事塞尔吉奥·本迪克森（Sergio Bendixen），迈阿密本迪克森联合咨询公司的总裁（President of Bendixen & Assocites in Miami）和优秀的美籍墨西哥人民意研究专家，对600名16~22岁的加利福尼亚人做了一次手机民意调查，调查中提出的是一个相当乏味的问题："你认为自己在10年后最有可能在做什么事？"这是一个非限制性问题，也就是说，受访人可以按照自己的想法给出答案（而不是按照列出的可能选项回答问题）。结果与预期一样，70%的年轻人说他们会工作，有些人的回答说明了具体从事的职业，有些人的回答是经营自己的企业。12%的受访人回答说他们在大学读书，另有12%的人说他们要养家。1%的人说他们会参军。而令人意想不到的是，还有1%的加利福尼亚年轻人表示，10年后他们最有可能成为狙击手（snipers）。

这是一个非限制性问题，每一个受访人的回答都是自己意愿的表达，可是竟有不少人想到了狙击手。这确实是一件新鲜事：一代年轻人的新的志向是成为狙击手，虽然抱有这种志向的人并不很多，但是已经完全可以在量表上体现出来了。

有人可能会说，那不过是 1%，说明不了什么问题。但是，就像我想通过本书证明的那样，无论是在商界、在政治上还是在社会部门方面，1% 的人就能够形成影响，而且确实形成了影响。就本节讨论的情况而言，有 1% 的加利福尼亚年轻人告诉我们，他们希望在 2016 年参军，而且明确表示要当狙击手，这就是一件新鲜事。过去，军旅生涯中最受青睐的是战斗机飞行员，当一名狙击手可是一种全新的想法。

很多人想到狙击手，就会联想到罪犯。尤其是生活在华盛顿特区的人，说到"狙击手"就不能不想到在 2002 年 10 月的 23 天中，躲在汽车里用远距离杀伤武器随意射杀了 10 个人的那两个人。以狙击手为主要内容的网站（狙击手网站确实存在，例如 www.snipersparadise.com 和 www.snipercountry.com），并没有为扭转人们固有的错误看法做多少工作。一家网站的"引言与诗歌"栏目的帖子中就有这样的话语，"上帝恩准我平静地接受我所不能射杀的目标，并赐予我勇气和隐藏自己身躯的智慧，去射杀我可以射杀的目标"。

"你认为自己在 10 年后最有可能在做什么事？"（非限制性问题）	
工作（具体岗位或职业）	37%
工作（一般）	23%
上大学	12%
结婚养家	12%
工作（经营自己的企业）	8%
参军（一般）	1%
参军（狙击手/神枪手）	1%
其他	6%

以 16~22 岁的加利福尼亚人为对象的新美国民意调查，2006 年 11 月。

但实际的情况是，狙击手是神枪手中的精英。他们是步兵部队中受过隐蔽射击训练的士兵，他们使用的武器通常是带有远距离瞄准镜的步枪,毫无疑问,他们的射击目标就是人。在战争中,狙击手的任务是实施精准的打击。他们可以最大限度地威胁敌军的调防和涣散敌方的军心,但是同时,他们可以在己方损失最小和不暴露己方兵力部署的情况下,加快战斗的进程。狙击手的作用是高效的。一位狙击手教练曾经对合众国际社(United press International)的记者说:"在越南战争中,美军射杀一个目标须数千发子弹,而狙击手只需 1.3 发子弹就能射杀一个目标。"

狙击手在现代战争中具有越来越重要的作用。在伊拉克和阿富汗,反美武装力量不是躲在掩体里而是藏身于普通的民众之中,美军在战斗中的打击必须更加精准。在美国国内,恐怖主义威胁的目标是人口最为稠密的大城市,美国的国防力量必须要准备在不危及普通民众的情况下挫败恐怖主义的威胁。据说,美国陆军狙击手学校(确实,每一支美军部队都设有狙击手训练营)计划把每年培训的狙击手数目增加一倍。由于在伊拉克作战变得更加艰难,美军正在考虑派出全部由狙击手组成的小分队。

2005 年,《射手:海军陆战队顶级狙击手自传》(Shooter: The Autobiography of the Top-Ranked Marine Sniper)一书的作者之一杰克·库格林(Jack Coughlin)曾对《达拉斯晨报》(Dallas Morning News)说,立志成为狙击手的人,"实际上都是农村的孩子,他们是在田纳西、得克萨斯等州的山区长大的,而且在成长的过程中都喜欢打猎"。当然,打猎确实是一个重要的因素。但是,在本迪克森所做的那次加利福尼亚州的民意调查中,所有立志成为狙击手的人,都是生活在城市里的黑人和美籍拉美裔人。这完全可以说是一种新型的狙击手。(但是,有一种情况没有发生变化:所有立志成为狙击手的人都是男孩。)

为什么有人突然想到要成为狙击手? 其部分原因,显然是美国的军人和警察越来越受人尊敬了。越南战争之后,美国人对军人的看法曾一度低落,但是现在,美国的武装力量已经进入了最受美国人信赖和尊敬的行列。2007 年 3 月,每十个美国人中只有四个人认为,派兵去伊拉克是一个正确的决定,但是,对战斗在那里的军人持赞许观点的人,则高达 84%(相对于另一场不得人心的战争,越南战争,美国人对军人的看法发生了巨大的变化)。

按照这种新的爱国观,成为狙击手完全可以看作一种爱国主义的志向。

狙击手不仅要有忠诚的品质，还要有常人所不具备的冷静和内敛的性格。陆军的士兵要成为狙击手，不仅要勇敢，而且要有耐心，有自制力，还要有能够掌握计算距离或风速对弹道影响的复杂数学公式的聪明才智。狙击手无愧于精英的称号。

但是，狙击手也改变了人们对军人在战争中的角色的普遍看法。过去，不管你是约翰·麦凯恩[1]还是约翰·F.肯尼迪[2]，打仗就意味着上前线，要在你能看见敌人、敌人也能看见你的情况下去勇敢地作战。今天，前线的士兵可以在更加安全的情况下消灭更多的敌人，军人在战争中的角色越来越成为人们质疑的对象。

巴顿将军对自己的士兵在前线做出鲁莽的举动非常在意，他告诫自己的士兵，为自己的国家牺牲的士兵打不赢战争；要打赢战争就要让对方的士兵去为他们的国家牺牲。狙击手趋势的出现在某种意义上说明，人们已经接受了这样的战争理念，因为今天的战争是大规模杀伤性战争，我们应该尽量减少战争中的伤亡，让士兵们承受比以往更小的风险。这种理念表明，勇敢的含义已经发生了变化。以前，人们一直认为狙击手不是一个很稳定的职业。狙击手有前途吗？在眼下的这一代年轻人的眼中，狙击手不仅前途无量，而且聪明和高效，完全可以作为终身投入的志向。

这一代年轻人也是伴随着大量关于狙击手的电子游戏成长起来的。诸如此类的电子游戏有《魔兽世界》(*World of Warcraft*)、《狙击精英》(*Sniper Elite*)，还有美军自己设计制作的《美国陆军》(*America's Army*)等，今天的孩子们通过这样的电子游戏，至少在屏幕上已经可以从容地接近敌人并消灭敌人。孩子们的兴趣转向了参加军队，可以说这些电子游戏起到了推动的作用。军方也意识到，这些电子游戏可以为未来现代化军队的士兵提供早期的基础培训，甚至可以成为某种意义上的"学业能力倾向测验"（SAT）。

最后，立志成为狙击手的人能够具有统计上的意义，反映的是美国的文化在"9·11"事件后的某种动向。与几十年前相比，今天的年轻人打

---

[1] 约翰·麦凯恩（John McCain）：美国亚利桑那州参议员，2008年共和党总统候选人竞选者之一。
[2] 约翰·F.肯尼迪（John F. Kennedy）：美国前总统，任职期间遇刺身亡。

击坏蛋的意愿表达得更明确了。"9·11"事件以前，许多美国人认为，那是一种"原始的"（primitive），或"过于简单的"（simplistic），至少可以说是"冷漠的"（insensitive）的态度。但"9·11"事件发生后，我们当中的越来越多人发现了技巧娴熟、不知疲倦，而我们又不必为他们担心的射手。警察、消防队员，还有其他必须在第一时间做出反应的人员，在多年之后，又成为美国人眼中的英雄了。相对于目前对地铁、大厦或住满美国人的城市的安全措施，在隐蔽的地点用1.3发子弹射杀一个歹徒，意味着什么呢？是付出的代价更小。

如果仔细想一想，其实"以人为猎杀对象"（human hunt），长期以来就是一种美国的文化现象。理查德·康奈尔（Richard Connell）的短篇小说《最危险的游戏》（*The Most Dangerous Game*），多年来一直是中学生广为阅读的篇目。小说讲述的是一个杀手追杀猎物的故事，故事中的猎物就是人。不少电影和电视剧，例如詹姆斯·邦德（James Bond）的《八爪女》（*Octopussy*）、《梦幻岛》（*Gilligan's Island*）、《辛普森一家》（*The Simpsons*）和《战士公主希娜》（*Xena the Warrior Princess*），讲述的也都是这样或那样的以人为猎杀对象的故事。

所以，无论你喜欢与否，狙击手都是一种主流现象。若干兵器公司和夜视设备制造商，每年都要出资举办"狙击手周"的活动，这种活动通常为时数天，内容包括讲座、报告、培训和竞赛，参加活动的人是来自世界各地的军方和警方人员。目前，美国军方为了应对未来的战争，正在积极地招募和培训这样的战士。

所以，有1%的人明确地表示希望成为狙击手，就可以改变美军的作战方式，改变美国所拥有的军队。这也预示着美国人攻击别人的方式将由公开转变为隐匿。

从政的人可能没有人不同意这样的看法：他们每天都要面对躲在暗处的"狙击手"，也就是那些在德拉吉报道[①]和YouTube网站上发帖子"打冷

[①] 德拉吉报道（Drudge）：美国的一家新闻网站，以政治新闻报道为特色，常有内幕消息捅出。

枪"的人。披露了内幕消息而又不暴露自己身份的"深喉"(Deep Throat)[1]可以把当政者拉下台。时下的政治批评，数量之多，匿名程度之高，都是以往难以望其项背的。或许，仅仅由于这个原因，人们就不应该对希望成为狙击手的年轻人有如此之多而感到惊讶了——无论这些年轻人的志向是成为网络上的狙击手还是政治中的狙击手，是警方的狙击手还是军方的狙击手。

---

[1] 英文原文的字面含义为"深喉"，20世纪70年代初《华盛顿邮报》在揭露水门事件黑幕时，把"深喉"一词用作保护提供内幕情报者的化名，此后，"深喉"成为匿名披露内幕消息者的专称。

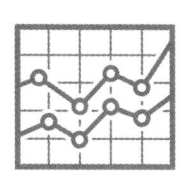

第八部分
食品、饮料与节食

吃素食的孩子

在过去，美国家庭的典型晚饭是肉类和土豆。饭是妈妈做，爸爸打个下手，连带着夸奖饭菜做得好。孩子们饭后要洗盘子，否则就不能吃甜点。剩饭嘛，喂家里的小狗好了。

现在的情况变了，饭可能是爸爸来做，也可能是妈妈订外卖。孩子们上饭桌前会很不情愿地停掉即时通讯软件。家里的小狗可能会穿着小围嘴在餐厅的椅子上坐着。但是，自从20世纪50年代以来，美国人餐桌上最明显的变化，可能就是孩子们盘子里的肉少了。

50年前，美国几乎没有吃素食的孩子，现在8岁到18岁吃素食的孩子有150万。这150万个孩子完全不吃肉、鸡和鱼。只不吃肉和不吃鸡的孩子各有300多万。还有少量的孩子只不吃鱼和完全吃素。完全吃素的孩子不吃所有与动物有关的食物，例如鸡蛋、牛奶和奶酪，有时连蜂蜜也不喝。许多孩子甚至连皮革的衣服也不穿。

有些孩子吃素食，是受到他们素食主义父母的感召，但是，越来越多的年轻人，尤其是女孩子，是自己决定不吃肉类食品的。在13~15岁的女孩子中，有11%的人说她们不吃肉。吃素食的孩子在全国的分布相当平均，除了中西部各州的比例稍低外，其他州素食孩子的比例大约为8%。这样的一种状况令芝加哥、堪萨斯城和沃思堡等肉类加工业中心深感沮丧。

孩子们为什么要吃素食？是因为2006年没有关于菠菜的坏消息吗？

素食孩子增加的部分原因是，素食主义的人数普遍增加了，不含肉类的替代食品的数量增加了，当然，社会的接受程度也提高了。目前，美国有大约1100万吃素食的人，其中完全不吃与动物有关的食物的严格素食者要占到三分之一到一半，而这一比例在20世纪90年代初期还不到5%。甚至全国各地的汉堡王（Burger King）连锁餐厅中也开始出售蔬菜汉堡包了。所以，与以前的年轻人相比，今天的素食孩子按照自己的意愿选择食品要方便得多。

素食孩子增加的另一个原因是，父母放任的程度普遍提高了，实际上，本书讨论的几乎每一种趋势，无论涉及哪一个年龄层次的人，都非常重视个性。20世纪50年代，孩子们可能会按照营养课上讲述的内容，向父母表示自己不想吃肉，而父母则会威胁孩子说，不吃肉就不能吃晚饭。现在，孩子们已经享有完全的独立性，他们已经有可能按照自己对动物的情感拒绝吃肉。孩子们自愿不吃肉，其实与素食的可行性没有太多的联系，甚至与父母们的宽容也没有太多的联系，大量关于环境的信息显然对孩子们产生了更大的影响。1970年以后，世界上有了"地球日"（Earth Day），我居住过的每一个社区也有定期打扫公园的"公园清扫日"。我4岁的女儿放学回家时用"雅各兄弟"（Frère Jacques）的曲调唱的是关于废物回收再利用的歌。她在成长的过程中对政治上的正确有了一种全新的理解。孩子们在家里说话口无遮拦，不会顾忌大人们的感受。我不吸烟，所以没有受过孩子的数落；不过那些吸烟的人，哪个没受过孩子的数落？我的女儿对我的要求是，不要把用过的饮料罐或过期的报纸扔到普通的垃圾箱里，如果我不按照她的话去做，她就会给我脸色看。肉食品加工业在学龄儿童眼中的形象也不太妙。钓鱼、打猎和养鸡都不是孩子们最喜欢的活动。

实际上，如果认真地想一想，越来越多的孩子变成素食者和严格的素食者其实并不值得关注，真正值得关注的是，今天的孩子们吃的食品的种类有多少，他们吃的动物种类就有多少。你最近看过儿童读物吗？给孩子们看的书里几乎没有关于人类的故事，关于人类的故事至少在以20来岁的年轻人为读者对象的文学作品中才会出现。《三只熊》和《三只小猪》都是很不错的儿童启蒙读物，我想讨论的不是这样的儿童读物。看看理查德·斯卡利（Richard Scarry）笔下的熊、猫和蠕虫，还有《好奇的乔治》（Curious George）一书中的猴子和《奥莉薇》（Olivia）一书中那只猪的家庭，孩子们喜欢的东西没有一样不是动物。电视和电影的情况也是大同小异。例如2006年小尼克公司（Nick Jr.）推出的《神奇宠物救援队》（Wonder Pets），还有同一年的那部当红影片《快乐的大脚》（Happy Feet）中唱歌的企鹅们，坦率地说，甚至包括最具有营养意识的父母在内，不是都在教孩子们吃动物吗？

谢天谢地，孩子们没有吃掉那么多的动物。营养专家们说，素食对孩子们有益，如果不是更有益的话。所以，学校、度假营、家庭，以及各类餐馆都要提供素食菜谱，而且素食菜谱不仅质量有了大幅度的提高，品种也日趋繁多。沙拉已经成为品种增加最快的快餐食品。如果豆腐类食品成为下一个快餐食品的热点，不要感到惊奇。没准西兰花或花椰菜也会成为热门的菜品。餐饮业可以花大力气把鸡肉做出各种不同花样，但是，他们没有切实地考虑过怎样把煎胡瓜来个花样翻新。除了沙拉以外，餐饮业关心的似乎只有肉类和土豆，他们认为，蔬菜不过是那种孩子们在被逼无奈的情况下才会吃的食品。他们没有看清这种趋势——许多孩子现在喜欢吃蔬菜类的食品是出自真心的。

对这种趋势极为关心的肉食品加工业在2003年发起了反击。天然牛肉委员会（the Natural Beef Council）发动了一场精心策划的支持吃肉食品的宣传运动，这场宣传运动传达的基本信息就是"真正的女孩吃牛肉"（Real Girls East Beef）。如果吃素食的孩子长大以后仍然坚持吃素食，那么肉食品加工业的未来就会充满风险。

这种趋势也意味着美国人将更加健康。在排除了其他生活方式的差别后，吃素食的男人患心脏病的风险，比非素食男人要低37%，而无论是男性还是女性，吃素食就有可能把患痴呆症的风险降低一半。

当然，吃蔬菜也会有危险，例如2006年塔可钟（Taco Bell）连锁餐馆①发生的灾祸。因为蔬菜与肉类不同，烹调的温度达不到"根除病害"的程度，所以生产商、父母们和吃素食的孩子们，即使他们的生活方式更健康，也必须有所警惕。到目前为止，用放射线处理食品尚未得到广泛的应用，尽管这是一种延长食品储存时间和消除素食者患病概率的安全方法。但是，面对着大量需要加工和处理的蔬菜，放射线处理大概是餐饮业为蔬

---

① 美国经营墨西哥风味快餐的连锁店。

菜保鲜所能采取的唯一方法。

　　让孩子们吃什么，不同的人有不同的见解，关于这个问题的争议将会形成一场激烈的斗争。牧场主和农场主不会放弃吃肉食品的主张。幼年时吃素食的孩子长到十几岁的时候也很有可能出现反复，他们有可能认为自己是在大人的约束下才不吃肉食品的，许多孩子长大后可能会改变不吃肉的饮食习惯。但是，更有可能出现的情况是，孩子们吃素食的趋势将会继续下去，更多的孩子，尤其是女孩子，会拒绝吃肉食品，他们的饮食习惯会形成新的对人造食品的需求。此外，由于大豆可以制造乙醇，人们对谷物和纤维素的需求也会增加，所以，在未来的若干年里，大豆成为投资的热点不会令人感到惊讶。

肥胖的人

谁都知道，美国人越来越胖了。1960年代初，美国男性的平均体重是166磅，女性的平均体重是140磅。而现在，男性的平均体重是191磅，女性的平均体重是164磅，和以前男性的平均体重差不多。

在过去的20年里，"过于肥胖"（基本上超重30磅以上）的美国人的数量已经翻了一番。或许更能说明问题的是，患有"肥胖症"——超重100磅以上的美国人的数量已经翻了两番。据估计，患有肥胖症的美国人有900万之多。美国的肥胖症患者是老年痴呆症患者的两倍，比北卡罗来纳州或新泽西州的全部人口还要多。这真是令人难以承受的负担。

当然，我们都听说过，美国人不断增大的肚皮正在改变着美国人的生活。医疗器械产业不得不生产更大的救护车和更大的轮椅，不得不将电脑辅助测试扫描仪（CAT scan machine）加宽，不得不把注射用的针头加长。公共交通也不得不适应美国人愈加庞大的身躯，例如芝加哥公共交通管理局（Chicago Transit Authority）已经决定把公共汽车上的座椅加宽，航空公司也采取了对某些乘客收取双倍机票的措施。为了适应这种情况，商业性创新也开始大量涌现，例如，汽车制造商正在试制一种能够使胖人更方便地上下车的可旋转座椅，而且存放贵重物品的储物盒也加宽了三分之二。

当然，胖人的增加也给了某些行业大干一番的机会。某些娇小女性用品商店歇业了，但著名的"加大尺码服装"品牌莱恩·布赖恩特（Lane Bryant）却开设了百余家新店。餐饮业，尤其是快餐连锁业，出现了蓬勃发展的局面。减肥行业也出现了蓬勃发展的局面，尽管红火的程度要稍逊于餐饮业。（我不清楚这些行业是否做过充分的市场调查，不过，全美国最肥胖的州之一，亚拉巴马州开设的肯德基炸鸡店［KFC］已经超过了100家，但是开设的珍妮·克雷戈［Jenny Craig］减肥店只有一家。体重适中的州，肯塔基州的情况也一样，肯德基炸鸡店超过了100家，而珍妮·克雷戈减肥店只有4家。是他们知道的某些情况我们不知道，还是他们知道的情况我们没有注意？）

肥胖症的问题甚至进入了公共政策领域，公共政策应该关注肥胖症的问题，因为美国每年为超重付出的代价是大约1200亿美元。联邦航空管理局（Federal Aviation Administration）最近决定，在计算飞机载荷量时每位乘客平均增加10磅的重量。医疗保险也把肥胖症作为一种疾病纳入了保险范围，也就是说越来越多的减肥手术将可以得到保险赔付。2004年，美国食品与药物管理局（The Food and Drug Administration）发布了一项"解决全国肥胖症问题的行动计划"（Action Plan to Confront the Nation's Obesity Problem），计划的内容包括食品的标签上应注明卡路里的含量、餐馆应提供食品的营养成分，以及研发更有效的治疗肥胖症的药物，等等。

但是除了这些普遍受到关注的问题外，没有人真正关注这样一个事实：肥胖症的人口学分布是不平均的。肥胖是美国人普遍存在的问题，但是肥胖症的实际负担几乎是由黑人妇女一个群体承受的。《美国医学会会刊》（Journal of the American Medical Association，JAMA）2002年刊载的一项研究表明，一般而言，女性罹患肥胖症的可能性是男性的两倍，但是，在黑人妇女中，每6个人中就有1个人体重超重，这一比例几乎高出其他群体妇女或男性的三倍。实际上，尽管所有的人都在谈论肥胖症的蔓延，但是，目前美国总人口中罹患肥胖症的比率，只相当于黑人妇女3年前的比例，而黑人妇女罹患肥胖症的比例与3年前相比几乎增加了一倍。

负担不成比例的问题在大众文化中也有表现。美国最受追捧的黑人女性奥普拉·温弗瑞经常公开讨论减肥的问题。（艾伦［Ellen］或凯蒂［Katie］讨论减肥问题吗？）20世纪80年代当红的一支流行乐队"滑稽的两吨"（Two Tons of Fun），是因一曲《天上掉下的男人》（It's Raining Men）而走红的两个胖大黑人女性的组合，她们也曾在20年的时间里取得了一个又一个成功。显然，恰恰是男人没能取得足够的成就。埃迪·墨

第八部分　食品、饮料与节食　205

1970 年代末至 2000 年代初美国部分 20~74 岁人口中肥胖症患者的比例

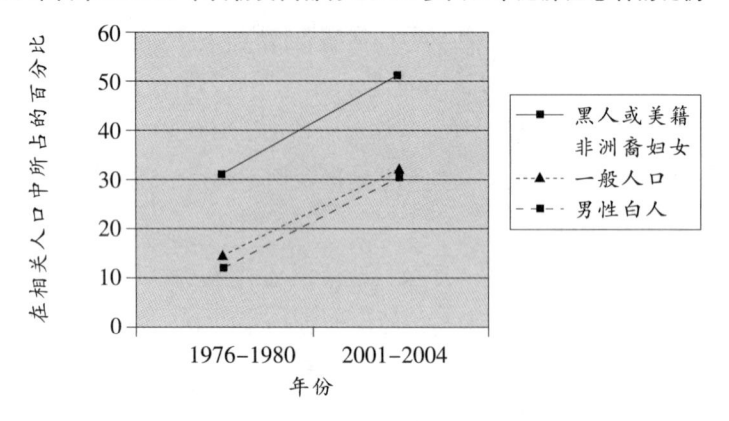

资料来源：美国卫生与公共服务部，2006 年。
（Source: U.S. Department of Health and Human Service, 2006）

菲（Eddie Murphy）实际上是由于扮演胖大女人而走红的，从电影《肥佬教授》（Nutty Professor）到 2007 年的《我的老婆是巨无霸》（Norbit），墨菲演艺生涯的发展，不过是基于一个显然是滑稽的事实：由他这个瘦小的男人扮演胖大的黑人女性。同样，马丁·劳伦斯（Martin Lawrence）在《卧底肥妈》（Big Momma's House）和《卧底肥妈 2》（Big Momma's House 2）中也是扮演的胖大黑人女性。甚至制作过多部严肃电影的泰勒·佩里（Tyler Perry），也在 2005 年的《一个疯黑婆子的日记》（Diary of a Mad Black Woman）和 2006 年的《玛蒂的家人重逢》（Madea's Family Reunion）中扮演了胖大的黑人女性，而且他扮演的那个胖大婶玛蒂（Aunt Madea）还给他带来了诸多收益。

但在实际生活中，肥胖却有另外的启示。美国的黑人女性有 1800 多万。如果每 6 个人就有 1 个人患有肥胖症，那么就有 300 多万黑人妇女承载着 100 磅以上的额外负担。根据《美国医学会会刊》2006 年刊载的一项研究，肥胖症患者大多集中在 50~59 岁年龄段，这表明她们正处在工作和照看后代的最佳年龄段。而最糟糕的情况是，《美国医学会会刊》的另一项为时 7 年的肥胖症跟踪研究表明，在研究期间，中年女性肥胖症患者的死亡概率几乎是正常体重女性的两倍。这说明，黑人中年妇女可能是美国承受死亡风险最高的群体之一。

你能设想一下美国失去大约200万黑人中年妇女会带来什么样的严重后果吗？虽然黑人妇女只占美国劳动力的6%，但是，她们在所有教育服务工人中所占的比例是7%，在整个服务业劳动力中所占的比例是23%。

美国所有的黑人孩子中，由孩子的祖母抚养或照看的要占到44%，而其他族群祖母抚养孩子的比例还不到黑人祖母抚养比率的一半。

2004年，黑人女性的投票率是60%，仅低于白人女性的投票率，是美籍墨西哥女性投票率的两倍。随便问任何一个牧师、教师，或者是在黑人社区长大的任何一个人，他们都会告诉你，黑人祖母是美国每一个黑人社区的柱石。

人们很难说清，为什么黑人女性承受的这种负担要多于黑人男性或非黑人女性。2005年的一项关于纽约市女性健康的研究发现，年收入低于25 000美元的黑人女性最有可能体重超重。《纽约时报》引用卫生机构官员的话说，"买不起合格的食品、价格低廉的不健康快餐食品和加工食品，还有不同的族群对体型认可的差别等比较微妙的社会影响，都是造成低收入女性和某些族群女性肥胖症患者增加的因素"。许多女性是吃着传统的南方食品长大的，而传统的南方食品一般都是高脂肪、高钠和高卡路里食品。

虽然我们已经注意到了黑人社区的许多问题，例如提高教育质量问题和为年轻人创造新的就业机会问题，但是，肥胖症这个具有明显统计意义的问题仍然没有得到切实的关注，尽管这个问题会使个人和社会蒙受重大损失，实际上却被忽视了。食品与药物管理局的"解决全国肥胖症问题的行动计划"就几乎没有提及黑人妇女的问题。本书常常会根据统计数据引出一些不为人知的趋势；本节讨论的内容就是一种已经被研究者充分论证，而没有得到政策制定者关注的趋势。所以，只有国家认识到肥胖症是一个大问题，每一个个人才会重视提高健康和福利水平。

国际画面

腰围增加并非美国独有的现象。体重超重已经成为一个世界范围的问题，以至于世界卫生组织（World Health Organization，WHO）把这种呈现蔓延之势的现象命名为"全球性肥胖症"（Globesity）。

当然，饥饿和营养不良仍然是世界上大部分地区的严重问题（和最大的杀手）。但是就数字而言，全世界有大约8亿人营养不良，却有大约10亿人体重超重。

1995年，全世界的"胖"人只有2亿，现在已经超过了3亿。世界卫生组织预计，在未来的数年里，肥胖症将在世界范围内成为心脏病、中风、糖尿病、高血压等致命疾病的致病和致死的诱因。

◎ 以墨西哥为例，在经济合作与发展组织的30个成员国中，它仅仅排在它的北方邻国之后，是第二大胖人国家。在墨西哥人中，包括墨西哥和美国境内的墨西哥人，有整整74%的男性体重超重或患有肥胖症，女性中体重超重和患有肥胖症的人也占到了70%。1968年，糖尿病在墨西哥的致命疾病中排名第35位，现在已经成为头号的致命疾病。

◎ 再以中国为例，自1990年代末期以来，男性超重的比例已经从4%增加到15%，女性超重的比例则从10%增加到20%。到2010年，世界上的糖尿病患者中将有超过一半的人是亚洲人。

再来看看美国的情况，非洲裔美国妇女罹患肥胖症的比例，要远远高于其他任何地方的妇女。非洲的情况是，营养不良的比例比世界上任何地方都要高。但是在非洲：

◎ 超过三分之一的女性和四分之一的男性体重超重，而且，据世界卫生组织预测，在下一个10年中，非洲将有41%的女性和

30%的男性体重超重。
- ◎ 在南非，有56%的女性或是体重超重，或是患有肥胖症，而低于正常体重的女性所占的比例还不到10%。
- ◎ 在喀麦隆、冈比亚和尼日利亚，肥胖症患者或体重超重者在全部人口中所占的比例大约为35%。

诚然，非洲的糖尿病患病率仍然只有2%，而欧洲和北美患病率为将近8%，但是非洲极为缺乏糖尿病的早期诊断设备和有效治疗药物。因此，虽然可以把糖尿病看作是"富人病"，是一种营养过剩导致的疾病，但是，穷人得了糖尿病，患者身体受损害的程度会更大。

为什么肥胖会成为一种迅速蔓延到全球的现象？专家认为，这种现象与人们饮食习惯的变化有关，以前人们吃的是蔬菜和谷物类食品，而现在吃的是经过精加工的食品和饱和脂肪含量高的食品。世界各地的食品，尤其是富含卡路里的食品，比以前更便宜了。我们在正餐和快餐中摄入的糖和油脂比以前更多了。墨西哥人（前面说过，墨西哥是经济合作与发展组织成员国中胖人第二多的国家）现在已经像喝牛奶一样习惯于喝可乐了。

以前人们习惯于走路和骑自行车，现在开汽车，至少是骑小型摩托车，已经成为非常普遍的情况。都市化、电视，还有不爱活动的生活习惯，已经把人们变成了电视机前的懒虫。

渴望长寿的人

我们在前一节讨论了美国是一个胖人的国度。患有肥胖症和糖尿病的孩子在不断增加，公共汽车和飞机上的座椅也加宽了。我们知道，这是一个国家的危机。

可能是由于胖人太过显眼，所以，我们对身材消瘦的美国人的关注太少了，他们所以会消瘦，不是因为希望消瘦，不是有病，也不是想表达在政治上的不满，而是为了延长自己的寿命。

这些身材消瘦的人，不是人们常说的患有厌食症的人（不幸的是，患有厌食症的人数也在增加）。他们不特别在意体重，也未必抵制进食。

这种人不是迷恋健身房的超级健身者，他们不会每天都去健身房消耗体力，到了老年还能展示自己年轻人一样的躯体。（据说，美国健身者增加最快的群体就是55岁以上的人。）

不，这些早餐吃苹果、午餐吃生菜的人，追求的是长命百岁，他们彼此之间并无联系但都抱有坚定的目标，他们坚信，根据充分的科学依据，把卡路里的摄入量减少到近乎饥饿的程度，自己的寿命就会延长10~20年。

不合乎情理吗？这种做法已经在其他哺乳动物身上得到多次验证。20世纪30年代，康奈尔大学的一位科学家发现，把老鼠的卡路里摄入量减少30%，就会减少老鼠罹患癌症和与年龄相关疾病的可能性，并使老鼠的寿命延长40%。类似的试验也证明，减少仓鼠、蜘蛛、蠕虫、鱼、苍蝇、猴子和狗等动物卡路里的摄入量，也会产生同样的效应。减少这些动物卡路里的摄入量，不仅会延长这些动物的寿命，还会使它们终生保持健康和活力。

生物圈2号试验证明，限制卡路里的摄入量对人类也可以起到相同的功效。1991年，8位生物学家进入了巨大的密闭玻璃试验室，他们发现原本应该自我维系的生态系统，只能产生仅够维持自己生命的食物。他们没有放弃试验，而是听从了15年后发现了限制卡路里饮食方法的罗伊·沃尔福德（Roy Walford）医生的劝告，在仅能维持生存的条件下，继续留在这个巨大的实验室内。两年后，他们走出了生物圈2号，医生检查的结果是，他们身体的各个方面都比进入这个实验室的时候还要健康。

这种观点不断得到若干更为晚近的研究的证实。科学家发现，采取限制卡路里的饮食方法，可以降低人们的血压、胆固醇（坏胆固醇）和体温（低体温可以延缓衰老的进程），降低动脉栓塞的可能性。

我们还可以举出限制卡路里饮食方法吸引人的另一个理由。日本的冲绳岛是世界上百岁老人比例最高的地区，每10万个居民中就有34个百岁老人，相比较而言，美国每10万个居民中只有10个百岁老人。显然，冲绳人注重锻炼，有吃低脂肪食物的饮食习惯，而且吃大量的豆类食物。但除此之外，他们还信奉一种叫作"八分饱"（hara hachi bu）的饮食哲学，其要义就是"饭吃到八成饱即可"。换句话说，他们每天摄入的卡路里只有1800个单位，而美国人平均每天摄入的卡路里是2500个单位，甚至更多。

> 你的意思是，我不应该追求饮食的时尚，从吃低脂肪食物，到吃低碳水化合物的食物，再到吃黑面包，直到只吃羊羔肉和菠萝，而是应该吃……更少的食物？那会使我更加消瘦，会把我的寿命延长数年以至几十年？……

采取限制卡路里饮食方法的人就是这样认为的，他们中的某些人每天摄入的卡路里可以低到1200个单位。你都可以想到，他们每天吃的（少量）食物就是水果、蔬菜、坚果和麦芽。你可以想象他们有多么瘦弱。某些专家警告说，限制卡路里的摄入，有造成骨质疏松和生育困难的风险，但即使是对限制卡路里摄入可以延长寿命6%或7%的说法持怀疑态度的人，还是认为限制卡路里的摄入有可能把寿命延长2%。

但是，限制卡路里的摄入并不意味着不吃东西。人们真能不吃东西吗？设在北卡罗来纳州的卡路里限制学会（Calorie Restriction Society）披露的情况表明，终生坚持限制卡路里摄入的人，是一个只有数千人的小群体。但是，每个月都会有大约40个人加入他们的行列。在未来的几年里，国家健康研究所（National Institutes of Health）将对卡路里限制做广泛的研究，研究的结果将会进一步促进人们对这种做法的了解，特别是，如果研究的结果证明这种做法是有益的，那么就会不断促进人们对这种做法的了解。

限制卡路里摄入的做法，不太可能像阿特金斯饮食（Atkins diet）或南滩饮食（South Beach diet）那样，形成席卷全国之势。但这种饮食方法至少会取代另一种不良的饮食方法——少吃土豆，多吃黄油。限制卡路里饮食方法的规则是：几乎不吃东西。在美国这样一个食品极为丰盛的国家里，不吃东西，就像是把一个10岁的孩子领进了糖果店，却告诉他只能吃一个果冻。

不过情况并非如此，目前，限制卡路里摄入的人更像是耶鲁的一个秘密精英社团，他们人数不多，但深信自己的做法总有一天会成为延长寿命的方法。他们沾沾自喜地认为，其他人的饮食方法都是把自己送进坟墓的方法，尽管他们每天都要抗拒维持生存之外的食物所带来的乐趣。

尽管这种饮食方法不会有数以万计的铁杆拥趸，但是只要信奉这种饮食方法的人不断增加，就足以改变美国人关于食物的观念。如果我们看待食物的角度，突然从腰围变成了寿命，我们的思维范式就发生了重大的变化。而且，这种变化会对现代生活产生实际的影响。现在，越来越多的人把生养孩子的时间推迟到40岁以后，他们不可能向自己提出这样的问题：我希望每天摄入500单位额外的卡路里吗？或者换一种说法，我希望活着看到自己的孙子们吗？

当然，美国不会马上从一个快餐国家（Fast Food Nation）变成一个不吃东西的国家（No Food Nation）。餐馆里不会突然出现"禁食"（No Eating）区，杰克·布莱克（Jack Black）和罗斯安娜·巴尔（Roseanne Barr）也不会在一夜之间变成卡莉斯塔·弗洛克哈特（Calista Flockhart）和崔姬（Twiggy）。但是，如果改变了饮食习惯的人达到一定的数量，就会引起我们的文化变化。餐馆和食品生产商可能要多费点心，告诉消费者食品中的卡路里含量。在政策方面，坚持低卡路里饮食习惯的人，可能越来越无法忍受其他人的过分放纵。如果他们的寿命能够明显地延长，他们就会要求节约公共资源，以用于社会保障和其他的老龄需求，而不要把公共资源完全用于那些坚持每天摄入 2000 个单位以上卡路里的人的医疗保障。

信奉卡路里限制而又健康长寿的人，将会成为最讨保险公司欢心的客户——一家保险公司（麦特人寿保险公司 [Met Life]）资助的限制卡路里摄入的公共宣传活动，已经显露了这种动向的端倪，他们宣称，将为活到 100 岁的老人支付双倍的保险金。

饮食习惯和体型，是随时代和文化的变迁而不断变化的，有时人们偏爱丰满的体型，有时又偏爱苗条的体型。但是，（社会保险精算师有可能是个例外）长寿的愿望只会朝向一个方向：延长寿命。如果极度减少卡路里的摄入可以延长寿命能够在人类的身上得到验证，那么，与食品有关的行业要挣钱就没有那么容易了。

痴迷咖啡因的人

或许，美国最明显的趋势，就是瓶装水的那种巨大而又不断增加的消费量。

20世纪80年代初，不喝自来水而买水喝真是一种令人嗤笑的想法。但是现在，简直找不到不喝瓶装水的人了，不管是运动员、蓝领工人，还是商界的高层主管，都在喝瓶装水。以2004年为例，每一个美国人在一年中喝掉的瓶装水足有23加仑，这一数字几乎是1980年的10倍。仅2006年一年之中，可口可乐公司的戴萨尼（Dasani）和百事可乐公司的阿夸菲纳（Aquafina）这两种牌子的瓶装水（顺便说一下，它们都是以当地的自来水为原料的）销售量的增长率都超过了20%，双双荣登美国十大畅销饮料榜。

据说，在自来水中添加一些维生素、矿物质、调味剂，有时再添加一些起泡剂，我们就会跳得更高。消费者调查的数据表明，人们所以要喝瓶装水，是因为人们认为瓶装水比自来水更清洁、更健康——如果瓶装水添加了维生素或矿物质等"有益的"成分，消费者会更高兴。饮料营销协会（the Beverage Marketing Association）2006年发布的数据表明，添加了"功能成分"的饮料的增长率是普通饮料的两到三倍。

虽然有些人爱喝瓶装的纯净水，但也有些人恰恰相反，他们爱喝富含咖啡因的饮料，他们的这种嗜好，给咖啡因饮料的生产商和经销商创造了新的赢利机会。这种饮料无非是在水中添加了一些纯人工制造的、能产生刺激感的深棕色添加剂而已，与添加了调味剂和色素并经过包装的水没有什么不同。以2007年为例，每10个美国人中就有6个人每天要喝一杯咖啡，而在 3 年前，每 10 个美国人中每天喝一杯咖啡的还不到 3 个人。在工作中要喝咖啡的人，2003 年是每 6 个人中只有 1 个人，到了 2007 年，已经增加到几乎每 4 个人中就有 1 个人。星巴克连锁店的年收入，1999 年是 17 亿美元，到了 2004 年激增到 53 亿美元。

到咖啡店里去喝浓咖啡的顾客，年龄最小的只有 10 岁或 11 岁。甚至宗教团体也用咖啡来营造咖啡馆的气氛以吸引年轻人。

当然，在美国人饮用的各种饮料中，饮用量最大的是碳酸类软饮料，每人每年的饮用量高达惊人的 52 加仑。根据 2005 年的一项研究，软饮料现在已经成为普通美国人饮食中卡路里的主要来源，人们每摄入 10 个单位的卡路里，几乎就有 1 个单位的卡路里来自软饮料。（在 20 世纪 90 年代初期，卡路里的主要来源是白面包。）

从 20 世纪 90 年代初到现在，甚至茶叶的销售量也增加了三倍多。餐饮业中富有创新意识的人还推出了含有咖啡因的新式早餐食品，例如含有咖啡因的"多纳圈"（Buzz Donuts）和"百吉饼"（Buzzed Bagels）。如果你要是嫌早餐吃碳水化合物太过麻烦，也可以去试一试这种不太麻烦的咖啡因早餐。

如果能直接摄入咖啡因，有些美国人确实不会在乎咖啡馆的氛围，也不会在意咖啡和可口可乐的口味。2006 年销售量增长最快的饮料，显然是红牛和魔力（Monster）等能量饮料。以 12 盎司一听的饮料为例，咖啡因的含量分别是：可口可乐 34 毫克，红牛 80 毫克，一种名为"摇滚歌星"（Rockstar Zero Carb）的饮料是 120 毫克的咖啡因。截至 2007 年 5 月，一种新的以"可卡因"（Cocaine）为品名的能量饮料通过了"审查"，这种饮料的咖啡因含量竟高达 280 毫克。

2006 年，商店的货架上出现了将近 200 种新牌子的能量饮料，饮料产业的年增长率因此而提高了 50%，销售额将近 40 亿美元。几年前，红牛饮料几乎还无人知晓，现在，已经成为美国年收入排名第七的饮料公司，排名仅比生产 Country Time、Crystal Light、Kool-Aid、Capri Sun 等饮料的卡夫食品公司低一两位，但把优鲜沛公司（Ocean Spray）远远甩在了后面。显然，红牛是美国各地便利店饮料类利润的第三大源泉。

没有人认为这种趋势会放慢。2007 年，百事可乐公司和可口可乐公司

第八部分 食品、饮料与节食 215

都推出了咖啡因含量比它们生产的常规饮料高出两到三倍的饮料。

没错，就是在我上大学的20世纪70年代，孩子们为了在大考的前夜临阵磨枪也要吃一种含有咖啡因的药物。但是，这种药物每片的咖啡因含量充其量也就是100毫克。区区100毫克含量的药片，与280毫克含量的"可卡因"饮料相比，后者的含量几乎是前者的三倍。确实，学习压力大、学习内容了无生趣以及富含咖啡因的饮料容易获取，都是造成年轻人大量饮用富含咖啡因饮料的原因。2006年10月，芝加哥毒物中心（Chicago Poison Center）发布的一项研究报告称，在这项为期3年的研究中，咖啡因摄入过量者的平均年龄是21岁，其中许多人需要住院治疗，有些人甚至需要重症监护。

富含咖啡因的饮料为什么会走红？人们痴迷于咖啡因的原因何在？

美国人生活中睡眠时间的减少，当然是原因之一。商场和娱乐场所昼夜营业，同事和客户遍布全世界，美国人现在的生活极少有休息的时间。美国人每天晚上的平均睡眠时间，已经减少到不足100年前的25%，所以，美国人饮用富含咖啡因的饮料，在一定程度上是为了弥补睡眠的不足。尤其是今天的学生们，为了取得优异的成绩，他们要比以前的学生承受更大的压力。学生们常常要学习到深夜，街上的便利店是24小时营业，在很少受到成年人监督的情况下，自然会有越来越多的年轻学子成为痴迷于咖啡因的人。

富含咖啡因的饮料销量激增的另一个原因是，崇尚活力一直是美国文化的特点。美国人的寿命与以往无异，而美国人对活力、耐力和精力的崇尚却胜于以往。健身俱乐部的会员成倍地增加，尤其是上了年纪的人更是热衷于健身。做整形手术的人也在增加，因为整形手术至少可以让我们看起来更加年轻。还有万艾可，1998年到2002年之间，服用万艾可的46~55岁的男人的增长率超过了200%，而服用万艾可的18~45岁的男人的增长率则超过了300%。一个正常的人就不能适应现在的要求了吗？许多美国人的希望，是成为超级敏捷、充满超级活力的超人。如果红牛饮料或者是大杯的浓咖啡，可以让我们变成超人，尽管我们只有12岁，或者说那只是我们当天喝的第三杯饮料，那就把它喝下去吧。

痴迷咖啡因的趋势对健康的影响是一个令人担心的问题。大量的文献记载认为，咖啡因类饮料，尤其是高含量的咖啡因类饮料，能够引发失眠、焦虑、头痛、胃部不适、心律不齐，还能造成体重增加，如果在加糖的软饮料和焦糖玛奇朵里加上咖啡，引起的负面效应会更加明显。

咖啡因类饮料对孩子们健康的负面影响更大，孩子们是咖啡因类饮料增长最快的消费群体。美国的孩子们体重超重的问题已经达到了应该引起警戒的程度，而且，一听含有咖啡因的饮料对孩子们健康的影响，就相当于 4 杯咖啡对成年人健康的影响。虽然红牛等能量饮料到底对健康会产生怎样的影响尚无定论，但因涉嫌导致猝死，已被法国、挪威、丹麦等国明令禁止销售。

当然，也有人会站出来为咖啡因对健康的影响做辩护。他们认为，咖啡因可以使运动员更加敏捷，如果他们不是习惯性地饮用含有咖啡因的饮料，这种作用会特别明显；饮用含有咖啡因的饮料还可以使昏昏欲睡的司机们保持清醒。咖啡因可以降低罹患老年痴呆症、糖尿病、胆结石、帕金森氏症和结肠癌等疾病的风险。据说，咖啡因还有助于各种维生素和康复剂的吸收（这也是非处方止痛药咖啡因含量高得出奇的原因）。有一项研究报告称，咖啡因可以促进脑细胞的生长，可以提高记忆力和学习能力。另一项研究报告称，咖啡因可以治疗男性的脱发（尽管要取得疗效，每天需要喝大约 60 杯咖啡，所以，科学家正在研究一种可以直接敷在头皮上的乳剂）。

就总体的情况而言，美国人正在变成大肚饮客。可怜我们小小的肾脏，不知道怎样来完成如此沉重的饮水和排水工作。（1980 年以来，美国人的年平均饮料消费量已经增加到了令人惊讶的 30 加仑，不仅给我们个人的排泄系统带来了压力，也给整个国家带来了压力。）但是，美国人酒精类饮料的消费量没有增加，1980 年以来还有所下降。美国现在追求的是完全不同的刺激，他们饮用的是能够增加活力的饮料，不喝那种让人消沉的饮料。今天的世界是一个每周 7 天每天 24 小时忙碌不停的世界，越来越多的美国人饮用富含咖啡因的饮料，倒是不应该令人感到惊诧。不用这种办法，美国人能够那么长时间不睡觉，或者说，能够不停地从事各种各样的活动吗？所以，美国喝马丁尼酒的人少了，喝红牛饮料的人多了。现在是开咖啡馆的好时机，咖啡馆是一个可以把美国人的共同兴趣汇聚在一起的所在，他们的共同兴趣就是保持清醒。

第九部分
生活方式

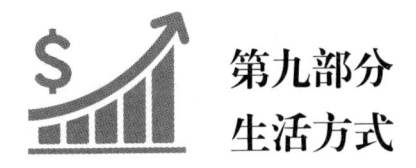

能长时间集中精力的人

人们普遍认为，美国人集中精力的时间正在缩短。在几十年以前，我们就把60秒的广告缩减为30秒了，而现在，互联网上广告的"恰当"时间长度似乎是15秒。我们把总统的竞选纲领缩减为可以贴在汽车保险杠上的标语，我们的生活节奏变快了，我们给朋友们发送短信息甚至不耐烦拼写完整的单词。

美国怎么会有那么多患有注意力缺陷障碍症（Attention Deficit Disorder，ADD）的人呢？不过，我们还是先把节奏放慢一点，就放慢一分钟。有《相约星期二》（*Tuesdays with Morrie*），就有汤姆·沃尔夫（Tom Wolfe）的长篇小说。在你的电脑显示屏上，有自动跳出来的那种一看就心跳、颇为热闹的两分钟广告；在你的电视屏幕上，就有精心编排的30分钟的商业片——这可是一个每年盈利高达900亿美元的行业。

有些人的做事节奏是完全不一样的。他们希望从书籍、电影、产品和新闻中得到的，是更深入和更丰富的信息，是能够切实解决生活问题的答案。他们希望了解的是基本的事实，而不是转瞬即逝的表现手法。虽然许多市场营销专家还有政治家，一直在刻意地完善向"患有注意力缺陷障碍症的美国"（ADD America）传达信息的方式，他们认为自己的听众或观众给自己的时间非常有限，所以他们会把大量的信息压缩到以纳秒（nano-seconds）为单位的时间里。但是，更明智的做法是，也要关照一下美国的那些"能够长时间集中精力的人"（Long Attention Span folks，LAS）。

我们怎么会知道美国也有能长时间集中精力的人呢？

先来看看体育运动。马拉松比赛的赛程要超过 26 英里,但美国有整整 50 万人参加马拉松运动。铁人三项运动包括一个全程马拉松,还要加上 2.4 英里的游泳,再加上 112 英里的自行车骑行,但美国有将近 20 万人参加这项最艰难的运动。参加这样的运动,可不像赢得 50 米短跑那样容易,需要全身心地投入,要有远远超过人们预想的专注力。参加这样运动的人都具有长时间集中精力的能力。

高尔夫球也是一项需要全身心投入的运动,一场球打下来肯定要花上 4 个多小时。在过去的 20 年里,高尔夫球运动已经成长为年产值 620 亿美元的产业,把"娱乐、博彩和休闲"等获得短暂满足感的产业远远地甩在了身后。快节奏的网球运动已经逐渐失去了往日的魅力,因为越来越多的人希望放慢节奏,使自己在较长的时间里从容地思考和运动。

再来看看读书。在互联网上浏览一个网页,平均需要大约 60 秒的时间,而杂志上一篇有深度的文章大约有 1.3 万个单词,即使如此,《大西洋月刊》(Atlantic Monthly)的读者还是增加了将近 50 万人,或者说,自 1980 年以来,增加了将近一半。另一种没有图片的全文字版杂志《外交事务》(Foreign Affairs),仅 2002~2005 年,发行量就增加了将近 13%。

真正令人感到惊奇的是填字游戏。据说,美国有 5000 万人玩填字游戏。这种游戏可以玩上十几分钟,也可以玩上几个小时,拼写能力有限的人必须绞尽脑汁才能解开那些艰涩的同义词和蹩脚的双关语。我们都知道,东海岸和西海岸的人时间抓得最紧,但那里的人们却特别喜欢玩填字游戏。

当然还应提到的是数独游戏,这是一种在纵横各九个的小方格内分别填入数字 1~9 的游戏,也是一种令人极为着迷的游戏。2003 年,几乎没有人听说过这种游戏;现在,关于数独的书可以填满大书店中的若干个书架,数独类书籍的全球销售额已经超过了 2.5 亿美元。

无论是 50 万跑马拉松的人,或是看《大西洋月刊》的人,还是 5000 万玩填字游戏的人,能够长时间集中精力的人都不是美国的边缘群体。实际上,不管营销课程怎么讲,真正的主流群体恰恰就是这些能够长时间集中精力的人。

《泰坦尼克号》是美国历史上票房最高的电影,它的放映时间超过了 3 个小时。

第九部分 生活方式 221

2006年，电视连续剧《24小时》（24 hours）获得了五项艾美奖（Emmys awards），你要看完整整一个季才能知道剧中一天中发生的故事。

那本高居世界畅销书榜首的《哈利·波特》，也可以证明我们喜欢长篇故事，为了看到下一集，人们会像伏地魔（Lord Voldemort）的蛇一样耐心地等待。托马斯·品钦（Thomas Pynchon）和詹姆斯·米切纳（James Michener）等人的小说，都是长篇巨著。约翰·厄普代克（John Updike）和帕特里夏·康维尔（Patricia Cornwell）等人的系列通俗小说，也分别让人们关注了十数年。

2005年，美国畅销书的平均页数已经比10年前多了100多页。而即使是10年前的1995年，最畅销的10种书的平均页数也足足有385页！

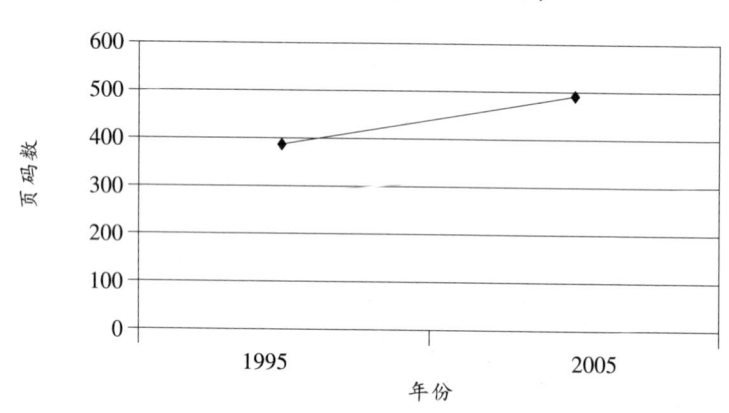

畅销书的平均长度（1995~2005年）

我喜欢政治性的演讲。世界上所有的演讲专家都认为，简短和精炼的演讲最具感召力。大家都知道，葛底斯堡演说不到300个单词，林肯总统的整个演讲用时不到3分钟。但是在1995年，克林顿总统的一篇国情咨文长达9000个单词，整个演讲用时76分钟，这是历史上最长的演讲，也是最成功的演讲之一。在美国，收看总统宣读国情咨文的人数，几乎每年都是收看职业棒球大联盟总决赛人数的两倍还要多。

因此，虽然许多政治家总是力图在演讲中把大思想塞进小词汇里去，而克林顿总统却精湛立足问题进行竞选的艺术。他能认真地提出问题，认真地对待选民，他不会向选民发表那种"投其所好的煽情演讲"（据说，约翰·克里因精于此道而出名），克林顿对问题的解说有思想，有深度。希拉里·克林顿参议员是这种类型的政治家，理查德·尼克松（Richard Nixon）也是这种类型的政治家，尽管他有其他方面的问题。毫无疑问，某些选民会认为，他们的演讲枯燥无味，过于琐碎。但是，候选人采用这种方式演讲，是出于对人的尊重，是由于他们坚信我在本书《序言》里提到的 V.O. 小基在 50 年前说过的那句话："选民不是傻瓜。"

我在本书《序言》中还提到，关于如何进行民意测验和如何对待选民，V.O. 小基对我有很深刻的影响。他对美国总统的竞选做过系统的研究，他认为，每一个人都会基于真实和理性的理由做出经过深思熟虑的决定，而不会根据谁的领带更好看去做决定。我做过大量的民意测验，依据的准则就是他的这种思想：生活的许多方面，人们的理性面远比纯粹的直觉或情感面更有力量。有人会在眨眼之间就做出决定，也有人只会在经过认真的思想斗争之后才会做出决定。而后一种人通常就是决定选举胜负的摇摆选民，他们不会草率地做出决定，他们的判断都是经过认真思考的。

能长时间集中精力的人在政治领域中的意义是不应该低估的。美国就是一个把卷帙浩繁的思想文献作为立国之本的国家，而且立国文献中所包含的那些重要思想，也都经过了长时间的辩论。在其他许多国家里，我和我的同事也曾按照美国方式，立足问题展开政治宣传，结果，轻而易举地击败了那种大轰大擂的老式宣传活动。

最后来看看商界的情况。商界有一种"颠覆性"的广告，例如戴森吸尘器（Dyson vacuums）的广告，公司的老总在广告中不厌其烦地讲解自己发明的吸尘器的物理特征，结果，戴森公司的产品所占有的市场份额很快就超过了原来领先自己的对手。

美国人不能集中精力，美国人不能听长篇大论的演讲，能够赢得政治职位的候选人总是那些能够提出最明智的口号的人，等等，这些都是人们普遍认可的说法，不过，还是不要轻信诸如此类的说法。实际上，对于为数众多的美国人来说，只要你能说，他们就会听；只要你能写，他们就会读；你要是愿意对某事做出说明，他们也愿意奉陪，最感兴趣的人常常就是最重要的决策人。在有些情况下，有的人不说多少话，这不是因为他们是聪明的市场营销专家，那是因为他们没有多少话可说。

被忽视的爸爸

快餐业的市场营销专家经过多年的摸索，才认识到孩子们直接和间接的购买力高达 2000 亿美元，以孩子们为营销对象，确实是一种扩大销售量的精明策略。人们可能还记得，穿着大红鞋和长着一副小丑面孔的罗纳德·麦克唐纳（Ronald McDonald），并没有吸引人们举家到麦当劳连锁店去吃晚餐。

直到 20 世纪 90 年代中期，在妈妈们开始更多地关心自己孩子的饮食后，这种策略的效力才充分地发挥出来。后来，尽管推出了"开心乐园餐"（Happy Meals），妈妈们还是反对自己的孩子去吃快餐。（在英国，人们把不让在家里安装以体育节目为主的卫星电视的妈妈们叫作"女性手闸"[female handbrake]。）

受到冲击的快餐业审时度势，再次把它们关注的焦点集中到妈妈们的身上，为了使妈妈们可以更放心地与孩子们一道进餐，它们添加了沙拉等菜品。如果说孩子们每年可以影响的支出是 2000 亿美元的话，那么女人每年控制的支出大约高达 7 万亿美元。

麦当劳对妈妈们的关注在 2004 年达到顶点，它们推出了一种名为"麦当劳妈妈"（McMom）的新方案，为妈妈们提供各种各样的服务。例如在互联网上提供关于育儿经验、女性健康、营养等方面的简讯，还有"妈妈角"（Mom Corners）和"妈妈停车位"（Mom parking）等专门为母子用餐保留的位置等。2005 年，一位公司的高级管理人员干脆把企业的这种大策略概括为"全方位母亲策略"（It's All About the Moms）。

实际上，只有一部分人像快餐业的市场营销专家那样关心这些细节，这些人是18~34岁的男人，他们比其他人吃得多，对吃的东西也很了解，产业分析专家把他们称之为"年轻而又饥饿的男人"。（"超级群体"应该是他们，而不是妈妈们。）

不过，快餐业在满足于既关照忙碌和担忧的妈妈，又关照年轻和饥饿的男人的双向策略之前，可能还会迎来一个即将出现的趋势。

最近，在麦当劳公司讨论妈妈策略的会议上，公司的高层管理人员们向我提出一个问题：他们应该考虑的下一个趋势是什么。我看了看他们的"麦当劳妈妈"方案，然后告诉他们，"爸爸们"。

20世纪70年代以来，爸爸们与孩子们共处的时间一直在不断增加。密歇根大学1999年的一项研究已经证明，20世纪70年代末期，双亲家庭中的父亲们平均花在孩子们身上的时间，只相当于母亲们平均花在孩子们身上时间的三分之一。到了90年代初，这一比例提高到了43%。而在1997年，从星期一到星期五，父亲们在家陪伴孩子的时间，已经相当于母亲们陪伴孩子时间的65%，到了星期六和星期日，这一比例则高达87%。

有两种重要的趋势推动了父子共处时间的增加。第一种趋势是，外出工作的女性增加了，她们劳累一天后回到家里，就会要求孩子的爸爸去给孩子铺床。到了星期六，许多女性干脆就说一句话，"该你了"。第二个趋势是，离婚率上升了，这意味着更多的孩子会定期与父亲单独相处。

研究人员认为，这种情况下的父子共处，是一种重要的父子互动。爸爸和孩子都要吃饭，怎么就没有一个"麦当劳爸爸"的方案呢？爸爸是孩子们的免费教练，星期六陪孩子做完练习后总要有个去处，可是有谁把他们作为营销的对象呢？妈妈劳累了一个星期需要放松一下，爸爸来照看孩子是顺理成章的事，这是一种不容错过的机会，可是有谁想到让爸爸带着孩子到餐馆去用餐呢？

《反斗小宝贝》(*Leaver It to Beaver*)中克利弗先生（Mr. Cleaver）是一个非常受人尊敬的爸爸，可是今天的爸爸们却不然，他们没有受到关注。市场营销专家们似乎是认为，今天的社会还是亚马孙丛林中的部落，决定由女人们来做，男人们遵命行事即可。

今天的营销专家们根本就没有注意到，有的爸爸要自己抚养孩子，有的爸爸要在周末或放学后照看孩子。1996 年，我之所以要参与"足球妈妈"的调查，就是因为抚养年幼孩子的妇女能在政治中发挥独特的作用，她们是非常重要的摇摆选民。而在 2006 年的中期选举中，发挥摇摆选民作用的实际上已经变成了已婚的男人。由于制造业的就业状况大幅度萎缩，新型的"办公室爸爸"（Office Park Dads）成为更普遍的情况，这些"办公室爸爸"有着更高的教育背景，从事着新型的工作，而且更顾家。实际上，现在有 400 万爸爸把挣钱的职责交给了孩子的妈妈，自己承担起了抚养孩子的职责。

爸爸们在家庭里的这种角色变化，具有很多没有被人注意到的营销意义。比利·乔尔（Billy Joel）的那本关于如何做父亲的书，之所以会成为抢手的畅销书，就是因为那是一本难得一见的描写父亲的儿童读物。那么，有没有描写父子关系的著作呢？在这一方面，爸爸们也被忽视了，尽管孩子们返校，他们要去买衣服，逢年过节，他们要给孩子买节日礼物。（到互联网上搜索一下"爸爸给孩子买礼物"的网站，你会发现搜索到的都是帮助孩子们给父亲们买礼物的网站。）

我认为还有一个家用清洁器具的营销问题。加利福尼亚大学利佛塞德分校（the University of California at Riverside）2003 年的一项研究证明，与父亲一道干家务活的学龄儿童，比较容易与同龄人交往，也更好交朋友，他们不太可能在学校里捣蛋，也不太可能患抑郁症。而且不仅如此，根据华盛顿大学约翰·戈德曼博士（Dr. John Gottman）领导的"爱情实验室"（love labs）的研究，男人多做家务活更招妻子的喜爱。（戈德曼说，妻子们认为，丈夫们做家务活是爱与关心的表现，她们会因此更爱自己的丈夫。）

但是，每年家用清洁器具的商业广告为数不少，别说以爸爸为目标，就是以男人为目标的，有吗？男人的世界是一个变化的世界。典型的男人，为孩子换的尿布比以前多了，而贷款却比以前少了。在世界上的某些地方，爸爸们为了获得探视孩子的权利，还举行了激烈的抗议活动。男人与孩子共同相处的时间增加了，但是，麦迪逊大街（Madison Avenue）和媒体都没有认清这种趋势。而且，父子关系仍然是一个未经开发的潜在市场。

在过去的 50 年里，妇女在工作场所和在家里的权力已经发生了翻天覆地的变化，大部分妇女现在有了工作，她们在从投票直到购买汽车等所有事务中所发挥的作用越来越重要。而与此同时，在过去的10~20年里，我们终于看到，男人们也开始适应这种新的生活现实了，无论是在核心家庭中还是已经离异的父母，男人们承担的家务事多了，分担的责任也多了，而且与孩子们的关系也更加密切了。

所以，爸爸们也需要某种市场营销的关照。我是一位父亲，听听我的呼声吧。

讲母语的人

美国是一个大熔炉，这是一个多年来关于美国的伟大神话。以前，各个种族和各种文化的差别把我们隔离开来，而在这个巨大而温暖的大熔炉里，我们现在已经融合成为彼此极为融洽的美国人。

语言当然应该成为典型的例证。在正常的情况下，来到美国的移民经过一代或两代人，就可以不用再讲盖尔语、汉语、他加禄语、意大利语等自己的母语，他们的英语会很地道。

但具有讽刺意味的是，在英语越来越成为世界通用语言的时代，美国人中英语水平有限的人和生活在没有人能讲流利英语的家庭中的人，都在大幅度地增加。美国人口普查把这样的家庭称为"语言隔离家庭"（linguistically isolated）。而生活在这种家庭中的人数近年来增长迅速，增幅超过了50%，总数有将近1200万人。

美国生活在语言隔离家庭中的居民的数量（1990~2000年）

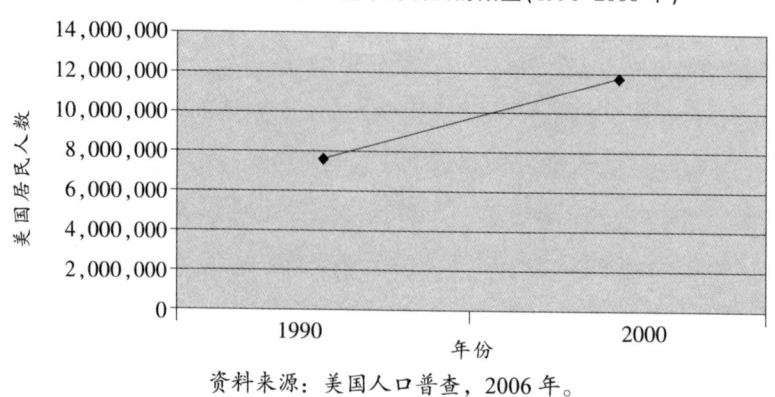

资料来源：美国人口普查，2006年。
（Source: U.S. Census, 2000）

在美国，大约每 25 个家庭就有一个语言隔离的家庭。生活在语言隔离家庭的人数，几乎相当于危地马拉全国的总人口。美国目前有将近 2500 万人，或者是"根本不讲"英语，或者是英语水平有限。这些人的数量比中国台湾地区的人口总数还要多。怎么会出现这样的情况呢？

美国不能讲英语的人数激增的首要原因，当然是移民数量的激增。1970 年，美国的移民大约有 900 万人，现在已经超过了 2800 万人，移民的数量是原有移民的三倍多，移民的数量达到了 20 世纪初期以来的最高峰。所以，即使新移民可以尽快掌握英语，美国语言隔离人数的大量增加，就像过去曾经出现过的情况一样，是绝不令人感到奇怪的。（有数据表明，许多新移民正在学习英语。2006 年，参加政府出资为母语是非英语的移民举办的英语培训课程的成年人有 140 万，至少在 14 个州还有许多人在排队等待参加英语培训。）

但是，其他的情况表明，语言隔离的人数不会很快减少。原因之一是，与过去的几十年不同，现在吸引移民来美国的工作岗位，基本上是低技能的工作，是本土出生的美国人不愿意从事的工作，与过去相比，今天来到美国的移民普遍英语水平不高、受教育的程度也不高。1970 年以前，在外国出生的美国移民中，英语水平"不太好"的人还不到三分之一，而 1990 年，这一比例已经超过了 60%。

原因之二是，不会出现移民后裔英语水平极大改观的奇迹。2000 年美国人口普查的数据表明，三分之二以上的语言隔离家庭的户主并不是出生在外国，他们的出生地就是美国。

第三个原因，可能与一个令人瞩目的事实相关，这个事实就是，美国第一次出现了可以不讲英语的可能性。过去，美国的移民人数少，而且来自许多不同的国家，要想在美国生存，他们就必须努力学习英语。而现在，大量移民的母语是一种语言——西班牙语，众多的人数提高了他们在美国讲母语的可能性。特别是低收入的工人，西班牙语完全可以满足工作、购物和社交的需要，而且，他们的孩子也极有可能在几乎不讲英语的学校上学。他们听广播有西班牙语广播公司（Univision），看电视有西班牙语电视台（Telemundo），了解时事可以收看有线电视新闻网西班牙语频道（CNN en Español）的新闻节目，还能看到西班牙语版的《人物》杂志（*People en*

Español），似乎可以完全不必学习英语。

关于美籍拉美裔人学习英语态度的数据表明，美籍拉美裔人中确实有人认为不必学习英语。虽然母语为拉丁语的移民普遍支持自己的孩子学习英语，不论收入和教育状况如何，也不论持何种政治态度，大部分人都认为，"移民要融入美国人的社会就必须讲英语"。但是，也有少数人持相反的态度，持这种态度的人虽然相对来说是少数，但绝对人数却不少，而且还在不断增加。

佩尤美籍墨西哥人研究中心 2006 年所做的一项调查表明，每 10 个拉美裔的移民中就有 4 个人认为，移民融入美国社会不必讲英语。在故土出生的拉美裔美国移民中，持这种态度的人的比例甚至高达 46%。

更能说明问题的数据是，美籍拉美裔的年轻人中，只有不到三分之一的人认为移民要融入美国社会就要讲英语。虽然有 69% 的美籍拉美裔老年人认为，英语是移民融入美国社会的必要条件，但 18~29 岁的美籍拉美裔年轻人只有 48% 的人认同这种看法。现在，年轻的受访人在回答这样的问题时，可能存在戒备的心理，他们认为，自己的父母和祖父母不讲英语，但他们还是对美国社会做出了巨大的贡献。他们认为英语不是成为美国人的核心要素，可能并不是针对自身的情况而言。但是，如果把这种态度与美国出生的语言隔离家庭的数目结合起来考察，就是一种值得注意的趋势。

老话说，第二代移民是其父辈的探路者，他们会抓住这个新世界的一切机遇，但还是有一些第二代移民宁可保持与故国的联系。

那么，这种趋势会产生什么样的影响呢？

有些影响是负面的。按照美国教育部的说法，英语水平有限的人，就业的机会较少，而且不太可能获得稳定的工作，他们更有可能去从事最没人愿意干的工作。他们的收入前景可以反映出他们的就业状况。美国人口普查的数据表明，语言隔离家庭收入低于 1.5 万美元的可能性是高于 10 万美元的 10 倍。

不能讲英语的人还会给医院带来麻烦，63% 的医院报告说，每天或每周都要接诊英语水平有限的病人（大型医院的接诊比例则高达 96%）。由于没有系统的翻译手段，最终造成了医院初诊情况恶化和过度使用昂贵的诊治检验和急诊治疗的局面。

还有些影响与金钱相关，例如，西班牙语的市场实际上出现了前所未有的扩张。西班牙语电视节目的收视率已经在美国若干大城市超过了英语节目。西班牙语广播的收听率不仅在近 10 年来一直高居洛杉矶、迈阿密、芝加哥和纽约等大城市的榜首，而且 2005 年在达拉斯、菲尼克斯和圣迭戈等较小的城市也超过了英语广播电台。在得梅因（Des Moines）、图尔萨（Tulsa）和奥马哈（Omaha）等地，西班牙语广播也越来越受到人们的喜爱。

由于美国的美籍拉美裔人的购买力高达 7000 亿美元，所以许多美国公司不再涉身社会学家的论争，而是直接用西班牙语做广告宣传。2000 年代初期，大部分公司削减了广告预算的总额，但许多公司没有削减西班牙语广告预算的额度，有的公司甚至还增加了西班牙语广告的预算额度。

在政策方面，如果美国人要想弥合语言的鸿沟，就要向每一个想要学习英语的人提供学习英语的机会。目前，州政府资助的英语培训相当混乱，得克萨斯州是美国移民比例第三高的州，但用于移民英语培训的支出刚刚符合联邦政府的最低要求，而移民比例居中的康涅狄格州，用于移民英语培训的支出却数倍于联邦政府的最低要求。除了培训课程的数量以外，我们很可能需要一些灵活而又有创造性的方法来讲授英语，因为许多移民文化程度不高，他们要打多份工，工作时间也不确定，有的人还要抚养孩子。

说到孩子，如果不关注小移民的语言培训，我们就会错失一个巨大的机会，因为人们学习语言的能力 12 岁以后会出现明显的大幅度下降。（就此而言，反对移民者的那种拒绝让非法移民接受公共教育的要求，特别令人感到可笑。）

但最重要的是，终结那个大熔炉的神话。事实上，美国更像一座巴别塔，今天居住在美国的人所讲的语言有 300 多种，他们在相互沟通方面做得相当"成功"。（300 种语言太多了吗？美国建国时居民讲的语言也有 300 多种，而现在美国人口是那时的 60 倍。）只要我们能够相互理解——那些在 2006 年移民集会中用西班牙语高唱《星条旗之歌》的人（包括批评这种做法的布什总统）也不会误解这首歌的含义——我们就能非常融洽地共同生活。

永远存在着差异[①]。

---

① 原文为西班牙语 Vive la différence。

不区分性别的人

从20世纪70年代女权主义革命以来，很多男人做起了"女人的工作"，女人也做起了"男人的工作"。80年代后，男性护士的人数翻了一番。从2001年至今，男性互惠家务帮工（male au pairs）的人数也翻了一番。而另一方面，美国的参议院中出现16位女性参议员，比1981年增加了16倍。1972年以来，在军队中服现役的女性从2%提高到了14%。

除了这种在工作方面的"性别偏向"之外，最近充塞耳鼓的是"都市一族"（metrosexuals），这是一些具有异性恋取向的男人。他们穿自己买的（时髦）衣服；他们使用古龙香水和沐浴露，还做皮肤护理；他们甚至会做足部护理、蜜蜡除毛和整容手术。当然，女人中也有人打长曲棍球、开赛车和参加举重比赛。

但是在今天的美国，有不少人不仅在工作和嗜好上"跨越了性别的界限"，还拒绝接受区分性别的标准。他们认为，把人们的性别区分为男性和女性的两分法，是武断的、片面的，甚至是压抑的。这种区分性别的方法，无法解释男性和女性之间不易确定的性别，不能确切地界定他们的性别，也不能合理地把他们同其他人区别开来。

他们中的某些人不愿意使用传统上带有区分性别意义的词汇，例如用"boi"替代"boy"（男孩），用"grrl"替代"girl"（女孩），他们还可能用"ze"替代"she"（她），用"hir"替代"him"（他）和"her"（她）。

随着这种现象的发展，这些人也有了各种不同的名称。例如，"不区分性别的人"（Unisexual）、"后现代性别者"（pomosexual）、"性别酷儿"

（Genderqueer）、"性别流动者"（Genderfluid），等等。在黑人社区，他们的称谓是"跨性女"（transsistahs）和"跨性男"（transbrothas）。在北美原住民部落里，人们按照某种传统把他们叫作"双灵人"（Two Spirits）。美籍拉美裔人则仍然沿用老式称谓，把他们称为"阴阳人"（"androgynous" or "hermaphrodite"）。

对生理性别（即出生时的性别）与认同性别（即内心感觉的性别角色）不相吻合的人的最一般的称谓是"跨性别者"（transgender）。现在人们用"LGBT"来表述性取向和性别认同变异的群体，其中的L指的是女同性恋（lesbians）、G指的是男同性恋（gay men）、B指的是双性恋（bisexuals），而这个T，指的就是跨性别群体。

跨性别群体涵盖的范围包括：

◆ 变性人（Transsexuals），他们做了变性手术，而且/或者摄入了相反性别的激素。

◆ "中性人"（intersex）——每4500个孩子中就有一个孩子出生时性器官不明确。杰弗里·尤金尼德斯（Jeffrey Eugenides）的那部获普利策奖的小说《中性》（Middlesex），讲述的就是一个中性人的故事。

◆ 5岁时即表现出喜欢相反性别服饰的孩子——他们在学校和社区引发了一场大规模的新宽容运动。

◆ 某些出于政治和/或审美原因而拒绝接受男性/女性两分法的人。

没有人能说清跨性别群体到底有多少人。据世界跨性别健康专业协会（World Professional Association for Transgender Health）的估计，大约每1.2万个男性和每3万个女性中，就有一个跨性别的人。按照这种比例估算，美国大约有1.75万个跨性别的人。

而且，跨性别群体的人数还在不断增加。2005年，《绝望的主妇》（Desperate Housewives）中的主角费利希提·霍夫曼（Felicity Huffman）出演了一部获奥斯卡奖提名的影片《穿越美国》（Transamerica），影片讲述的就是一个男人离家出走变成女人的故事。也是在2005年，太阳舞频

第九部分　生活方式　233

道（Sundance Channel）播出了一部名为《转化的一代》（*TransGeneration*）的纪录片，片子的点睛之语就是"4个不仅改变了专业的大学生"（Four College Students Switching More Than Their Majors）。2006年，美国第一部白天播出的电视剧《我的孩子们》（*All My Children*）讲述的是一个跨性别者的故事，杰弗里·卡尔森（Jeffrey Carlson）饰演的男主角是一个摇滚歌星，名叫扎尔夫（Zarf），可是他一直认为自己是一个女人，他对自己的朋友比安卡（Bianca）说，他的名字其实叫佐伊（Zoe）。

尽管跨性别群体的人数不多，但他们的影响力相当大。现在，已经有74所高等院校——包括常春藤盟校（Ivy League Schools）、公立大学、传统的黑人院校和社区学院——不仅禁止性别和性取向歧视，而且禁止性别认同和性表达歧视，而在1995年没有一所高等院校颁布这样的禁令。10年前，这样的禁令根本无人知晓，而现在，美国受这种禁令保护的大学生已经超过了100万人。

杜克大学（Duke University）、加利福尼亚州立理工大学（California State Polytechnic University）、塔夫茨大学（Tufts University）和安蒂奥克大学（Antioch University）等14所高等院校，已经改换了学生的学籍登记表，允许学生在性别栏填写"男性"、"女性"或"自我认同的性别"（self-identify）。

2006年，亚利桑那大学宣布，允许学生按照自己的性别认同选用校内的卫生间。洛杉矶联合学区（Los Angeles Unified School District）则要求学生确定一个"与自己性别认同相应的名字和代名词"。

教育界最前卫的做法是"无性别"住房，换一种说法就是男生和女生可以同居一室。自从20世纪60年代和70年代高等院校实行男女同校以来，同居一室的学生必须是同一性别的人，一直是一个毋庸置疑的事实。谁也不能有更多的要求。2003年，卫斯理大学（Wesleyan University）率先肯定了男生和女生在校园内同居一室的做法；此后，布朗大学（Brown University）、宾夕法尼亚大学，还有若干其他大学，也先后肯定了这样的做法。这让人想到了电视剧《威尔与葛蕾丝》（*Will & Grace*）。现在，两个最要好的朋友，一个人是同性恋的男生，一个是性取向为异性恋的女生，他们在大学里可以同居一室了。（有人可能会认为，这样的规定会给大学里的异性恋情侣可乘之机。但到目前为止，还没有人钻这种规定的空子。显然，以年度为期的住房承诺，对于大学情侣来说太长了。）

跨性别问题已经超出了学校的范围，进入了工作场所和州立司法机构。100多家大公司，例如雪弗龙公司、安永公司（Ernst & Young）、美林公司，把性别认同纳入了公司禁止歧视的政策范围。8个州和若干大城市也制定了禁止性别歧视的法令，这些禁令涉及的人口超过美国全部人口的30%。2006年12月，纽约市终止了一项短期实行的政策，这项政策的内容是，允许人们在不做变性手术的情况下改变出生证上标注的性别。

2004年，国际奥林匹克委员会作出规定，变性人在变性手术两年以后就可以按照新的性别参加比赛。

跨性别群体虽然人数不多，但有人认为，他们会成为民权运动的下一个浪潮。美国的人口普查还需要多长时间才能像2000年允许人们选择"多重"种族那样，在男性和女性之外再设置一个第三性的类别呢？向申请入学的孩子们提出性别的问题，还要多久才能被认为是不礼貌或者是非法的呢？

我们的军队、公共卫生间、医院的病室、监狱，还有沃尔玛超市的服装部，会不再区分男性和女性吗？

美国会出现那种既有男孩又有女孩，还有其他性别孩子的俱乐部吗？

不区分性别，不是什么奇闻逸事，而是一种多年形成的趋势的极端形式。诚然，服用异性激素或者穿自己配偶的衣服的人为数不多，但是自20世纪70年代以来，在嗜好、品味和服装等方面，"男性"与"女性"之间的区别已经相当模糊。市场营销专家注意到了这种趋势。蓝色时尚公司（Blue Cult）刚刚推出了一款男人和女人都能穿的牛仔服。主流的香水生产商卡尔文·克莱恩公司（Calvin Klein）与盖璞公司（The Gap）也推出了男女都能用的香水，或者说是"无性别香水"。眼下流行的潮流是低腰和紧身但裤腿宽大的"男朋友牛仔服"。

卡梅伦（Cameron）、海登（Hayden）、麦迪逊（Madison）、奎因（Quinn）等男女皆宜的名字也呈现出了多年未见的流行趋势。

我认为，不区分性别的人所以会令人感兴趣，最重要的原因，并不在于他们不区分性别，当然，性别偏好是一个既成事实，因为性别一词本身就含有赫尔墨斯（Hermes）和阿芙洛狄特（Aphrodite）[1]的意义。我所以会对不区分性别的人如此感兴趣，是因为他们可能继承了一个女权主义的（革命）原则：不必把生理看作注定的命运。今天的年轻女性没有积极地继承这一传统，她们中的某些人认为，"女权主义"（feminism）具有"非女性"（un-feminine）的含义，年轻的职业女性早就不再穿她们的母亲们上班时穿的那种板板正正的蓝色正装了，她们喜欢穿的是短款的衬衫和露跟的女鞋。但是，跨性别的人和大批支持他们的人，则再次抓住了女权主义的思想，他们倡导的原则就是，身份的认同与人们的DNA无关，而与人们的心理状况相关。

公共政策的制定者、建筑师和时装界的领袖们都应该明白，这已经不再是一个简单的男孩和女孩的问题了。

---

[1] 在希腊神话中，赫尔墨斯是宙斯和迈亚的儿子，而阿芙罗狄特是性爱与美貌女神，相当于罗马的维纳斯。

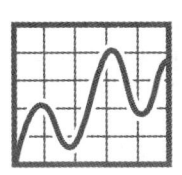

第十部分
金钱与阶级

购买第二居所的人

在人们的印象中,美国的第二居所就是海边的豪宅或得克萨斯州的巨大庄园。

购买第二居所的人,似乎也都是有钱和有闲的人,一处居所已不足以显示他们的富有,所以要买第二处居所。一家著名的独享度假村甚至开办了一项支付25万美元即可分时享用豪华第二居所的新业务。

但真实的情况是,在购买第二居所的人中,人数增加最快的是中等收入的人。2005年,第二居所出现了销售的热潮,其销售额在所有住房销售额中所占的比例,达到了破纪录的40%。这一热潮的形成,不是因为奥普拉·温弗瑞需要在阿斯蓬(Aspen)的城里置办另一套数百万美元的宅邸,也不是因为肯尼迪家族买下了另一处"豪宅"。全国房地产经纪人协会(National Association Realtors)2005年的报告称,典型的度假居所购买者的收入仅为71000美元,中等收入购房投资者的收入为85700美元,第二居所的中等价位还不到20万美元。

购买第二居所已在中产阶级中蔚然成风。

怎么会出现这种情况呢?首先,1997年国会通过了一项法案,卖掉原居所,另购两处居所的人可以获得减免税收的优惠,这一措施使购买第二居所更加容易了。中产阶级的空巢家庭(生育高峰年代的核心部分),现在可以卖掉原来居住的大房子,另买两套小一些的房子。

其次,"9·11"事件后,许多美国人更愿意在偏远一点的地方购买房产,以作退身休养之所,或者用做必要情况下的避难之所。

又其次，由于股票市场靠不住了，房产开始受到青睐。2005年，购买第二居所的334万美元中，用于投资目的的款项就要占到200万美元。

再其次，人们为了工作而购买第二居所，其中的原因，或者是由于自己的住所远离主要的客户，或者是由于他们要在不同的地方开发新的客户，或者是由于自己的配偶已经在其他的城市定居。过去的情况是，如果夫妇双方中的一方在一个新的城市找到了工作，通常会举家迁居，但现在的情况是，大约有超过150万对夫妇，为了保住双方的工作而维持两处居所。

当然，技术已经使人们在不同的工作地点处理公务成为可能，用一台笔记本电脑、一部手机和一部黑莓手机，人们在家里就能像在办公室一样在当地与客户（雇员和老板）取得联系。

但是，人们购买第二处住房的最有力的理由可能是家庭，家庭推动了中产阶级购置第二居所的热潮。住在迈阿密的夫妇在费城买了一套公寓，是为了方便探望居住在宾夕法尼亚州的儿子；住在芝加哥的老年夫妇在萨凡纳买了一处住房，是为了在周末与住在休斯敦、阿什维尔和迈阿密的孙子们聚会。在2005年的一次以两处住房拥有者为对象的调查中，大多数人表示，他们生活的主要目标就是家庭幸福，或者是成为成功的父母；也有同样多的人表示，美国当时面临的最大风险是家庭的解体（其人数几乎是以恐怖主义和伊拉克战争为美国面临的最大风险者的两倍）。

在第二居所居住已经相当普遍，以至于人们为那些定期往返于两处居所的人创造了一个新的名词："分身人"（Splitters）。

按照"分身人"网站（www.splitters.com，一家名为WCI Communities的住宅建筑公司创建的网站）的说法，"分身人"是指"至少拥有两处住房，为了工作之余的休闲或者是与家人和朋友的联系，分别在两处居所居住的人"。候鸟雪鸦每年最多改变一次或两次栖息地，而"分身人"在两处居所间往返的次数，平均要达到每年5次，有些人常常在一个月内就要往返数次。

有些人甚至可以称之为"超级分身人"，他们可以把自己的时间分配给3处或多处居所。你可能认为奥普拉和肯尼迪家族是这样的人，但还是先看一下全国房地产经纪人协会的调查吧：三分之二的已购买第二居所的人表示，他们很有可能在今后的两年之内，除了现有的住房外，再买另一处住房。"你肯定买了不止一处房产"这句话要增添新的含义了。

这种现象不仅给度假居所建筑商和家具公司创造了不断扩大的市场，而且给第二居所的地方经济带来了增长的潜力。大部分拥有两处居所的人，都会花钱雇用当地的工人为他们剪草坪、打扫房间，并在他们外出的时候为他们照看房产。WCI Communities 的一项调查证明，"分身人"在新社区的花销远大于他们的索取，他们不会利用当地的学校，但他们要安装电话、有线电视和卫星电视，要到当地的娱乐场所去消费，而且他们每年大约要花费 2000 美元用于住房的修缮、翻新和改装。

从政策角度讲，中产阶级购买第二居所热潮的意义在于，第二居所的抵押贷款可以减税的政策可能并不像人们最初认为的那样只是"给富人的甜头"。举个例子来说，有一位志在为民众办事的政治家，他正在寻找能够吸引中产阶级选民的新问题。他要求取消第二居所抵押贷款减税的做法，因为他认为，这种做法是在有钱人的推动下列入税法的，是一种使有钱人受惠的做法。但令他感到惊讶的是，大量极普通的民众被他的要求激怒了，他收到民众的谴责信函多达 500 万件。对自己的住房，包括第二居所，人们是抱有热切的情感的。把第二居所购买者们组织起来，其潜力是巨大的，他们有产品的需求，例如还贷、周转信贷和保险；他们也有政治需求，例如低利率和住房的高增值率。

就社会层面而言，购买第二居所的趋势还表明，人们已经放弃了 20 世纪 90 年代的那种存钱入股市，而不是购房的理念。现在，人们把钱用来买房了。这种变化会降低美国人的流动性，会再一次提高社会保险对房地产价值的依赖程度，还可能会促进存款率的提高。但是，房地产市场与股票市场不同，它几乎完全取决于借贷投机的成功。

此外，由于数以百万计的中产阶级把自己的积蓄投入房地产，突然之间出现了一种新的动向：极为关注美联储（Federal Reserve）可能采取的措施。除了商界和政界的精英，以前有谁关心过谁是美联储的主席呢？有谁关心过他那种用语隐晦的讲话有什么样的含义呢？现在，正常理财的民众数以百万计，他们经济状况的稳定程度都取决于美联储的季度公告中利率是提高了还是降低了。如果美联储搞错了，政策制定者们就会由于新的季度公告而触怒民众。理财的民众是一个全新的群体，他们非常关心自己的实际利益，随时准备抨击威胁到自己实际利益的做法。假如美联储不小心提高了利率，那么大批利用贷款购买第二居所的中产阶级，就会由于无力偿还两处居所的抵押贷款而破产。

从前的美国梦是每一间车库里有两辆汽车，而现在的美国梦是每一辆汽车要有两处车库。

当代的玛丽·波平斯
——受过大学教育的保姆

现在，就业的母亲越来越多，托儿产业出现了蓬勃发展的景象。保姆的需求量在过去的 15 年间几乎翻了一番，已经达到供不应求的程度。这种状况抬高了工资水平，加剧了竞争，也创造出了一个新的保姆阶层：受过良好教育的保姆。

这些受过良好教育的保姆，通常来自多子女家庭，她们怀念那种家庭的热烈气氛。在母亲上班的时候，她们要完全承担起照看孩子们的工作，也许，她们会在录像镜头的监视下担当起这份工作。

保姆在上流阶层的角色已经发生了变化，她们不再是居家母亲的帮手；她们的主要工作，是在父母们上班的时候，在孩子们上学前和放学后照看孩子。即使是最富有的人家，女人们也会选择重新就业，这种状况带来了对新型保姆的需求。

正规的保姆制度实际上来自欧洲，但是几十年来，美国人对保姆的概念，尤其是在通俗文化中，一直青睐有加。1964 年的一部影片《欢乐满人间》(*Mary Poppins*)，是迄今为止迪士尼历史上获奥斯卡奖项最多的影片，影片讲述的是一位到人间当保姆的仙女照看孩子的故事。2006 年秋季，百老汇的演出商又斥资数百万美元把这个故事改编成了舞台剧。

《音乐之声》(*The Sound of Music*) 一直是最受人们喜爱的一部美国电影，影片讲述的是一个见习修女玛丽亚（Maria）离开修道院去为一位奥地利的单身父亲照看 7 个任性的孩子的故事。

20世纪90年代，流行一时的电视系列剧《天才保姆》(The Nanny)也取得了在四个大洲上演的成功佳绩，弗兰·德雷舍尔（Fran Drescher）在剧中饰演的角色，最初是化妆品推销员，被男友抛弃后，进入一位有钱的百老汇制片人家中，给他当照看孩子的保姆。

2005年也有两部关于保姆的电视剧上演，一部是福克斯公司的《保姆911》(Nanny 911)，另一部是美国广播公司的《超级保姆》(Supernanny)，收看这两部电视剧的观众，每周都有数百万人。这两部电视剧讲述的故事仍然是老一套的内容：壮硕的英国保姆比倒霉的美国父母更会培养孩子。

在通俗文化中，这些保姆非常有教养，而且能够得到雇主的尊重，通常在情感和智力上与雇主是平等的。实际上，《音乐之声》中的玛丽亚和《天才保姆》中的弗兰最后都嫁给了她们的男雇主，故事背后的潜台词表达的思想是，保姆的慈爱之心与母亲别无二致。

当然，在现实生活中，保姆并不是总能得到同样的尊重。根据一个设在纽约的名为"家政工人联合会"（Domestic Workers United）的组织称，大部分居家保姆的收入不高，文化水平也不高，或者是两者兼而有之。许多保姆是非法移民，她们之所以要去照看别人的孩子，是因为这种非正式的家庭雇佣关系能够帮助她们避开移民当局的检查。

通俗文化与现实生活有差距，并不是现在才有的新鲜事。现在令人感到新奇的是，事实越来越像虚构的故事了。在美国，越来越多高层次的大学毕业生，本来可以竞争其他的工作，却选择在家里照看别人的孩子。保姆是一种管理粗放的行当，所以不会有确切的统计数据。但是，有两种现象是显而易见的。第一种现象是，有钱的父母有雇用大学毕业生的强烈愿望。第二种现象是，大学毕业生越来越愿意为有钱的人家照看孩子。她们会推迟养育自己孩子的时间，所以在生养自己的孩子之前，她们中的许多人可以去照看别人的孩子。这一现象的反讽意味在于，要照料别人的家庭，保姆们就要推迟建立自己的家庭。

从父母的观点看，现在，很少有上层社会的父母不愿意帮助自己的孩子成长，他们会想方设法让自己的孩子进入竞争激烈的私立学校，为了提高孩子的智商和考试的成绩，他们会花钱为孩子请辅导老师，为了让孩子做出高难的体操动作，他们会花钱给孩子请教练。1970年就业的母亲仅为

1300万，而现在，就业母亲的人数已经达到了大约2500万人。也就是说，现在有大约100万个家庭雇有保姆，其中的大部分家庭是高收入的家庭。如果你们是上流社会的父母，你们能请一个既会做花生酱和果酱，又能与孩子讨论莎士比亚的人做保姆，你们会不愿意吗？

需求抬高了薪水。2005年，全国保姆的平均薪水是每周590美元，或者是住在雇主家中每周532美元。有大学学历的保姆据说薪水要高出20%到60%。这样，大学生做保姆的平均年薪为43000美元，而18~24岁的获得了学士学位的女大学生的平均年薪是22000美元，前者的收入要远高于后者。收入更高，而且压力还更小。

而从保姆的观点看，住在雇主家里照看孩子，是为将来从事教师、儿童发展、儿童研究等工作的极好铺垫。我个人的大胆看法是，这也是将来做父母的极好铺垫。现在的美国，结婚的女性越来越少，就是结了婚的人，生养孩子的时间也是越来越晚，那么对于确实喜欢孩子的人来说，做保姆能让她们与孩子相处，简直就是一种享受。

最后，由于愿意雇用大学毕业生当保姆的人越来越多，愿意当保姆的大学毕业生也越来越多，所以把供需之间联系起来的方式也变得更有效了。以前，供需之间的联系方式以邻里为基础，带有口传和运气的成分，而现在则成了全国性的重要行业。1987年，美国只有45家保姆代理机构，到了2004年，保姆代理机构已经达到900家。还有聊天室、电子数据库和精心制作的匹配系统，实际上，供应方与需求方之间的联系不会受到什么限制。如果有个家庭想在旧金山住两年，然后再决定是否在那里读商学院，如果他们真的有这个想法，你可以替他们在那里找一个好人家，为他们照看孩子。

在雇主家当保姆，甚至可以成为职业生涯的起点。有的父母愿意家里有一个可靠和热心的成年人，他们不会仅仅因为孩子已经长大就辞退保姆。而不想读商学院的大学生保姆，可以便当地升级为父母的"保姆"，给他们当私人助手，帮他们处理旅行安排、账单、研究、住房翻修等事务，替他们管理其他的家庭雇员。保姆还可能因此进入母亲或父亲的公司去上班。这也是个不错的选择。

也许，有人会像罗宾·威廉斯（Robin Williams）的第二任妻子一样，从保姆渐次变成私人助手、妻子和好莱坞的制片人。这的确是好事一桩。

大学毕业生当保姆人数的增加，有若干重要的启示。第一是保姆们有需求。她们需要一个熟悉保姆工作的平台——在任何一种上流社会学龄前儿童的体育活动中，你都会看到一种场景，孩子的父母和保姆会很得体地站在边线的外边，而拥有大学文化水平的保姆却是局促不安地在场地中徘徊。但是，在更广泛的意义上说，保姆们需要的是一种团体（community），在这个团体里，她们可以分享照看孩子的体验，分担来自雇主的烦恼。2002年有一本名为《保姆日记》（*The Nanny Diaries*）的畅销书（根据这本书改编的电影将在2007年上映），它以日记的形式描写了一个纽约州立大学的学生在纽约市一个家庭关系一团糟的人家当保姆的经历，保姆们的团体应该是一种按照这本书的样式扩而大之的聊天室。

第二是雇主们也有需求。现在，找到一个可以帮助自己的孩子提高运算能力的保姆，父母们就会认为是发现了金矿，可是过不了多少年他们就要思之再三了，那个时候他们要考虑自己的私生活是否会被传得尽人皆知；他们还要想一想，自己雇佣的保姆是否会把虐待、报酬过低或者说是雇主的期望过高等保姆行业存在的问题暴露在光天化日之下。实际上的问题在于，保姆工会还要有多久才会出现？

第三，想想其他的保姆吧。当代的玛丽·波平斯（Mary Poppinses）也许会威胁到对雇主相对来说是不受约束的自由；同样，她们还会更大地威胁到那些把这一行当成她们自己工作的低收入的移民妇女。这些勤劳的移民妇女，或者会去进修"家政管理"或其他提高保姆服务能力的课程，以满足雇主对服务能力不断提高的需求，或退而求其次，去从事人们不太愿意干的工作——照看老年人。从经济和保健服务的观点看，这实际上是一种值得欢迎的动向。据2005年白宫老龄会议的报告称，到2010年，美国对包括护理和家庭健康助理在内的护理人员的需求将超过200万。也许，他们将来自下了岗的保姆。

还有另外一种情况。如果关于保姆的通俗文化最终会变成现实，那么我们可能会注意到男人当保姆的情况，也就是所谓的"男保姆"（mannies）。目前，在所有的从事居家照看孩子的人中，男性所占的比例大概只有1%。但是，当你把目光投向通俗文化时，你会发现保姆是一种男女平等的行当。最近几年，在黄金时段播出的电视剧中，讲述男保姆故事的电视剧不少于9部，其中包括深受观众喜爱的《六人行》《甜心俏佳人》(*Ally McBeal*)和《墨菲·布朗》(*Murphy Brown*)，对了，还有《天才保姆》。

因此，男保姆的时代不久就会出现。保姆的工资在不断提高；认为男人做"女人工作"的观念在逐渐淡化；越来越多的单身母亲希望有一个可靠的男性来影响自己的孩子；肥胖孩子的增多促进了对更注重"体育锻炼"的保姆的需求。男性当保姆的氛围已经成熟了。据英国的一家名人网站(www.celebrity.com)称，布兰妮·斯皮尔斯(Britney Spears)已经雇用了一位男性保姆（尽管这个男保姆的母亲执意地认为，她的儿子实际上更像是一个保镖）。

在制造业就业形势低落、女性希望走出家门去工作以及大部分美国人至少拥有大学教育程度的情况下，雇用大学毕业生当保姆突然之间不再是一件困难的事情，而且，对于那些想要雇用一位适合自己个性和生活方式的保姆的母亲来说，拥有大学文化水平的保姆可以满足她们这种新的需求。照看孩子曾经是一件令美国人的家庭喜忧参半的事情，但是现在，已经成了一件越来越重要的工作，而且，大学毕业生的供过于求也表明，大量以前对技能要求不高的工作将会由新型的工人来承担。（不信的话，你可以问一下你的按摩师、理发师，或者飞机上的乘务员，她们上的是哪所大学，学的是哪个专业。）

当然，你要注意，签订合同时一定要包含不得泄露家庭生活情况的条款，不然的话，你们家曾经雇用的保姆，或者说是那个哈佛大学的文科毕业生，就会用她那生花妙笔，把你们家私下里的争执和种种不是统统暴露在光天化日之下。

不事张扬的百万富翁
——生活水平低于收入的美国人

在美国人的心中，都存有成为百万富翁的念头。《谁想成为百万富翁》（Who Wants to Be a Millionaire）是一档电视游戏节目，但它的收视率超过了以往任何一档节目。我们是看着理查·里奇（Richie Rich）[①]一类的漫画书，看着《梦幻岛》（Gilligan's Island）中的瑟斯顿·霍威尔三世（Thurston Howell III）和《达拉斯》中的尤因（J. R. Ewing in Dallas）长大的。《富人与名人的生活方式》（Lifestyles of the Rich and Famous）是一档系列节目，每一期节目中罗宾·里奇（Robin Leach）都会向我们展示，百万富翁们买车、买房、买其他价格昂贵的物品，是如何一掷千金的，就是这样一档节目，美国人可以收看11年，真是令人感到震惊。

今天，有一些超级富豪，例如比尔·盖茨和沃伦·巴菲特（Warren Buffett），把他们的钱捐给了慈善事业，但是也有另外一些超级富豪，例如帕丽斯·希尔顿（Paris Hilton），通俗小报对他们生活的披露常常会令我们感到困惑，也使我们没完没了地迷恋。

但是，我们可能因此对美国的富豪们产生一种错误的认识。最近的各种民意测验表明，大部分美国人认为，美国百万富翁的人数要远远多于实际存在的人数，大约是实际人数的四倍。20世纪90年代末一次民意调查的结果是，公众认为有15%的家庭是拥有百万美元的富裕家庭，而当时的实

[①] 20世纪80年代美国流行漫画《哈威》中的一位富豪少爷，后改编成影视作品。

际情况是，仅有4%的家庭的净资产超过了100万美元。（现在，美国有900万人的资产，不包括其家人的资产，达到100万美元或超过100万美元。）

同样，大部分人对百万富翁形象的看法也是错误的。在人们的印象中，百万富翁就是霍威尔先生（Mr. Howell），也可能是沃巴克斯老爹（Daddy Warbucks），或者是《辛普森一家》（*The Simpsons*）中的蒙哥马利·伯恩斯（Montgomery Burns）那样的人，他们住的是富丽堂皇的豪宅，乘坐的是由专职司机驾驶的豪华加长轿车，他们手腕上戴的是名贵的手表，或许，说话时还要流露出些许的英国口音。人们认为，大部分有钱人的财富，或者是他们的父辈或祖辈留给他们的，或者是旁人难以企及的特权带给他们的，例如私立学校和名牌大学等。

但实际上，用畅销书《邻家的百万富翁：美国富豪们令人惊异的秘密》（*The Millionaire Next Door: The Surprising Secrets of America's Wealth*）作者的话来说，美国一般的百万富翁上的都是公立学校，开的是美国制造的汽车（而且不是当年的款式），他们根本没有继承遗产。

富翁们的口音可能与他们穿的并不昂贵的平底便鞋一样平淡无奇。

富翁们对炫耀自己的财富不感兴趣。大部分百万富翁决不会乘坐加长轿车。这不仅与人们的想法恰恰相反，甚至连加长轿车公司都不得不把加长轿车换成了越野车。

2003年，哈里斯互动公司做了一次民意调查，它的分析结论是，百万富翁实际上有6种不同类型，人数最多的富人群体是最不事张扬的群体。6种类型的百万富翁是：

1. "交易高手"（想想电影《华尔街》[Wall Street]中的戈登·盖柯[Gordon Gekko]吧）

2. "利他主义的成功者"（想想蝙蝠侠布鲁斯·韦恩[Bruce Wayne]吧）

3. "神秘的成功者"（比如"公民"查尔斯·福斯特·凯恩["Citizen" Charles Foster Kane]）

4. "追逐名利的人"（郝思嘉[Scarlett O'Hara]）

5. "心满意足的存钱者"（《绿色的田野》[Green Acres]中的奥利

弗·温德尔·道格拉斯［Oliver Wendell Douglas］）

6."无所事事的继承人"（达德利·摩尔［Dudley Moore］饰演的亚瑟［Arthur］）

人们习惯上认为，真正富有的人不是野心勃勃和盛气凌人的人（例如盖柯），就是胸无大志和被宠坏的人，而实际的情况却是，这两种类型的百万富翁人数最少，他们的总和还不到美国所有富人的四分之一。

目前，人数最多的百万富翁是心满意足的存钱者，他们勤奋工作，大把存钱，生活水平低于自己的收入水平。如果是买车，他们会选择福特，不会选择奔驰，他们渴求的不是物质财富的增加，而是健康和长寿；他们很少乱花钱，或者说从来不乱花钱。《邻家的百万富翁》的作者认为，美国的大部分百万富翁不是大笔遗产的女性继承人，也不是电影明星；他们是承包商，是药剂师，是医生。他们戴的是廉价手表，开的是二手车。他们致富靠的是投资有方和节俭，他们现在富有了，但他们仍然按照以往的方式生活。

美国的百万富翁不事张扬的意义何在呢？有钱人的生活水平一般会低于他们的收入水平，其意义又何在呢？

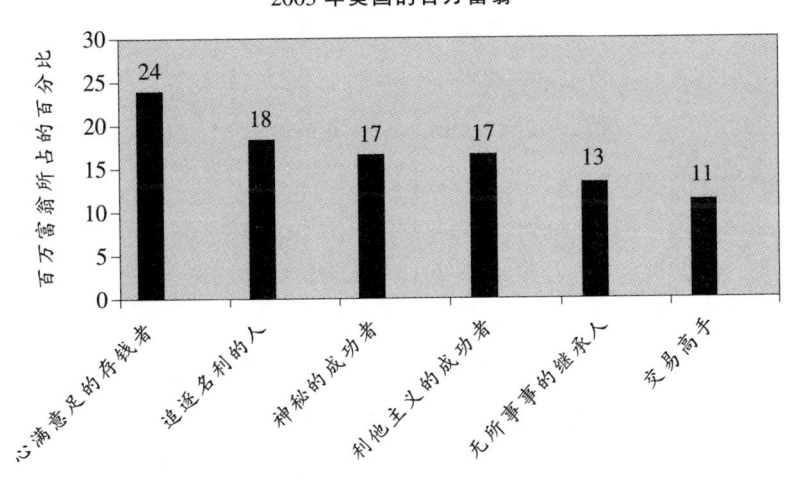

2003 年美国的百万富翁

类型	百万富翁所占的百分比
心满意足的存钱者	24
追逐名利的人	18
神秘的成功者	17
利他主义的成功者	17
无所事事的继承人	13
交易高手	11

资料来源：菲尼克斯/哈里斯互动财富调查，2003 年。
（Source: Phoenix/Harris Interactive Wealth Survey, 2003）

第十部分　金钱与阶级　249

首先，他们的存在可以说明，为什么"阶级斗争"的论调不能在美国的政治中赢得一席之地。承诺以"小人物"的名义惩罚有钱人的做法有其自身的不足，因为许多美国人认为，自己也能成为百万富翁。阶级斗争的语言打击的对象是勤劳致富的人，用这样的语言是根本不能得到美国选民们的支持的。英国的情况则大为不同，在英国，成功能够带来特权，但是在美国，机会的平等是我们最为珍视的价值观之一。

其次，百万富翁的定位还有特殊的含义，即征课遗产税，或者按照反对者的话说就是"死亡税"（death tax）。以2006年为例，任何拥有超过200万美元资产的人在死亡后，其资产超过200万美元的部分都要征课高达46%的遗产税。国会常常会就遗产税的税率、免税的额度等问题展开激烈的辩论。虽然只有很少一部分美国人会受到遗产税的直接影响，但是反对遗产税的人总是比预期的人数要多，这也可能是百万富翁不事张扬的一个原因：他们不希望炫耀自己的财富，他们希望的是保住自己的财富。

最后，那些不事张扬的百万富翁明显不会购买昂贵的珠宝首饰、名牌服装、豪华的汽车，但他们在三个方面花钱是毫不吝惜的。

第一，他们会投资，而且许多人是在金融服务专家的帮助下投资。他们尊重能够让他们的钱获利的人和策略，而财务规划专家和经纪公司不仅善于在乡村俱乐部寻找顾客，也善于在人行道上发现更多的顾客。嘉信理财公司（Charles Schwab）会赞助高尔夫球的赛事，但是，百万富翁们会把大量的时间花在工作上，你在高尔夫球场上不会找到他们。更有可能找到他们的地方是史泰博公司（Staples）和好事多公司（Costco），他们会到不同的公司去洽谈生意。

第二，不事张扬的百万富翁会把钱花在私立学校上。《邻家的百万富翁》的作者的说法是，只有17%的百万富翁曾经读过私立学校，但是，有超过一半的百万富翁把自己的孩子送进私立学校学习。这是有钱人家庭的一个巨大变化。这不仅表明许多成功的家庭不再把孩子送进美国的公立学校，还凸显了私立学校义务教育（K-12 education）需求激增的问题。为了应对这种状况，把孩子送进私立学校的父母们使出了种种意想不到的策略，例如让孩子留级一年以使他们更具竞争力。

第三，不事张扬的百万富翁会向慈善事业捐款。利他主义的成功者和心满意足的存钱者是最慷慨的两类百万富翁,他们认为自己的重要任务之一,就是帮助那些不幸的人。市场营销人员为了发现潜在的顾客,必须对富豪们进行深入的研究,同样,非营利组织要找到能够捐助资金的人,也必须对有钱的人做深入的考察。既然如此,你就有可能找到一位不事张扬的百万富翁,一位平和而又谦逊、穿的仍然是20年前买的西装的人,他要是说过他赞赏你的工作,他就有可能把自己的遗产作为大礼捐赠给你的非营利组织。

这里的要点在于,邻家住的可能不是理查·里奇(Richie Rich),而是实实在在的百万富翁马蒂(Marty)。他是一位非常低调的人,他会为金融专家的服务付账,会为上私立学校的孩子交学费,也会用自己的钱资助非营利组织,只要他们能像他一样尊重辛勤的劳动、遵守纪律,能像他一样看待金钱的价值。

由于美国已经有将近1000万个百万富翁,所以,在某种意义上讲,今天的100万美元已经不再是过去的100万美元了。还记得《奥斯汀的力量:神秘的国际人》中的邪恶博士(Dr. Evil in Austin Powers: International Man of Mystery)吧,就是那个向全世界勒索"100万美元"赎金的人,就在这部电视片的第二集中,他就把赎金提高到几乎无法支付的程度。"那好",他宣布,"我们索要的赎金是10000亿美元。"不过,无论用哪种标准来衡量,100万美元都是一个了不起的成就,与那些自吹自擂的亿万富翁相比,有了100万美元而又不事张扬的人对自己的"阶级"的贡献要大得多。

中产阶级与破产

在法国，破了产的人，以前要被赤身裸体地游街。在狄更斯笔下的英国，负债而无力偿还的人会被关进债务监狱，这还算是放了债务人一马，那个时候是可以拿命来抵债的。在16世纪的意大利，就像莎士比亚在《威尼斯商人》中所描述一样，债权人可以理直气壮地索要债务人身上的一磅肉来抵债。在殖民地时代的美国，破产者的掌心会被打上一个"T"字，那个印记表明此人是一个"窃贼"，这样，今后所有的人都不会同这个破产者做生意了。

唉，债务人过去的那些苦日子真是不堪回首。不过，在今天的美国，尽管破产仍然是一件不光彩的事，却更像是一种个人理财的工具。在过去的25年里，美国登记在案的个人破产案例增长了几乎350%；1980年，每1000人中有1.2人破产；而到了2004年，每1000人中就有将近5.4个人破

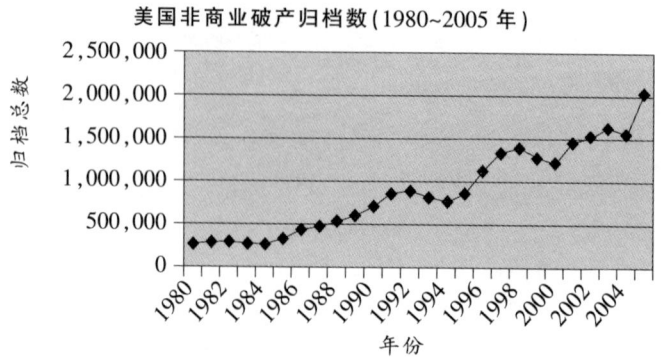

美国非商业破产归档数（1980~2005年）

资料来源：美国破产研究所，2005年。
（Source: American Bankruptcy Institute, 2005）

产。如果与历史上的情况相比较，现在破产率比 1920 年高 80 倍，1920 年，每 10 万人中只有 6 个破产者。

就原始数字而言，破产呈现的也是这种激增的态势。1985 年，美国申请个人破产保护的人不到 35 万。而 2005 年，申请个人破产保护的人高达 200 万。

哈佛大学的法学教授伊丽莎白·沃伦（Elizabeth Warren）指出，美国申请破产的人比确诊为癌症的人还要多。2005 年，美国破产的人数比大学毕业的人数还要多。

破产的人数一直伴随着经济的增长在不断增加。

我们在这里讨论的，不是像唐纳德·特朗普（Donald Trump）一次又一次做过的那种不会带来危害的公司破产"重组"。个人破产非常简单，如果你应该偿还的信用卡账单、抵押贷款和医疗债务等款项超出了你的收入能够支付的限度，没有法院的介入，你的财务状况将无法继续维持下去，你就破产了。

在美国的某些地方，破产实际上是一种生活方式。在田纳西、印第安纳和俄亥俄这几个州，每 1000 人中就有超过 10 个人申请破产（马萨诸塞州的破产比率略低于上述三州）。

那么，美国的破产者都是些什么样的人呢？人们共同的看法是，破产者都是不讲信誉的赖账者，他们都是挥霍无度的人，在买了 60 英寸的电视机和运动型轿车后才发现，自己已经无力偿还抵押贷款了。也有一些政策制定者认为，美国破产率攀升的原因，是由于人们对过度的花费不再有足够的羞耻感了。

但是，沃伦教授认为，有钱而又申请破产的人，多得就像 20 世纪 80 年代的福利女王（the Welfare Queen），这种说法具有政治说服力，但不是事实。

典型的破产申请者是中产阶级的白人户主，他们有孩子，也有全职工作。将近一半的破产申请者是有家有室的人。他们的教育程度稍高于普通民众。几乎所有申请破产的人都遭遇了灾难性的变故，例如失业、离婚或严重的疾病等（当然，在患有严重疾病的人中，有四分之三的人在发病前就购买了医疗保险）。破产者中人数增加最快的是上了年纪的人，他们的医疗保险不足以支付他们不断增加的医疗费用。但紧跟其后的，是 20 多岁的年轻人，他们的学生贷款已经达到了创纪录的高度。

破产已经成为一种美国的中产阶级现象。

为什么有这么多人破产？对近年来破产率激增最常见的解释是贷款条件放宽了。1970年，只有51%的家庭使用过信用卡；现在，使用信用卡的家庭超过了80%。甚至不必有良好的信誉也可以得到一张信用卡。在20世纪90年代，次级贷款（即向有不良信用记录者的贷款）的增长率甚至超过了信用产业整体的增长率。放贷者抱怨说，借贷者借钱不还，但事实是，他们从为生计而辛勤劳作的顾客身上挣来的利息和滞纳费，要远远超过那些借钱不还的人给他们造成的全部损失。贷款的条件放宽了，接下来就要进一步放宽贷款的条件。

另一个常见的解释是，美国的储蓄率相当糟糕。2005年，美国的储蓄率自大萧条以来第一次出现了负数。这种解释早已为人们熟知，无须我在此赘言。

最后，许多专家认为，破产率的攀升，是由于破产的耻辱感淡化了。由于一些新制定的法律（2005年以前）使申请破产更容易了，所以申请破产的人越来越多，而且，越来越多的人知道，有人认为破产倒是一件好事。这种解释推断的成分大于事实。但是经济学家认为，破产在人们的心中仍然是一件丢脸的事；有四分之三的破产申请者认为，办理破产手续会令他们感到沮丧。

但是沃伦教授认为，美国的现实情况是，维持中产阶级地位的成本正在不断提高。中产阶级居住的社区几乎没有优秀的公立学校，而且房价飞涨，抵押贷款的利率达到了创纪录的高度。此外，医疗费用和大学学费的上涨远远超过了通货膨胀的增长，中产阶级的境况相当窘迫。家庭的收入可能在不断提高，但可自行支配的收入下降了。

这种状况意味着，危机一旦来临将不会有任何缓冲。在典型中产阶级家庭中，母亲是已经就业的人，所以，她不能另找一份工作挣应急的收入。全家人为了在最差的学区买一处最便宜的住房，已经倾尽了全力。目前，中产阶级家庭的经济状况已经相当紧张，一旦遭遇失业、离婚或疾病，他们就会破产。

这种状况对美国来说意味着什么呢？

具有反讽意义的是，某些方面破产率的攀升，反映出来却是一些好的消息。过去，生了病无钱医治一死了之，不会有不断膨胀到天文数字的医疗账单。如果只有少数人能够上大学，很多人就不会被学生贷款所拖累。如果不是人人都能得到信用卡，也就不会出现几乎人人拖欠债务的情况。

事实上，体面破产的方案是我们经济基础中的一个健康因素。美国为国内的个人债务感到烦恼，而欧洲和日本为了增强风险意识和企业家的精神，却在迫使更多的人选择破产的方案。要尝试就会有失败的风险。如果不去尝试登上月球，"哥伦比亚号"航天飞机就不会失事。或者，用据说现已破产的美国东方航空公司（Eastern Air Lines）首席执行官的话来说就是，"资本主义没有破产，就像基督教没有地狱"。

但是，尽管在某种意义上说，破产反映了社会的普遍进步，美国近年来破产率的激增也是一个值得严重关注的问题。就宏观层面而言，如果教育质量尚可的学区太少，人们为了让孩子得到适当的教育而不得不超出自己支付能力去购买住房，那么破产率的激增就表明，我们的教育体制出现了问题；如果有医疗保险的人因为生了一场大病就陷入破产的境地，那就表明，我们的医疗保障体制出现了问题。

就更直接的层面而言，破产者高达 200 万人这一事实说明，贷款顾问、财务指导和理财培训的市场会不断扩大。为什么 16 岁的孩子没有驾驶执照不能开车上路，而两年后无须经过基本金融能力的考试就可以得到一张信用卡？美国的学校几乎都不开设个人金融指导的课程，但是，每 3 个中学高年级学生中就有 1 个人有信用卡。

因此，如果你供职的公司就是一家放出了大量次级贷款的公司，一定要注意了。如果这样的趋势继续发展，你们公司的业务很可能会遭受意想不到的打击，在今后的 10 年里，你们公司将拥有大量的房产。今后，电视节目中关于通过房地产而快速致富的内容可能会越来越少，而关于"如何摆脱购房困境"的内容会越来越多。

如果个人破产按照目前的速度增加，那么 2025 年的一年之中就会有将近 800 万人破产。虽然美国是一个注重所有人机会平等的国家，但是在过去的几年里，中产阶级陷入了经济困境，成为破产率居高不下的阶级。这是事关我们所有人未来的严重挑战。

非营利群体

世界上没有哪一个国家与自由市场、资本主义和私营部门的联系比美国更加密切。美国是个机会的国度。"由赤贫到巨富"（Rags to Riches）实际上是美国的真言（mantra）。掏出钱看看！（Show Me the Money！）

能者挣大钱；无能者管理能者。或者，用罗纳德·里根（Ronald Reagan）的话说："最聪明的人不在政府，聪明人都被商界雇走了。"（如果站在政党的立场上，我倒是认为，这是一个在共和党自己身上应验了的预言。）

当然，我个人不同意这种说法。尽管我的全部工作经历都是在私营部门度过的，但是，我有一些最好的朋友、最亲密的同事和最喜欢的客户，他们都在政府的工作中取得了卓有成效的业绩。但是近来，私营部门与公共部门之间争夺人才的说法越来越没有说服力了。20世纪70年代末期以来，商界和政府在吸引雇员方面都没有取得令人瞩目的成就。取得重大进展的，反而是"第三"部门，这个部门也被称作是独立部门或非营利部门。商界和政府在就业方面乏善可陈，增长比例分别是1.8%和1.6%，而在1977~2001年间，非营利部门的就业增长率是2.5%，表现出了强劲的势头。

我们来看一看这一增长速度在实际就业方面的意义。1977年，有600万人在非营利部门工作。到2001年，在非营利部门工作的人数已经翻了一番，达到1250万人。

虽然拥有1250万雇员的非营利部门，仍然是三个部门中最小的部门，但它是三个部门中发展最快的部门。目前，非营利群体的工作种类之多，受支持程度之高，完全可以成为不必踏进政府的大门或空空荡荡的商业大厦就可以踏踏实实供职终生的职业。

因此，非营利阶级已经悄然崛起。他们不会去考虑股东、利润和年终奖金，他们是以非营利活动为终生职业的人。他们希望收入逐步增加，但并不寄希望于收入成倍地增加。对他们来说，"掏出钱看看！"只不过是在20世纪90年代那些有争议的电影中才会出现的奇怪场面。

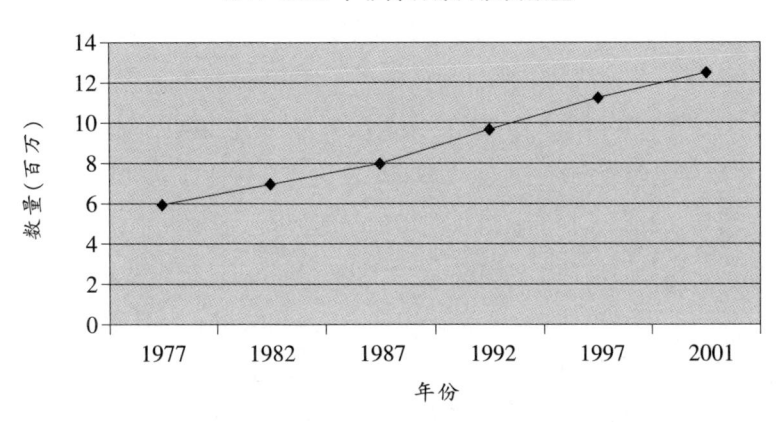

1977~2001年非营利部门雇员数量

年份	数量（百万）
1977	6
1982	7
1987	8
1992	约9.7
1997	约11.3
2001	约12.6

资料来源：独立部门《非营利年鉴》，2001年。
(Source: Independent Sector, *Nonprofit Almanac*, 2001)

非营利群体为什么会迅速壮大？

第一，非营利群体的存在是因为有捐助者的资金。世界上的超级富豪一直在不断增加，1996年，亿万富翁只有426人，而2005年亿万富翁增加到近700人，而且这些超级富豪们还承受着大笔捐款的实际压力。因此，从1993年到2003年，美国的基金会的数量几乎翻了一番，资产的增长超过150%，达到了4760亿美元。而登记在册的非营利组织的数量也增加到接近150万个。

非营利工作的种类也极为丰富多样，例如医院、高等教育、博物馆、宗教，还有扶助贫困和环境保护活动，等等。"非营利"并不一定意味着没有维持生计的收入。非营利部门的起薪水平，约低于政府部门起薪水平10%，低于商业部门起薪水平20%。2005年一项关于宾夕法尼亚州的研究表明，该州非营利部门的平均工资仅比私营部门平均工资低5%（两者分别为周薪641美元和周薪679美元）。非营利组织的主要行政领导，甚至可以有不菲的工资收入：2004~2005年间，美国大型非营利组织的总裁们的中等收入是327575美元，其收入增加的速度，超过了美国500家最大公司老板工资的增速，史密斯索尼亚学会（Smithsonian Institution）的前任领导的全部收入，在国会知晓前，高达将近100万美元。

第二，非营利群体的吸引力不断增加，是因为私营部门遭到了惨重的失败。我所说的惨败，不只是最近安然公司（Enron）和世通公司（WorldCom）的垮台，甚至不是玛莎·司徒尔特（Martha Stewart）的失败。1981年以来，美国认为必须对大公司严加管理的人，已经从18%增加到34%。2001年，每两个人中就有一个人认为大公司应该减少对国家的影响，到了2006年已经变成每三个人中就有两个人持有这种看法。政府不再受到人们的爱戴。相信政府能够解决美国的问题的人，已经从20世纪70年代的70%，下滑到目前的不到50%。由于非营利部门自身不存在公众信任的问题，所以非营利群体在人们的眼中并不危险和贪婪，而且是一个比政府和私营部门更为有益的部门。

第三，非营利群体的激增表明，非营利部门自身正在成熟，它们正在用以前私营部门才有的创新精神和严格的纪律去解决以前应该由政府解决的问题。过去，非营利组织基本上是一些周济穷人的施粥所和辅导中心，提到非营利组织，人们可能会想到"联合之路"（United Way）的那些恶劣的领导人和内讧不止的"红十字会"（the Red Cross）。现在，不断壮大的非营利群体，已经成为"社会企业家"运动的代表，他们工作认真，有严格的商业计划、严密的工作程序和雄心勃勃的发展规划。资金提供者以"风险慈善"（Venture Philanthropy）的方式为非营利组织提供赞助资金，所谓的"风险慈善"就是一种仿效私营部门风险资金的投资方式。因此，世界各地的非营利组织的命运，与开办企业一样，或者是迅速壮大，或者是垮台。非营利组织关心的问题包括，如何改变美国高等院校对低收入家庭孩子的看法，为在非洲修建公共卫生间筹款，以及扩大印度的微观金融，等等。今天的年轻人既抱有理想主义又具有商业意识，那么越来越多的年轻人被吸引到非营利部门，是不是让人感到有些莫名其妙呢？关于态度的调查有数据可以为证，2006年哈里斯民意调查的数据表明，美国65岁以上的成年人对非营利组织不太关心，但是，18~39岁的成年人对非营利组织抱有非常积极的态度。

非营利群体是一种受到普遍关注的动向。

所以，我们要进一步考察这个部门的发展存在的问题。第一个问题是，虽然非营利组织在不断壮大，并能吸引越来越多的人才，但是，这个部门可能必须要实行男女同工同酬。女性在非营利组织的全部劳动力中占有70%的份额，而且非营利组织中的大部分高级管理人员也都由女性担任，但是，男性的总收入要大于女性的总收入，而且在预算超过500万美元的非营利组织中，男性担任最高领导的组织占到一半以上。在同一组织中甚至男女职位相同，收入也会有差异。据2006年一项对全国最大的非营利组织的研究，男性的收入比相同职位的女性高出50%。显然，许多女性喜欢非营利工作，可能是由于非营利工作能够给予她们道德上的回报，是一种对家庭有益的工作，再有就是配偶的较高收入可以弥补非营利工作收入的不足。但是，在非营利这样一个以补救世界上的不足来感召人们的部门里，这样的收入差距能够被长期容忍似乎是不可能的。

人员流动比例过高是这个正在走向成熟的非营利部门面临的第二个问题。非营利组织的人员流失和增加的情况，也就是人员的年度流动比例是3.1%，既高于私营部门（2.7%），也高于公共部门（1%）。如果非营利组织要想按照领导者们的设想和自身事业的要求发展，它们就必须为建设适应组织发展和保持雇员稳定的人力资源系统投入大量的资金。当然，它们还要为年轻的雇员支付足够高的起薪工资，以使这些年轻人能够偿还巨额的学生贷款。

政府加大审核的力度也是一个问题。由于非营利部门在资金、人员和影响等方面都在不断扩大，特别是政治性非营利组织的不断涌现，政府会把更多的资源用于审核所有登记在册的非营利组织，是否都是真正"出于公共利益"和符合免税资格的组织。

最根本的问题是，三个部门之间的分界开始变得模糊不清了。现在，大量的基金会致力于改革美国的中学，或致力于解决非洲的艾滋病危机——或者说，精明的非营利组织发现了一种未被关注的价值，而且采取积极的商业计划使这种价值符合市场力量——在这种情况下，公共部门与非营利部门以及私营部门与非营利部门的区别，似乎只是一个重要的法律

第十部分 金钱与阶级 259

问题。非营利部门从事的实际工作，几乎与公共部门和私营部门的工作别无二致。

过去，非营利部门被看作某种商界的回潮，是令人敬畏的公共部门的穷亲戚，但是现在，非营利部门越来越成为人们首先选择的目标。非营利组织不仅成为人才汇聚之地，使私营部门和公共部门为了争夺雇员而展开了一场金钱大战，而且，由于非营利组织表现出了能够把商业化的行为准则与政府式的关怀结合起来的趋势，它将成为另一类人关注的部门。畅销书作家吉姆·柯林斯（Jim Collins）在他的那部《从优秀到卓越》（*Good to Great*）的续集《从优秀到卓越：社会机构版》（*Good to Great and the Social Sectors*）中宣称，美国的下一代领导人，将是那些能够把解决社会问题的能力与大量商业技能结合在一起的人。当前大量不以营利为目的的人所愿意从事的工作，恰恰就是能把这些技能结合起来的工作。

在这样的形势下，数以百万计不愿面对商界全球经济竞争和不信任政府服务的年轻人，正在形成一种另类的生活方式，这种生活方式就是把"非营利者"作为终生的职业。因此，将有更多的年轻人选择这种不仅有益于自己也有益于他人的职业。

第十一部分
外观与时尚

Microtrends
the small forces behind tomorrow's big changes

保留个性的文身人

哪一种艺术形式在历史的不同时间里曾经是王族、忠臣、罪犯、艺人和名牌大学学生等身份的标记呢？没错，是文身，就是那种用加热的针在皮肤上永久刻下纹饰的习俗。文身（tattoos）一词源于塔希提语的 tatau，意思是"做标记"。在人类的整个历史中，文身的用途曾经表现为显示社会地位、履行宗教仪式、标明海盗和间谍的身份，以及宣示年轻人的独立性。

在美国，文身是伴随着嬉皮士和摩托党运动而流行起来的，年轻人文身，就像扎耳朵眼一样，已经相当普遍了。文身已经成为一种非常流行的时尚。

长发曾经是令父母和社会感到惊愕的表示反叛和个性的标记。现在，长头发变短了，更多的男人剃了光头，不再留长发了。在美国，甚至在全世界，身体艺术越来越成为表现自己个性的方式。发型是一眼就可以明了的标记，而文身则不同，它们常常被隐匿起来，是一种在私下里表示个性的标记，只有最熟悉的人或者是共用更衣间的人才能看到。

所以，如果你身上的文身图案仍然是摩托党、水手、罪犯或其他带有下层社会印记的图案，你应该把这种文身洗掉。在你 20 来岁（大学毕业而且前途无量）的孩子回家过感恩节以前，最好再文上一朵红玫瑰，没准孩子的臀部就文有一个中文的"德"字。2003 年的一项哈里斯民意测验表明，在 25~29 岁的美国人中，有文身的人超过了三分之一。有文身的大学生则几乎占了大学生总数的四分之一。（在 18~24 岁的美国人中，有大约 13%不仅有文身，还要在身上打眼，这还不算扎了耳朵眼的女性。）

美国 18~49 岁文身者的估计数 (2003~2006 年)

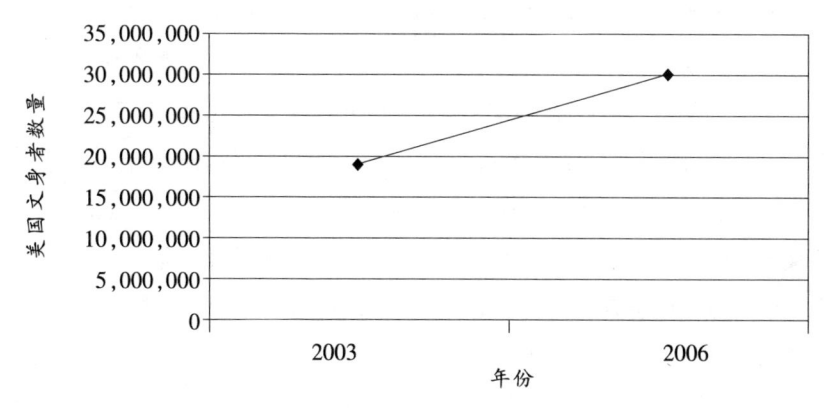

资料来源:《美国皮肤病学院学报》, 2006 年; 美国人口普查, 2003、2006 年。
(Source: *Journal of American Academy of Dermatology*, 2006; U.S. Census, 2003, 2006)

2006 年, 美国文身者的总数超过了 3000 万, 换一种说法就是, 几乎每四个成年人中就有一个人有文身; 而仅仅在 3 年以前, 文身者的总数还不到 2000 万。

这种文身的现象并不专属于美国。英国人、澳大利亚人和日本人都有在身上铭刻纹饰的现象。一项在 2000 年所做的调查发现, 大约 8% 的加拿大少男少女有文身, 在这些文身的孩子中, 有 61% 是女孩。

这样一来, 以前的那种粗鄙低俗的印记, 现在成了每一个人的仪轨。男孩文身, 女孩文身, 带着珠宝首饰的人也要文身。实际上在哈里斯民意测验中, 美国文身者比例最高的群体, 是年收入超过 7.5 万美元的人 (22%)。相比之下, 年收入 1.5~2.5 万美元的人中, 文身者只有 8%。换句话说, 现在是越富有的人越有可能文身。

反叛, 无疑是文身的题中之意。一个小小的日本象形文字所包含的意义之广泛, 是守旧的父母们不可能破解的。一个体育或文化的符号, 体现的是一个人的认同, 是表明自己属于同龄人的"烙印"。与 20 世纪 50 年代经过改装的高速汽车或者是 20 世纪 70 年代的香烟一样, 文身是时下中产阶级家庭的孩子们焦躁而又不太危险的野性一面的表现方式。

不过, 文身的类别并不局限于自由和反叛。对于更为保守的人来说, 文身还体现着纪律和忠诚。哈里斯民意测验的结论是, 美国 14% 的共和党人是文身者。虽然共和党人文身者的比例要略低于民主党人，但是，美国各地有文身的共和党人仍然有大约 700 万人。

为什么要文身？哈里斯民意测验的数据表明，三个人中就有一个人认为，文身会使自己更性感，持这种看法的女性文身者几乎占了所有文身女性的一半。每四个文身者中就有一个人认为，文身会使自己更有吸引力。

文身者常常会有多处文身。电影明星安吉利娜·朱莉（Angelina Jolie）的文身至少有 10 多处，其中就包括她左臂二头肌上的那个龙形文身（这处文身的上方以前文有"比利·鲍勃"[Billy Bob]的名字，他们分手后，她把他的名字清除掉了）。说唱艺人 50 分（Rapper 50 Cent）的文身覆盖了他的整个后背。据说布兰妮·斯皮尔斯（Britney Spears）的足部、腹部和颈部都有文身，纹饰的图案是仙女、雏菊、蝴蝶、表示"奥秘"的中国字，还有 3 个希伯来字母。足球明星大卫·贝克汉姆（David Beckham）的胳膊上和背上分别文有自己妻子和儿子的名字。

说到文身的共和党人，就要提到前国务卿乔治·舒尔茨（George Shults），据说他的臀部就有一个普林斯顿大学篮球队老虎队标（Princeton Tiger）的文身，对这种说法，他是既不肯定也不否定。

但是，文身者从罪犯变为大学生，从穷人变成了富人，会给美国带来什么样的影响呢？

首先，与所有扩大服务的行业一样，文身行业会转向高端市场、建立适当的许可和管理制度、提高价格、提高设计水平和更新纹饰图样、建立全国连锁店，以及请若干名人做代言人（单以朱莉或贝克汉姆个人在电视上的影响力，就可以卖出数以百万计的文身图饰）。据估计，现在美国各地的文身店铺约为 4000 到 15000 家，而 20 年前只有 300 家。文身是一个具有数十亿美元潜力的市场，会随着主流需求的增加而不断扩大。但是现在，经营文身图饰的店铺，仍然是出售《龙与地下城》（Dungeons and Dragons）卡片的夫妻店。能不能仿照麦当劳的模式建立一种既有规范品牌和安全保证，又在全国范围内发布广告的文身连锁店呢？（能不能建立一种顶尖的艺术家为顶尖的客户服务的 Le Cirque 式的文身商店呢？）这种滚动式发展的商业模式，很有可能在很短的时间里把市场的规模扩大一倍。

官方的政策也开始发生变化。尽管带有明显可见文身图饰的人，或者小臂或小腿文身图饰的面积超过 25% 的人，仍然属于海岸警卫队不得录用之列，但是，美国陆军已经于 2006 年改变了政策，只要文身图饰没有"极端主义、有伤风化、性别歧视或种族歧视"的内容，就允许在手部、颈部文身。

那么，限制文身的做法违反宪法第一条修正案吗？长发都被裁定为是受保护的言论自由，文身不也是能被裁定为是受宪法保护的言论自由吗？最高法院不得不处理文身事务的日子还遥远吗？（会不会有人以文身下面的真皮是个人的秘密为理由而拒绝法官的判决呢？）设想一下，如果文身被裁定为属于我们不可剥夺的权利，将会产生什么样的影响。

谷歌和雅虎已经允许雇员保留身体艺术。福特公司和富国银行（Wells Fargo）也允许雇员保留身体艺术。仍然保留文身禁令的组织，例如星巴克、麦当劳、百视达（Blockbuster），还有全国各地诸多的警察机构，可能很快也会修改它们的政策，因为禁止身体艺术会把大批精力充沛而又有才干的年轻人拒之门外。

联邦政府可能也需要采取一些行动。到目前为止，食品与药物管理局（Food and Drug Administration，FDA）尚未批准任何色素或墨水可用于文身，但是，文身的图样，例如德鲁·巴里摩尔（Drew Barrymore）肚子上的蝴蝶图样，在美国一直呈激增之势，管理机构迟早会认识到它必须做出决定。

当然，文身者的问题还有另外一面，他们追求的是展示自己小小的棱角，即自己坏男孩和坏女孩的一面，而他们最终还是要成为主流民众中的一员。噢，是的，三角肌上有个亚洲虎的文身，那是以前文在那里的。

既然扎耳朵眼成了保守的做法，在身体上扎眼令人感到乏味，而文身成为时尚的主流，那么问题就在于，下一个趋势是什么。用身体做广告会流行起来吗？如果你有艺术细胞，为什么不能把自己当作广告牌呢？把身体文上"买太阳镜就去太阳镜专卖店（Sunglass Hut）"的图样，到海滩上溜达一个小时，定价 10 美元，这个想法不错吧。

文身产业可能发展不到下一个阶段，因为人们认为，文身的热风像呼啦圈一样，已经吹过去了。不过，用自己的身体表明政治和性爱的倾向，表达对爱情和友情的态度，是更可能出现的情况，而且，技术的发展也将使清除文身、三维文身和发光文身成为可能。此外，由于喜欢与文身者交往的文身者的数量会不断增加，所以文身者的数量有可能继续增加。

忙碌的邋遢人

美国一直自诩自己是一个崇尚整洁的国家。不过美国从来就不是一个很整洁的国家，在数以千万计的美国家庭中，每天都可以听到的声音是"把你那些乱七八糟的东西收拾好"。

整洁是一种时尚，这种时尚足以造就一个年产值60亿美元的产业，供家庭整理和存放杂物的塑料箱和档案柜等就是这个产业生产的产品。除此之外，美国人还要为整理自家的橱柜再花费30亿美元。每到新年，美国人都要像减肥那样为"清理杂物"下一番决心。

为了使我们更加整洁，即使妈妈们不唠叨，宗教也会不断地督促。"清洁近乎圣洁"（Cleanliness is next to godliness），据说是2世纪时的一条希伯来谚语。所谓的圣经饮食（Bible Diet）的承诺是，"40天养成清洁习惯"。伊斯兰教也有"纯净和整洁是信仰的一半"（purity and neatness are half of faith）的说法。至少最近的一项研究发现，三分之二的美国人对美国的杂乱程度感到内疚和羞愧。

但是，尽管商业、文化和宗教的压力都在促使人们保持整洁，还是有越来越多的美国人不整洁、不愿整洁或不能整洁。这不是因为他们喜欢杂乱无章，或者是认为杂乱无章可以使人摆脱约束或激发灵感，他们只是顾不上清理杂乱无章的物品，他们的生活中有大量的事情要处理，所以他们干脆认为，杂物是不值得整理、归类和清洗的。

我的生活信条是，每一样东西的摆放都要相当整齐有序，但是，我采用的整理物品和保持整洁的方式却是实用主义的。如果某件东西最多只用一次，我不会专门为这件东西建立一个档案。例如，2006年的所有账单可以放到一个盒子里，再标明"2006年账单"即可，不必费心为不同类别的账单分别建档。常用的东西，再花点时间来建立档案。我就是用这种办法来摆脱大量不必要的整理归档工作的，尽管现在几乎所有的东西都可以在电脑上建立档案。但是，越来越多的人奉行的是更简单的信条：干脆不清理，乱就让它乱吧。

2007年的春季，我们做了一次快速民意调查。调查发现了美国的邋遢人是什么样的人，与常人相比他们会邋遢到什么程度。我们对"邋遢人"的限定是，自己认为自己是"非常邋遢"的人，认为别人把自己称为邋遢人的人，或者是认为杂乱无章对自己的工作效率或生活质量会有一些影响的人。调查的结果表明，每10个美国人中就有1个人是这种铁杆的邋遢人（hard-core Slobs）。也就是说，在美国2亿多的成年人中，有2000万个邋遢人。

邋遢人可能并不像人们想的那样都是男人。邋遢的男人确实比邋遢的女人多，但两者的比例仅为55%对45%。邋遢的人，无论是男是女，都不是那种懒惰或事业无成的人。超过三分之二的邋遢人有全职的工作，大部分有孩子的邋遢人有不到5岁的孩子。他们显然比不邋遢的人更有可能完成了大学或研究生的学业。他们年收入超过10万美元的可能性是不邋遢人的两倍。37%的邋遢人心胸开阔，而心胸开阔的不邋遢人只有19%，前者几乎是后者的两倍。47%的邋遢人说，他们是民主党人。

在邋遢人中，每天照例要整理床铺的人不到四分之一。超过三分之一的邋遢人会把脏盘子放在水槽里，至少一天以后再清洗。还有大约15%的邋遢人，甚至会把脏盘子放在自家的书房、起居间或卧室里，至少一天以后再清洗。晚上睡觉的时候，每10个邋遢人中就有4个人会把脱下的衣服扔在地板上。每3个邋遢人中还有1个人，会把杂物放在厨房的餐柜上面，而清理这些杂物的时间如果不是遥遥无期的话，也要等到一个星期之后了。

2007年，商务专家埃里克·亚伯拉罕森（Eric Abrahamson）和戴维·弗里德曼（David Freedman）出版了一本为凌乱正名的书《凌乱也不错》（Perfect Mess）。他们认为，书桌凌乱的人，常常都是富有才智和经验的人，他们都有比较高的工资收入（这一点与我们的民意调查是一致的，至少在年收入超过10万美元这一点上是一致的）。他们认为，马虎和凌乱，与即兴发挥、适应能力和机缘一样，是成就大事的重要素质。（如果亚历山大·弗莱明［Alexander Fleming］不是把没有清洗过的实验用培养皿胡乱堆放在桌子上，他根本就不会发现青霉素。）他们甚至认为，凌乱的人是更称职的父母，他们注重温馨的家庭气氛，不在意有多少玩具和有没有可以不放电话的茶几。

他们甚至暗示了这样一种说法：清洁对人有害。医生们现在开始信奉一种"卫生假说"（hygiene hypothesis）——现在，哮喘病和过敏症在儿童中发病率的激增，可以归因于没有接触某种微生物。含有氯元素的漂白剂可以清除衣服上的污渍，据说每年也会使不少孩子中毒，而且可以导致女性的乳腺癌和男性的生育障碍。用于草坪除虫的杀虫剂也会给孩子们造成短期记忆力衰退、手眼协调障碍和绘画能力下降等问题。一时间，脏乱如果不是完全符合卫生的要求，倒也成了合乎情理的事情了。或许，反对使用消毒液也可以成为顺理成章的话题了。

但是，我们的民意调查发现，大多数邋遢人对凌乱只是屈从，但并不崇尚。他们并不认为杂乱无章不是杂乱无章，他们甚至会设法克服凌乱的状况。超过三分之二的邋遢人说，他们希望自己更有条理（没有人希望自己更凌乱）。三分之二的邋遢人认为，整洁有助于人们支配自己的生活。邋遢人很少会为凌乱辩解，只有不到四分之一的邋遢人认为凌乱能够激发创造力。实际上，超过一半的邋遢人说，他们根本无法与邋遢人共同生活，而不邋遢的人中，也有超过一半的人持有这种说法。持有这种说法的人不是想让别人接受自己的凌乱，他们只是想努力克服自己凌乱的毛病。

在回答为什么自己的家里杂乱无章这个问题时，无论是邋遢人还是任何其他的人，都没有把骄傲、无所谓，甚至没有时间作为杂乱的理由。他们给出的理由是，东西太多了。东西太多，没地方存放，这就是使美国一半以上的邋遢人陷入杂乱的原因。

造成你们家或脏或乱的最重要的原因是什么?	全部	邋遢人
东西太多了	29	33
没有时间收拾和清理	18	22
没有足够的地方存放	17	18
我们家其实既不脏也不乱	22	16
乱不乱无所谓	4	8
乱能给我创造力	1	2
不知道	7	2

所以，这是美国的一种过度拥有的趋势，它与懒惰的趋势不同，而与肥胖症的趋势更为相像。就像我们吃的食品超过了自身的需求一样，我们拥有的物品超过了我们的需求。我们的购买力越强，购买的东西就越多，同样，我们得到的、赢来的、收集到的和保存的东西也就越多。虽然许多人会购买更多的东西来解决整理自己物品的问题，而邋遢人却干脆对自己的物品不加整理，他们可以让凌乱的状态成为自己正常的状态，不会一次只洗一只盘子，也不会只洗一只脏袜子。

关于邋遢人的重要启示是，首先，如果与邋遢人生活在一起，就不要老是抱怨。胖人一般不喜欢受到自己配偶的呵斥，也不会由于配偶的抱怨就少吃一点东西。同样，有76%的邋遢人说，他们也不愿意因为自己的凌乱而老是被人唠叨。邋遢人不愿意听关于杂乱的理性劝说；杂乱的状况一直是他们感到非常苦恼的问题。

其次，如果我们都放松一点，我们就都能享受到更多的生活乐趣。我们生活的这个时代，父母更加放任了，个人有更多的表达自由和更多的选择。整洁不是已经成为往事，但是，对于十分之一的美国人来说，那只是一个由于工作和职责太过繁重而未能实现的理想。就像我们的民意调查所证明的那样，不能达到现代的整洁标准，是一个"高级的"（high-class）问题。越是富有的人，越是文化程度高的人，越是忙得不可开交的人，就越是有可能成为美国日益壮大的邋遢者队伍中的一员。

迷恋整形手术的人

我的一位腼腆而又娴静的朋友最近做了一次准分子激光矫正近视的手术，她认为手术非常有效，而且没有痛感。几个星期过后，每一个见到她的人都感到很惊愕，因为她见人就问："我还应该做什么手术？我需要隆鼻吗？我应该用硅酮隆胸吗？"

当然，不管她做了哪一种整形手术，她接下来还会做更多的手术。近来的美国，整形手术名目繁多，例如吸脂术、准分子激光近视矫正术、隆鼻术、腹部去脂成形术，还有最近颇受青睐的睫毛嫁接术，等等，不管是有创手术还是无创手术，受热捧的程度之高，似乎很少有美国人没有做过整形手术。

过去，整形手术是上了年纪的白人富婆保养容貌的秘诀。现在，做整形手术的有年轻人，有中等收入的人，也有其他肤色的人，各色各样的人等都会做整形手术。在 2005 年的一次调查中，有 41% 的整形医生说，他们为十几岁的孩子做过整形手术。在打算做整形手术的人中，只有八分之一的人的收入超过 9 万美元；在不同收入档次的人中，打算做整形手术人数最多的（41%）是年收入 3.1~6 万美元的人。从 1999 年到 2001 年，美籍非洲裔人、美籍亚洲裔人和美籍墨西哥人，希望做面部整容和再造手术的人数增长了 200% 以上。

对了，还有男人。2004 年，在 1200 万做过整形手术的人中，男性受术者共有 100 多万人。2005 年，做过"表皮清除型皮肤再造术"（一种用激光清除皮肤表层并对皮下胶原蛋白加热以促使皮肤"再生"的手术）的男人激增了417%。10年前，男人整容并不时髦。现在，男人为了保持在工作中的竞争力，为了与自己永远年轻的妻子相配，也开始设法使自己看起来更年轻、更有活力了。

实际上，2005年接受调查的医生中，有三分之一的人说，他们曾为一起来诊所的夫妻做过整形手术；有五分之一的人说，他们曾为一起来诊所的母亲和女儿做过整形手术，母女同时整容的情况，很可能是母亲做面部除皱术，女儿做隆胸术。还有一种情况，是全家人一起整容，一起改变容貌。

过去，整形手术是女士们保持眼睛清亮动人的秘诀（如果她们的眼睛还能令人心动的话）；现在，不管什么样的人都可以去做整形手术。新技术已经把整形手术变成了一桩很平常的事。过去，做一次整形手术就像是一次"国外度假"，现在就大不一样了，手术在一天之内就可完成。或者说，可以在吃午饭的时候注射肉毒素，现在的整形手术几乎无须恢复的时间。许多手术的价格比笔记本电脑还要便宜。这样的手术还有什么理由能不让人们趋之若鹜呢？

显然没有任何理由。1997年以来，美国整形手术的数量激增了444%，手术的项目包括面部除皱、隆胸、皮肤再造、脂肪注入（臀部）等，不一而足。2005年，美国人在整形手术方面的花销高达124亿美元，大致相当于健美和健身方面的花销。如果有更好的方式，为什么不把钱花在强身健体上呢？

这个问题确实令人感兴趣，但也多少令人感到不解。虽然整形手术的数量飞涨，但是，受术者数量的增加却比较缓慢。换句话说，美国的大量整形手术的受术者其实是同一批人。

这些人愿意做整形手术，但不会像有些对节食迷恋到进食障碍的人那样，对整形手术迷恋到难以自拔的程度。有一些人则不然，已经做过十多次整形手术，还在考虑如何解决自己生活中下一个令人烦恼的问题，他们就是有时被称作"手术刀奴隶"（scalpel slaves）的人。如果医生不把他们拒之门外，他们最后能把自己的相貌变得相当古怪，甚至丑陋不堪。（有这样的人吗？迈克尔·杰克逊就是一个。）

还有一些人虽然不像"手术刀奴隶"那样对整形手术迷恋到病态的程度，但他们也是整形诊所的常客。他们是健康的美国人，但做了一两次不

**同一年中做过多次面部整容手术的人
在整形手术受术者中所占的百分比(2001~2005年)**

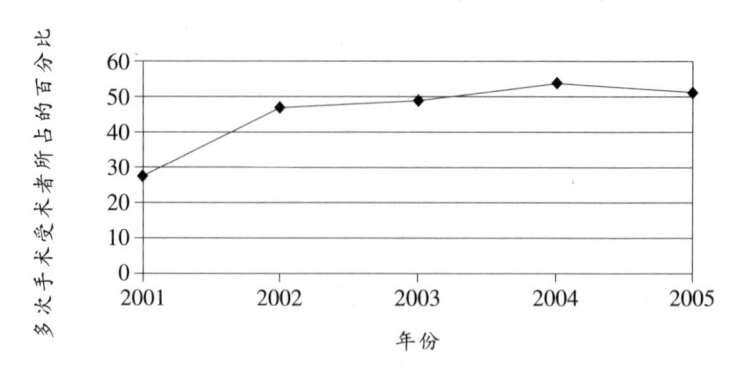

资料来源：美国面部整形和重建外科学会，2006年。
（Source: American Academy of Facial Plastic and Reconstructive Surgery, 2006）

大的整形手术后，绝佳的手术效果会令他们再次踏进整形诊所的大门。

2005年，超过一半的面部整形医生说，他们的顾客中有人做了不止一次整形手术，而在2001年，这一比率仅为28%。

确实，某些整形手术数量的激增说明，需要定期实施的手术的数量增加了，例如，注射肉毒素和化学药物清除皮肤角质层等。但是，这些手术涉及的仅仅是面部整容。即使需要定期实施的手术的数量达到所有整形手术数量的一半，或者说手术的间隔时间不是1年而是3年，美国仍将有200多万人定期光顾整形诊所。

整形业的从业者肯定希望出现这样的局面。虽然美国皮肤科学会（the American Society for Dermatologic Surgery）警告人们不要一次做多项手术，但是普通的美国人更喜欢光顾的大量网站却在兜售集多项手术为一体的想法。它们声称，既然恢复的时间更短，对生活造成的干扰更小，花钱更少，而且不用冒多次麻醉的风险，为什么不在做隆胸手术的同时施行乳房增大术，或者在做腹部去脂成形术的同时施行面部除皱手术呢？花一份钱得两份货，不管是对哪个行业来说，似乎都是一桩划得来的买卖。

这种买卖，通俗文化是不会放过的。2002年，美国广播公司（American Broadcasting Company，ABC）播出了一档名为《改头换面》（*Extreme Makeover*）的节目，普通的美国人加入到节目中就可以实现"毕生的梦想和童话故事般的幻想",自然界没有赋予他们的东西,整形医生、牙科医生、皮肤科医生、眼部整形师,还有"身体雕塑大师",都可以为他们造出来。

整形手术数量激增,实际上反映出的是美国人对年轻容貌的追求已经到了失控的程度。美国最热衷于整形手术的是生育高峰时期出生的那一代人,即使年过六旬,韶华已逝,他们仍然希望保有30岁的容貌和感觉。我们的文化也鼓励人们做整形手术。就像我们在本书的其他章节说过的那样,美国人生活的这个时代,是一个崇尚自主的时代。人们比以往更愿意,也更有能力做自己想做的事,想与谁约会就与谁约会,想投谁的票就投谁的票,想养育谁就养育谁,想崇拜谁就崇拜谁,不会像自己的父辈和祖父辈那样顾及生理和文化的限制。谁在乎我以前的长相呢?谁在乎50岁的人的"自然"长相是什么样呢?如果能掌握相关的信息找到合适的专家,又有充分的财力,我就能按照自己的意愿重塑一个自我。

整形手术会产生若干后果。《纽约时报》的专栏作家莫琳·多德(Maureen Dowd)描绘了这样的一种后果:"如果一个垫高了鼻子、增大了下巴和做了耳朵整形的男人,对一个做了眼部整形、面部除皱和增大臀部手术的女人心生爱慕之意,那么,从遗传学的角度讲会发生什么样的情况呢?有了孩子后,他们会相互打量对方,然后吃惊地说:'天哪,这个丑孩子是哪儿来的?'"没错,整形手术的结果是不会遗传给孩子们的。

整形手术在好莱坞是一个难以两全的问题。现在,没有一张光鲜的脸蛋就不可能出演大角色,所以,在好莱坞,每一个人都会毫不吝惜地花钱注射肉毒素。但是,有了一张做过美容手术的脸蛋,实际上并不能保证人人都能演出栩栩如生的面部表情。

那么医疗职业的一般状况如何呢?目前,执业医生中只有不多的人掌握了整形手术的专长。但是,越来越多的妇产科医生、普通医生,甚至急诊科医生也认识到,医疗美容业务是一项令人惬意的工作,因为医疗美容没有急诊,没有夜间呼叫,可以不受保险公司影响,付款及时而且手术失误的代价不高。至少医生们会这样认为。不幸是,由于生育高峰时期出生的一代人的老龄化而导致的医疗需求的增大,现在已经出现了医生严重短缺的现象。如果越来越多的医生去从事保健服务而不是治疗疾病,情况只会变得更加糟糕。

但是，在"医疗美容"兴旺发达的同时，医生之间会出现争夺从业资格的斗争。（妇科医生真的可以做面部的整容手术吗？）而且医患之间的纠纷也会导致诉讼，患者花钱做了文眉手术，术后却发现给自己做手术的只是一个内科医生。

人不会长生不老。但是，许多人满足于相貌的长生不老，为了使自己的相貌长生不老，他们会接二连三地做整形手术。虽然大部分人以不看医生为乐事，但迷恋整形手术的人却恰恰相反，他们热切地期盼最新和最有成效的整容手术能够使自己的相貌长生不老。这种趋势或许会催生出一代对自己的容貌孤芳自赏的人，或许会催生出一代对改变自己先天容貌充满自信的人。

国际画面

就全球范围而言，做腹部去脂成形术或隆鼻术的美国人在去做这类手术的时候，好像并不孤单。根据尼尔森市场研究公司2006年11月对41个国家所做的调查，80%的人表示"不会选择"做整形手术。亚洲对整形手术持反对态度的人甚至更多，持反对态度者的比率高达86%。

◎ 俄罗斯（48%）、希腊（37%）、波罗的海三国（35%）、爱尔兰（31%）和土耳其（29%）都有不少人表示，他们"年纪再大一些的时候，会考虑做整形手术"。而在捷克、挪威、荷兰和匈牙利，则有相当多的人对整形手术持否定的态度。

◎ 在肯定整形手术比率最高的10个国家中，欧洲国家居多，但是韩国一反亚洲国家否定的态势，有28%的人表示对整形手术感兴趣。虽然绝大部分亚洲人对整形手术持反对的态度（中国香港为94%，印度尼西亚为92%），但韩国有1200个整形医生，人均比率居世界各国之首。(与此形成对照的是，加利福尼亚全州只有大约 900 个整形医生。)

与美国的情况一样，其他地方喜欢做整形术的男人也在不断增加。很多伊朗的富翁喜欢把鼻子垫高，不少库尔德族的男人喜欢做面部整容和植发手术，而韩国的男人会追捧各种类型的整形手术。

◎ 一项关于韩国 25~37 岁男性的调查表明，86% 的受访人认为，一张好脸蛋和一身健美的体型，能够提高他们在工作场所的竞争力。而有 56% 的受访人对自己的身体感到不满意。

整形手术激增所带来的另一个全球趋势是，为了给自己的整形手术找到一个最佳的价格，越来越多的人坐上了飞机，加入到了"整形手术旅游"的行列。委内瑞拉、巴西、多米尼加、哥伦比亚、厄瓜多尔、墨西哥、泰国和南非都是深受人们青睐的目的地。

强大的娇小女人

有不少著述,包括本书在内,都在讨论美国人体型增大的问题。美国男人的平均身高比一个世纪前增加了 3 英寸。而无论是男人还是女人,与 25 年前相比,体重平均增加了 25 磅。就像彼得·加布里埃尔(Peter Gabriel)在他那首红极一时的歌曲《大时代》(Big Time)中所唱的那样,我们的汽车、我们的房子、我们的眼睛、我们的嘴巴,越变越大,越变越大,越变越大,大到生活都容不下。

但是,在大部分美国人的体型不断增大的同时,身材矮小的女人也为数不少。她们不在意自己身材的矮小,更确切地说,是矮小的身材会给她们带来问题。她们认为,不应该因为身材矮小就不重视她们。

她们就是美国的那些身小力大的女人。

2006 年 5 月,她们成为美国关注的焦点。事情的起因是,《纽约时报》的一篇报道称,美国 3 家最著名的百货公司,妮梦·马尔科斯公司(Neiman Marcus)、萨克斯第五大道公司(Saks Fifth Avenue)和布鲁明戴尔公司(Bloomingdale's),大幅度地削减或取消了小号女装部门。

报道激怒了这些身材矮小的女性,她们开始大声疾呼。她们的呼声,还有她们的烦恼,刊登在休斯敦、奥兰多、费城、弗雷斯诺等地的报刊上。7 月末,萨克斯公司取消了已经做出的决定,某些受连带影响的制衣商也把已经关闭的小号女装生产线重新投入运转。

小个子女性显然是一桩大生意。

回过头去想,百货公司做出的决定可以说合乎情理。2005 年,由于盖璞（The Gap）和安·泰勒（Ann Taylor）等公司增设了店面，小号女装的销售总额增长了11%，达到100亿美元，但是，小号女装的销售额在百货商店销售总额中所占比例下降了。零售商想腾出地方，卖箱包、鞋和牛仔服等销路更好的商品。这样一来，身材矮小的女士们就没地方买衣服了。

而实际上，呼声最强烈的抗议者大都是精英级的购物者，她们是萨克斯公司和妮梦·马尔科斯公司几十年的老顾客。但是她们老了。确实，某些报道认为，百货公司撤销小号女装部门的原因之一是，她们想摆脱这些单调乏味而又固执难缠的老妇女——更确切的说法是，这些女性已经过了赶时髦的年龄。不过，2006年的娇小女人的大抗议，除了表明小个子女性的恼怒之外，还可以给我们某些关于身材矮小的女性的启示。

虽然美国人的身量普遍长高了，但是美国从来没有像今天这样有这么多的小个子女人。

在服装行业中，"小号女装"的适用对象是身高低于5英尺4英寸的女性。"小号女装"与"女童装"、"中号女装"（身高5英尺5英寸以上）和"大号女装"（14~28号）一道，构成完整的女装号型。小号女装身长短、肩宽窄、袖子短、扣子小、立裆短。如果一位身高5英尺1英寸的女士，穿上一件中号的女装，不仅裤腿和袖子太长，还要像国家橄榄球大联盟的比赛服那样在肩膀部位装上垫肩。这种不合身的装束会令人感到很尴尬。

那么，身材矮小的女士为什么会多起来呢？

首先是今天的女性寿命更长了。在美国，1900年出生的女孩预期寿命是43岁，而2000年出生的女孩预期寿命是80岁。由于人口的老龄化，美国老年女性的数量增加了，她们出生的那个时代，人们的身材要矮小一些。

其次，人口的老龄化使很多人变矮了。从50岁开始，人们脊柱上的椎间盘开始收缩。到80岁的时候，人们的身高会平均收缩1.5英寸。而且，还有其他一些因素会随着年龄的增加使人们身材变矮，例如骨质疏松、骨折、身形的变化、弯腰驼背、腰膝弯曲等。一位一直穿中号女装的女士，如果上了年纪后出现某些这样的症状，她就该去买小号女装了。

但最重要的原因是，美国的绝大部分移民人口的身材普遍较矮，她们的平均身高低于本土出生的美国人。世界上身材最为高大的荷兰人，向美国移民的高峰出现在19世纪80年代。身材同样高大的瑞典人和挪威人向美国移民的高峰出现在 1900 年。但过去的半个世纪，美国的绝大部分移民是拉丁美洲人和亚洲人，她们的身高普遍比美国女性低两到三英寸。虽然她们的人数不足以把美国人的平均身高拉低，但是，她们的数量（每年超过 100 万人）却可以扩大身材矮小女性群体的规模。

人们可能会认为，身材矮小的女性人数增加了，制衣商很快就会生产出适合她们身材的衣服。但是，大部分制衣商追随的是胖人的趋势，它们要满足的是丰满的女孩和高大男人的需求。2006 年 7 月，莱恩·布莱恩特（Lane Bryant）一家公司就开设了 75 处新店面。那么，谁来为身材矮小的女士们做衣服呢？

这些雷达都测不到的小个子女性给了我们另一个重要的启示。这些身小力大的女性的问题，暴露出一个引人注目的事实：制衣商们其实并不了解我们当中的某些人到底有多高多大。实际上，大多数妇女认为，美国制衣业采用的标准尺码，比如 6 号、8 号、10 号和 12 号，都是在那个已经被忘却的年代，即 20 世纪 50 年代制定的，尺码的制定相当随意，远远不能满足美国现有人口中各类身材的需要。

直到 2004 年，美国商务部才与制衣商一道，再次测量了美国人的身材——利用一种不到一分钟就可以获取数百个准确数据的设备，对一万名志愿者的身材做了测量。但是到目前为止，他们几乎没有发布任何数据，而专家们的说法是，他们不可能使美国人日常穿着的衣服迅速出现翻天覆地的变化。

研究人员披露的情况表明，过去，美国女性的正常身材呈上宽下窄的沙漏形，而现在变成了上窄下宽的鸭梨形，屁股大了，肩膀却窄了。美国人有高个，也有矮个，就像《芝麻街》（Sesame Street）中常说的那样，各种身量的人都有。但正因为如此，这是一个几乎没有开发的市场。

虽然衣服的型号不可能为适应每一个人的需要而改变目前的状况，但是身小力大的女士还是可以给我们某些启示。可能有一天，纽约第七大道上随处都会看到大屁股窄肩膀的美国女人。美国有一半的女性认为，目前的生产方式不能满足她们的需求，衣服的样式可心了，却没有合适的尺码。不论是个子矮得出奇的人还是高得出奇的人，他们都喜欢穿既合身又可心的衣服。能够适应这种趋势的制衣商，肯定会获得丰厚的利润。

第十二部分
技　术

喜爱社交的极客

美国的极客与乔克（Jock）①拉拉队员、朋克和反叛者一样，是指一种具有固定性格的人物。

但是，在《星际旅行》(Star Trek)的影迷聚会上发生了一件有趣的事。技术由一件为性格内向的人而存在的事情变成了一件为性格外向的人而存在的事情。虽然陈旧的看法坚持认为，技术的痴迷者——这些人一刻不停地在使用技术，熟悉它的术语，并且会迫不及待地去购买各种最新的科技产品——是社交方面的"失意者"，但事实是，美国最狂热的技术使用者也是美国最喜欢社交的人。

就像我们知道的一样，极客几乎消失了，他们甚至可能正在变成反技术的人——在被隔绝和分离的状态中寻求慰藉。在过去，从事与技术相关的工作为那些有着杰出才能却反感社交的人提供了一条出路，他们在机器中找到了安慰，这些机器以人类无法提供的方式向他们做出回应。现在，技术扮演着完全相反的角色。随着微软 Zune②这样将其他人联系在一起的新音乐播放器的出现，像用耳机独自听音乐这类个人行为也即将成为社会交往的一部分。随着技术对"联系"（connection）的重新强调，技术在社会中的使用已经远远超越了它曾有的那些反社会的、个人化的目标。

这一点对于技术营销的意义是巨大的。技术公司曾经把它们的产品对

---

① 指那种身材魁梧、长得很帅、富有男子汉气概的运动员。
② 微软公司开发的随身音频播放产品，可播放视音频文件，该产品通过内置的 Wi-Fi 能够与附近的其他 Zune 共享完整的音乐。

准那些脸色苍白、孤僻的家伙,而现在它们兜售的概念是,买一部很棒的电脑或手机是很酷的,就像买一辆好车一样,是一件有趣而又具有社交意义的事情。通晓技术在社交生活中曾经不是什么风光的事情;而现在,技术成了朋友圈和聚会,以及家庭社交生活的中心。

下面就是一些证据。在最近的一次问卷调查中,我们提出了一些与迈尔斯-布里格斯(Myers-Briggs)性格测试有关的问题,这些问题是关于人们对于个人电脑、手机和像黑莓手机这类手持设备以及便携式音乐播放器的习惯、态度和偏好的。如果过去关于极客的陈旧说法是正确的,那么,最痴迷技术的人应该是性格最内向的、对社交最反感的,这种说法对吗?

事实上,恰恰相反。虽然在美国全部成年人中大约只有49%是"外向型"的人(迈尔斯-布里格斯将其定义为从外部世界和周围的人当中获取能量的人群),但在最狂热的技术使用者中,就有将近60%是外向型的。这些人会翻阅消费类电子和数码产品的杂志,以便提前了解这方面的发展资讯;他们的朋友说他们是熟悉最新技术,并了解最新电脑软件的人;他们希望得到新版的操作系统。不过,他们也是这样一些人:在家庭、工作和学校之间穿梭忙碌,而且方方面面处理得都还不错,他们的生活态度最积极,对生活也最投入。和那些很不愿意使用这些技术的人相比,他们花更多的时间去看电影,去进行体育锻炼和户外运动,以及听最新从 iTunes[①]上下载下来的音乐。同那些不喜欢使用技术的人相比,技术痴迷者更愿意把"夜生活以及在城里喝酒"作为消遣方式,两者的比值超过了2∶1。

调查显示,在不喜欢使用技术的人——他们只有在迫不得已的情况下才购买和使用技术——当中,性格内向的人比性格外向的人要多,二者之间的比率是57%∶43%。这些人不仅对技术不感兴趣,而且对体育、新闻、杂志和时尚也缺乏兴趣,他们往往对周围的事物抱有比较保守和谨慎的态度。那些不喜欢社交的人也不喜欢电脑——因为电脑是与外向型性格联系在一起的,这真有点儿讽刺意味。

---

① iTunes:苹果公司的音频播放软件,可以播放 WAV、MP3 等多种声音文件。

"喜爱社交的极客"与"不愿意使用技术的人"的社交偏好

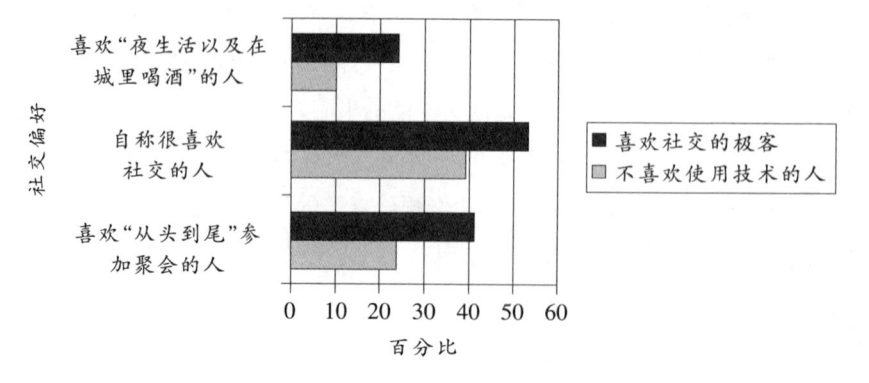

资料来源：PSB，2005年。
（Source: PSB, 2005）

事实上，当我们问到他们自己的社交习惯时，关于极客的陈旧说法完全是自相矛盾的。53%的"超级热衷于"和"狂热热衷于"技术的人认为自己很懂得社交；与之相比，只有39%的不喜欢使用技术的人对自己持有这种看法。58%的"狂热热衷于"技术的人说他们差不多可以"轻松地与其他任何人交谈，只要需要，多长时间都没问题"；与之相比，只有40%的不喜欢使用技术的人这样说。

在问到聚会时，这种对比就更加令人印象深刻了。41%的非常热衷于技术的人喜欢"从头到尾"地参加聚会；而在不喜欢使用技术的人中，只有24%。

技术曾经是不喜欢社交生活的人的避难所，而现在则成了在社交方面野心勃勃的人的敲门砖。

美国在线开发的AIM（instant messenger）[1]，或Facebook.com采用了社会延伸技术，也许是对这种现象的最好说明，这种技术使高中和大学的学生能够互动、分享照片和传递信息。Facebook.com网站已经拥有超过800万的帖子，根据comScore[2]的数据，它是美国流量最大的网站之一。更受欢

---

[1] 一款网络即时聊天软件。
[2] 一家美国互联网市场调查公司，拥有强大的数据库资源，运用不同方式对形式各样的网上在线活动进行不间断的、实时的测定。

迎的网上社区是 MySpace[①]，2006 年 7 月，它被 Hitwise[②] 评为美国排名第一的网站。

如果过去的陈旧说法认为技术极客没有朋友，那么现在的事实是，技术极客拥有的朋友数量多得惊人，而且无法想象。MySpace 上最受欢迎的是一个叫提拉·特基拉（Tila Tequila）的人，截止到 2006 年春天，有超过 2.5 亿人访问过她的 MySpace 网页。提拉·特基拉既是歌手、服装设计师，又是魅力四射的模特，是一位全才，更是一位新鲜出炉的热门人物，最近她在微软全国有线广播电视公司（MSNBC）接受了塔克·卡尔森（Tucker Carlson）的采访。当塔克·卡尔森问她在 MySpace 上要花多少时间来回应朋友和结交新网友的时候，她的回答是："我一天大约要花 24 个小时在网上，相当多。"

因此，现今如果你想要参加社交活动，那就变成极客吧。从相亲网站到 SMS 短信[③]，再到即时通信工具，现今人们是通过敲键盘来进行社交活动的。或者更准确地说，是通过敲入缩写词在进行社交的。LOL 代表 "laughing out loud"（大笑），"TTFN" 代表 "tata for now"（再见）。

这一新的现实为"技术生活"领域大量出版物的出现提供了契机。作为社交生活粘合剂的技术，与电脑书籍或者像《连线》（Wired）这样严肃性的杂志里所讲的技术是完全不一样的。网络是写评论的理想场所，但它不是关于人与技术的（这一方面还等着人来写）评论，它关注的是名人存入他们手机里的十大热门歌曲，如何组织一场街区舞会，或者是人们看到汤姆·克鲁斯（Tom Cruise）最近戴哪一款隐形蓝牙耳麦。

技术的作用发生了根本变化，而这些变化还必须扩展到它能发挥最大作用的地方——扩展到我们的学校中去。虽然使用技术已经变得非常社会化，但是技术的发展仍然有很长的路要走。2004 年，美国培养了大约 5000 名心理学博士，而培养的计算机科学领域的博士则不到 1000 人。结果就是，美国的科技公司必须从海外引进更多的相关人才，因为没有足够的美

---

① 交友网站，用户通过在 MySpace 上创建私人社区，就可以与不断增多的朋友分享照片、日记和爱好。
② 美国一家网站流量统计分析公司。
③ SMS 是 Short Messaging Service（短消息服务）的缩写，是一种使用移动设备发送和接收文本信息的技术。

国人来填充那些新出现的高科技领域的职位。随着越来越多喜欢社交的极客现在已经当上了父母，他们将鼓励他们的孩子参观基础科学展览，或者参加网页设计大赛。一些得到赞助的机器人比赛正在举行。但是，想要让那些宣称"我的儿子是互联网之王"或者"我的女儿是计算机奇才"的人享受到同宣称"我的孩子是医生"或"我的孩子是律师"的人所享受到的荣誉一样多，恐怕还有待时日。只有到了那个时候，即当这一代喜欢社交的极客把他们的下一代也培养成喜欢社交的极客的时候，学习和使用技术才会实现全部的潜在作用。

新一代的卢德分子[1]

你是否曾经想过把你的电脑摔到墙上？

如果你这样做只是因为它无法执行某些更高级别的程序（比如，添加2兆字节的 Power Point 作为附件，或者在不重新排序的情况下上传你的数码照片）而生气，那你可能不是一名新一代的卢德分子。你只是一名普通的电脑使用者，只是对你在10年前听都没听说过的一些小故障缺乏耐心而已。

但是，如果你有意识地对一些新产品和小发明采取抵制态度，因为害怕隐私被侵犯而拒绝使用互联网，或者因为他/她使用黑莓手机而拒绝与他/她约会，那么，你就可能真是一名卢德分子了。

卢德分子指的是19世纪早期的一个英国工人团体的成员，他们砸坏纺织机以抗议工业革命带来的变化——尤其是失业。他们没有获得成功，但是他们作为抵抗运动的神秘成员在历史上延续了下来，这些人为了使艺术战胜机械化、人性战胜生产力而在战斗。

现在，我们将大型机器缩小为芯片，将我们的创造成果储存在服务器上，但是，我们自己所经历的信息革命产生了与工业革命时期完全一样的反对者。他们当然不会砸坏别人的手机，但他们会以自己的方式对手机说不。

这些新的卢德分子与那些因为年龄、地理位置或收入而没有电脑或无法使用互联网的美国人是不同的。根据佩尤中心在2003年做的一项题为

---

[1] 卢德分子（Luddites）：原指英国工业革命时期以捣毁纺织机为手段，抗议资本家以机器取代人工的工人，现泛指那些抵制电子信息技术的人。

"互联网与美国人的生活"的研究，在美国3亿人口中，大约有7000万人是"对技术说不的人"（TechNos）——这些人根本不使用电脑。他们中的大部分人不是那些认为技术令人畏惧的年纪较大的流动工人和老年人，就是生活在农村的美国人，他们没有办法跟生活在城市或郊区的人一样快地买到电脑；再不就是收入低微的美国人，他们依旧认为电脑太贵了。

可以预测，随着技术变得越来越便宜，能够被越来越多的人使用，这一类"对技术说不的人"将会被逐步淘汰。

但是，新的卢德分子不是那些由于环境或条件原因而无法使用技术的人。他们绝对有机会使用技术，但他们仍然对技术说不。

根据佩尤中心的数据，2000年，在宣称自己不使用互联网的美国人当中，有13%的人曾经用过互联网，但最后不用了。截止到2002年（此时，美国的大多数人有了上网的机会），不再上网的人的人数增加到17%，这意味着大约有1500万曾经上过网的美国人不再上网了。

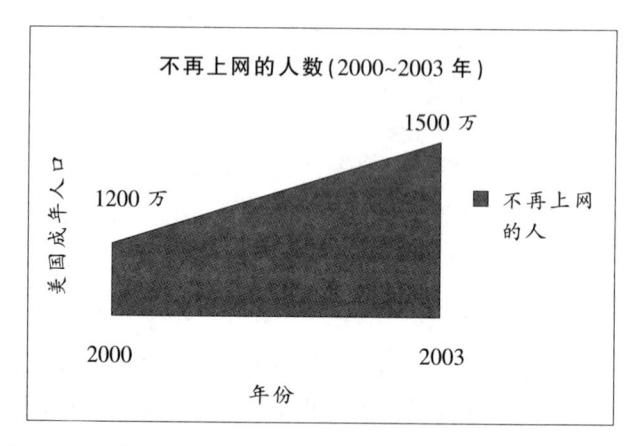

不再上网的人数（2000~2003年）

资料来源：佩尤中心"互联网与美国人的生活"调查项目，《不断变化的互联网使用者的人数》，2005年；美国人口普查，2006年。
（Source: Pew Internet and American Life Progect, *The Ever-Shifting Internet Population*, 2005; U.S. Census, 2006）

在这些人中，80%的人说他们知道某个可以上网，且费用方便的公共场所（比如公共图书馆），而且去那里也"非常"或"比较"容易，但是他们不想去。

这种新卢德分子是哪些人呢？

事实证明他们是与众不同的一群人。根据佩尤中心的研究，大多数不使用互联网的人是老年人、生活在农村的人和低收入的人。而那些坚决排斥互联网的人却是一些年轻的、生活在城市，并且有工作的人。在这些人当中，有四分之一的人宣称他们不再使用互联网是因为他们不喜欢网络，因为互联网没有什么趣味，或者没有什么用处，或者因为上网浪费时间。

这些人与前面说过的那些喜欢社交的极客完全不同。那些非常喜欢社交的人会使用技术来改善他们与外部世界友好交往的方式，而这些新一代的卢德分子比较悲观、比较愤世嫉俗，也比较孤独。根据佩尤中心的研究，他们中将近有一半的人对于目前自己国家的事情的发展表示不满，超过60%的人宣称他们在人际交往中不得不小心谨慎。超过一半的人认为一旦有机会，大多数人都会利用他人。许多中途放弃使用互联网的人说，当他们需要帮助的时候，他们几乎无人可求。

互联网的使用者往往认为他们可以把握自己的生活。新一代的卢德分子却不这么认为。事实上，一些新一代的卢德分子之所以排斥技术，是因为他们希望这样做可以帮助他们把握他们自己的生活。在他们看来，原本被认为可以使我们的生活变得更加轻松的技术，只不过使他们更加忙碌，压力更大。无论我们因使用即时信息交流工具而节省了多少时间，这些时间都会被更多的信息流所塞满。既然我们的知识和信息流都在我们一天天增厚的指尖上，那么，美国人的工作时间不是更少了吗？美国人的度假时间不是更多了吗？可事情却完全不是这样。我们甚至在度假的时候还要干更多的活儿。

因此，这些新一代的卢德分子继续坚持他们的不同主张。他们讨厌中断朋友面对面的交谈，而去回复别人新发来的电子邮件。他们讨厌他们的孩子在放学回家后就带着呆滞的目光坐在电脑屏幕前。他们讨厌餐桌上响起的黑莓手机，讨厌手机播放器，讨厌iPod，这些东西使他们甚至没有办法注意到其他人正试图与他们交谈。

他们反击的方式就是他们的笔、标准拍纸簿、索引卡片以及口袋中记满了他们要做的事情的清单的小纸片。他们可能不像喜欢社交的极客那样喜欢帮助别人，但他们坚持着那种老规矩，在同别人谈话的时候，看着对方，见到人就问好，而不是只发一条"你好吗？"（"How r u？"[①]）的短信。而且，他们的方式也许正在得到越来越多的人的接受。截至2007年初，允许乘客在飞机上使用手机的呼声虽然很高，但似乎不会实行。除了人们担心打电话会干扰飞机的导航仪器和地面呼叫系统外，事实证明，人们也不愿意听到别人在空中用手机没完没了地聊个不停。《今日美国》(*USA Today*) 所做的一项调查发现，每10个美国人当中就有7个赞成保留不允许在飞机上打电话的禁令。

在上一代人中，虽然大部分人都被电视所征服，但也有一些人对电视说不。（珍妮特·雷诺 [Janet Reno] 的妈妈就说过，她从来不让她的四个孩子看电视；她说看电视会把脑袋瓜看傻。）在这一代人当中，也有人对互联网采取抵制的态度。

这些现象是有商业意义的。一方面，即使在我们这些喜欢技术的很多人当中，他们对技术的这种强硬的反对立场也会以某些不太强硬的方式反映出来。甚至一些使用最主流的手机和电脑的人也不得不一次又一次地提出疑问：我们真的需要所有这些额外的玩意儿吗？有些时候，我们只是需要那些用得上的东西。

但就这些新一代的卢德分子本身来说，也存在着一些真正的商业机会。他们不喜欢像杰特森（Jetson）一样的快餐，无论在家里还是在外面，他们都喜欢文火烹制的食物和丰盛的大餐。他们不喜欢超大马力的汽车，而喜欢声响较小的汽车。如果他们的手指上长了泡，他们希望这是织毛衣和修整花园时留下的，而不是因为敲打黑莓手机上的那些很小的按键留下的。瑜伽、按摩和美体行业应该高度关注这些人；图书出版商、手工艺人以及宗教运动也应如此。他们不像那些做事匆忙的美国人，他们正在寻找不用很多技术就能打发他们的时间和金钱的方式。

当然，诀窍就是要发现他们——发现他们与其他人的不同之处，他们不会出现在网上。

[①] How are you？的网络缩写。

技术红颜

我们刚刚反驳了一种观点,即喜欢高科技和新发明的电脑的人是讨厌社交的人。事实上,研究表明,与以前不同,科技型极客是世界上最喜欢社交的人之一。

但在这些人中,有一部分——实际上,她们是最受忽视的一群人——是技术红颜(tech fatales):这些女人和女孩不仅使用技术,而且还推动、形成和决定了绝大部分消费类电子产品在美国的消费。

比如,当你看到你那台设计笨重,重达 8 磅的"手提电脑"的时候,你会想得到女人和男人花在技术方面的金钱之比是 3∶2 吗?是的——电视里 24 小时轮番播出的技术广告要击中的目标就是那些想早点用上此项技术的人,但是,将手机和 iPod 一股脑地买回家的正是那些迷恋 Claire[①] 品牌的购物者。

你知道吗?现在黑莓手机的挂链并不比 15 年前寻呼机的挂链好配衣服,但现在女性几乎影响到 57% 的科技产品的消费,在 2006 年,消费类电子产品的销售额大约是 900 亿美元。

就像我们在后面将谈到买汽车的女性一样,这不仅是一个逐渐兴起的趋势。它不是一个美丽新世界(Brave New World)[②] 式的预言——在这个预言中,未来的某一天,电子商务和电子产品需要靠大脑中的雌性激素来设

[①] 一个深受美国年轻女性喜欢的饰品品牌。
[②] 英国作家阿道司·赫胥黎的一部小说的书名,小说预言在未来的"美丽新世界"中,由于社会与生物控制技术的发展,人类将沦为垄断性的基因公司和政客手中的玩偶。

计。这一天已经到来了。说到购买科技产品，女人总是主导力量。她们是法学院中的主力，是大学中的主力，还是选民中的主力。现在，女人也正在引领席卷全国的高科技产品的抢购潮流。

尤其是那些年轻的女孩，更是如此。根据消费电子协会（Consumer Electronics Association）的统计数据，女孩比男孩更喜欢使用手机。（使用下列产品的女孩和男孩之比是，手机为88%∶83%，数码相机为54%∶50%，卫星收音机为24%∶18%，DVD刻录机为21%∶19%。）女孩和男孩在电视机、录像机、DVD播放机和个人电脑方面的使用比例是一样的。女孩在使用率上唯一落后的产品就是便携式MP3播放器和电子游戏机——即使如此，任天堂（Nintendo）在2006年推出新游戏机Wii时还是迈出了一大步，它的设计不仅考虑到了男孩，也考虑到了女孩，它的销售业绩之好，超出了分析家的预期。

受女性影响的消费类电子产品的销售额（2002~2007年）（按批发价格计算）

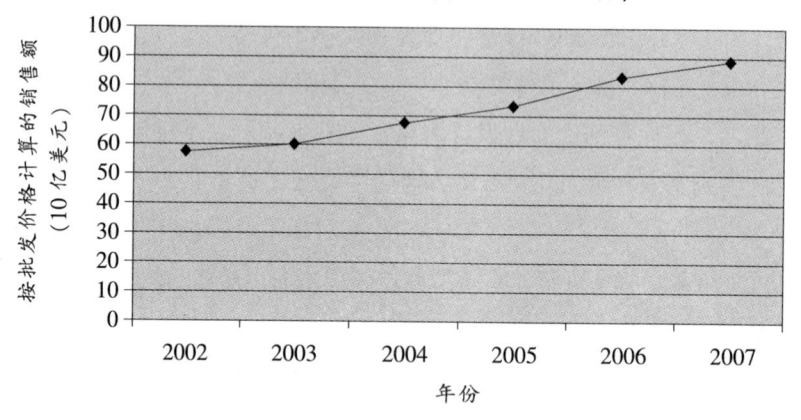

资料来源：电子产品消费者协会，2007年。
（Source: Consumer Electronics Association, 2007）

我还清楚地记得在1976年时，哈佛的科学中心（Science Center at Harvard）基本上是一个全部由男生组成的团体，那时没有多少女孩从事数学和自然科学方面的学术研究。但现在女孩已经成了技术的重要使用者。毕竟，当今许多技术的主要推广使用是在信息交流方面，而女孩是喜欢和她们的朋友们交流信息的。

然而，当你走进一家百思买（Best Buy）[1]卖场时，难道你没有注意到那些穿着蓝色衬衫的销售人员或那些极为热情的"电脑特工"（Geek Squad）[2]的目光在盯着女顾客吗？难道没有女性把瑞帝优上（Radio Shack）[3]列入她们最喜欢逛的商店的名单吗？如果光看名字，这些商店不会吸引到顾客。而苹果公司（Apple）的那些色彩柔和的新店面通常会吸引到更多的顾客，不过，还没有哪家公司开设了专门面向女性的科技产品商店。

说句公道话，这些商店知道它们正在错失商机。正因为这个原因，百思买刚刚开始实行一项准备实施几年的计划：店面的灯光要柔和，音乐要轻柔，要向顾客提供个性化的购物咨询。它甚至重新对员工进行培训，以便员工除了注意相机的像素以外，还能问顾客希望如何使技术贴近自己的生活。甚至瑞帝优上现在也积极地招聘女性店面经理，在它旗下的7000家店面中，女性经理大约有1000名。但是，就像汽车代理商一样，这种转变的速度是缓慢的。将近75%的女性仍然认为电子产品商店的销售人员忽视、轻视甚至是冒犯了她们。有40%的女性说，如果她们身边有一个男人，她们就会得到较好的对待。

但事实是，技术红颜对于这个行业具有更深层次的意义，而不仅仅是销售和营销。首先，女性不应该受到忽视。已经受到广泛报道的事实是，在第一代最先进的电视电话会议系统被采用时，产品开发人员忘记了女性声音的分贝范围。如果男性和女性说同样的话，照相机的录音系统也录不到女性的声音。

但只是在开始阶段是如此。在谈到产品的效用和设计时，通过反复研究，女性表达了她们对于技术的不同的首要需求、不同的偏好和不同的关注点。她们希望她们使用的新产品是轻巧、耐用、效果好的——而不是不断更新、直愣愣、有好多棱角的产品。

至少根据一家大型电子产品公司说，女性特别想要的是不会敲断手指甲的键盘、不会弄脏化妆的耳机，以及在黑暗中，在塞得满满的背包中能轻易找到的手机。毕竟，如果女性因害怕多年以后发现手机的辐射会对子

---

[1] 全球最大的家用电器和电子产品的零售和分销及服务集团。
[2] 百思买旗下一个提供全方位专业电脑技术服务的团队。
[3] 美国一家消费电子产品的零售企业。

宫产生不良影响，所以仍然不能或不愿意像男性那样把PDA别在腰带上，那么无论如何也需要想一个办法，让她们能够在背包里找到正在嗡嗡作响的手机，而无须在大庭广众之下把她们的东西翻个底朝天，或者干脆就是错过了电话。

说到家用电器，女人想要的是那些能对起居室、卧室和厨房起到装饰效果的产品，而不想要它们占据过多的空间。因此，大多数女性都选择平板电视机。这种款式的电视机外形纤细、超薄和优雅，不会一下就让人想起周日下午扑面而来的足球比赛。夏普公司（Sharp）最近生产了一款平板电视机，名字听起来很温柔，叫AQUOS，这款电视机的广告不仅出现在黄金时段的体育频道上，而且也出现在"生活时间"（Lifetime）[1]和"美食网"（Food Network）[2]上。

然而，显而易见的是，女人接受科技已经完全是一种时尚了，而这一块的市场潜力被大大低估了。镶有耀眼钻石的手机显然成了抢手货，由女性时尚界中最炙手可热的设计师所制造出来的那些装饰着珠宝的手机也同样被人追捧。是的，现在有些手提电脑包的外侧会用一些编织物、色彩对比强烈的绲边，以及设计别致的侧袋来装饰，但我们还远远没有充分地开发出那些具有个人风格的新发明及其配饰的潜在市场。可以问问任何一位现代的女性，她是愿意丢了自己的手机，还是愿意丢了她那双最新款式的鞋子。手机在一个女人的亲友圈中占据着中心位置。但是，说到把女性个性中最深层的那部分与时尚联系起来，技术公司能做的难道就是设计出非蓝即黑的键盘吗？

星巴克经济正在走向技术——以单色电脑和手提电脑为代表的福特经济则在走向穷途末路。索尼公司（Sony）已经开始制造彩色的手提电脑，苹果公司允许开发刻有雕花的iPod，戴尔公司（Dell）正在采取一些变化，以便使产品的设计更具吸引力。手机架的选择也开始变得越来越多了。

但在未来几年，对于技术产品的设计师而言，最重要的问题仍然是"女人想要什么"。为女性设计的Windows系统与Windows Vista系统看起

---

[1] 美国一家主要播放生活服务性节目为主的有线电视网，在美国的女性观众中收视率很高。
[2] 美国一家主要介绍美食节目的有线电视网。

来有什么本质上的不同吗？在还没有涉及本行业的其他问题之前，烟草行业已经成为为男女提供不同产品的典范——同一产品的不同品牌吸引着不同的男人和女人。弗吉尼亚纤细香烟（Virginia Slims）真的和万宝路香烟（Marlboro）有什么本质上的区别吗？技术行业正在发生变化，但一些行业的男性化的时间太长了，以至还没有专门开发出适合女性的产品。和买汽车的女性一样，实际情形是，市场已经形成了，但相关行业却还没有发展起来——很快就会有一天，某个人就会冒出来，以完全不同的方法把握住这一趋势，那他占领的就不仅仅是一小块市场，而是在技术奇迹中发展最迅猛的那块市场。如果你是一个技术红颜，那么你并不孤单——你就在那里等着，总会有人出来听你的需求。

买汽车的"足球妈妈"

2005年超级碗（Super Bowl）橄榄球赛上的汽车广告成了男人的天下。在9个不同的汽车广告中，其中有7个把速度、崎岖的山路和/或耐力作为它们的突出主题。本田里吉来（Honda Ridgeline）的那则"野性"（Rugged）广告上，闪现的是一连串挂在车上的男用皮带扣，系着这些皮带的男人则跟在车后尽情地做着各种极限运动。在福特野马（Ford Mustang）的广告"冰冻的法戈"（Frozen in Fargo）中，一个坐在驾驶座上快要冻死的男人为了能驾驶他的敞篷车，而在固执地等待着天气变暖，广告的结尾是，一个深沉的男声响起："我们会使你坚强。"

事实上，在超级碗橄榄球赛期间播放的9个汽车广告中，有6个根本就没有对话，有6个没有出现女人，有3个根本连人都没有出现。在其中一个既有对话又有女性的广告中，一个父亲找到了他离家出走的女儿，他只是告诉她，只要她开走她母亲的汽车，逃跑对她就是件好事。

底特律（或者不如说是芝加哥，因为这些为底特律做的广告是在那里制作的）知道男人在想什么。

女人呢？他们对女人知道得并不多。

如果观看超级碗橄榄球赛的只是男人（事实上有5500万女性观众），或者购买汽车的只是男人，那么，这一切都完全没有问题。但事实并非如此。买汽车的女性不只是在增加，而且她们是当今美国汽车购买者中的主力。而随着越来越多的女人不依赖于丈夫也能生活，这一数字只会继续增加。

此外，就像上文说到的技术领域里的故事一样，大多数汽车广告也是以男性作为目标客户的，无论它们是不是在超级碗橄榄球赛中播出，而购买汽车的环境仍然是以男人的感觉设计的，以至于 70% 的女性宣称，她们在汽车展示厅里有被胁迫的感觉。汽车销售商们仍然错误地认为男性是这一市场上的唯一掌控者。

50 年前，道奇汽车（Dodge）向市场投放了叫作"佳人"（La Femme）的车型，这是美国第一部专门以女性为目标客户的汽车。这部车是粉红色的，配置了配套的雨篷、皮革手袋、粉盒、打火机以及香烟盒。这部车的营销打出的旗号是"为了我们的女皇——美国的现代女性"，但销售业绩却惨遭失败。不过，这不是因为道奇汽车关注女性品味的直觉不正确——它只是没有对市场做出正确的判断。

就像超级碗橄榄球赛的广告商清楚知道的一样，男人购买汽车时会被功率和奢华所吸引。但对于女性而言，情况却不是如此，事实一次又一次地证明，当说到汽车时，女性更关心的是支付能力、实用性和安全性。根据《2005 年凯乐蓝皮书》（2005 Kelley Blue Book）的资料（该资料按照性别追踪了新车登记者的情况），男性购买最多的五种汽车的平均马力是 367 马。而女性购买最多的五种汽车的平均马力是 172 马。

考虑到男性和女性可能使用汽车的方式，这一情况是有意义的。如果"足球妈妈"们整天拉着孩子、食品和体育器材到处跑，那么，她们可能并不怎么关心在 5 秒钟内将时速从 0 增加到 60 公里，而更关心保证小孩和东西的安全，以及尽可能少地操心汽车的保养。

事实上，当第一款专门面向女性设计和销售的概念车——沃尔沃 2004（2004 Volvo）面世时，低保养率是最优先考虑的事情。在这款车的设计中，每 31000 英里只需更换一次机油。该车没有引擎盖，驾驶者不会在那里修修补补，只有一个适合技师工作的发动机接入口。挡风玻璃洗涤液可以通过油箱后面的一个小孔注入。没有气帽，只有一个为注入口而开的球阀。在应该检修的时候，该车的相关程序就会向当地的服务中心发出无线信号，而服务中心则会通知车主。它的低排放、电气混合型的发动机是环保型的。

显而易见，这些都是 21 世纪买车的美国人优先考虑的事情。女人对那些到她们胸口高的载重汽车轮胎没多大兴趣，尽管这些轮胎号称能载着她们在崎岖的山路上颠簸、盘旋而行。（并不是说载重汽车不稳定，在买载重汽车和越野车的人当中，女性也是人数增长最快的，她们买了全部越野车中的45%，以及差不多同样数量的全尺寸货运车和小货运车。）但是，各种载重汽车的广告只是关注汽车的攀爬能力，而没有重视它的实用性，以及适用于家庭这一特点，这样的广告很有可能在女性当中达不到预期效果。

汽车制造商需要注意啦！买汽车的女人不仅出现了，而且她们成了主导力量。装有配套雨篷的粉红色敞篷跑车虽然不大受欢迎，但这一思路是正确的。女性想要的是更安全、更精致的庞蒂亚克G6敞篷车（Pontiac G6）、铃木的富人扎（Suzuki Forenza）以及大众的新甲壳虫（Volkswagen New Beetle）；而男性想要的则是更奇特、更坚固的保时捷911单排跑车（Porsche 911 coupe）、三菱的兰瑟翼豪陆神（Lancer Evolution）以及福特的GT（Ford GT）。

甚至男性和女性所喜欢的汽车品牌也是没有重合的：女性最喜欢的五个品牌是庞蒂亚克、现代、丰田、大众和铃木；男性最喜欢的五个汽车品牌则是道奇、林肯、美洲豹、保时捷和英菲尼迪。

女性成为购买汽车的主力军这一事实应该使这一产业发生变化。汽车应该更多地被设计成沃尔沃的概念车（Volvo Concept Car），也应该更多地像家用电器一样去销售。但是这个产业还没有做到这一点，尽管女性的购买力已经不是预期，而是事实了。

在这个产业意识到这一点的时候，它可能会发现随着女性受到更多的关注，这个产业——从汽车设计到服务到保养——将变得更加强大。正如捷飞络（Jiffy Lube）公司[1]的总裁所说："任何为吸引女性顾客所做的事情都会被男性顾客欣然接受。"同样也像沃尔沃公司的总裁所说，当他们在2004年生产完全面向女性设计和推销的概念车时，"我们知道如果你达到了女性的预期，那么你也就超过了男性的预期"。

因此，对于福特和通用汽车（GM）而言，是该停止模仿日本人，转而向安·泰勒（Ann Taylor）[2]和雅诗兰黛学习的时候了。女性想要的是安全、易于保养的汽车，并带有令人愉悦的设计元素。她们也喜欢女性经销商。

---

[1] 美国一家由壳牌石油公司全资控股的提供汽车快速保养连锁服务的公司。
[2] 美国一家著名的服装连锁店，以销售上班女性穿的休闲服装闻名。

福特公司试图改进他们的水星系列（Mercury）产品，并将之融入他们的女性品牌之中——但是除了增加一个"形象代言人"以外，我还无法确定我看到了贯穿于从设计到成品展示整个过程的变化。

美国的汽车行业存在着一些问题——其中许多问题是由超过其控制的条件所导致的，比如严重的劳动力短缺以及高额的退休金支出。在我与比尔·福特（Bill Ford）工作期间，我们偶然发现为了重新站稳脚跟，美国的汽车制造厂必须进行创新以赢得发展。这一点说起来容易做起来难，但就女性汽车购买者正在脱颖而出这一事实而言，集中精力让汽车以及购买汽车变得更加舒服，应该不会太难。

当今在许多领域中，女性都成了主力军，但是，男性以及整个制度环境反应迟缓，他们还没有意识到这一点。女性是大学和法学院的主力。女性是选民中的主力。可以加到这一列表中的事实是，尽管似乎还没有人承认这一点，但女性也是汽车购买者中的主力。在美国，这可能是最容易被忽视的市场统计数据。

第十三部分
休闲与娱乐

射箭妈妈？

　　美国人对于体育是狂热的。在我们当中，有超过2.6亿的人至少从事一项体育活动，仅仅在10年前，这个数字只有2.35亿人。我们全部播送体育节目的电视频道从1979年时只有ESPN[①]一家增加到了大约24家。我们将篮球明星列入最受崇拜的人的名单中，我们在选举中使某些健身运动员和专业摔跤选手成了一些大州的州长，我们将橄榄球运动员送进了国会。

　　问任何一个人都可以知道，在美国，就国家层面而言，体育意味着四大球类运动：橄榄球、棒球、篮球和冰球。在我们自己的生活中，体育则意味着游泳、保龄球、钓鱼和自行车运动。

　　这样一来事情就变得很有意思了。在过去的25年里，除了橄榄球以外，人们对于四大球类运动的兴趣一直在急剧下降。实际上，只有11%的美国国民将棒球视为最喜欢的运动项目——从数据上讲，棒球自20世纪70年代初以来就一直不是"美国的全民娱乐"（America's Pastime）。篮球在2005~2006年赛季创下了历史最低的电视收视率。冰球的收视情况极其糟糕，以至ESPN在2005年完全停止了冰球的比赛转播。

　　就我们自己参与的那些运动而言，我们参加游泳、钓鱼、自行车和篮球这样的"常规"体育项目的人数也正在下降。棒球、网球、排球、滑雪和轮滑的情况也是如此。

　　那么，美国新的体育爱好者都在做什么？

[①] 美国最著名的体育电视网，24小时连续播出体育节目，以现场直播各种体育赛事而闻名。

参与体育运动的人就像喜欢音乐和电影的人一样,正在分成若干小的群体。尽管美国职业棒球大联盟的官员在会议室里歇斯底里,但是,我们并不是对体育的喜爱下降了,只是更喜欢小型的体育项目了。

自 1995 年以来,美国运动器材协会(National Sporting Goods Association)一直在追踪调查参与不同运动项目的美国儿童与成年人的人数。通过比较 1995 年与 2005 年的数据,我们可以发现,虽然像棒球、游泳、网球和排球这样的传统项目正在衰落,平均参与率只有 13%,但是一些更加个人化的、贴近自然的体育运动正在兴起,其中许多运动是人们在 20 年前听都没听过的。

参与体育运动的变化(1995~2005) (可选的体育项目)			
	1995 年的参与人数(百万)	2005 年的参与人数(百万)	增长率(%)
滑板运动	4.5	12.0	166.7
划艇/漂流	3.5	7.6	117.1
滑雪板运动	2.8	6.0	114.3
射箭	4.9	6.8	38.8
山地自行车运动	6.7	9.2	37.3
户外运动/野外露营	10.2	13.3	30.4
打猎(使用弓箭)	5.3	6.6	24.5
足球	12	14.1	17.5
高尔夫	24	24.7	2.9
篮球	30.1	29.9	−0.7
钓鱼	44.2	43.3	−2.0
游泳	61.5	58	−5.7
棒球	15.7	14.6	−7.0
网球	12.6	11.1	−11.9
自行车运动	56.3	43.1	−23.4
排球	18	13.2	−26.7
单轴轮滑	23.9	13.1	−45.2

数据来源:美国运动器材协会,2006 年。
(Source: Nationed Sporting Goods Association, 2006)

就像你从上表中可以看到的那样，在过去 10 年中，美国发展最快的体育项目是滑板，现在有 1200 万人从事此项运动。这几乎与曾经从事过垒球或棒球运动的美国人的数量相等。

增长第二快的是划艇/漂流运动（人数超过 700 万），接下来是滑雪板运动。人们直到 1980 年才听说过滑雪板运动，而现在有 600 万人从事此项运动。玩滑雪板的人几乎占到了滑雪场上的人数的三分之一。

美国其他快速发展的体育项目包括山地自行车运动（有 900 万人参与）、射箭（有将近 700 万人参与）、户外运动（有 1300 万人参与），再加上使用弓箭的打猎（有将近 700 万人参与）。

在过去 10 年中，即自从我们提出"足球妈妈"这一说法以来，射箭运动的发展速度是足球的两倍还不止。嗨，你是射箭妈妈吗？

参与体育运动的人正在分成若干很小的群体，如果你认为这种现象在 30 岁到 40 岁的人中间只是一时的风尚，那么在青少年中间就更加明显。现在，美国职业橄榄球联盟的赛事 18 岁以下的青少年观众占据了 10% 的市场份额，这与 20 世纪 90 年代的 13% 的份额形成了鲜明的对比，而参与足球、篮球、棒球和冰球运动的青少年的数量在同一时期下降了 23%。不过，还有一些他们正在参与的项目。从 20 世纪 90 年代中期以来，高中的曲棍球队的数量从 800 支增加到了 2300 多支。美国击剑协会（U.S. Fencing Association）的年轻会员数量增加了不止一倍，现在已有近 8000 人。1990 年以来，美国舞蹈协会（USA Dance）——包括体育舞蹈——的年轻会员增加了差不多 7 倍。

当然，你们可以打赌，整个美国参与滑板和滑雪板运动的人数的增加并不是由于参与这个项目的人都是 40 岁左右的美国人。

正在发生的事情是，对于某些人来说，大型体育项目需要的场地太大，而他们的场地太小；而小型体育项目可以使他们在较小的空间进行，同样可以呼吸到新鲜空气，同样可以全身心地投入。

在过去 10 年中，观看和参与大型体育运动已经越来越成为一件劳心费神的事情。四大球类运动越来越被认为是超大公司的行为——因为（原来的）安然体育场（Enron stadiums）满墙满墙的显眼的广告，以及球员不受控制的薪水。罢赛和停赛也使比赛和比赛季名誉扫地。兴奋剂丑闻也是一件令人极为沮丧的事情。当然，仍然有一大批球迷，但四大球类运动正面临着球迷大量流向新的体育项目的问题。

也许与此有关的是，青少年对这些项目的参与也变得过于激烈了。戴着"少年棒球联合会肩章"的孩子们也出现在了运动伤害诊所，他们受伤的韧带是无法恢复的。过于好胜的学生服用了提高成绩的药物，他们使那些只想锻炼一下身体，培养一下团队精神的普通孩子不得不退出了这些体育项目。更不用说场外那些疯狂的父母了，比如，马萨诸塞州的一名小冰球运动员的父亲，他在2000年与另一个10岁孩子的父亲大干了一架，结果把对方殴打致死。

在这种背景下，曲棍球、击剑和舞蹈开始引起了人们的兴趣。父母变得温和了，更多的孩子有了更多的机会来从事体育运动，并在这个领域崭露头角。更不要说这些孩子在考大学时所享受的优待。但只有少数篮球明星会直接进入在篮球方面排名最靠前的大学——可哪所大学不会对全国少年越野冠军多看两眼呢？

参与体育运动的人分成若干很小的群体，正好说明越来越多的人正在远离大众，以寻求更大的个人乐趣。体育曾经是整个学校（后来成了整个城市）的人聚集在一起，为自己所属的那个群体中的最强壮的男人在比赛中击败对手而呐喊助威的一种方式，但现在不同了，现在越来越多的人会说："祝你比赛取得胜利，但我得玩皮划艇去了。"

值得注意的是，美国发展最快的运动项目（滑板、皮划艇、滑雪板、射箭、户外运动、山地自行车或者使用弓箭打猎）中没有任何一项运动是主要依赖团队的。当然，就像所有很酷的运动项目一样，它们需要耐力、力量和灵活性，但是，今天正在蓬勃兴起的体育运动项目更偏重于个人的强度和内在的力量，而不那么强调战术、口哨声、统一的制服和修整一新的场地。

在美国，体育还没有走向衰落。它只是从一种群体性的仪式变成一种具有个性的活动。体育曾经是一件把大家聚在一起的大事——就像是在罗马竞技场观看狮子撕咬人的现代版——现在它已经走向了相反的方向。现在，体育帮助我们隐退——常常是帮助我们独自一人隐退到大山、森林或江河湖海中去。

我们希望参与这些体育项目的若干小群体有一些明确的目标，并期待着在他们中间出现真正的英雄。我们期待着不仅仅涌现出射箭妈妈，而且还有滑板政治家。

我原本只想开个玩笑：既然梦幻橄榄球（Fantasy Football）[1]已经获得了巨大的成功，那么，人们就应该等着梦幻钓鱼出现了——但现在，这已经存在了。人们可以选择钓鱼选手，然后打赌，看他们能钓到什么鱼。

另外，如果奥运会可以分成若干小部分的话，它一定会这么干。自现代奥运会从1896年开始举办以来，共有43大项体育赛事。现在冬奥会和夏奥会一起，共有386个项目。扑克会成为下一届奥运会项目吗？不要笑，2005年扑克世界系列赛引起了ESPN的极大兴趣（是的，是ESPN，因为E代表"娱乐"[entertainment]）。在2008年奥运会上，人们可以看到国标舞比赛。

最后，人们可以期待在电影中出现更多的新兴体育项目。仅仅从2003年以来，美国的巨制大片就有获得奥斯卡奖的《百万美元宝贝》（*Million Dollar Baby*）（关于拳击的）和获得奥斯卡奖提名的《奔腾年代》（*Seabiscuit*）（关于赛马）。但是我们必须老实说，拳击和赛马是50年前美国人最喜欢的体育运动，而现在它们实际上已经不再是人们喜欢观看或参与的体育项目了。在2005年上映的《天气预报员》（*The Weather Man*）中，尼古拉斯·凯奇（Nicholas Cage）饰演的一个芝加哥的电视明星就是一位娱乐场上的弓箭手。很奇怪，对吗？但你可以从中了解到某些情况。

在美国，体育的发展趋势是倾向于个人化的、平静的和贴近自然的。一点儿也不奇怪，在2006年，高尔夫选手泰格·伍兹超过了篮球明星迈克尔·乔丹，成为美国最受欢迎的男运动员，而乔丹获此殊荣曾长达13年。在美国职业体育界和美国电视业，超级碗橄榄球赛仍然是最大的赛事，但有一个人数虽少，但正在不断壮大的群体已经不再观看传统的体育赛事了，他们转向了其他体育运动项目。

---

[1] 一款在线美式橄榄球游戏。

×××人

本书讲到的一些趋势涉及某些正在创造巨大市场的小群体。而本章所讲的趋势所涉及的人数众多，他们参与的活动似乎不为人知，尽管这类活动经常在发生。

在美国，几乎没有什么话题比色情更让人忌讳的了。色情既遭到了宗教领袖（通常是右翼）的鄙视，又遭到了女权主义者（通常是左翼）的谴责，和任何其他消遣方式一样，色情消遣在美国也遭到了广泛的反对。但近些年来，互联网使人们进行色情消遣变得太容易了，以至数百万原本属于上流阶层的令人尊重的美国人正在以惊人的频率消费着色情消遣。色情杂志的销量可能滑坡了，但互联网上的色情传播品却获利颇丰。

大约有4000万美国成年人定期访问互联网上的色情网站。这比定期观看棒球比赛的人多出10倍还不止。我们到底应该把哪一种消遣方式称为美国全民性的消遣方式呢？

事实上，这一块的市场非常巨大，以至色情消遣成了最普遍的消遣方式。在美国，几乎每家酒店的房间都提供浏览色情网站的简捷途径。不管是谁，只要点一下鼠标就行了。

在上班时间浏览色情网站的人的数量惊人。根据Websense公司（一家网络安全与过滤的软件销售商）的统计数据，70%的色情内容是在上午9点至下午5点之间被下载的。20%的美国男性承认在上班时间浏览过色情网站。在你的办公室里，认真工作的男性会有5个人吗？当他们趴在电脑前，看起来像是在工作的时候，你偷偷瞥一下他们的电脑屏幕。情况可能是，至少有一个人不是在盯着报表看。

值得注意的是，这些人原本是坚守某些极高的道德标准的。2003 年，《今日基督教妇女》(Today's Christian Woman)报道说，在那一年的"守信者大会"(Promise Keepers Convention)上，53% 的男性承认他们在上一周曾访问过色情网站。47% 的基督徒说，色情传播物是家庭中的一个严重问题。

前总统吉米·卡特曾同意这样说法，即"肉欲在你心中"。而互联网则使肉欲在你的电脑屏幕上，用很少的钱就能满足你那不想让别人知道的肉欲。

毕竟，正是那些像病毒一样迅速传播的很刺激的性爱录像才使帕米拉·安德森（Pamela Anderson）重新走红，也让帕丽斯·希尔顿（Paris Hilton）成了名人。这两个人都很生气地说，她们的男友是在未经她们同意的情况下传播这些录像带的。但她们都从这种高度曝光和她们引起的兴趣中获得了好处。过去，这样的录像会使这些明星成为被人排斥的人，但在今天的社会，这些录像却使她们成了明星。

色情业在全世界已经成为一个产值达 570 亿美元的产业，在美国，它每年带来 120 亿美元的收益。2001 年，色情业的收益比棒球、橄榄球和篮球几大联盟加在一起所产生的利润还要多。2006 年的一项研究宣称，网络色情业产生的利润超过了美国广播公司（ABC）、哥伦比亚广播公司（CBS）和美国全国广播公司（NBC）的这三家公司的利润之合，两者之比将近 2∶1。

就像人们可能预计的一样，色情在网络空间中所占的份额是很大的。在互联网上，有 400 多万个色情网站，大约占全部网站的 12%。在搜索引擎每天收到的请求中，每 4 个就有 1 个是搜索色情内容的。同样，每 3 个下载中就是 1 个是下载色情内容的。经常的情况是，色情网站的访问量超过 Google、Yahoo！和 MSN 这三家网站访问量总和的三倍。

然而，不太受人关注的是，色情业已经成了推动技术发展的关键行业之一。在 20 世纪 80 年代，当家用录像系统（VHS）挤掉 Beta 制大尺寸录像系统（Betamax）成为录像带标准时，它的胜利在很大程度上要归功于与它同时存在的 X 级影片。现在，据《投资者商业日报》(Investor's Business

Daily）说，光盘业巨头 HD DVD 与蓝光光盘（Blu-ray Disc）正在为谁将成为下一代光盘的标准格式而决一雌雄，而且 HD DVD 和"成人产业"（adult industry）的联盟很可能会胜出。

现在，色情传播商成了主流技术公司的最大客户之一。"性"（sex）成了人们在 Google 和 Yahoo！网站上排名第一的搜索词。虽然各种保守派组织在加快步伐抵制那些在同性恋色情杂志上做广告的公司，但它们从来没有抵制过那些将设备和服务卖给色情业的公司。为什么没有呢？虽然这些组织没有多少同性恋成员，但它们却有很多浏览色情网站的成员。

谈到色情网站的影响，人们不得不怀疑，我们还能不能够看到现实中的两性关系会发生实质性的变化。暴力曾被归咎于电视，但有些研究却不尽然。现在，随着网络色情的迅速传播，网络约会也飞速发展。以前人们从来没有这么多机会和现实中的人见面和约会，在见面和约会的同时，他们还可能更多地沉溺于各种不想让人知道的幻想之中。

也许最大的影响莫过于对那些曾买过非法色情杂志，后来又买过色情录像带的青少年的影响，现在他们又有了上网的渠道。你只要把 www.sex.com 这样明显的色情网站输入你的网站浏览器，你就会看到到底会发生什么事情。年轻人以前不经过很多麻烦就根本没办法得到的照片会很快传给任何人，而不需要任何信用卡或身份证。美国青少年第一次发生性关系的年龄正在下降，现在已经降到了 16 岁，能够轻易获得与性相关的照片和不受限制的性信息可能是原因之一。

不过，对女性来说，这才是真正可怕的。主流的色情业像一个庞然大物，正在悄悄地逼近——对男性来说，这已经是一种司空见惯的现象了，但却往往被女人所忽视。如果女人认识到了这一点，她们会改变她们对同事、老板、丈夫和男朋友的看法吗？或者，女人是故意忽视这一现象吗？她们是否同意吉米·卡特的看法，即有点儿肉欲也是正常的，只要她们的男人还忠诚于她们？

在女性当中，有超过四分之一的人访问过色情网站。而且，现在越来越多的女性开始独居。因此，如果在一个趋势中还存在着另外一个趋势，那就是，更多的女性将采取这样的态度：如果你打不败他们，那就跟他们一起来吧。

国际画面

对于色情的热情并不单单出现在美国人身上。TopTenReviews.com 网站宣称，每年全球性产业的价值大约是 810 亿美元，而以互联网为基础的色情业占了 35 亿美元。在过去的 5 年中，全世界的色情网页以 1800% 的速度在增长，而在全世界每天的 6800 万项搜索请求中，有 25% 是搜索色情网站的。因此，当你因为老板从身边走过而急匆匆地隐蔽你屏幕上的裸体人像时，这样做的人可能不是你一个——在荷兰的某个人很可能也在干同样的事情。

色情网站就这么受欢迎，这是真的吗？根据杜蕾斯公司所做的 2004 年全球关于性的调查（2004 Global Sex Survey），35% 的色情传播物的观看者是和他们的伴侣一起观看的。从全球范围来说，南非人是最愿意承认看过色情传播物的人（60%），而印度人（22%）和中国人（24%）是最不愿意承认的人。

全世界的人接触色情传播物的方式基本上是相同的——主要是通过互联网、电话和杂志。但在欧洲，新的火爆方式是通过手机获取色情传播物。欧洲人在与手机兼容的色情传播物上已经花了相当于数千万美元的钱；2004 年，PhoneErotica.com 网站每周的点击量超过了 7500 万次。在美国，手机运营商担心公众的抗议，因而迟迟没有跟上欧洲的步伐。但无论如何，研究者宣称，到 2009 年手机上的色情图像产品（可以设想，就紧挨着你的工作电子邮件和家人的数码照片）将在美国拥有 2 亿美元的市场。

很自然，色情传播物不仅是提供给成年人的。泰国的《国家》（The Nation）杂志报道，2002 年，大约有 71% 的泰国青少年（12~25 岁）访问过色情网站，45% 是这些网站的常客。来自加拿大艾伯塔省（Alberta）的 13 岁到 14 岁的男孩宣称，他们浏览色情网站的次数已经"数不胜数了"。

日本作为成人和儿童色情传播物的盛产地在色情领域拥有非常突

出的地位。1998年，国际刑警组织估计，高达80%的儿童色情网站来自于日本。

哪个国家登记在案的色情网页数量最多呢？是德国，大约有1000万个。非洲的一个小国圣多美（São Tomé）宣称拥有大约30.7万个这类网页，几乎是这个小国人口数量的两倍。

这是世界上最大的、最不容易保守的秘密。

玩电子游戏的成年人

在美国，电子游戏让人想起的是长满粉刺的十几岁的男孩，他们在阳光明媚的日子里蜷缩在昏暗的游戏厅的控制板前。"游戏玩家"是那些在各自的地下室里一坐就是好几个小时而不喜欢社交的青少年，没有新鲜空气，没有运动，也没有必要的交谈。

虽然旧有的印象根深蒂固，但是统计数据披露的却是一幅非常不同的画面。在 2006 年，电子游戏玩家的平均年龄从 4 年前的 24 岁增加到了 33 岁。他们不仅比你想的年龄要大，而且显而易见，他们玩游戏的时间平均只有 12 年——这意味着一般游戏玩家都是在到了能买酒的年龄时才开始玩电子游戏的。电子游戏已经成了成年人而不是孩子们的最大娱乐项目。

根据美国娱乐软件协会（Entertainment Software Association）的数据，18 岁以下的游戏玩家在所有玩家中所占的比例实际不到三分之一，而 50 岁以上的人占到了 25%。我知道，这一点是很难让人相信的。在 2006 年美国退休人员协会的全国大会（AARP's 2006 National Convention）上，与比尔·考斯比（Bill Cosby）[1]和埃尔顿·约翰（Elton John）[2]一起成为明星的还有任天堂游戏开发商。

即使是玩游戏的成年妇女——她们占到了电子游戏市场的 30%——在数量上也远远超过了 17 岁及以下的男孩，他们只占电子游戏市场的 23%。

注意啦，孩子们，你们的父母到地下室来了。不过，他们并不是来拿

---

① 美国家喻户晓的喜剧演员。
② 英国流行音乐歌手。

走你们的电子游戏,让你们外面去玩。他们是想和你们一起玩。

电子游戏玩家的平均年龄(2002~2006年)

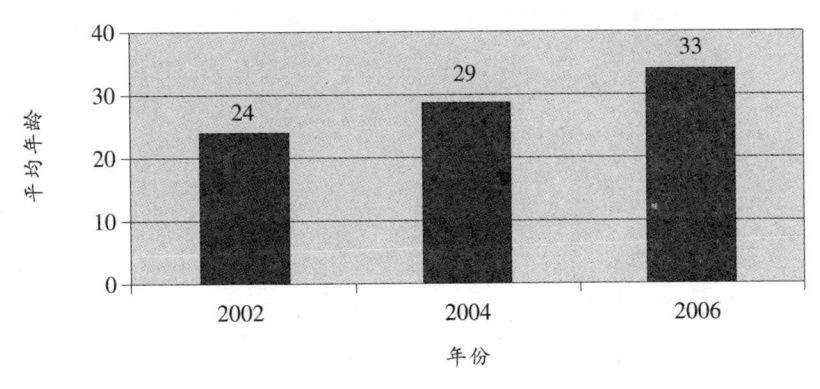

年份	平均年龄
2002	24
2004	29
2006	33

资料来源:美国娱乐软件协会,2006年。
(Source: Entertainment Software Association, 2006)

正在发生什么事情呢?

首先,那些30岁左右的人是在电脑前成长起来的第一代。对于他们的父母而言,"娱乐"意味着买一张票去看演出、戏剧、电影或球赛,然后看情节——展开。跟他们不同,这一代人更愿意接受那些与点击鼠标、控制面板和互动叙述有关的娱乐。

第二,因为今天的父母们没有把电子游戏视为一种危险,所以实际上,他们是把电子游戏当成与孩子加强联系的一种方式。根据美国娱乐软件协会的数据,35%的父母是游戏玩家,而80%玩游戏的父母是和他们的孩子一起玩。因此在《热舞革命》(Dance Dance Revolution)的游戏中,孩子们(和他们感觉到肥胖的父母)玩得大汗淋漓,跟着那视频上需要有点儿技巧才能跟上的舞点忙个不停。过去在聚会上,成人和孩子是谁也不理谁的;而现在不同了,实际上,他们有了某些共同的乐趣,比如一起玩《吉他英雄》(Guitar Hero)比赛。它对哪一代人都有吸引力。

第三,娱乐软件行业逐渐认识到它的成年受众越来越多了。除了枪炮、哥特人(Goths)和《侠盗列车》(Grand Theft Auto)外,现在还出现了像《模拟人生》(The Slims)这样的日益生活化的游戏,在这些游戏中,玩家们根据他们日常生活程序来操控他们虚构的家庭成员。2005年,《模拟人生》是北美最畅销的PC游戏——在女性中，它最受欢迎。在电脑游戏玩家中，增长最快的群体之一是45岁以上的妈妈，她们的孩子已经离开家上学了，她们虽然拥有大量的时间，但却没有太多的钱。和其他游戏玩家群体相比，她们看电视的时间比较多，而玩游戏是排在第二位的。和过去那些孤僻的青少年极客不同，这个群体希望她们的游戏玩起来简单，希望能够通过玩这种游戏认识更多，而不是更少的人。这是一个全新的玩家世界。

最受欢迎的游戏形式是网卡游戏，在每3个玩游戏的成年人中就有2个，换言之，大约有3500万人在玩这种游戏。对于经常玩游戏的人来说，还有一些大型多人在线游戏（Massive Multiplayers Online Games，MMOGs）。在这种游戏中，人们可以作为虚拟人物在一个虚拟的世界中互动，而这个虚拟世界是不断变化的，即使玩家离线了，也是如此。在每5个玩游戏的成年人当中差不多就有1个，或者说差不多有1000万人在玩这些游戏。最受欢迎的大型多人在线游戏之一《再活一遍》（Second Life）拥有超过500万的注册用户，这个游戏允许成年人创造虚拟的人物，并让他们在房地产交易、组织活动、工作场所和普通的社会生活中与他人产生互动。目前，还不允许未成年人玩这种游戏（他们拥有他们自己的版本：青春版的《再活一遍》[Teen Second Life]）。

我必须承认，我也是一个喜欢玩电脑游戏的成年人。《命令与征服》（Command and Conquer）系列战争战略游戏我已经玩好几年了。在这类游戏中，你可以用很多不同的技巧来控制军队。我学到的东西是，总有获得胜利的途径——你做的事情只是不停地玩，直到找到这一途径为止。后来，我玩得更多的是在线拼字游戏。不过，如果你留心一下今天人们在飞机上做什么的话，你就会看到他们不是在看DVD，就是在玩电子游戏。那些在坐飞机的时候还用手提电脑工作的人，实际上只是少数。

说到底，在美国成年人当中，曾经是青少年极客和网络迷的不入流的嗜好现在成了非常主流的活动。将近1亿成年人被认为是"活跃的玩家"。美国电子游戏的销售额比全世界电影的销售额还要大。大约有100所美国的学院和大学在教授如何设计和生产电子游戏的课程。

玩电子游戏的成年人的出现是一件大事——首先对这个行业本身来说就是如此。对于"成熟的"、倍受推崇的游戏来说，成年玩家意味着一个行业正在蓬勃兴起，它是增长最快的一部分，几乎是按照 15% 的速度在增长；而专门为女性设计的游戏也是一个潜力无限的市场。玩游戏的老年人也是正在增长的一部分，他们被称为"白发玩家"。2006 年，任天堂开发了一种触摸式电脑游戏，叫作《大脑年龄》(Brain Age)，它在屏幕上打出一系列逻辑测试题，让老年人来填写，然后告诉他们，他们有多"年轻"。住在养老院里的老年人还为到底是"50 岁"还是"40 岁"而争论不休，就是这种争论使他们的头脑保持活跃，并有可能使他们不患老年痴呆症。（还记得任天堂在美国退休人员协会的大会上是如何受欢迎的吗？）随着将来老年人拥有越来越多的电脑知识，这一市场只会增长。

不过，即使在三四十岁的成年人当中，电子游戏的市场也被大大低估了——只需看看 Circuit City[①] 的产品展示，以及大多数电子游戏封面上的那些不规则的、奇形怪状的图案，就知道了。这些游戏如果有更加精致的封面、更有趣的主题以及新的游戏体验的话，原本是可以在销售额方面取得更大进展的。目前还没有专门关于投资和赚钱的主流游戏——尽管一直以来，最大的赌注游戏之一就是《地产大亨》(Monopoly)。所有这些游戏关注的都是征服世界、约会或者杀戮。但是大多数 33 岁的男人所想要的是在市场上突然大赚一笔，或者如果他们想要把某人打一顿，那么这个人就是他的老板或他办公室角落里的某个人。而跟他们年龄差不多的女人则刚刚生下她们的第一个或第二个孩子，她们正在为孩子的成长以及孩子们之间的争斗而忙碌。人类经历中的这块尚未触及的市场是巨大的，但游戏的制造者们似乎仍然关注着那些长满粉刺的十几岁的孩子，而对他们新客户的生活方式则注意得有点儿不够。

玩电子游戏的成年人的出现对广告商来说也是一件大事。电子游戏产业的广告费用高达 100 亿美元而且还在不断增长，是一个非常新的市场热点。和电视相比，娱乐软件仍然只是一个比较小的市场热点，但尼尔森（Nielsen）——几十年来，它的电视收视率排名系统一直有助于确定电视广告的价格——在 2006 年宣布，它将开发一种评估系统，以规范电子游戏广

[①] 美国著名的家电连锁零售商，主营家用电器产品、家庭办公室产品、娱乐软件和相关服务。

告的交易市场。随着营销策略与现实越来越近，招来电子游戏的广告就不仅仅是手机和 DVD 了，而且还有住房抵押贷款和小型货车。

在更宽泛的层面上说，成年游戏玩家的出现说明成人与孩子之间的区分更加模糊了。确实，孩子发生性关系的年龄比过去小了，而且叫大人也是直呼其名——但越来越多的是，看卡通片（如《辛普森一家》、《山丘之王》[*King of the Hill*]、《南方公园》[*South Park*]）的，去成人 Chuck E. Cheeses[①]吃饭的，现在又玩电子游戏的却是成年人。在所有空闲时间里，成人是在玩电子游戏，而不是在工作、看书、参加志愿者活动或者从事其他改善社区环境的活动，这些活动曾经是成年公民的特殊标志。事实上，他们现在是生活在想象的空间内。这种状态是一种隔绝状态，还是一种更为广泛的人际交往状态呢？

我的看法是，比较而言，成年人玩电子游戏是利大于弊，理由是，成年人对于电子游戏的喜爱已经不仅仅是为了娱乐，而是进入了对他们自己进行教育的层面。游戏成了技能培养和培训的新领域，而这正是成年人在解决世界上一些最严重的问题时所需要的。伍德罗·威尔逊国际学者中心（Woodrow Wilson International Center of Scholars）把电子游戏称作"严肃的游戏"，电子游戏技术的下一个阶段的基础将是学习和模仿，这种技术已经在疾病预防、反恐应急措施以及和平推翻独裁者等领域有所发展。消防队员用它来应对各种生化灾难，大学管理者用它对高等教育进行改造，军事部门则用它来为战争作准备。在情况紧急，而且选择紧迫而复杂的时候，通过游戏做出实际选择能够带来实质性的竞争优势。但只有当主流成年群体对游戏中的各种手段和技术感到很舒服的时候——在很大程度上说，是在他们的休闲时间里——像中小学、大学和政府这样的机构才会开始发掘它的全部价值。

所以说，一开始只是不喜欢社交的青少年的爱好的东西，现在却成了成年人思考反恐、教育和战争的最新的方式。我们"玩游戏"，并不是因为我们对社会太反感，以至不愿意出门，而是因为我们能够通过软件所设定的情节对我们生活中的一些最大的挑战进行想象、计划和实践。

[①] 美国一家集快餐、游戏和娱乐于一体，提供披萨、电子游戏、投币骑乘设备和动画音乐表演等服务项目的大型连锁家庭餐饮、娱乐服务中心。

新的古典音乐爱好者

在美国，每隔几十年就会有一帮人公开地为自己即将消亡而哀叹。这些人包括语法学家们、犹太人、棒球大联盟。他们的普遍焦虑是真实的，而且是发自内心的，他们总能找出大量的数据来支持自己的看法。但更通常的情况是——或许正是因为这些紧急情况才会激起新的献身者采取行动——这些人最后总是能找到新的和现代的方式生存下来。

最近参加"我将灭亡聚会"（I'm-Going-Extinct Party）的是古典音乐爱好者。许多书籍、博客、文章，当然还有积极的募捐者，一直在为欣赏德彪西（Debussy）和普契尼（Puccini）的人急剧减少而悲叹。古典音乐的唯一可靠的爱好者们正在为它唱着挽歌，而他们都是一些老年人——因此，如果我们不采取强有力的措施，古典音乐也将在一代人的时间内走向灭亡。

他们提到了一些令人担忧的数据。2005年至2006年，美国古典音乐CD的销售下降了15%，一个又一个城市里的古典音乐广播电台和专业交响乐队正在倒闭和解散，交响乐演出季的预定票房不断下滑，学校里的音乐课程被砍掉了一半，电视播放的古典音乐是不是也被砍掉了一半呢？一些"文明"国家，比如英国，现在还在电视上播放交响音乐，而我们却不播。表面上，我们有35个音乐频道——但如果你要在电视上听"古典音乐"，那你只能指望电影了。这是一种令人沮丧的状况，也许正好证明我们的文化在衰落。

不过，我们悲叹得是不是太早了？古典音乐的普及仍然在不断进行，而不是在衰退。而且在未来几年，我们希望这种普及会越来越快。

之所以这样说，有三方面的理由：实证方面的、人口统计方面的和文化方面的。从实证方面来说，那些持悲观说法的人忽略了一些关键数据。2000年到2001年，售出的音乐会门票超过了3200万张，比10年前增长了10%以上。与交响乐演出季预定票房下滑——比如，在巴尔的摩（Baltimore）就下降了5%——不同的是，在巴尔的摩，同期单场演出的销售却上涨了46%。这不仅说明包括退休人员在内的古典音乐的常客的生活比以往更忙了，而且说明有比以往更多的人开始涉猎古典音乐。大多数行业都把这一现象称为增长。

2000年，在美国举行的古典音乐演出超过了3.6万场——比前一年增加了10%，比10年前增加了45%。在美国，每天有100场音乐会，这难道意味着古典音乐在衰落吗？在20世纪50年代（据说是古典音乐的全盛期），交响乐演出季甚至持续不了8个月。

交响乐团的收入在增加；私人的资助达到了破纪录的程度；自1992年以来，主修音乐的大学生的数量增长了一半还多。事实上，2002年，国家教育统计中心（National Center for Education Statistics）不得不在其标准音乐专业（音乐、音乐史、音乐表演与音乐理论）中至少增加了三个新的古典音乐方面的二级专业：音乐教学、指挥以及钢琴与管风琴。

那你说是什么在消亡呢？

下面是我喜欢用的一些反驳证据。根据盖洛普的调查，2003年，也就是进行该项研究的最后一年，有一个会演奏乐器的成员的美国家庭所占的百分比是54%，这一数字达到了历史最高点。这种增长可能是因为如下事实，即学习钢琴的人已不再是那些气躁的孩子了。根据美国音乐教师协会（Music Teachers National Association）的数据，在新学钢琴的人中，25岁到55岁的人是增长最快的一个群体。

所有的证据都证明，古典音乐不是在萎缩，而是在发展，即使把这些证据暂且放在一边，这里也有一个巨大漏洞，悲观主义者的关键论据——CD的销售量以及交响乐在电视和广播中的播出频率——与他们的结论是完全无关的。从音乐方面说，互联网是适合古典音乐生存的地方。显而易见，即使古典音乐的传统听众都是一些保守的和年纪大的人，但同商店里的古典音乐相比，它在互联网上更受欢迎。在零售商店里，古典音乐只占CD

销售量的 3%，而在苹果的 iTunes 上，它占到了全部销售量的 12%。

尽管淘儿唱片城（Tower Record）[①] 倒闭了，但古典音乐不仅生存了下来，而且现在它实际上正在培养着一批新的听众。

"传统的"古典音乐听众是白人、上了年纪的人、受过良好教育的人、接受过音乐训练并沉迷于此道的人。虽然这个群体仍然是在网上参与古典音乐活动的人中的一个很大部分，但是由 www.classicalarchives.com 网站所做的一项会员调查显示，在它的注册用户中，有将近一半的用户的年龄不到 50 岁，几乎每 5 个人中就有 1 个没有完成大学学业，而且每 3 个人中就有 1 个从来没有玩过乐器。

在你想到这一点的时候，它的意义就非常大了。同那些曾经存在过的大型仓储式商店比较，互联网对于非专业的古典音乐爱好者显得更加友好。你可以免费试听几段音乐，或者一次只下载一段音乐，并在你自己的 iPod 里欣赏，在这个时候，古典音乐突然变得一点都不令人感到生畏了。互联网带来的一个没有预料的结果是，它使古典音乐向更年轻的、更多元化的和更爱冒险的听众打开了大门。

此外，如果你是一个学习音乐的学生，不管是刚进音乐学院的学生，还是才开始学钢琴的成年人，能够买到你正在练习的那段音乐确实是一大乐事。古典音乐总是太长——但现在，如果你不愿意，你就不必买下整部作品。

现在说说古典音乐兴起的人口统计方面的原因。在每一代人中，年长的人总是对十几岁的孩子为什么不接受古典音乐感到疑惑不解。其实，真正的原因就是，他们从来没有接触过古典音乐。古典音乐一直不是先天就有的一种爱好，不管是在哪一代人中间，一般都是在中年时期才第一次接触到。根据这一标准，美国目前的人口状况对古典音乐就是一座金矿。2000 年到 2030 年，年龄在 55 岁或 55 岁以上的美国人的数量将增加几乎一倍，从 6000 万增加到 1.1 亿。年龄在 65 岁或 65 岁以上的美国人的数量将增加一倍以上，从 3500 万增加到 7100 万。这些上了年纪的人将是历史上最健康、寿命最长、受过最好教育、最有影响力的老人。即使在学会使

[①] 全球知名的唱片连锁店，因长期亏损，于 2004 年宣布破产。

用互联网的新手中，没有接触古典音乐的人，这一行业也会获得成功。

最后是文化方面的原因。从20世纪90年代以来，就出现了一个接受交响乐的新的群体，他们揭穿了这样一种谎言，即古典音乐只适合于老年人。这个群体就是婴儿。科学家提出了"莫扎特效应"理论——这一理论因认为"古典音乐能使孩子更聪明"而广为流传。虽然这一理论并不是完全准确，但竞相购买古典音乐唱片的孕妇、新生儿的父母和老师的人数却在急剧上升。

更令人欣慰的是，制定政策的人也在买古典音乐唱片。在佛罗里达州（Florida），自1998年以来，所有由州政府提供经费的学前幼儿学校必须每天播放一些古典音乐。1998年，佐治亚州的州长泽尔·米勒（Zell Miller）建议每年花10万美元给出生在该州的孩子发放古典音乐CD或磁带。产房只管生孩子的吗？不，产房很可能不再只用一块免费的尿布和一罐代乳品来打发你，她们还会送给你一盘古典摇篮曲。

最后，把传统古典音乐送进棺材里的可能就是像"古典辣妹"（Bond）[1]——一个完全由女性组成的古典音乐四重奏表演团体，在她们的专辑封面上，她们穿着暴露，与其说是在拉大提琴，不如说是在展示肌肤——这样的团体。这种跨界的表演团体正在给古典音乐带来新的潜在的听众。

所以，天鹅还没有停止歌唱。古典音乐的爱好者们应该趁古典音乐CD打折的时候多买几张，因为商店很快就会变得越来越拥挤，原因是，人口、技术和文化方面的变化很可能使古典音乐爱好者的人数迅速膨胀起来。是的，交响乐也许不得不卖比以往更多的单场票，也许不得不放弃提前支付录制费的做法，以便从数字产品的销量中获得（更多的）版权费。但是新的古典音乐爱好者的队伍正在形成。这是自从把莫扎特的名字约翰尼斯·克利索斯托穆斯·沃尔夫冈古斯·特奥菲卢斯·莫扎特（Johannes Chrysostomus Wolfgangus Theophilus Mozart）缩写为莫扎特以来，古典音乐界最好的消息了。

---

[1] 环球唱片公司旗下的女子弦乐四重奏团体，演员性感漂亮，演出风格时尚，将古典音乐与流行音乐融为一体，节奏偏于强烈，颇具前卫性，曾在欧美音乐界风行一时。

第十四部分
教 育

晚上学的聪明孩子
——美国启蒙教育的障碍

我最喜欢的 20 世纪 90 年代的电视节目之一是《天才小医生》（*Doogie Howser, M.D.*），它反映了美国梦理智的一面——如果道奇（Doogie）聪明到 10 岁就能完成在普林斯顿大学的学业，那么不管常规如何，他都可能成为一位少年外科医生。美国曾聚集过一些冲破教育制度的束缚而突然冒出来的天才少年。卡尔·萨冈（Carl Sagan）在 16 岁就读完了高中。斯蒂芬·霍金在 20 岁就从牛津毕业了。莫扎特才 6 岁，就开始巡回演出了。

唉！不会再有这种事情了。今天教育的最大发展趋势是相反的：抑制孩子的发展。而且他们"越聪明"（或者从统计学的角度说，他们越有可能获得成功），他们被耽误的可能性就越大。

这种做法被称作"延后入学"①，这种做法就像是推迟大学生运动员学程一年，等他们再长一岁时再上场参加比赛。美国教育部在 2005 年发布的一份报告表明，将近 10% 的美国幼儿园的学生实际上可以提前一年入学。

是谁造成这种情况的呢？一般来说，延后入学的孩子都是男孩，他们的父母都是受过良好教育的白人。良好的教育使他们知道孩子在班里名列前茅的感觉有多么好——而且他们希望他们的孩子能感受到这一点，即使他们的孩子比起同龄孩子来说个头不那么大、不那么拔尖、智力发育不那

---

① 原文的意思是穿红衫（red-shirting），是指校方为了使自己学校的运动员养伤或加紧训练，以便日后更好地服务于学校而延长其学程一年，在延长学程期间，运动员穿红衫参加训练，但不参加比赛。这里是指父母让孩子晚一年上学。

么好或能力不那么强。所以，他们解决问题的方法就是，让他们的孩子和那些年龄比他们小一岁的孩子一起报名入学。

这种做法在私立学校和富裕家庭中尤为普遍。对康涅狄格州教育资料所做的一项分析表明，富裕地区的延后入学的比率上升到了20%，而低收入地区的比例是2%到3%。

什么事一旦开始，就很难扭转。很快，即使你不是一个很想为孩子竞争的家长，但如果你不让孩子晚上一年学，就会觉得自己没有尽到心，因为如果你让孩子5岁时就上幼儿园，孩子在将来就要与比他整整大一岁的同学竞争。当然，具有讽刺意味的是，这样做的家庭越多，竞争优势就越小。一位观察家将这种现象称为幼儿班军备竞赛（Kindergarten Arms Race）。

或许更有讽刺意味的是，这一做法似乎并没有什么用处。大多数关于延后入学学生的研究得出的结论是，从长远来看，延后入学的孩子的学习成绩并不比年龄小的同学好，而且到三年级的时候，所有短期优势都不存在了。

从发现趋势的角度来看，只有重视美国富人和穷人之间正在扩大的差距，晚上学的聪明孩子才会引起人的兴趣。过去来自低收入家庭的学生在与享有特权的学生（他们的父母受过大学教育，他们还在娘胎的时候就开始准备大学入学考试）的竞争中似乎不具有足够的挑战性，现在这些来自低收入家庭的学生比他们的同班同学整整小了一岁。

但事实是，同天才儿童相比，孩子晚上幼儿园是一种更大的趋势。除了由于父母个人原因而推迟入学的孩子外，还有一个学生群体的人数正在稳步上升，他们就是因制度原因被学校推迟入学的学生[①]。如果推迟入学意味着故意不让5岁的适龄儿童上幼儿园，那么学校一直在悄悄做的事情就是改变学生的入学年龄。

在过去的25年中——各州对联邦政府在20世纪80年代大胆提出的新标准（新标准的目标是对美国小学进行更严格的规范）都做出了反应，几

---

① 原文为pink-shirted students，意思是"穿粉衫的学生"。这是作者模仿推迟入学的学生而自造的一个词组，是指因为客观的制度原因而不得不推迟一年入学的学生。

乎每一个州都把幼儿园的报名截止时间从 12 月份提前到了 9 月份左右，这样就可以保证刚满 5 岁的孩子在来年进入幼儿园。在一些私立学校，幼儿园学生的年龄必须在报名入学当年的 4 月份或 5 月份满 5 岁。这也是保证学校获得更大"成功"的一种方法——至少这符合人们盯着看的标准。

因此，在没有联邦政府统一规划或认可的情况下，美国一直在推迟正规教育的开始时间。

《芝加哥论坛报》(*Chicago Tribune*)将这称为"幼儿园的老龄化"。

过去，几乎没有 6 岁的孩子还在上幼儿园，而现在，6 岁的孩子在幼儿园有的是，每 5 个孩子中就有 1 个是 6 岁。

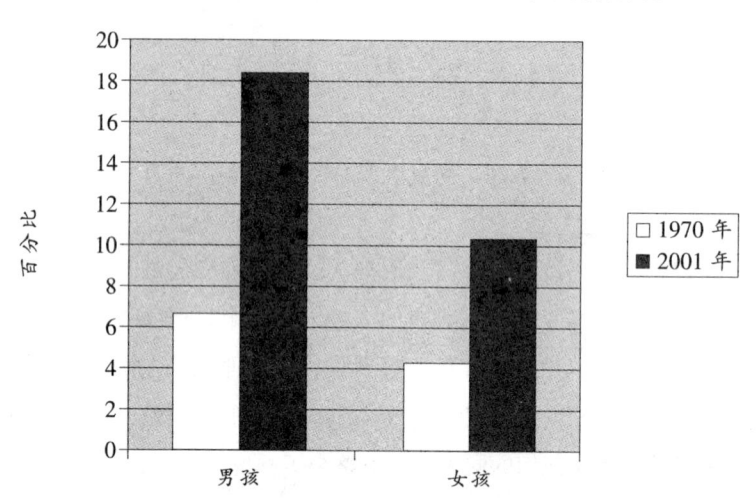

1970 年与 2001 年 6 岁或 6 岁以上的幼儿班学生的百分比

资料来源：美国商务部人口调查局，当前人口调查，未公布的表格资料。
(Sorece: U.S. Department of Commerce, Census Bureau, Current Population Survey, unpublished tabulations)

除了不得不多付一年托儿费的父母和在休息时还可能看到孩子在调皮的老师外，谁还关心这个问题呢？我们可以推断，对美国而言，这可能是一件非常大的事情。因为，你可以推迟上学的年龄，但除非你在处理其他生活大事时不考虑年龄，否则，你就会面临一些以前没有的，而且是出乎意料的结果。比如：

◆ **中学里的性行为。**研究者告诉我们美国人失去童贞的平均年龄是 16.9 岁。这样一来，如果这个年龄在过去是上十年级的话，那么现在则是上九年级。我们可以预料，在未来几年将发生一次全国性的反对中学生性行为的抗议活动。

◆ **上十一年级的士兵。**让青年人在 18 岁从中学毕业所带来的好处之一是，在承担法律责任、行使投票权和服兵役方面，18 岁是一个人成年的明确的界限。但现在，如果孩子们 19 岁才从中学毕业，那么接下来要征兵的话，征兵委员会就得把目光投向美国的十一年级的学生了。那会发生什么事情呢？尤其是对于那些过分小心的家长而言？

◆ **高中投票人。**我们不需要在高中模拟全国性的选举了——我们需要真正的选举。也许总统候选人会不得不把高中管理人员确定为拉票活动的目标人群。

◆ **上十二年级的强奸犯。**如果高中高年级中的情侣——男生 19 岁，女生，比方说 17 岁半——发生了性行为，男生可能会在法律上被判犯有强奸罪。对他而言，不存在少管所一说——他已经是一个充分享有权利和必须履行义务的成年人了。

当然，人们会说，学生（尤其是男生）上学晚是一件很好的事。既然众所周知，"女孩比男孩成熟得快"，那么，男孩稍微晚点儿上学可能最终会拉近男孩和女孩的发育差距。而且，既然女孩在大学入学率和毕业率方面要优于男孩，那么晚点儿上学或许不失为让男孩重振雄风的一种好办法。

当然，你肯定能理解那些希望与自己疼爱的孩子多待一年的父母。哪家家长不希望早点儿看到自己的孩子穿上毕业服呢？哪家父母不悲叹年华易逝呢？特别是在这个受孕治疗很普遍的年代，我知道许多父母觉得他们不辞辛苦就是为了拥有自己的孩子，所以他们是绝不会提前对孩子放手的，哪怕提前一年也不行。但从孩子的立场来看，他们中的许多人也得到了很大好处，利用比同学大一岁的优势，他们或许会崭露头角，或许不会在学校被欺侮。有理由认为，对于一个人的教育而言，这和代数一样重要。

但是，未来的学校要规划出更多的停车场。也许，我们在上八年级的时候就需要了。

美国在家上学的孩子

好几个趋势汇在一起,形成了一个正在不断发展的从"家庭高中"(Your Home HS)毕业的群体——因为"在家上学"运动正在成为一种重要的教育方式,而且站稳了脚跟。在家上学曾经被认为是一种古怪的想法,现在则大行其道,被认为是在疯狂的网络世界中培养孩子的最佳方式。

是什么使一些父母让自己的孩子在家上学呢?或许,他们认为公立学校没有一所是好的——很多美国人看不上这种教育制度。或许,他们对学校里有毒品、枪支和其他危险不满(美国的校园枪击案比其他任何国家都要多)。或许,他们希望孩子得到比在美国公立学校获得的更多的宗教教育,不学像进化论那样的令人讨厌的理论。在不想对孩子放手不管的那些令人尊敬的父母的世界里,疼爱孩子的最好方法难道就是不让他们坐校车吗?

所以,美国在家上学的孩子的人数正在上升。在20世纪70年代初,当现代在家上学运动刚刚诞生时,它只吸引了2000名支持者,在这以后,从1999年(即美国教育部认真考虑这一方式的第一年)到2003年期间,美国在家上学的孩子的数量增加了差不多30%,从85万增加到110万。

数字的上升说明,在家上学的孩子在美国学龄人口中所占的百分比从1.7%上升到了2.2%。虽然在5500多万的学龄人口中,2.2%这个数字看起来仍然无足轻重,但是美国在家上学的学生人数实际上已经超过了特许公立学校（charter school）学生和教育券学校学生[①]之和。

那么，到底是谁在谈在家上学的问题呢？

美国在家上学的学生人数（1999~2003年）

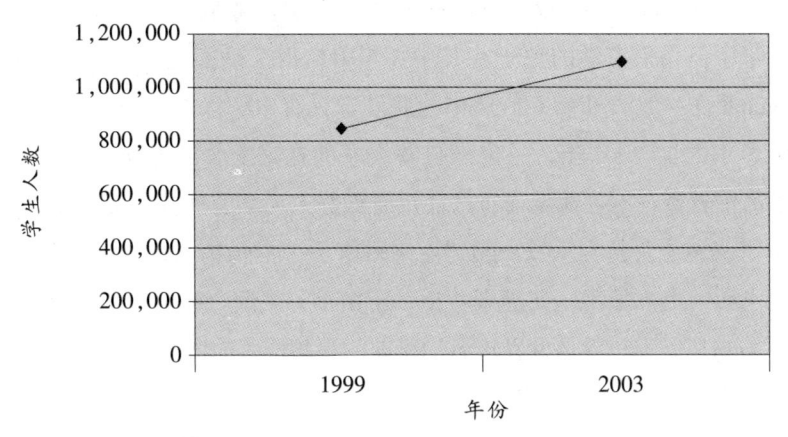

资料来源：美国教育部教育统计研究所，2003年。
(Source: U.S. Department of Education, Institute of Education Statistics, 2003)

这或许是时间问题。当里根总统在1981年就职时，在家上学在大多数州还是非法的；现在不同了，在所有的州，在家上学都是合法的。好几百个组织、网站和会议站出来鼓励和支持孩子在家上学。与在家上学相关的课本、课程表、光盘和其他以在家上学为中心的教学材料的生产和销售每年估计价值8.5亿美元。大型书店、电影院和博物馆现在已经开始为实施在家教育的家庭提供特殊的定向折扣。

在统一的成绩单、考试分数和申请表方面，美国的大学一般都要求严格遵守相关规定，即使如此，它们在接受在家上学的青年人的入学申请时也对规定作了变通，承认家长规定的课程和学生使用的资料。2000年，只有52%的大学出台了对在家上学的学生进行评估的正式政策；而到2005年，83%的大学出台了这样的政策。同年，一项研究结果表明，在家上学的学生在大学入学考试（SAT）中的分数比全国平均分高出81分，对于出台这

[①] 原文是voucher students，是指政府把教育经费折算成一定数额的有价证券发给每位学生。家长和学生可自主选择收费标准不同的学校就读，不足部分自己支付，不再受学区或学校类别的限制，而学校则把它收到的教育券向政府兑换现金，用以支付办学费用。

样的政策来说，这显然是有利的。

这一运动的发展也要归功于那些具有全国知名度的在家上学的优秀学生。虽然在家上学的孩子只占全国学龄孩子的2%，但在参加全国拼字比赛（National Spelling Bee）的决赛选手中，他们占到了12%。在最近7年中，在家上学的孩子在其中3年中赢得了全国地理比赛（National Geography Bee）的冠军（2002年的获胜者只有10岁，是该项比赛历史上年龄最小的）。2001年，一位来自蒙大拿的在家上学的男孩在15岁就完成了高中教育，不过他觉得自己还没有做好上大学的准备，所以他写了一本小说——《龙骑士》（Eragon），该书成了一本畅销书，并在2006年被拍成电影，由杰瑞米·艾恩斯（Jeremy Irons）主演。甚至"孤独女孩15"（lonelygirl15）——曾是世界排名最靠前的视频博客的博主，也自称是一个在家上学的美国十几岁的孩子。

因此，作为一个国家，我们逐渐可以冷静地对待在家上学这件事了。在2001年，说这是一件好事的美国人上升到了41%，而在1985年仅为16%。

在家庭后院里研究科学、在餐厅桌子上或超市里研究数学的都是些什么人呢？

在美国，超过四分之三在家上学的孩子是白人。62%是来自至少拥有3个兄弟姐妹的家庭——这意味着那些对孩子实施在家教育的父母一开始就喜欢孩子，或者意味着一个由多个学生组成的"班级"的增效作用使在家上学更具吸引力。（可以设想一下这些班里的兄弟姐妹是怎样开展竞争的。）

虽然让孩子偶尔在家上学的家庭都是一些超级富有家庭——他们利用孩子在家上学的机会为孩子学习艺术、环球旅行以及其他诸如此类的事情提供方便，但在让孩子在家上学的家庭中仍然有54%的家庭的收入只有5万美元或不到5万美元。将近80%的家庭的收入为7.5万美元或不到7.5万美元。

超过40%的在家上学的学生住在南方。

虽然有一种普遍而又陈旧的说法认为，让孩子在家上学的家庭都是信奉基督教的、保守的和相信创世论的——确实，在家庭学校法律保护协会（Home School Legal Defense Association）的网站上列出的机构中有60%都承担着传播基督教的任务——然而，美国教育部最近的研究发现，在让孩子在家上学的家庭中只有30%的家长将传播宗教、教授道德当成他们这样做的主要原因。差不多31%的父母宣称，他们这样做的主要原因是想让孩子脱离学校的那种不利于孩子成长的环境（学校的安全隐患、毒品或者来自同学的负面压力），另有16%的父母表示他们对学校的教育水平不满意。

确实，很多父母让孩子在家上学是因为他们不希望他们的孩子学习进化论——或者不希望他们按照规定在"政府办的学校"里学习进化论，而现在，在家上学受到了各种各样的家长的支持，一般来说，这些家长只是认为他们自己在家里可以更好地教育孩子。既然可以轻而易举地从互联网上获得数千份课程计划——而且互联网也可以减少在家上学可能带来的孤独感——那么家长做到这一点就是完全可能的。

在家上学的意义是广泛的。首先，出现了一个正在发展的为在家上学提供零售服务的行业——也许是专门为那些不是基督徒的在家上学的孩子提供零售服务的行业。根据2003年联邦政府的研究，在让孩子在家上学的家庭中，有整整77%的家庭要靠专门的服务公司为他们提供课程、课本和其他教学材料。

其次，我们可以预料，有关在家上学的诉讼和立法将日益增多。法院已经有了一些案件，在这些案件中，在家上学的孩子的家长在离婚诉讼中被指控为"疏忽"，不能因为年满18岁的孩子没在正规的教育机构上学而在家上学就扣除部分老兵津贴。2005年，爱达荷州的参议员拉里·克雷格（Larry Craig）提出了"不得歧视在家上学的学生法案"，目的是让在家上学的学生与其他学生在奖学金、助学金、补助和其他政府补贴方面享有平等的地位。

此外，我们可以预料将有越来越多的人呼吁规范在家上学的做法。从2006年起，只有6个州对这种做法做出了"严格"规范，这些规范要求，如果家里有在家上学的孩子，父母应该通知有关部门，递交学生考试成绩单，在有些情况下，这些学生的课程应该得到政府的同意、提交父母任教资格的证明或接受政府官员的家访。另一方面，有10个州对在家上学没有任何要求——甚至孩子在家上学，连通知教育机构都不用。有人认为后一种情况至少会导致少计算了接受教育的学生的人数，或者多计算了"偏离"教育体制的学生的人数。

随着这一运动的发展，在家上学的人正在寻求更多的认可和更多的帮助。从2005年起，14个州已经提出了议案，要求公立学校允许在家上学的学生参加学校的体育、戏剧和象棋等课外活动。既然在家上学的学生的家长缴纳了财产税，那么他们似乎有充足的理由享用当地学校的设施。

在家上学是一种典型的与体制格格不入的小趋势。虽然学校已经变得越来越复杂，教育已经变得越来越先进，而且绝大多数父母都很忙，很少把时间花在帮助孩子做功课上，但你还是能看到一群富有献身精神的公民正在做着完全相反的事情——他们放弃现有的体制，靠自己的力量在做这件事情。显然，他们是心甘情愿地为孩子在家上学的事情奔波劳神——你知道在他们出去参加鸡尾酒会或宴会时，人们问他们什么问题吗？

在家上学的孩子做了一件大事，这就是在法律和管理方面为一个简单的观念扫清了障碍。他们打破一摞摞的规章制度和官样文章的束缚，以在这个国家赢得一席之地，他们的发展已经超出了这一运动的预期。

但是，孩子在家上学可能会面临来自各方面的反对。学校的学生少，意味着学校的老师也少。美国人对于那些做事与众不同的人并不总是和善的，而在家上学的孩子必须得到公立学校孩子的接纳——从社会方面来说，这对他们可能是很难的。甚至在拼字比赛中失败的孩子也抱怨在家上学的孩子拥有不公平的优势，因为（据说）他们整天只学拼字，而不学数学和科学。

说到底，随着公立学校越来越让父母担忧，越来越多的父母——来自不同部门的父母——会把教育孩子的事情掌握在自己手里。在家上学必定会遭到来自公立学校的捍卫者的反对，就像教育券学校和特许学校曾经所经历的那样——虽然大家承认，在家上学不需要完全平摊公共资源。但与此同时，担子却越来越重地压在美国妈妈们的身上，她们不仅是治疗师和营养师，而且也是课程设计师和科学教师。

接下来会出现家庭大学吗？毫无疑问，随着互联网在使用视频、进行互动和建立社区方面的能力日益增强，完全有可能出现第二代的在家上学的方式，这种方式的基础是互联网，受众面更为广泛，而且可以直接向大学发展。现在已经有一些公司将一流大学的课程录制成磁带，并可能设置课程。这可以在美国开始，但也可以在更偏僻的农业国家进行更广泛的推广，在这些国家，上学或者上大学是想也不敢想的事情。随着传统的公立学校对于越来越多的家庭变得可有可无，在家上学最终可能会被以互联网为基础的家庭学校所取代。

国际画面

由于美国有超过 100 万的学生在自己家的起居室里学习，所以说到在家上学，美国是全球的领头羊，但其他几个国家也跟上了这个小趋势。

虽然不同的国家有不同的法律规定，但澳大利亚、新西兰、英国和加拿大都准许孩子在家上学。在上述每个国家，在家上学的孩子的人数有数万人，但这一群体正在不断发展。

在一些国家，在家上学似乎是在不为人知的情况下发生的。

◎ 日本的教育部不承认在家上学是一种可行的教育选择，他们可以起诉那些把孩子关在家里的家长。然而，非官方的估算数字指出，日本在家上学的学生人数为 2000 到 3000 人。

◎ 在以色列，《义务教育法》规定所有孩子都必须到学校上学。就是说，不让孩子到学校上学要经过一个漫长而复杂的官僚化程序。

◎ 中国在法律上规定所有孩子都必须上学，但上海家庭学校协会的存在证明一些家庭钻了空子。

◎ 德国自 1938 年以来就对义务教育做出了严格规定，并花大力气实施有关义务教育的法律。2006 年，德国政府因一位父亲让孩子在家上学而判其入狱 6 个月。2007 年，德国政府凭借医生对一个女孩做出的"学校恐惧症"的诊断把她送进了精神病院。欧洲人权法院对此案做出有利于德国义务教育法的裁决。

为什么要在家上学呢?许多父母说出了和美国父母一样的理由:害怕孩子在学校受欺侮,担心不断下降的教育质量,希望孩子得到比公立学校更多的宗教教育。顺便说一下,持这种说法的不只是基督徒。一个叫"穆斯林家庭学校网络与资源"(Muslin Homeschool Network and Resource)的网站为美国和加拿大在家上学的穆斯林孩子提供信息。

虽然在家上学这一趋势受到不少人的赞同,但这不能完全归功于互联网,当然,互联网对在家上学的方式在全球推广起到了推动作用。美国为在家上学提供的材料在本土就有一个蓬勃发展的市场,现在突然又有了一个不断发展的国际市场。

退学的大学生

比尔·盖茨、爱伦·德杰尼勒斯（Ellen DeGeneres）、卡尔·罗夫（Karl Rove）和小野洋子有什么共同点呢？

他们都是从大学退学的学生。

他们说——大学对我而言太慢了，我应该马上离开学校，以更快的速度进入这个现实的世界。就这样，越来越多的人开始走这条道路——但更通常的是，他们往往需要在大学待上几年才能真正往前走。

从大学传来的好消息是，已经很高的录取率比过去更高。根据美国国家教育统计中心（National Center for Education Statistics）的数据，在2005年，在从高中毕业的学生中，有69%在当年10月份被大学录取。而在1988年这个比例是59%，在1973年是47%。实际上，在过去，美国人上大学的最高比例是54%。上大学成为每个家庭的一种主要预期——绝大多数孩子都将上大学，也就是说超过三分之二的高中毕业生将进入大学，这在美国历史上是第一次。这意味着，虽然高中毕业曾标志着政府资助的教育的结束，但今天，基础教育又包括了一或两年的大学教育。

不过，相对于大学录取率的增长来说，大学毕业率却一直保持在原来的水平——大约有66%的四年制大学生能够毕业。此外，社区大学和网络大学的毕业率则低得让人咋舌。这些都说明，虽然有比以往更多的美国人正在进入大学——并为毕业做着准备，但也有比以往更多的美国人在大学中途退学，或者是"休学"（这就是他们所说的休息一段时间，然后再回来），或者是"被开除学籍"（这就是他们所说的被扫地出门）。显然，后一种情况就是伍迪·艾伦和特德·特纳（Ted Turner）共同经历过的。

根据《纽约时报》2005年的一篇文章的报道，现在在二十五六岁的美国人中，差不多每3个人中就有1个是退学的大学生；而在20世纪60年代末，美国统计局刚开始保存此类资料时，是每5个人中就有1个。因此，导致教育质量不如人意的最大的全国性因素已经悄然从高中生退学变成了大学生退学，已经从需要帮助退学的高中生回炉变成了需要帮助退学的大学生完成他们的教育。

录取为四年制大学生（并至少完成了十个学分）但在五年内没有毕业的高中生人数（1970~2005年）

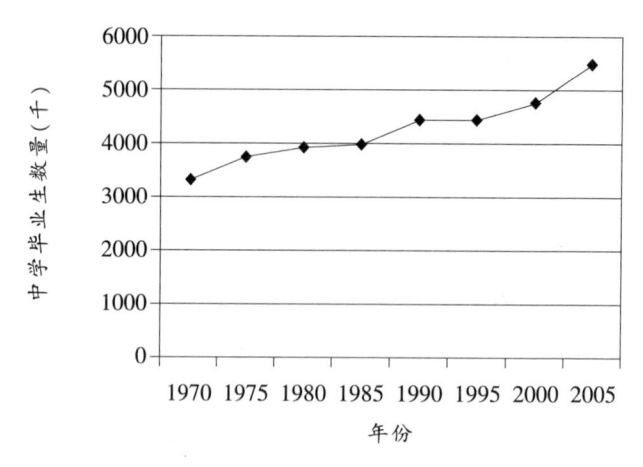

资料来源：全国教育统计中心高等教育政策研究所，2006年。
（Source: Institute for Higher Education Policy, National Center for Education Statistics, 2006）

大批退学大学生意味着有资格当老师、工程师和联邦调查局（FBI）特工人员的人比我们因大学录取率飙升而预期的少。而且退学大学生的人数正在增加，从1996年到2006年这10年间，美国出现了大约2800万退学大学生——比委内瑞拉整个国家的人口还多。

美国的退学大学生都是哪些人呢？

把退学的大学生都说成是比尔·盖茨、斯蒂夫·乔布斯和迈克尔·戴尔（Michael Dell）是很诱惑人的——这些人都是大胆的企业家，他们简直不能忍受那些头脑还不如他们的老师整整四年的喋喋不休。事实是，美国著名大学的退学学生的名单是如此之长，如此令人感到愉快（比如罗西·欧唐纳［Rosie O'Donnell］、尼娜·图腾博格［Nina Totenberg］、拉什·林堡［Rush Limbaugh］[①]……），以至你开始怀疑，如果你对市场营销和心理学202课程学得不费劲，你也可以创建一家全球计算机公司，或成为一名广播节目的明星（比如，塔克·卡尔森［Tucker Carlson］、约翰·马尔科维奇［John Malkovich］、巴里·戈德华特［Barry Goldwater］、格温妮斯·帕特洛［Gwyneth Paltrow］、埃德加·爱伦·坡［Edgar Allan Poe］……）。

但实际情况是，大多数中途退学的大学生之所以这么做是因为更加普通的原因——通常是钱的问题。即使他们能够勉强支付大学的学费，他们一般也需要找一份工作来支付其他的生活开支——或者仅仅是因为他们的家庭需要他们，他们的家庭等不及了。就像你可能想到的一样，这些来自贫困家庭的学生——他们感到最自豪的事情就是以第一名的成绩考进了大学——最先要应对的就是养家的实际需要。对于那些还记得电影《斯宾塞山谷》（*Spencer's Mountain*）（亨利·方达［Henry Fonda］在1963年主演）的人而言，美国的大学不断上涨的费用可能一直意味着父母不得不放弃自己的梦想，如果他们想要让更多的孩子上大学并顺利毕业的话。

不过尽管多年来，我们已经认识到高中退学学生给社会带来的损失，但我们却好像忽视了大学退学学生给国家带来的巨大的、而且是不断扩大的损失。不毕业所付出的代价是很大的。首先，对学生自己就是损失，比如收入会低。一个拥有学士学位的人的年收入是一个只有高中文凭的人的几乎两倍，就是说，一生几乎多挣100万美元。

此外，对我们其他人也是损失。据说，退学大学生是美国最大的没有被利用的资源——他们为上大学做好了准备，但最终却没能多挣那100万美元。因此，他们上的税就少，贡献出来的知识也少，从相关统计数据来看，他们的健康状况较差，犯罪的比较多，离婚的比较多，参与公民活动比较少，参与志愿者活动也比较少。

从短期来看，我们甚至要为他们埋单。根据全国公共政策和高等教育

---

① 这些都是美国演艺界人士。

中心（National Center for Public Policy and Higher Education）在2005年所做的一项研究，在美国大学新生中，有一半人要借款，而在这些借款的学生中，有20%的人中途退学了，这是一笔数目很大的坏账。2001年，有35万名学生中途退学，他们在6年前开始上大学，但到现在还没有拿到任何证书或学位，也没有什么希望偿还他们的债务。《纽约邮报》（New York Post）在2004年宣称，在过去的5年中，大学生因为无法毕业浪费了3亿多美元的国家资金。

大学生退学不仅是国家潜力的浪费，而且还有更糟糕的事情。从1995年到2015年，美国大学生人数预计将增加19%，达到1600万。80%的新大学生将是有色人种学生，很多学生将来自低收入家庭或者是家里第一代上大学的人。如果退学和休学率还维持不变，那么就会发生这样一些事情，比如，每年将多出100万名劳动力，而这些劳动力原本可以从事大学毕业生能做的工作，但他们却不能从事。

而且，这些人是非常希望从事原本应由他们从事的工作的。每10个退学的大学生中就差不多有6个说，他们仍然希望完成大学学业。每10个这样的学生中就差不多有7个说，如果他们完成了大学学业，他们就能找到更好的工作，有74%的人说他们的财政状况会更好。

所以，这是那些将给国家带来巨大损失的小趋势之一。这个小趋势近在咫尺，但却没有受到人们的注意，这一趋势在政府计划、公共关系联盟（帮助退学的大学生"拿学位"？）、公私部门合作项目，甚至午夜电视广告中都没有受到本应受到的注意。

《美国新闻与世界报道》（U.S. News & World Report）应该根据学生的保有率而不仅仅根据学生入学率来对大学进行排名。不仅要统计没有申请奖学金的学生的保有率，而且要统计每一个贷款或者领取助学金的学生的毕业概率。不仅要告诉学生如何开始并适应大学生活——还要告诉他们想要完成大学学业需要付出什么。像教师团（Teacher Corps）[①]这样的计划应该关心那些因财力和家庭问题而不能顺利完成学业的学生。

[①] 美国著名教师教育家马丁·哈伯曼（Martin Haberman）创办的师资培训项目，目的是帮助美国城市学校培养自己的教师与校长。

一个有才智的人被浪费掉是件非常可怕的事——公共关系机器在数十年前就告诉人们上大学就是一切，现在，它不得不再次把它的精力集中在让大学生完成学业上。大学生毕业率很可能是美国能否跟上正在蓬勃发展的中国和印度经济的一个重要指标，而中国和印度正在培养数百万名具有竞争力的大学毕业生。至少，那些成为技术极客的退学大学生中的某个人需要认真考虑一下，为完成大学学位课程设计出一套网上课程。就像前面说到的一样，美国最棒的教授的讲稿已经被录成了磁带，几乎每一科目的网上课程也正在设计中。如果大批美国退学大学生无法返回学校，那么学校最好能找到回到他们身边的办法，这个办法就是当家人都在睡觉的时候，学生们在网上学习。就像我们曾经需要高中同等学力考试一样，现在我们也需要网上的大学同等学力考试。不管怎么说，有市场，就会有发展。

对数字着迷的人

美国人喜欢数字——他们又恰恰不喜欢数学。

当越来越多的学生选择了像心理学这样的专业时，我们在大学里学到的数学和科学却越来越少。不过，我们却迷恋日常生活中的数学ABC。我们也许没有多少数字专家，但我们却有越来越多的对数字着迷的人。

当拉里·萨默斯在2001年成为哈佛校长时，他告诉在哈佛的人们，他们生活在这样一个社会之中，在这个社会中，没有人会承认他们"没有读过莎士比亚的戏剧……但也没有人承认他们知道染色体内的基因或指数增长的含义"。确实，在今天的哈佛，在6700名大学生中只有77名数学专业的学生；耶鲁有38名。这意味着，2007年从这两所大学毕业的真正懂得高等数学的学生不到50人。

美国最杰出的数学和科学人才经常要依靠引进。阿尔伯特·爱因斯坦是在希特勒掌权的时候从德国来的；同样来自德国的韦纳·冯·布劳恩（Wernher Von Braun）博士帮助我们研制了第一批火箭。虽然美国有一些杰出的发明家，如托马斯·爱迪生，但是美国最顶尖的数学家和科学家常常不是美国人。

2001年，一个关于美国国家安全的两党委员会说，对美国国家安全来说，仅次于恐怖袭击的第二大威胁是，美国不能提供足够的数学和科学教育。在2006年和2007年，英特尔公司的克雷格·巴雷特（Craig Barrett）和微软公司的比尔·盖茨就在国会证实说，我们迫切需要这些专业的更多的毕业生，我们要么不得不从世界新的人才库中引进人才，要么不得不面对严峻的基础人才短缺的局面。

同样明显的是，在高等学校颁发的所有学位中，科学、技术、工程和数学（即所谓的 STEM）专业的学位所占的比例正在下降。在 2003~2004 学年，STEM 学位在所有颁发的学位中所占的比例从 10 年前的 32% 下降到了 27%。而占据其中许多位置的并不是美国人，而是那些使用 HB-1 护照来美国完成他们的教育的外国学生。相反，在中国和印度，莎士比亚就不如尼尔斯·玻尔（Niels Bohr）[①] 那么受欢迎，但是这些国家宣称，它们每年毕业的工程专业的学生有 95 万人。在这些国家，研究数学和科学是很酷的——这被认为是通向更好前程的道路。在美国，这却不是一件很酷的事情。

然而，尽管美国存在着数学和科学学位方面的严峻事实，但同样的事实是，当今美国人却越来越多地迷恋数学、科学、医学和技术，而这种迷恋正在不断高涨，而且深入人心。根据《大众科学》（Popular Science）在 2007 年所做的一项分析，在这一年的电视演出季中，仅在四大电视公司中，就至少有 15 部电视剧在黄金时段大获成功，而这些电视剧的主要内容都是关于数学和科学的。在 20 世纪 90 年代整整 10 年中，只有 10 部这样的电视剧。

在这些"受到欢迎"的电视剧中有一部是哥伦比亚广播公司（CBS）投巨资拍摄的《犯罪现场调查》（CSI），在这部电视剧中，拉斯维加斯警察局的刑侦科学家通过重现犯罪现场、推断子弹发射轨迹以及分析血液迸溅形状来破案；还有一部福克斯公司（Fox）拍摄的更加神秘莫测的《豪斯医生》（House），在这部电视剧中，脾气不好的天才医生格里高利·豪斯（Gregory House）医生通过寻找与病人行为相关的线索就能诊断出病人的疾病，而这些行为，甚至病人自己都不承认。不过，这些电视剧不只对法医和从业医生具有吸引力。最热门的新电视剧之一是哥伦比亚广播公司拍摄的《数字追凶》，它拥有 1100 万名观众，在这部电视剧中，一位数学天才利用最复杂的数学理论来帮助他在联邦调查局任职的兄弟破案。确实，数学和数字已经深深扎根于我们的现代电视文化之中，难怪在 2006 年，加州的一个记者呼吁要"警惕数字"——比如，本季 10 部新电视剧的名字里都

[①] 丹麦著名物理学家，近代量子物理学的奠基者之一。

有数字,从《劫后新生》(The Nine)到《三磅之重》(3 LBs)到《六度空间》(Six Degrees),再到《我为喜剧狂》(30 Rock)(2007年的电影《300》和《灵数23》[The Number 23]同样反映了对数字的兴奋程度)。

当然,科学一直在流行文化中占了很大一个部分,特别是在打击犯罪方面。歇洛克·福尔摩斯(Sherlock Holmes)是将科学用于打击犯罪的佼佼者;在詹姆斯·邦德(James Bond)系列电影中——除了女人和打斗场景以外,几乎每部电影中最精彩的部分之一就是邦德去拜访Q博士的实验室,Q博士会给他看最新的技术发明,令人惊奇的是,这些新发明稍后就会派上用场。当然早在20世纪70年代,《法医昆西》(Quincy)就开始反映出法医对科学的狂热追求了。

坦率地说,几代的孩子们都是玩芭比娃娃和救火玩具车长大的,但不管怎么说,他们也是玩化学装置玩具、手术玩具、斯林斯基(Slinky)弹簧玩具[1]和魔方长大的。

不过毫无疑问,在过去的15年中,科学取得了极大的发展。从卡尔·萨冈到科学小子比尔·耐(Bill Nye the Science Guy),再到阿尔·戈尔(Al Gore),这些教育家在用每个人都懂的术语和图画将复杂的科学带给美国方面做了大量工作。在1997年的电影《心灵捕手》(Good Will Hunting)和2001年的电影《美丽心灵》(A Beautiful Mind)中,我们学会了发现令人完全信服的数学和科学天才。后来又有了丹·布朗(Dan Brown)的《达·芬奇密码》和斯蒂芬·列维特(Steven Levitt)与斯蒂芬·都伯纳(Stephen Dubner)的《魔鬼经济学》(Freakonomics)——突然之间,似乎所有的美国人都对数字序列、数学谜题和数据分析着迷了。

但今天发生的事情还没有完。仅仅《数字追凶》就让1100万人在周五的晚上聚集在电视机前,他们之所以如此,不是因为讨厌数学,而是因为喜欢数学。主创人员曾电话访问过观众,问他们是在什么时候对这部电视剧真正产生强烈兴趣的,接受访问的人说就是在揭开数学之谜的时候,他们才为之着迷的。为什么呢?因为这些题解让他们觉得自己也聪明起来了。

---

[1] 美国工程师理查德·詹姆斯在费城发明的一种软弹簧玩具,是目前世界上超级流行的玩具之一。

在许多方面，美国的科学和技术不再像以前那样关注把人类送上月球，或者建造世界上最高的建筑，它们甚至不再关注如何使用更多的太空冰激凌（为宇航员发明的冻干型冰激凌）。我们越来越多地在我们的日常生活中使用数字和技术，对它们的了解和应用让我们着迷。现在，在一辆福特汽车上使用的计算功能比把第一代火箭送入太空时所使用的计算功能还要多，我们的洗衣机正在变成由计算机来控制的。科学技术就在我们身边，我们渴望揭开科学技术的神秘面纱。

让我们看看民意调查的情况吧。在我刚开始从事这个行业的时候，只有洛克菲勒家族（the Rockefellers）出得起钱进行各种民意调查——它们的花销不小，因为得一家一户地进行问卷调查。而现在，各大新闻机构每隔三天就进行一次民意调查。现在我们掌握着大量的数据，而新闻机构要想得到这些数据就特别困难，因为比起伊拉克爆炸事件的另一个说法来，这些数据要好卖得多。

与此同时，随着更多的严肃的新闻机构在民意调查方面的投入加大，许多其他机构正在开始进行"电话民意调查"，其中一些机构甚至从电话公司获得利润。这不是真正的民意调查，因为没有统一的方法。此外，为了得到某种结果，提出的问题往往带有倾向性。令人感到不安的是，这种方法竟然是根据获取公众想法的"真正的"科学被提出来的，以至于很多电视新闻和娱乐节目都接受了这些看似科学，实际上一点也不科学的方法。我见过这些当场展示的数字，这些数字还不如那些在背后捏造的数字。

绝大多数人要的不仅仅是数字，他们要的是数字带来的"惊喜"——他们要分析和解释数字，这些能给他们带来将数字变成想法的满足感。当然，本书讲的就是这个问题。在每一种趋势背后，都有一个需要寻找的原因，以及从这些人正在做的事情中引申出来的含义。如果退休的美国人还在工作，或者如果十几岁的孩子还在打毛线，那么，这些趋势就会带来一些变化和结果，而这些变化和结果将远远超出人们现在的观察。这就是我在描述每一趋势，以及对它们的潜在含义和意义进行思考时为什么要做到详尽扎实的原因。

既然数字令美国人如此迷恋，那么实际上，美国是否站到了扭转安全专家和公共知识分子对其提出警告的反科学趋势的制高点上了呢？——或者是不是只要数学和科学是有趣的，而且是可以用来玩的，我们才会对它们着迷呢？是的，把数学和科学与电影和电视结合起来会令我们着迷，但是，把数学和科学与大学课程和职业结合起来，难道就不应该说声感谢的话吗？我不能确定《急诊室的故事》(ER)和《犯罪现场调查》会不会让很多人去研究化学（尽管《洛城法网》[L. A. Law]曾让申请法学院的人数直线攀升）。是的，科学夏令营正在兴起——但像麻省理工学院这样的学校似乎正在往相反的方向走，它们正在考虑修改它们的课程，以吸引更多的主流学生。数学和科学会卷土重来吗？

最近，我采访了耶鲁大学数学系的一个负责人，他说，去年赚钱最多的（15亿美元）美国人是学数学的。他提到了一位对冲基金的经理，他的基金成功的基础就是他的计算，他的观点是数学里面有大笔大笔的钱。因此，公众对数字感兴趣是令人鼓舞的，而且，我希望像本书这样的书籍会让人对数字的意义进行思考。

不过，要使美国学数学和科学的学生人数发生逆转，人们的态度，特别是父母和同辈人的态度要发生巨大的变化。我希望，随着越来越多的人懂得数字的力量，随着像本书这样的书籍揭开数字的神秘面纱，更多的学生开始喜欢数字。不过，这是由一群对语言和历史有着深入了解的作家和思想家创建的一个以人文科学为基础的国家。本·富兰克林（Ben Franklin）也许是个例外，看看他那些放风筝的古怪相片，就知道是怎么回事了。如果他像托马斯·杰斐逊（Thomas Jefferson）就好了。

第十五部分
国 际

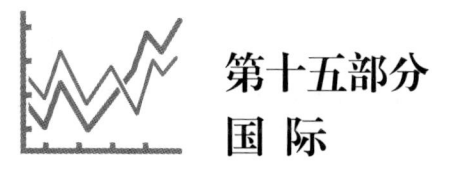

小宗教

你还记得著名的《纽约客》杂志在 20 世纪 70 年代的一幅封面画吗？这幅封面画滑稽地模仿了纽约人看待世界其他地方的方式。封面的前景是第九大道、第十大道和哈得孙河的详图；往后是美国所有的其他地方，加在一起才有纽约的三个街区大，里面标着"芝加哥"和"洛杉矶"的字样；再往后是远处虽然模糊，但并不拥挤的一片平坦的大陆，那是中国、日本和俄罗斯。

每次我想起这幅卡通画，我就会想到美国人是如何看待宗教的，不只是如何看待美国的宗教，还有全世界的宗教。首先，我们认为有新教徒和天主教徒，而在新教中又有一些重要的分支。其次，在美国的大城市中有一些零散的犹太教徒和穆斯林，当然，大部分穆斯林是在中东。摩门教徒住在犹他州。就世界范围而言，我们完全可以确定，印度教徒和佛教徒在像印度这样的地方数目庞大；非洲和中国都有传统的宗教，虽然我们不完全清楚中国的宗教与共产主义是如何并行不悖的。几乎其他所有的宗教都是被边缘化的群体，甚至可能是一种"崇拜"。

另外，我们认为，对各自的信徒而言，两大宗教——基督教和伊斯兰教——正在变得越来越重要，美国大教会的兴起和中东伊斯兰激进主义的兴起就是证据。但总体来说，我们认为，既然科学、教育和世俗主义在全世界范围内得到了广泛传播，那么，世界上真正信奉宗教的人肯定是少数，或者至少人数在下降。毕竟，我们不是经常听到美国人是如何成为宗教局外人的说法吗？而在像法国和德国这样的地方，定期上教堂的人竟然降到不足10%！

因此，有一些重要的情况需要我们去重视。首先，尽管很多当代的宗教学者在20世纪下半期做出过预测，但事实上，世界并没有因越来越现代化而变得越来越世俗化。1968年，美国社会学家彼得·博格（Peter Berger）告诉《纽约时报》说，"到了21世纪，信教的人很可能只有在为了反对世界范围内的世俗文化而聚集在一起的小宗派中才能找到"。将近40年后，在2006年，同样是这位博格教授在一次全球宗教讨论会上说他的理论是完全错误的。他说我们不是生活在一个世俗化的时代，相反，我们生活在一个"急剧膨胀的、扩张的宗教狂热"的世界。

是的，这就是事实。根据《世界基督教百科全书》（*World Christian Encyclopedia*）——这是一本对整个世界的宗教构成进行调查和分析的工具书——的说法，世界有将近1万种不同的和独立的宗教——每天都有两到三种新的宗教产生。美国人或许正在目睹大教会的兴起——这些不断延伸的复合型教会提供的服务包罗万象，从礼拜仪式的启蒙到青少年的漂流旅行——但就世界范围而言，情况恰恰相反。正在蓬勃发展的是小宗教：规模小、看起来古怪、拥有彻底献身精神的信徒的宗教。

当然，这在各种小趋势中是一个极好的例子。虽然我们大家都希望通过几个全球性的大趋势——比如，"基督教正在向南发展"，"伊斯兰教正在向右发展"来理解宗教，但事实是，今天全世界的宗教就是各种小的、极具献身精神的，而且是在不断变化的小宗教的总和，这些小宗教今天和这个宗教结盟，明天跟那个宗教结盟，在信仰的国度内构成了一幅不断变化的风景。

在《世界基督教百科全书》所认定的9900种宗教中，有些是从伊斯兰教或基督教中直接分裂出来的派别——比如，拥有800万信徒的阿玛迪派（Ahmadis）是以巴基斯坦为基地的一个信奉弥赛亚的伊斯兰教派别；拥有30万信徒的"多伦多神赐派"（Toronto Blessing）是以加拿大为基地的相信神赐超凡力量的基督教运动。许多宗教都是各种传统宗教的混合物，比如根据《世界基督教百科全书》的说法，以巴西为基地的拥有2000万信徒的乌姆班丹派（Umbandans）是非洲传统的鲁约巴教（Yoruban）和当地南美洲人的宗教信仰——部分是天主教，部分是法国招魂术——结合而成的宗教派别。

是哪些人加入新宗教运动（New Religious Movement）呢？专家说，加入新宗教运动的人，没有明显的群体特征。年轻人加入，一般是想表现他们的独立；老年人加入是想寻找他们的生活不能提供的慰藉。某些种族或民族群体——比如在基督教影响下的非洲人——转向了混合宗教，因为这些混合宗教将新的意识形态与较为朴素的传统融合在了一起。几乎所有新宗教运动的支持者都在寻找他们共同的圈子，寻找可能与他们发生关系的联系，寻找对他们的肯定和鼓励，也在寻找他们的目标。新宗教运动是多种多样的，它所遇到的机会也是完全不同的，这证明，属于一个拥有共同的浓厚兴趣——这恰恰是各种小趋势的前提——的群体是一种强大的生活力量，而无论它的教规可能是什么。

世界各种宗教的变化、多样化及其发展之所以重要，是因为这么几个原因。首先，许多"小宗教"——你可以肯定它不会像《纽约客》上的那幅地图一样小——都是相当大的。比如，乌姆巴丹教派拥有2000万教徒，比全世界的犹太人还多1倍半，比一位论教（Unitarians）的教徒多了不止20倍。是我们的看法，而不是这些宗教的信徒的人数，才使它们成为被边缘化的宗教。

第二，虽然伊斯兰激进组织和很多西方国家之间的紧张关系不断加剧，但全世界成千上万的小宗教却表明，"文明的冲突"这一说法也不过如此。是的，一些伊斯兰的激进派别正在与诋毁它们的基督教徒进行斗争。但是，说到宗教冲突对世界的影响，更准确的说法是，几十亿人正在诚心诚意地推动着几千种宗教向前发展，而这些发展导致的紧张关系——既是创造性的，又是暴力性的——正在推动世界发生着变化。

第三，专家预测，今天在各种宗教中发生的分裂、演变和扩散很可能带来更多的紧张关系。一些人宣称正是因为传统宗教影响力的丧失（20世纪60年代和70年代所看到的世俗化）使越来越多而且越来越不同的宗教力量站稳了脚跟。

现在谈谈小宗教为什么如此重要的最后一个原因，这些新宗教运动中的一些学者可能是它们周围最重要的法律实施的资源之一。虽然在世界9900种宗教中大多数是寻求和平、安乐和精神满足的，但毫无疑问，少数宗教的狂热和暴力倾向正在不断发展。美国联邦调查局（FBI）和世界上的其他类似机构已经邀请研究新宗教运动的专家来帮助它们了解哪些宗教团体不仅在发展，而且正在形成威胁。

撇开暴力不谈，其他小宗教团体正在发展，它们具有让人改变信仰的绝对能力。虽然小宗教团体现在看起来可能处于边缘化，但值得记住的是，世界上所有的大宗教都是作为一些人倡导的边缘的、异端的革命开始的。毁坏偶像的亚伯拉罕就是一个反叛者，耶稣、穆罕默德和马丁·路德也是。过去几乎没有人把摩门教或贵格会教当回事，而现在它们却成了美国宗教中稳定的一部分。

宗教正在分化，而且那种能把很多人聚集在单一宗教旗帜下的能力正在减退。伊斯兰教在许多西方人看来似乎具有相当大的凝聚力，但现在它却分成了很多相互争斗的派别。不过，所有宗教都是如此。有组织的宗教正在兴起，但只是通过组织的倍增才能发展。宗教曾是福特经济的一个稳定的部分，但现在，为了适应我们所能提出来的很多个人偏好，它正在转向星巴克经济。现在，你可以选择你的信仰，也可以选择和你一起做祈祷的人，实际上，你的选择和你早上喝咖啡的选择一样多。虽然这意味着教友会越来越少，但可以想象，剩下的都是一些令你感到高兴的教友。

国际买房者

如果问任何一个房地产经纪人——无论是现实生活中的还是在电视上假装的——买房的关键是什么，他们都会说"地点、地点、地点"。你可以拆掉一栋房子，然后再把它盖起来，但你没有办法创造出海景、山景或者是当地理想的就学环境，如果那里没有的话。买房就是买地方。

这些日子，特别令人感兴趣的是，美国最受追捧的地方正在被来自美国以外的人买走。我们大家都知道，全球化意味着将各大洲和市场分隔开的经济壁垒正在被一个单一的、统一的体制所取代。说到买房，如果你认为隔着一两片海就能使你避免与外国人竞争，那你得重新想想了。外国人拥有在美国的住宅所有权可能是房地产市场中最火的趋势。人们曾经感到奇怪，为什么纽约公寓住宅的价格会持续上涨，尽管常住纽约的人数基本没变？答案是，对同一地块的竞争增加了，其中很多竞争来自海外。中国和韩国政府也许正在购买我们的债券，但世界各地的上流阶层正在被美国的房地产吸引过来。令人吃惊的是，关于外国人拥有美国的房产，竟然没有任何首尾连贯的记录，因此，我们不得不从零碎的信息中拼凑出个大概情况来。

2005年，一项对佛罗里达州房地产经纪人的调查发现，87%的房地产经纪人在过去12个月内至少与一位国外买主做成了一笔生意，将近10%的房地产经纪人拥有一位完全国际化的客户。2005年，在迈阿密—劳德代尔堡（Miami–Fort Lauderdale）的房屋交易中，国外买主至少占30%；在佛罗里达全州的房屋交易中，国外买主占15%。

但是，这一趋势不仅仅出现在佛罗里达。纽约的一个房地产专家估计，2004 年，在购买曼哈顿公寓的人当中，外国居民占到了三分之一，而在 2003 年，只占四分之一。拉斯维加斯的两处楼盘甚至在盖好之前，至少有 10% 的房子就归了外国人。在休斯敦、亚特兰大、芝加哥和科罗拉多，都可以看到外国人购房增加的情况。那些将豪宅挂单出售的美国房地产公司正在接待越来越多的国际客户，他们都是订阅它们的杂志和访问它们网站的外国人，而像 21 世纪房地产（Century 21）和佳士得物业（Christie's Great Estates）这样的美国房地产经纪公司正在全球范围内开设越来越多的办事机构。

在临近大洲的某一个地方买房的人的构成和动机也是不相同的——这取决于买者。

◆ **欧洲人**。在过去的几年，与美元相比，欧元升值 50% 以上，英镑升值 35%（甚至同美元相比，加拿大元和澳大利亚元也升值 30% 到 40%）。结果，美国的房子与他们自己国家的房子相比，似乎格外便宜。你去过英国那些岩石密布的海滩或德国那些杂草丛生的海滩吗？佛罗里达柔软的沙滩和米老鼠对于我们的欧洲邻居来说，具有极大的吸引力。

◆ **中南美洲人**。来自委内瑞拉、哥伦比亚、巴西和墨西哥的买主喜欢美国的政治和经济安全，如果他们自己国家的不稳定持续增加，他们就认为美国的房产不仅是一种安全的投资，而且是一处有保障的住所。他们还欣赏美国所提供的个人自由和政治自由，更不用说购物了。除此之外，南佛罗里达和得克萨斯与他们国家相似的气候以及有利的西班牙语的语言环境，使美国的房子倍受追捧。

◆ **亚洲人**。随着亚洲国家经济的增长和东西方经济往来的增加，在美国拥有一个落脚的地方对于许多亚洲家庭来说，已经越来越有吸引力。美国的房地产经纪人一直在不遗余力地讨好他们，他们用中文给豪华公寓取名字，举办提供亚洲食品的新闻发布会。

一般而言，飞机票的价格在全世界范围内的下降首先不仅使人们去外国旅游变得更容易，而且也会使人在第一个家和第二个家之间来回跑变得更容易——房地产经纪人说，这一直是买国外房产的第一步。此外，像多种货币抵押贷款这样的新手段——让你用自己国家的货币在国外获得抵押贷款，在房子所在国的利率变得对你有利时，再将自己国家的货币兑换成外国货币——也大大方便了外国购房者。好几家美国银行正在调整政策，以便使那些向美国纳税的外国居民更容易地获得房屋贷款。

在纽约，在向外国人开放这座城市方面，唐纳德·特朗普是一个主要因素。纽约的大多数建筑一直是合作住宅（co-ops）[①]，因为合作住宅几乎可以用任何理由来拒绝任何人的要求，所以他们过去是非常谨慎地看待没有外国购买者这一情况的。但后来特朗普开发了分户出售公寓（condos），而分户出售公寓的销售在很大程度上是不受管制的，因为他们提供的是独立的公寓套间，而不是公司的股份。现在绝大多数新建筑都是分户出售公寓，所以外国买主就涌了进来。

很大程度上说，在国外买房是一件花费相当大的事情。2005年，外国人在佛罗里达州购买的房屋均价大约是30万美元，而其中有将近四分之一的价格超过了50万美元。但是随着亚洲和世界其他地方的中产阶级的发展壮大，我们可以预计这一业务将得到扩大。

涉外房屋交易事关重大，甚至不只与购房者及其代理商有关。国际买主人数的上升可能对房地产业已经产生了某些影响，比如越来越多的银行正在改变它们关于购房贷款的规定（尽管如果外国买主不再用现金支付，他们对于美国卖主来说就可能没有那么大的吸引力了）。购房文化也可能出现某些调整。来自某些国家的国外买主喜欢压低他们的报价，直到成交的最后时刻还咄咄逼人地讨价还价，而且还要求在房子之外赠送一些产品——比如家具或门房服务。

全球化也可能影响到房屋的设计。一些中东的买主不喜欢厨房紧挨着待客区域，因为对于客人而言，看着女人在厨房准备食物是不合习惯的；一些拉丁美洲的买主不喜欢主卧室离孩子的卧室太远。

但更值得关注的是，对于我们其他人而言，外国购房者对房屋价格上

[①] 其特点是个人不拥有产权，仅拥有其中一部分股权和使用权，产权属于住宅合作社，出让时仅出让股份，而不出让产权。

涨产生了影响。当非本国公民买了曼哈顿三分之一的公寓时，这就把很大部分收入处于中等水平的美国买主挤进了曼哈顿稍次一级的住宅之中，而把大量低端买主赶到了皇后区。在豪宅方面，委内瑞拉的买主可能会抬高迈阿密高端住宅的价格——但如果加拉加斯（委内瑞拉的首都）出现经济倒退，这些买主无法偿还房屋贷款，那么他们给他们的美国邻居留下的就是那些价格急剧下跌的房子了。各国经济之间不断增加的相互依赖关系现在扩展到最不具有流动性的交易——房地产交易——上来了。

一些立法者认为这一趋势值得关注。在2007年初，银行建议要方便外国购房者的贷款，加州的一名立法者对此做出了回应，他提出一项议案，这一议案使银行向没有社会安全号码的购房者发放抵押贷款成为非法。到目前为止，这一议案被拒绝了，因为在很大程度上，它被认为是地方主义的，是不必要的。但事实可能并不总是如此。虽然美国为它在全球经济中所起到的作用而自豪，但外国人在美国购买房产所承担的利率比美国人在海外购买房产所承担的利率要高得多，这件事实际上并不让美国人感到自豪。只要你试试在墨西哥城或百慕大群岛买一套公寓，你就会知道他们会让你费多大的劲。

我们要保护我们国内的资产。2006年，当美国人得知美国即将把某些纽约港口的所有权转让给阿联酋迪拜政府所属的一家公司时，爆发了一次持续几周的全国性的抗议活动，这次抗议活动最终改变了这个决定。2005年，当建在加州的优尼科石油公司（Unocal）马上要卖给一家由中国政府支持的中国公司时，又爆发了促使取消这一决定的公众抗议活动。截至2007年，没有一个美国人对日本和中国持有超过1万亿美元的美国债券表示满意。

在美国的一些社区中，豪宅一幢接一幢地被外国买主买走，这完全不同于"接管"美国的基础设施、大型的公司或货币。但现在至少是评价外国人购买美国房产的趋势的时候了。

外交政策专家很快指出，大多数美国人赞成国际交往，拒绝孤立主义的观念，这一观念认为美国在国际上应该"只关注自己的事务，而让其他国家按照它们自己所能做到的最好方式处理自己的问题"。确实应该如此，但另一方面，赞同孤立主义立场的美国人的人数在2002年到2005年间急剧攀升——从30%攀升到42%，这是自1960年开始进行这项调查以来最高的赞成率。显而易见，对外国"投资"持赞同看法的美国人的人数（占到53%）比对外国人拥有"所有权"持赞同看法的人（33%）要多，但很难弄清买房是投资还是拥有所有权——尤其是，至少2005年在佛罗里达进行的一项调查中，有超过一半的外国买主说，他们买房是为了度假和/或临时工作，而只有三分之一的人说他们买房是为了投资。

　　从另一方面来看，如果你是美国房产的一个外国买主，你可能要谨慎地研究你的投资——他们是不是把海景公寓中完全看不到海景的底层卖给了你？是不是只有你付了房屋的全部佣金，而其他人都打了折扣？既然很多外国买主花钱只是为了寻找一些乐趣，或者是为了找到一个安全的地方，以防本国经济的失败，那么他们就能够很快行动，而无须像美国买主那样倾其所有地去买房。另一方面，虽然买美国的房子也有陷阱，但根据美国的规定，买房需要提供社会安全号码，需要没完没了的信用审查，所以实际上，买房比买股票和债券更令人放心，所以大批外国人纷纷来美国买房。难怪波拉特（Borat）[①]说"欢迎来到美国"。

[①] 美国喜剧电影《波拉特》中的主人公，电影讲述了哈萨克斯坦人波拉特在美国的经历。

LAT[①] 夫妻（英国）

前面我们谈到了那些与比自己年轻的男人约会的女人，她们与年轻男性约会，但通常无须保持长期的忠诚关系。我们也研究了通勤夫妻，他们虽然结婚了，但却住在不同的城市，至少在一周的工作时间内是如此。如今在家庭生活走向非传统化过程中又出现了一种意想不到的变化：生活在同一城市却住在不同住所的夫妻，他们维持着长期的、一夫一妻的关系。

这一趋势的领头羊在英国，截止到 2006 年，英国整整有 100 万对彼此忠诚专一，但居住在不同屋檐下的夫妻。

结婚已经过时了。根据英国国家统计局（Office for National Statistics）的数据，英国的结婚率（每 1000 个人中结婚的人的比率）从 1991 年的 12‰ 下降到了 2005 年的 9.2‰。但是现在，甚至非婚同居似乎也过于亲密了。在好几个西欧国家，发展最快的生活方式就是 LAT——"住在不同的地方却共同生活"的夫妻。

在英国，这种夫妻有 100 万对——在 16 岁到 59 岁的人当中，每 20 个人中就有 3 个。这意味着不居住在一起的彼此忠诚的长期夫妻与居住在一起的彼此忠诚的长期夫妻一样多。

LAT 夫妻在其他地方也正在快速增加。在荷兰，在认为自己有配偶关系的 55 岁或 55 岁以上的人中，有将近四分之一的人既没有结婚，也没有居住在一起，他们也没有任何改变他们状况的计划。63% 的处于不同年龄

[①] LAT，为 live apart together 的缩写，意为"住在不同的地方却共同生活"。

段的荷兰人赞同这种"半附属夫妻"（semi-attached couples）形式。

在法国，估计有 2% 到 3% 的已婚夫妻和 7% 到 8% 的非婚同居者住在不同的住所里。而在北美，据报道，在 20 岁和 20 岁以上的加拿大人当中，有将近 10% 的人维持着住在不同的地方却共同生活的关系。美国还没有正式追踪这种情况，但你可以打赌，这种情况很快就会有了。

在当今不断变化的家庭生活场景中，LAT 夫妻是最新的参与者。

根据那些正在对 LAT 夫妻进行跟踪研究的人口统计学家和社会学家的说法，出现 LAT 夫妻的原因涉及方方面面。大多数 LAT 夫妻是年轻的新的住房拥有者，他们不愿意放弃自己刚刚得到的独立。专家们说，尤其是在英国，住房被人珍视为自己的安乐窝和避风港，即使陷入爱河的人也不愿意放弃他们的住房或公寓。

在生命周期的另一端，LAT 夫妻通常是老年人，他们不希望因为一桩普通法婚姻——更不用说一桩事实婚姻了——使他们把遗产留给自己孩子的计划变得复杂起来。

还有一些 LAT 夫妻则是正当年的中年人——他们有从前一段男女关系中留下来的孩子，或者有年迈的父母已经住在他们家里。让一个同居的情人或配偶住在家里，可能会使事情变得过于复杂，而对于伴侣双方而言，彼此专一比整天黏在一起可能更让人觉得舒服。

最后，其他 LAT 夫妻选择住在不同的家是因为，坦白地说，一个家有点挤。她确实是你情投意合的伴侣，但如果她搬进你家，她就会让你每周不只洗一次碗。感谢上帝，他就是我要的那个人，但如果这也成了他的房子，那他就会要你不要再薰香，或者希望你把做饭的活儿全包下来。许多处在第二段长期配偶关系中的人都希望避免第一段失败婚姻的错误或痛苦。LAT 是一种很好的、明确的表达方式：此时此刻我爱你，但在我自己的城堡里，我是国王。

众所周知，许多公众眼中的"国王"都与自己的情人分居。凯瑟琳·赫本与斯宾塞·屈赛（Spencer Tracy）保持着几十年的男女关系，但他们却各有各的住所（尽管应该承认，部分原因是因为屈赛与另一个人结了婚）。伍迪·艾伦与米亚·法罗（Mia Farrow）在纽约住在不同的公寓里（据说，这也不是一桩理想婚姻，因为艾伦后来宣称他爱上了法罗收养的继女）。

这一趋势在那些幸福的同居夫妻看起来似乎有点令人震惊，心甘情愿地放弃与他们的生活伴侣夜夜相拥的那种温馨与亲密，这简直无法想象。但事实是，即使在住在同一个屋檐下的幸福夫妻中，拥有不同的卧室也正在变得越来越普遍。在美国，根据美国住宅建筑业协会（National Association of Home Builders）进行的一项调查，房屋建造商和建筑师预计，到 2015 年，超过 60% 的定制别墅将拥有两个主卧室。一些接受调查的建造商说，在他们的新项目中，超过四分之一的项目已经这么做了。

但是，不管分开居住的原因是什么，LAT 夫妻正在增加，而且不少人群也在关注着这种现象。首先，是那些还在徘徊的人。在过去，一枚结婚戒指曾代表着"彼此不分开"；但未婚同居后来变得很普遍了，因此你不能只看手指上戴没戴戒指了，还要注意人们是怎么谈论他们的生活状态的。即使他们有"室友"，他们也可能不是感情专一、浪漫的一对。但现在一切都过去了。你钟情的人也许手上没戴戒指，并且住在单身公寓里，但你最后会知道她结婚已有 10 年了。

第二，父母们会关注这种现象。你可能认为你的孩子生活很随便，不愿意承担婚姻的责任，但事实上，同你的大多数朋友相比，他更愿意实行一夫一妻制。或许你可能认为自己是幸运的，因为孩子对你不喜欢的那个女朋友并不太认真，但事实上，他们已经好几年没跟别人约会过了，而且他们从来没有打算这么做。

从一种宗教或文化的观点来看，LAT 夫妻的兴起对男女关系的预期来说可能预示着新的、据说也是麻烦的一章。如果"爱"，甚至"一夫一妻"并不意味着每天与另一个人的需要、快乐和兴趣交织在一起，那么，彼此还需要忠诚吗？难道为了爱，就不应该做出牺牲吗？难道为了爱，就不应该有必要的相互适应吗？当然，这在 20 世纪七八十年代，是那些反对只"住在一起"的人所担心的问题。如果人们只住在一起，而无须彼此忠诚，那离只需有性而无须住在一起还有多远呢？（哎呀，这种事情很快就会出现啦。）

显然，同一般夫妻相比，LAT 夫妻对待男女关系更加随意。在加拿大 2003 年所做的一项研究中，在 LAT 夫妻中，只有 53% 的男性和 62% 的女性认为"持久的男女关系"对幸福生活是重要的，相反，在一般夫妻中，

76%的男性和81%的女性持这一看法。

人们会对LAT夫妻对孩子的影响产生疑问。如果有孩子，这些孩子也会像离婚夫妇的孩子那样在父母之间来回穿梭吗？或者说来说去，LAT是欧洲的一个更大趋势——这个趋势就是不要孩子——的一个组成部分吗？

从一种商业观点来看，LAT夫妻创造了新的机会。像通勤夫妻一样，他们需要在两个地方而不是在一个地方购置家居用品——衣物、化妆品和最喜欢的CD和DVD；需要两套锅碗瓢盆；在他们的大楼内或者附近的街道旁需要一个客人停车位；当他们在某一段时间内好几天都回不了家的时候，需要有人帮他们关暖气、收报纸和信件以及遛狗。这些人是值得商家关注的——毕竟，如果他们能供得起两套公寓的话，他们手边就很可能有一些可以自由支配的收入。

或许最重要的是，LAT夫妻意味着所需要的住宅数量会翻一番。欧洲的人口正在减少，但就算人口减少了一半，房子的需求量还是不会减少，这可能是欧洲房地产市场的一个重要发展方向。

最后，从一种更大的社会学角度来看，如果我们认为单身的人都渴望找到他们的另一半，那我们就错了；如果我们认为那些单身，而且有房子的人一谈上恋爱就会把房子卖掉，那我们也错了；在房地产市场中，所有以生命周期为基础的预期都有可能调个个儿。如果我们认为家庭都是成双成对的，都是独立的，那么我们对"家庭"的理解就是不全面的——在大多数西方国家，可能会出现比以往更多的单亲家庭，但无论如何，人们可能更喜欢"在一起"生活。

也许，LAT夫妻回答了更大的问题。研究者认为，虽然LAT夫妻双方都不大相信另一半，但他们也是精明而独立的人，他们有足够的信心创造出一种新的生活方式。和一般夫妻或者同居伴侣相比，他们可能看起来更像是荒唐的年轻人，他们只在星期六晚上约会，享受小别胜新婚的快乐。也许，只要相互忠诚，激情就会持久，但如果扯上熏香和脏衣服，情况就不妙了。

妈妈的大男孩（意大利）
——不离家的男人

吃不要钱，住不要钱，晚上也不让不出门，要车的时候就有一辆。

看到这一切，很多年轻人都知道这是一桩好事。一般来说，美国的孩子都想早点离开家，但在一些经济不那么发达的国家，成年的孩子却一直拿不定主意，"着什么急？"毕竟，妈妈做的饭很好吃。

孩子长大了，开始组建家庭，周末的时候回来和父母吃个饭，这一传统模式正在被一种新的模式所取代：不结婚，一周有好几个晚上待在单身俱乐部里，但绝不腾出自己的房间，一直住在家里，直到被赶出家或者继承房产。

不管是在什么地方，每晚都不可能有妈妈做的晚餐：烤宽面条、马铃薯烤饼和炖小牛胫。在意大利，在18岁到30岁的男人中，有高达82%的人还一直与他们的父母住在一起。在意大利，年轻人总是在公共场所游荡，这没有什么奇怪的，因为他们没有别的地方去。

在好莱坞，雷·罗曼诺（Ray Romano）在倍受欢迎的《人人都爱雷蒙德》(*Everybody Loves Raymond*)中暗示了意大利母亲的影响力。在这部家庭情景喜剧中，玛丽（Marie）和弗兰克（Frank）是一对美籍意大利人，他们没有跟孩子雷及其家人住在一起，而是住在他们的隔壁，但玛丽的食物和看法对雷的生活的影响是非常明显的。不过，如果你去意大利，你就不仅会看到雷，还会看到与玛丽和弗兰克住在一起的罗伯特（Robert），那里没有德博拉（Debra），没有艾米（Amy）[①]，没有小孩；可能也没有体育专栏记者，或一份警察局的工作；只有妈妈、爸爸和男孩，那些即将中年的大男孩。

那些赖在家里的意大利人或妈妈的大男孩（Mammonis）是最极端的例子，但这一趋势已经受到关注，而且在其他国家还有不同的名字。在英国，他们叫 kippers，意思是"啃老族"。在德国，他们叫 nesthockers，翻译过来就是"赖巢族"。在日本，他们叫 parasaito shinguru（寄生的单身汉），或者叫 freeters，这是由 free 和德文"工人"（arbeiter）组合而成的一个词。在美国，他们叫"归巢族"（boomerangs）、"彼得·潘"（Peter Pans）或者"老小孩"（kidults）。但意大利的"妈妈的大男孩"却排在第一，每5个人当中就有4个待在家里，多得令人吃惊。

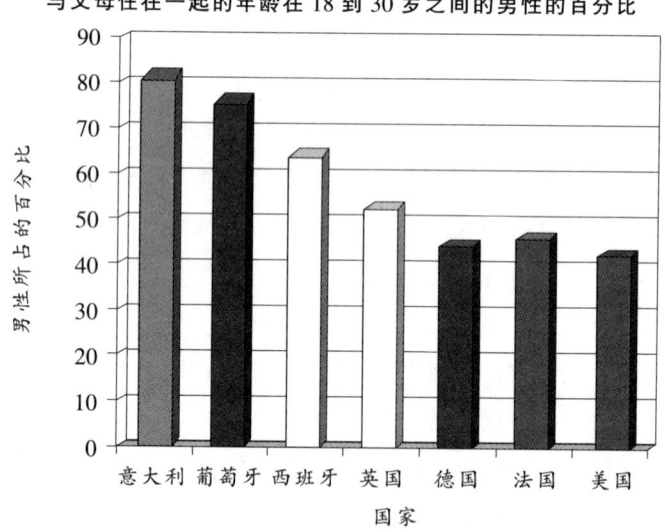

与父母住在一起的年龄在 18 到 30 岁之间的男性的百分比

资料来源：马可·马纳克达与恩里科·莫雷蒂:《为什么大部分意大利年轻男性与其父母住在一起？代际转换与家庭结构》，经济政策研究中心，2005 年。
（Source: Marco Manacorda and Enrico Moretti, *Why Do Most Italian Young Men Live with Their Parents? Intergenerational Transfers and Household Structure*, Center for Economic Policy Research, 2005）

[①] 都是剧中的人物，罗伯特是雷的哥哥，离婚后与父母生活在一起。德博拉是雷的妻子。艾米是雷和德博拉的女儿。

发生什么事了呢?

大多数观察家宣称,"妈妈的大男孩"的出现是因意大利年轻人的高失业率、高房价以及较低的、还在不断下降的出生率所致。既然没有工作,没有孩子,租房又贵——那为什么要离开家呢?其他研究者则认为,实际上,父母希望孩子陪伴他们,也希望控制孩子,因此哄着他们住在家里。他们认为,年轻人的高失业率不是因为别的原因,而是因为大龄青年与父母合住。但是,也许最有意思的观点是,经济衰退能使家庭关系变得更加紧密,而经济成功则会使家庭结构破裂。

希拉里·克林顿曾谈到纽约州北部地区的情况,她的最重要的见解之一就是,"孩子不应该为了找份好工作而离开家"。在美国,城市和郊区的巨大的经济拉动正在使那些受过较好教育的孩子离开家乡去找工作——这一直是工业革命以来的传统模式。其结果就是家庭的解体,人们散落在全国各地甚至世界各地。

但是在意大利,发生的事情正好相反。它的主要产品面临着来自中国的激烈竞争,从而造成这个国家的工作机会的流失,而各种社会经济力量正在宣扬一种更加随意的生活:不要孩子,不要配偶,不负责任。不过,事情的另一面却是家庭纽带得到了加强——核心家庭仍然是生活的中心。谁能说出哪一种制度会带来更多的快乐呢?

但这种变化带来了一些后果。据研究人员说,当今意大利的年轻人比起其前辈来更缺少独立性,缺少创新,缺少工作和旅行经历,在构建他们自己的家庭方面遇到了更多的麻烦。他们生小孩的比率严重下降(1950年每个妇女平均生育2.3个小孩,而到2006年,每个妇女平均只生育1.2个小孩)。确实,在意大利,未来照顾老人的公共负担可能会减少,而照看小孩的负担可能就更没有了。也许在将来,连找一份当教师的工作都成为不可能,因为学校太多,而孩子却太少。

大男孩已经成了一个世界范围的现象,就这一点而言,有一些商机是可以发掘的。意大利的父母可能喜欢跟他们同住的人是固定不变的,但研究人员说,美国的、英国的和德国的父母却不是如此。2006年大获成功的美国喜剧《赖家王老五》(Failure to Launch)里有一些虚构的顾问——她们装作女朋友,好让那些迟迟长不大的男人搬出去住——以后或许会成为真的。面向年轻人的工作岗位和高等教育计划希望在美国退休人员协会以及欧洲类似的机构中做广告，因为广告的目标人群（年轻人）将会在每晚吃饭的时候见到看这些广告的人（他们的父母）。

就这些妈妈的大男孩（以及 kippers、nesthockers 和 freeters）自身而言，他们说他们对自己的生活安排是非常满意的。父母和孩子不会发生像 20 世纪 60 年代那样的文化战争。现在，所有人都准时回家一起看《人人都爱雷蒙德》的重播，吃饭和洗衣服也都没有任何问题了。他们唯一感到的缺憾是社交，当然还有性方面的隐私。欧洲和 6 号汽车旅馆差不多的酒店已经占领高端钟点房市场了吗？

大多数美国人仍然把成年后还住在家里看成某种意义上的失败，尤其在媒体中，更是如此。都是哪些人这样做呢？《宋飞正传》中的乔治·科斯坦萨（George Costanza），《干杯酒吧》（Cheers）中的克里夫·科拉文（Cliff Claven）。看在上帝的份上，还有《精神病患者》（Psycho）中的诺曼·巴特斯（Norman Bates），用弗洛伊德的话说，这些人不是个性健康的男人。

另一方面，富兰克林·D. 罗斯福（Franklin Delano Roosevelt）——美国最受敬重的总统之一——几乎一直住在他的母亲莎拉（Sara）所有的或他与她共有的房子里。

也许，意大利人正在引领一种新的后工业时代的生活方式——对快节奏的和充满责任的现代世界的一种朴素的逆向反应。或许，这一代人将带着东西方人都羡慕的一种轻松和享受的意识步入中年。另外，或许相同的趋势将使意大利社会在未来几年陷入严重的萧条或衰退，因为中国将占据意大利制造业中的工作机会，尽管赖家的这一代将发现他们不得不自己养活自己，但他们却缺少他们应该从妈妈那里学到的技能，包括怎样和什么时候离开安乐窝。

欧洲之星

大多数人都听说过欧洲人对生育小孩缺乏兴趣。美国人则完全相反，非常喜欢小孩。欧洲人在很大程度上认为有小孩的家庭花销太大，而且麻烦，因此，欧洲人正在经历着传统家庭结构的根本瓦解。

美国人不相信这一点——因为欧洲的带薪产假和儿童保育的各项补助政策比我们慷慨得多。但事实是，享受这些福利的欧洲人却越来越少。美国人正好是在按照人口替代率来生育，每个育龄妇女生育2.1个孩子——而欧洲人则完全不理会这种事。欧洲大陆的平均人口出生率是无法自我维持的——每位妇女生育1.2个孩子。在1990年，欧洲没有任何一个国家的人口出生率低于1.3，而现在有14个国家的人口生育率低于1.3。另外6个欧洲国家的人口出生率低于1.4。而德国在2005年出生的孩子的数量只是40年前的一半——这表明到21世纪末，德国人口数量可能不到现在的三分之一。

欧洲出现新生儿荒的原因有生理方面的、文化方面的、政治方面的和经济方面的。首先，与美国的情况相似，欧洲各国的妇女成家较晚——如果真成家的话——这既增加了不育的风险，又没有给生更多的小孩留下多少时间。在1972年到2004年间的英国，结婚的人数下降了36%，而就平均结婚年龄来说，男性从25岁上升到31岁，女性从23岁上升到29岁。

从文化角度来说，整个西方世界越来越强调自我实现，这导致越来越多的欧洲人完全不想要小孩，因为，显而易见，孩子对于一个人的工作、旅游和空闲生活可能是一个很大的干扰。而很多有左倾倾向的国家非常担心环境和人口过剩问题，这导致生育被认为是自私的和破坏性的。在德国，有报道指出，39%受过教育的妇女没有孩子，这一比例实在令人吃惊。

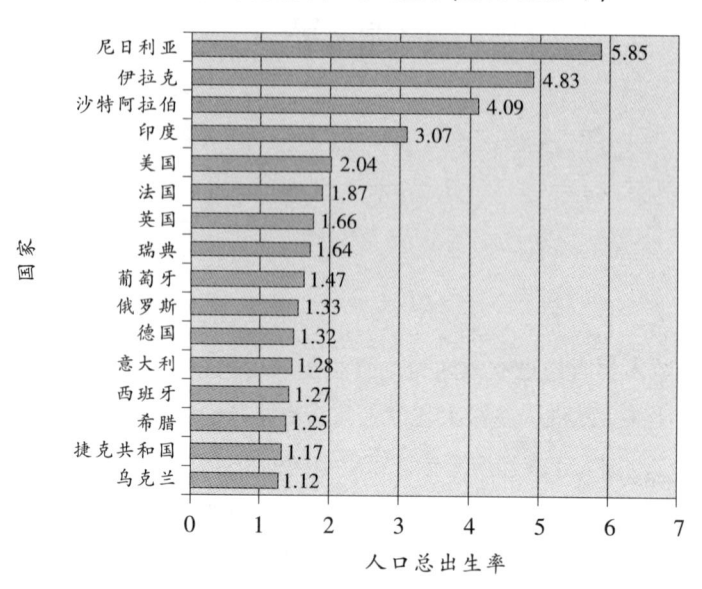

有关国家的人口总出生率（2000~2005年）

国家	人口总出生率
尼日利亚	5.85
伊拉克	4.83
沙特阿拉伯	4.09
印度	3.07
美国	2.04
法国	1.87
英国	1.66
瑞典	1.64
葡萄牙	1.47
俄罗斯	1.33
德国	1.32
意大利	1.28
西班牙	1.27
希腊	1.25
捷克共和国	1.17
乌克兰	1.12

资料来源：联合国人口司与世界卫生组织，2005年。
（Source: United Nations Population Division and World Health Organization, 2005）

从政治方面来说，据说你越趋向自由主义——即你参加的宗教仪式越少——你生的孩子就越少。毫无疑问，在过去30年中，欧洲不仅向左转，而且也转向了世俗化。生小孩与左倾之间的联系在美国也是明显的。根据《今日美国》的一项分析，在2004年，乔治·W. 布什获胜的州的人口出生率比约翰·克里（John Kerry）获胜的州高出了11%。在犹他州（Utah），超过三分之二的女性居民都当上了妈妈，这个州的人口出生率是每1000名妇女生育92个小孩——这是全美国最高的。在第一个支持同性恋结合的州——佛蒙特州，人口出生率是每1000名妇女生育51个小孩——这是全美国最低的。

毫无疑问，虽然生理、文化和政治原因对欧洲大陆生育低谷的出现产生了某些影响，但是欧洲人生孩子越来越少的主要原因似乎是经济方面的。根据英国公共政策研究所（Institute of Public Policy Research）的一项研究，

21岁到23岁的英国人想要和计划要的孩子的数量正好在人口替代率之上。但是到了40岁，他们生的小孩每年都比原计划减少9000人——原因似乎是女性承受的"生育惩罚"(fertility penalty)。欧洲的生育和儿童保育政策整体上看或许是慷慨的，但在英国，至少有28%的妇女重新工作所找到的职位的薪水比她生育前要低。在秘书行业中，这一数字为36%，而在制造业技术工人中，这一数字为50%。虽然一些国家的"生育惩罚"比英国要低，但整个欧洲大陆的情况大致如此，简单地说，昂贵的儿童保育和正在飙升的抵押贷款已经使生孩子的机会成本太高了。

很多学者对欧洲不断下降的出生率带来的影响进行了研究。人口统计学家和经济学家预计，欧洲的社会保障问题——没有足够的替代工人来抚养欧洲大陆的老年退休人员所带来的挑战——将远比美国严重。他们已经提出警告，在未来50年里，欧洲享受社会福利的工人的比例将严重倾斜，以至于一些国家在这一挑战的压迫下将走向崩溃。他们甚至说，不断增加的亚洲或非洲移民的比例——这一比例本身就会导致社会压力——将无法弥补欧洲不断下降的出生率。

这些国家的低出生率带来的其他挑战包括，欧洲的市场份额可能减少；它的军事力量可能减弱，因为它将把更大份额的资源投入到抚养老年人方面；它对美国的均衡影响力可能下降，尤其是在美国与其新移民国家——拉丁美洲、东亚和南亚国家——建立起更紧密关系的时候更是如此。

人们甚至已经注意到我们即将面临一种洲际代沟。目前，美国的中位年龄（median age）[①]是35.5岁；在欧洲，是37.7岁。但到了2050年，美国的中位年龄将是36.2岁——而欧洲将是52.7岁。这意味着欧洲和美国不仅会被大西洋分开，而且他们将对世界有着根本不同的看法。欧洲将会受到眼前发生的事情的影响，相反，美国将受到现在还没有发生的10年之后的事情的影响。

尽管所有的担忧都是合理的，但我认为，就整个生育低谷而言，有一点被低估了。确实，出生率一直在下降，不要孩子的成年人也在增加。但

---

① 又称年龄中位数，是将全体人口按年龄大小排列，位于中点的那个人的年龄。年龄在这个人以上的人数和以下的人数相等。其计算公式是：中位年龄（岁）= 中位数组的年龄下限值 +[〈人口总数 ÷2〉- 中位数组之前各组人口累计数 ÷ 中位数组的人口数]× 组距。

是，欧洲家庭的孩子的总体数量的下降也意味着整个欧洲大陆独生子女家庭的数量在增加。兄弟姐妹也许少了，独生子女却在增加。

在英国，只生一个孩子的妇女的比例从20年前的10%上升到了23%。在卢森堡，从1970年到1991年，只生一个孩子的家庭的数量增加了16%。在芬兰，从1950年到1990年，独生子女增加了50%。在葡萄牙，独生子女的人数在1950年到1991年间增加了134%。而在所有这些国家，当出生率不断下降的时候，独生子女却在增加。独生子女家庭是西方国家增加最快的一种家庭形式。

这一点有着重要的意义。既然独生子女往往被娇生惯养，所以可以预期会出现一个新的面向孩子的奢侈品市场。谁会拒绝给独生子女买上一两只宠物呢？可以预见，大众儿童用品的零售商们的日子可能不好过，而儿童用品专卖店却会生意兴隆。（或许大众儿童用品的商家可以通过迎合那些新的、生育频繁的移民的需求而找到一条出路。）

就纯粹的人口问题而言，青少年越少也可能意味着犯罪越少，闹事越少，大学里的示威也越少。学校也会积极寻找生源来填满学校的座位——这或许会导致引入更多的外国学生来填充高等教育体系。而随着对老师的需求的缩减，他们也将需要寻找新的工作。

但在这一小趋势中也隐含着欧洲复兴的一线希望。独生子女的一代意味着一个正在成长的有自信、有作为和有想象力的公民阶层的兴起，他们准备去解决欧洲面临的各种问题，而无论这些问题有多严重。

根据研究出生序列的人的说法，排行老大的孩子一般积极性高，负责任，做事认真，而且愿意当领导。在美国，他们在哈佛和耶鲁都是拔尖的学生，而且每一个上过天的宇航员都是家里的老大或最大的男孩。据说，在家里排行老大的名人有克林特·伊斯特伍德（Clint Eastwood）、J. K. 罗琳、温斯顿·丘吉尔，以及所有扮演过詹姆斯·邦德的演员。

排行中间的孩子比较随和、适应性强，而且比较叛逆——他们当中有名的有约翰·F. 肯尼迪，同样有名的还有戴安娜王妃。最小的孩子比较外向、喜欢操控他人、缺乏耐性、没有责任心，但富于创造力，他们当中有卡梅隆·迪亚兹（Cameron Diaz）、金·凯瑞（Jim Carrey）和艾迪·墨菲（Eddie Murphy）。

但据说，独生子女与排行老大的孩子一样有自信，一样能说会道，一样有抱负，一样负责任，做事一样认真。由于他们得到了父母相对完整的关注，所以他们与父母关系亲密，不喜欢剧烈的变化。他们对自己和对他人一样都期望很高。他们不大容易接受批评；由于他们幼时很少不得不与他人分享什么东西，所以他们可能比较固执。但他们是明星：有名的独生子女（他们中的某些人有一些关系不怎么亲密的同父异母或同母异父的兄弟姐妹）包括泰格·伍兹、列奥纳多·达·芬奇和富兰克林·德拉诺·罗斯福，而弗兰克·辛纳屈的"做事风格"就是典型的独生子女风格。

因此，真实的情况是，欧洲面临着各种严重的挑战，但又没有足够的人来应对这些挑战。但在正在成长的人当中，有较大一部分——多亏了他们是独生子女——即将以负责任的、有创造力的和有作为的一代登上历史舞台。为了尽心照顾他们父母那一代人，他们会积极应对来自社会保障方面的挑战。这些孩子在大人聊天的时候，会花许多时间来设计自己的游戏，他们完全可以提出以前从来没有人想到过的富有想象力的办法。欧洲大陆的问题特别突出，但是他们这一代人是即将登上舞台的大有作为的创新者。只要他们不管是在家里还是在外面都懂得与他人合作，那么，欧洲就可能出现力量最强大的、人数最少的、风格最独特的一代人：欧洲之星。

越南企业家

在美国，由于缺少文化上的理解，现在大多数人仍然把越南看作我们在那里卷入了一场没有取得胜利的战争的地方。战争进行了15年的时间，5.8万名美国士兵献出了宝贵生命；1974年4月美国人从美国驻西贡（现在的胡志明市）大使馆的房顶上令人羞辱地逃了出来。由于这场战争的失败，美国以后的所有军事行动都受到了评判。这场战争本身就建立在多米诺骨牌理论的基础之上——这一理论认为如果越南变成了共产主义国家，那么亚洲国家将一个接一个地变成共产主义国家，力量的均势就会倒向共产主义。哎，这个理论其实是错误的。

但是，越南式的共产主义将是朝鲜的重演，这一信念根深蒂固，以至于在越南实际发生的一切对于大多数美国人而言几乎是不可想象的。尽管我们以前的敌人共产主义政府仍然在那里掌权，但越南已经成了世界上最具企业家精神的地方之一。在这个地方，美国曾派过兵，后来又派过寻找战俘的小分队，而现在，我们却向这个地方送钱。人们都想用大把大把的钱，购买这里的一切：黑胡椒、咖啡、大米以及海鲜等。2006年，美国人购买越南货的花费差不多是越南人购买美国货的花费的10倍以上。

在过去的15年里，越南在减少贫困和培养中产阶级方面比世界上任何其他国家做得都要多。在这个国家，赤贫人口——指那些每天收入低于1美元的人——的数量从51%下降到了8%。

在越南两个最大城市中，贫困人口（每月收入低于250美元）从1999年的60%下降到2006年的25%。与此同时，中产阶级（每月收入在

251~500美元）人口翻了近一番——比越南城市人口的一半还多。在越南，"中产阶级"的含义与今天其他地方的含义是一样的：在这些人中，将近一半的人有手机，将近一半的人有电脑，差不多20%的人可以在家里使用电子邮件。越南人对化妆品和婴儿用品的购买力急剧上升，个人娱乐开支仅从2003年以来就增长了一倍。自2001年以来，拥有自己的银行户头的越南城市居民的百分比差不多增加了两倍，超过了总人口的三分之一。

许多越南企业家都从事与食品有关的生意，这可能是因为这个国家的食品生产行业非常庞大。从李贵重博士（Dr.Ly Quy Trung，24小时河粉连锁店的CEO，在越南、印度尼西亚和菲律宾拥有50家店面）到那些收入微薄的夫妻店的老板（他们把手写的招牌挂在前院为家庭制作的河粉，或打磨过的摩托车发动机做广告），不管是什么阶层的人，都在风风火火地做着生意。其他一些在商海拼搏的男男女女正在引领高技术行业的发展，在软件出口方面，越南被称为"第二个印度"，也是电信业正在兴起的一支力量。

所有这一切的发展势头很可能继续下去。在处于中学年龄的越南孩子中，将近四分之三的孩子都在上学——而在1990年大约只有三分之一，这一增长速度比中国和印度的都要高。婴儿死亡率在下降。平均寿命在增加。外国资金正在涌入。2005年，越南的经济增长率引人注目，达到8.4%，成为世界上发展最快的国家之一。

所有这些让人高兴的数据都反映了越南人民非凡的乐观主义，或者说这些数据就是由这种乐观主义所成就的。根据盖洛普国际"人民之声"（Gallup International Voice of the People）所进行的一项世界性的调查，越南往往是世界上最乐观的国家——在每10个公民中至少有9个认为今年会比去年好。事实上，根据这一标准，越南超过了第二最乐观的地区——中国香港，它比香港足足领先了20个点。（人们也许会问哪个国家是最悲观的国家？是希腊，它甚至挤掉了伊拉克。）

在一个为争取共产主义权利而与资本主义超级大国进行过战争的国度里，对资本主义的热情来自何处，而且这种热情又是如何占据了上风呢？在美国从越南撤退之后，越南共产党曾试图实行纯粹的共产主义，但是粮食歉收和经济管理不善几乎酿成了一场饥荒。因此，"革新"（doi moi），或者说一系列以市场为基础的改革就应运而生了，改革的目的是，在不牺牲党的政治权力的前提下刺激越南经济的发展。美国是鼓励这一改革方向的，克林顿总统在20世纪90年代中期结束了美国对越南的贸易封锁，并实现了外交关系的正常化。到2002年，越南修改了宪法，保证平等地对待国有公司和私有公司，并消除了某些不利于私有公司注册的官僚主义的障碍。世界其他国家在外交和经济方面对越南的态度也开始升温。2001年，美国和越南签署了一份双边贸易协定。2006年12月，越南加入了世界贸易组织，美国国会也批准了与越南的永久正常的贸易关系。2006年，乔治·W.布什总统解除了美国对越南的军售禁令，这也许是美越军事冲突的完结。

当然，并不是所有情况都是令人高兴的。从官方来说，美国将越南视为一个侵犯人权的"独裁"国家。越南的银行仍然过分偏袒国有企业，而企业家们又没有多少财产为贷款提供抵押，因为所有土地仍然为国家所有。腐败蔓延；知识产权得不到多少保护；而且法律审判体系仍然受制于一个政党。收入税较高，而电力不足是司空见惯的事情。在仍然有大量人口生活的农村地区，收入的增长远没有城市那么快。

但越南是一个受过彻底破坏的地方，它的经济发展速度凸显了整个世界都将可能参与进来的那种企业家的力量。看，在未来几年，对这个国家的投资将大量增加。

再来看看越南的人口年龄结构。在世界大多数工业化国家和发展中国家中，我们正面临着老龄化危机——确定无疑的是，在美国、欧洲和日本，人们的寿命比以前更长，但人口替代的速度却不如从前。相反，在越南，全国8400万人口中，27岁以下的人口超过60%。虽然人口年龄结构年轻并不总是成功的秘诀——世界上年龄中位数最低的国家是陷入战乱的非洲国家——但是考虑到越南对教育的高度关注以及遍及全国，尤其是年轻人当中的那种乐观主义精神，这种年龄结构是有利的。

如果你想开始经商，特别是想把东西卖给美国人，那你就登上去越南的飞机，去看看你能为这个国家快速增长的出口贸易做点什么。那里的劳动力正在迅速增加。

美国没有打败越南共产主义，30年后，这个国家成了一个具有企业家精神的典型国家：它搞商品贸易，进行武器交易，具有与世界上一些最大的资本主义国家相同的观念。在某种意义上，30年后，伊拉克也可能会出现同样的情况，它拒绝形式上的民主，但却和美国一起去教其他国家如何在市政厅进行公民投票以及在网上与总统聊天。当然，它现在还不可能做到这一点。但是不管怎么样，当你看到《现代启示录》(*Apocalypse Now*)中的马龙·白兰度（Marlon Brando）饰演的角色掉进地狱时，你会想到有一天你买的越南的咖啡和大米是他们买我们的东西的10倍吗？

法国的禁酒主义者

没有什么比喝葡萄酒更让法国人享受了，除非他不喝葡萄酒。法国文化就是把葡萄酒与日常生活融合在一起而建立起来的——不管是早午餐，还是晚餐——只要一群法国人聚在一起，一般就会有葡萄酒。还有乏味的奶酪——如果没有芬芳的葡萄酒，它会是什么味道呢？

但现在的事实是，法国的葡萄酒商们非常郁闷。在过去的40年中，世界上没有一个国家比法国更多地减少酒类的消费（除了阿联酋，至少在一个酋长国，人们会因为有酒而受到鞭笞）。下面一些数字全是关于葡萄酒的：虽然啤酒和白酒的消费在法国一直基本保持稳定，但葡萄酒的人均消费却从1962年的20升下降到2001年的大约8升；如果用杯数来计算，相当于从人均每年425杯下降到235杯。按照计划，到2010年，人均葡萄酒消费将进一步下降，而且下降的速度会更快。

公平地说，现在法国人喝的葡萄酒仍然比世界上其他国家的人要多。即使大幅度地下降，法国成年人每年平均也要喝235杯葡萄酒——这相当于几乎每个不是周末的日子都要喝上一杯，或者是从新年几乎一直持续到九月初每天都要喝一杯。但无论如何，它还是急剧减少了。

葡萄酒消费不断萎缩的原因之一是法国人的进餐时间加快了。1978年，法国人的平均进餐时间要持续82分钟，这就有充足的时间来喝上半瓶葡萄酒，如果不是一整瓶的话。现在，法国人的平均进餐时间减少到38分钟——这跟在欧洲任何一个国家进餐，包括在麦当劳吃汉堡和薯片的时间差不多。葡萄酒是悠闲进餐的牺牲品，而现在悠闲进餐已经不多见了。葡萄酒消费的下降不是变化的目标，而是那种节奏更快的、更现代的和不断移动的生活方式所带来的副产品。几百年来，法国一直反对变革，但现在它却正在现代化，旧大陆的习惯正在快速地消失。今天法国的孩子们不再躲避互联网、电子游戏、电视和快餐食品。过去，农村一直远离城市的变化，而现在，我们甚至可以看到法国的边界和边境正在缩小，因为高速列车冲破了文化的障碍，把法国的每一个角落连接在了一起。

葡萄酒消费下降的第二个原因是目前主要关注道路安全的公共安全运动。截至2004年，在欧盟国家，大约每年有1万起死亡事件是因与饮酒有关的交通事故所导致的，而从人均来看，法国是比例最糟糕的国家之一。在美国，针对不断上升的醉酒驾车死亡事故，联邦政府的反应是，从根本上强制各州将法定饮酒年龄提高到21岁，而专家们一致认为这一规定挽救了数万条生命。而法国还没有认真考虑提高法定饮酒年龄——现在是16岁——的问题，不过最近几年，交通部确实在大力打击那些醉酒驾车者，也发动了一场公众教育运动，告诫人们认识醉酒驾车的后果。这引起了司机们的注意。不过，那些利润暴跌的葡萄酒制造商们却将政府告上了法庭——并发起反攻，要将葡萄酒归为食品类。这将不仅能去掉酒瓶上的健康提示印刷标志，而且葡萄酒的广播和电视广告也不会受到限制。不要笑，西班牙在2003年就把葡萄酒归为食品类了。

法国人少喝葡萄酒的第三个原因是，和很多西方人一样，法国人的健康意识提高了。显然，一些法国女性确实在发胖，她们像所有其他人一样正在尝试节食和运动。2007年，另一个典型的法国人的习惯又消失了，法国禁止在公共场合吸烟——大约70%的法国人支持这一禁令。

也许还有重要的一点是，过去几十年来法国的移民大多数是穆斯林，而信教的穆斯林是不喝酒的。因此，法国不能指望下一代穆斯林来挽救葡萄酒产业——如果穆斯林移民会产生什么影响的话，那就是不断增加的穆斯林人口可能会使问题更加严重，而且现在用于建造葡萄园的土地如果用于建造住宅可能会赚更多的钱。

一般来说，这种消费品问题一直靠出口来解决——如果我们法国自己的公民不喝我们的葡萄酒，那我们就把酒运到国外去。但是，运给谁呢？来自美国、澳大利亚、中国和巴西的新的葡萄酒制造商们一直在生产自己更便宜的、品质也相当不错的葡萄酒。比如，美国人对法国的产品就不像过去那样感兴趣了。关于"炸薯条"（French fries）的争论，以及在外交政策方面的严重分歧已经给很多美国人留下了这样一种感觉，即法国不再和从前一样是人们追逐的榜样了。法国曾经是所有奢侈享受的典范，是西方历史上的重要角色，但现在对于大多数美国人而言，法国不再是他们首先想到的国家，尤其是与中国、印度、俄罗斯和英国相比，更是如此。而且，美国商人已经利用这一事实增加了加利福尼亚葡萄酒的市场份额。20年前，葡萄酒品酒师是捏着鼻子来品尝加利福尼亚的葡萄酒的；今天，他们对这种葡萄酒赞赏不绝。虽然美国的葡萄酒品酒师是按照梅洛（Merlots）和解百纳（Cabernets）的标准进行培训的，但是他们已经没有了品尝波尔多葡萄酒（Bordeaux）和默尔索白葡萄酒（Meursault）的那种感觉。美国的葡萄酒业一直在培养自己的消费者，而法国的葡萄酒业却对消费者不理不睬，二者的结果当然大不一样。与此同时，西班牙、澳大利亚和其他地方的葡萄酒商带着大众化的、低价的葡萄酒涌入法国，而法国的葡萄酒尽管有品牌，但价格昂贵，当然受到了孤立，利润也不断下降。

设想一下，如果中国人不再喝茶，或日本人不再吃寿司，事情会变成什么样呢？这种错位会是灾难性的。同样的问题是，现在法国人更多的是喝毕雷矿泉水（Perrier）而不是喝Pomorol葡萄酒。首先，法国的葡萄园——它们是法国文化认同中最丰富的一部分，就像迪士尼乐园对于美国一样——处在令人绝望的困境之中。法国的葡萄酒制造商们既没有为本国需求下降做好准备，也没有对其他国家新的葡萄酒制造商的到来想出应对办法，他们发现罗纳河谷（Côtes du Rhône）堆满了葡萄酒，葡萄园里到处都是烂葡萄。危机已经酿成了葡萄酒商与警察的暴力冲突，造成了政府沉重的补助负担。法国的葡萄酒商曾经是精英企业家，是法国味觉标准的捍卫者，现在他们却成了在大街上闹事的人。2006年，欧盟委员会正在考虑用全新的方式来扭转法国葡萄酒商的颓势。

第二，虽然葡萄酒消费的减少可能对降低法国人酒精中毒、肝硬化以及其他与饮酒有关的疾病的概率有好处，但是，如果红酒有益于健康的理论是真的话，我们也可能想到这会对健康带来负面影响。虽然没有人确切地知道红酒是否会降低心脏病的发病率，但这一理论已经流传几十年了，而且有一个事实确实为这一神秘的说法提供了佐证，即法国人尽管进食高脂肪食物，但冠状动脉疾病的患病率却不高。但现在，葡萄酒的消费只有40年前的一半，这将是对这一理论的真正检验——心脏病发病率应该上升，如果没有上升，就可能推翻促使红酒消费在世界范围内增长的最大动力之一。

当然，一些人可以获利。如果你是一个美国企业家，那么，一个可能不错的主意就是抢先买下一些便宜的法国葡萄酒，然后贴上标明是"真正的法国葡萄酒"的标签，以每瓶低于10美元的价格出售。在美国的一些人仍然会很动心。

如果你们家是一个年轻的、正在成长的法国家庭，你就少喝点葡萄酒，多攒点钱——一天可以省下不少欧元——你很可能用这些钱去买现代化的家用设备，提高自己的生活水平。你还可能为国民生产总值做出更多的贡献，可以干更多的活儿，因为你每天会有更多的时间处于高度清醒状态。

但是，如果你是一个法国葡萄酒商人，那么你所面对的则恰恰相反——自己掌握的时间会越来越多，而口袋里的欧元会越来越少。也许，你只能靠多喝点酒来打发日子。所有这一切虽然令人伤感，"但对社会政治制度来说，发生的事情就是如此"。

中国的毕加索

每个人都知道关于中国的一些事情。首先，它是一个新兴的经济大国，拥有13亿人口——其中有5亿人到2010年估计会成为中产阶级，整个中国市场的规模是巨大的。

其次，尤其是在我们美国，我们知道由于中国高度关注科学和工程学，所以中国培养出来的科学专业的本科生比我们多得多——而且中国获得科学和工程学研究生学位的人数也迅速地超过了我们。

因此，你要知道一个事实，也许会惊讶，即中国正在日益成为一个艺术大国。从1993年到2005年，中国顶级艺术品拍卖行每年的拍卖额将近翻了两番，从不到2500万美元增加到1亿美元。据中国的画廊老板说，中国艺术品的国内需求在最近几年几乎增加了10倍，而且预计还会继续攀升。当然，这反映了中国中产阶级的发展壮大——这些人现在不仅有房子要装修，有财富可以炫耀，而且要在中国变化无常的股市之外找到放他们的钱的其他地方。

然而，中国人对艺术不断增加的兴趣——就像对中国人自身的兴趣同样浓厚——并不是事情的结束，这是一种全球性的突发现象。自20世纪80年代以来，中国当代油画作品在世界市场上的价格一直在飙升，在某些情况下翻了100倍。仅仅在2004年到2006年期间，苏富比（Sotheby）和佳士得（Christie）拍卖行在世界范围内成交的亚洲（大多数是中国）艺术品的价值从只有2200万美元增加到了令人吃惊的1.9亿美元。突然之间，中国艺术品在国际市场上成了炙手可热的抢手货。

首先，中国的很多艺术门类曾走在世界前列，比如书法，当然还有我们大多数西方人简称为"china"的瓷器。但20世纪对中国来说是低潮时期，艺术表达形式单一。1976年后，出现了艺术的繁荣，艺术家们以一种有魄力的、先锋派的绘画风格进行了探索——1989年，在北京国家美术馆举办了"中国/先锋艺术"展（China/Avant Garde）。

经过20世纪90年代，中国艺术又开始缓慢复苏。在1992年，中国恢复了私人艺术品市场的合法地位，并开始放松其审查制度。到1995年，中国艺术家开始在威尼斯双年展（Venice Biennale）上举办展览，威尼斯双年展是世界性的大型当代艺术展。在1996年，美国人涌入纽约国际亚洲艺术品博览会（New York's International Asian Art Fair）。2004年，作为世界贸易组织成员国应承担的义务的一部分，中国向国外的拍卖行敞开了大门。到2006年，苏富比和佳士得拍卖行实现了上面提到的破纪录的拍卖额（虽然大多数拍卖仍然是在大陆以外的地方进行的）。今天，中国政府正在积极培养国际艺术明星。

现在，当你想到中国艺术，你不会只想到山水画，还会想到那些外来的油画。当今中国最具影响力的画家最大程度地表现了社会的所有阶层，其中包括音乐家、妓女、家庭和杂技演员，高度抽象的油画也是如此。一些更前卫的画家画出了在后工业化时空中漂浮穿行的红色婴儿，或翻着跟头穿过铁道的雅克式飞机。许多中国艺术家已经成为世界上家喻户晓的人物，与达明安·赫斯特（Damien Hirst）和杰夫·昆斯（Jeff Koons）这样的当代西方艺术明星一样为人所知。2006年11月，来自辽宁的43岁的刘小东以破纪录的2700万美元将他的作品《一男二女》（*A Man with Two Women*）卖给了一位中国企业家。大约在同一时间，来自云南的48岁的张晓刚在伦敦佳士得拍卖行以2300万美元拍卖了他的作品《天安门》（*Tiananmen Square*）。

还不仅仅是绘画。1957年生于福建、现定居纽约的蔡国强之所以出名，是因为他为庆祝皇后区临时的现代艺术博物馆的开幕，搭了一条横跨东河的烟火彩虹，还因为他点燃了一条横跨泰晤士河的焰火巨龙。中国的绘画、电影、电视、摄影和表演艺术已经成为世界上最具创新精神的艺术。

也许我们——特别是在美国——不应该感到惊讶。我们的国父之一约翰·亚当斯（John Adams）曾经写信给他的妻子阿比盖尔（Abigail）说，他"必须研究政治和战争，而我的儿子也许会……学习……商业和农业，以便给他们的孩子们学习绘画、诗歌和陶瓷的权利"。因此，战争让位于商业，而商业让位于艺术，这也许是自然的进程。也许，中国不断发展的市场、企业家和科学家——与艺术的繁荣是并行不悖的——是培育艺术的天然沃土。

和中国每一件事情一样，这件事情的意义是巨大的。不断发展的中国艺术家阶层人数有好几百万——其中大约有20位艺术家以每幅1万美元的价格把他们的作品卖给西方的那些急切发现新人的人。

对于大众艺术品生产与再生产而言，甚至还有一个巨大的市场。在紧挨着深圳南部郊外一个叫大芬村的村子里坐落着数百家油画商店，在那里，有数千名流水线工人可以在几分钟内就为你复制出任何一幅你想要的名画——无论是中国的还是外国的，也无论是古典的还是当代的。现在，让我们谈谈艺术表达的商业基础。

看看由中国的艺术品商人、卖家、中间人，当然还有赝品所构成的这个繁荣的产业吧。国家文化部门在2003年不得不通过一部法律，要求所有拍卖行和从业人员每年必须接受年检，以防止在巨大但又不成熟的艺术品市场上出现欺诈行为。

现在，参观艺术展览的人也在剧增。年轻的中国人显然很喜欢那些新冒出来的艺术展览馆，这使参观艺术展览成了中国发展最快的消遣活动之一。结果，美国的古根海姆艺术博物馆（U.S.'s Guggenheim Museum）和法国的蓬皮杜艺术馆（France's Pompidou）都想在中国开办分支机构。

确实，中国艺术品市场还需要进一步成熟，无论是艺术家的自由，还是买家的品位。政府仍然资助某些艺术工作，特别是在艺术涉及当代政治的时候，就更是如此，而且政府也不愿意让大量本国制造的艺术品从大陆流失。从买家和批评家的一面来看，也存在一些需要改进的地方——一些画廊仍然只按油画的尺寸向画家付钱。

但我的看法是，中国艺术家的突起对所有人而言都是好消息。不只是对那些富有创造精神而且重新赢得从美学上自由表达自我的中国人而言，也不只是对那些为了各自的利益而做生意的各个层次的中外艺术品商人而言,甚至不只是对所有能够在更多层次上与中国公民发生联系的国家的人民而言。

在冷战期间,捷克诗人和剧作家瓦茨拉夫·哈维尔(Vaclav Havel)就是先用艺术,然后再用政治向政府对国家的控制进行挑战的。在一系列获得国际喝彩的剧作中,哈维尔为一个自由而开放的捷克社会大声疾呼。1989年,哈维尔在没有使用暴力的情况下成为新成立的民主的捷克斯洛伐克(即后来的捷克共和国)的总统。

最后,如果你想加入某些新出现的艺术团体的基层组织,那你就去那些商业——真正意义上的商业——发达的地方。约翰·亚当斯(John Adams)也许认为他只是在与他的妻子考虑他个人的家庭遗产问题,但他也是在对社会做出敏锐的观察。中国幅员广大,它在美学创新方面具有丰富的历史,这可能使它现在成为艺术繁荣的一个难得的好地方。不过,GDP正在稳定增长的其他国家还有阿塞拜疆、爱沙尼亚、特立尼达和多巴哥以及加纳。也许,你一直欣赏的那位爱沙尼亚的表现主义艺术家实际上也是一个相当好的投资对象。当然,在越南也一样。

问问美第奇家族(the Medicis)[①]——哪里出现繁荣,那里就可能有艺术。而哪里出现繁荣,而且出现快速的社会变革,那里就很有可能出现重要的、强大的,甚至是颠覆性的艺术。

[①] 13世纪至17世纪佛罗伦萨的名门望族,是意大利文艺复兴时期最著名的艺术赞助人。

摇摆不定的俄罗斯人

这一趋势关系到俄罗斯选民中的中间派。它关系到那些在 20 世纪 90 年代倒向民主一边,而现在又正在往回转的俄罗斯人。他们不仅将俄罗斯掌握在自己手中,而且还向我们传递了某些关于民主和繁荣相对立的重要信息,而在西方,我们通常认为民主与繁荣是并行不悖的。

20 世纪 80 年代后期对于东方集团内的民主主义者而言是一个令人振奋的时期。波兰的团结运动与共产党政府举行了实质性的双边谈判,匈牙利开始了多党选举,而东德人民则在为旅游权利上街游行。随后,柏林墙倒塌了,共产党在捷克斯洛伐克、罗马尼亚、保加利亚和阿尔巴尼亚失去了统治权。1990 年,东德和西德合并,最后苏联自己解体了。

当时的俄罗斯人是充满希望的。在共产党统治 75 年后——在此之前是几百年的沙皇独裁统治——大多数俄罗斯人在 1991 年告诉欧洲民意调查机构(Pulse of Europe Survey)说,他们认为他们的国家应该依靠一个民主的政府,而不是一个强硬的领导人来解决国家的问题。在 18 岁至 34 岁的俄罗斯年轻人当中,10 个人中就有差不多 6 个说他们赞成民主,而不赞成暴力。当时政府在经济和政治自由方面的承诺是有力的、令人激动的,也是富有远见的。

用很多标准来衡量,俄罗斯人的希望破灭了。在经历 20 世纪 90 年代最初的不景气之后,俄罗斯的经济现在已经连续增长了 8 年,超过了八国集团所有其他国家的平均增长率。由于能源价格的不断上涨和俄罗斯石油及天然气的巨大储藏,俄罗斯人的收入正在增加,消费信贷非常充足,股票市场不断繁荣，消费需求越来越大。新兴的俄罗斯中产阶级已经达到4000万到5000万人。

但今天，俄罗斯人向全球民调专家讲述了一些令人吃惊的事情。根据接着1991年欧洲民意调查进行调查的佩尤全球态度项目（Pew Global Attitudes Project）的调查结果，现在只有28%的俄罗斯人支持民主政府，而不支持强硬的领导人——1991年时高达51%（2002年，支持民主政府的百分比降到21%）。现在，足足有81%的俄罗斯人——包括所有少数民族的人口——说，对他们而言，强大的经济比一种好的民主制度更重要。

为了考察俄罗斯人为什么从支持民主转向支持强硬的领导人，佩尤中心将俄罗斯人的转变同伊斯兰世界的一些趋势进行了比较，独裁统治在伊斯兰世界是很普遍的。佩尤中心在6个穆斯林占主导的国家选出了5个，它们是摩洛哥、黎巴嫩、土耳其、印度尼西亚和约旦，大多数接受访问的人说，他们愿意选择民主制度来解决国家的问题，而不愿意选择一个强硬的领导人。你认为哪种选择更能保证民主统治呢？是大多数美国人可能在地图上找都找不到的这些伊斯兰国家，还是从它15年前放弃共产主义以来美国已经给了差不多2亿美元援助的我们的欧洲盟友俄罗斯？

俄罗斯正在出现一些摇摆不定的选民。这些选民过去曾为了民主而游行，现在却强烈拥护一个拥有集中权力的强硬的统治者。

这些选民是哪些人，这对于俄罗斯的未来是至关重要的。首先要确定他们是哪些人。根据佩尤中心的分析，在20世纪90年代初，俄罗斯男性是民主最大的支持者——支持民主的与支持强硬的领导人的比值为58%∶35%，而俄罗斯女性对民主的支持却没有这么热情，支持民主的和支持强硬的领导人的比为46%∶42%。但是现在，在所有俄罗斯人——男性和女性——中，大约有三分之二的人喜欢强硬的领导人。

第二，俄罗斯新的摇摆不定的选民很多都是那些曾经在20世纪90年代初站在支持民主运动最前线的年轻人。当时在18岁到34岁的俄罗斯人中，10个人中差不多就有6个支持民主，现在，同样是这些已经到三四十岁的人发生了转变，他们甚至以更大的优势支持强硬的领导人（比值为66%∶29%）。

此外，金钱与这种摇摆不定也有一些关系。在俄罗斯，收入最低的人群最不相信各种形式的民主政府。

摇摆不定的选民就是那些幻想破灭并且到现在还不是中产阶级的男性选民，就是看到贫富差距不断扩大并且知道自己站错了队的选民，就是对俄罗斯的教育制度感到失望的选民，就是对俄罗斯糟糕的公共安全（每10个俄罗斯人当中只有3个感觉在街上是安全的）感到失望的选民，就是对俄罗斯普遍存在的腐败（2006年，仅仅在莫斯科，就有40%的接受民调的人说他们在过去的12个月中行过贿）感到失望的选民。这些就是俄罗斯摇摆不定的选民。

当然，在俄罗斯，最近以来任何一种投票都遭到了挑战。弗拉基米尔·普京总统可能是受到几次民调——这些民调表明俄罗斯人喜欢强硬的领导人——的鼓舞，用自己任命的州长取代了地方选举出来的州长；提议终止市长选举；使组织和登记新的政党变得更加困难；而且不断侵扰各种反对派集团——比如由国际象棋大师加里·卡斯帕罗夫（Garry Kasparov）领导的"另一个俄罗斯"运动（The Other Russia）——实际上，就是要消灭它们。正如圣彼得堡的一位政党领导人在2007年初对《纽约时报》讲的一样，"我不会把正在我们国家开展的进程称为民主"。

无论如何，舆论还是需要考虑的。民意测验和调查对普京来说仍然是重要的，他肯定关注自己的支持率，现在他很高兴，因为他的支持率已经高达70%。普京通过电子邮件和电话同俄罗斯人民进行不定期的对话，以听取意见，讨论计划，这种对话是通过电视实况转播的。俄罗斯人普遍认为，普京将精心挑选他2008年的继任者（除非他绕开宪法让自己获得第三个任期），观察家们也说他早在2006年就开始鼓吹要物色候选人，以便确定他的选择是否会得到广泛的接受。

因此，俄罗斯正处在一个十字路口。一方面，就像一位观察家所说的一样，普京总统倾向于使俄罗斯成为一个"专制的石油国家"，并成为全球反美运动的保护伞。他2007年2月在慕尼黑的演说被认为是"冷战结束以来俄罗斯领导人发表的最具侵犯性的演说"。

但另一方面，俄罗斯的选民——包括那些曾经支持过民主的摇摆不定的选民——有能力要求他们的领导人不要忘记不断增长的中产阶级，要求他们吸引而不是赶走更多的外国投资，并允许更多的经济和民主自由。是的，他们曾因为20世纪90年代后共产主义时期的萧条而失望，但他们对普京领导下的经济发展心存感激，而且对他的力量留有深刻印象，尽管如此，也有一种不断增长的情绪，即他们也为普京的力量感到担心。自2002年以来，那些支持民主而不支持强硬的领导人的选民已经从21%回升到了28%。事实上，在2006年的一次民调中，有将近一半的俄罗斯人说，他们至少在某种程度上担心他们的总统"有可能试图依靠安全部队建立一种严厉的独裁统治"。

因此，这些摇摆不定的选民有可能帮助这个国家通过十字路口。美国的摇摆不定的选民是那些有了点年纪的"足球妈妈"，而俄罗斯的摇摆不定的选民是那些爱看橄榄球的男人。他们看民主就像是看球赛，不看重一些奇特的脚法。如果有什么是他们所看重的话，这些俄罗斯选民反复强调的就是，我们在全世界看到了这样一件事情——人民首先要经济自由，一旦出现了一点繁荣，就要求民主制度。当发展中国家有足够的勇气实现经济自由化，需要展现快速发展的成果时，新的民主制度就会遇到一大堆难题。因此，即使在像俄罗斯这个在历史上曾经出现过野蛮、残暴的政府的地方，这些摇摆不定的选民也宁愿挽救经济，而不是挽救民主。但是如果可以得到民主，那么，民主就会掌握在完美的民主工具，即摇摆不定的选民手中。

崛起的印度妇女

150年前,按照叫作殉葬(sati)的传统,印度的寡妇会扑倒在他们丈夫的火葬柴堆上。现在,印度最强大的政党的领导人(也是在这个人口超过10亿的国家中最受爱戴的人物之一)是一名妇女。她的婆婆,英迪拉·甘地(Indira Gandhi)担任印度总理超过15年。在全世界范围内,印度妇女正在崛起,成为商业、科学、体育和艺术领域中的顶尖人物。对于这个除了家庭之外几乎没有任何身份的群体而言,印度妇女已经取得了巨大的进步。

印度这个国家本身也取得了巨大的进步。截至2007年,印度经济以每年超过8%的速度在稳步增长,这使它成为世界上仅次于中国的发展最快的国家。它的中产阶级人数——有3亿人口——相当于整个美国的人口。在最近10年中,印度摆脱贫困的人口超过了西欧的居民人数。在20世纪90年代,印度的识字率提高了13个百分比——现在识字的人数占将近总人口的三分之二。到了2030年代后期,印度有望成为世界上第三大经济强国,排在美国和中国之后。

印度妇女享受到了这个国家发展的很大一部分成果。在印度城市地区,最近妇女就业率的增加速度是男性的10倍。越来越以知识为基础的经济为受过教育的印度妇女提供了更多的机会,她们不用再千里迢迢地到遥远的工厂,去争取劳动大军中的一席之地。在事业有成的印度妇女中,顶级的人物是我们在下面将要谈到的世界性的超级巨星。

当然,印度仍然有很多工作要做,无论是在国家繁荣方面,还是在妇女分享繁荣成果方面。印度仍然是世界上贫困人口最多的国家,有将近6亿人每天靠2美元生活,另外还有2.5亿人每天只靠1美元生活。几乎每年都有200万印度孩子不到一岁就死亡了。三分之二的人口仍然在缺少基础公共设施的环境中生活,其中包括4.5亿用不上电的人。

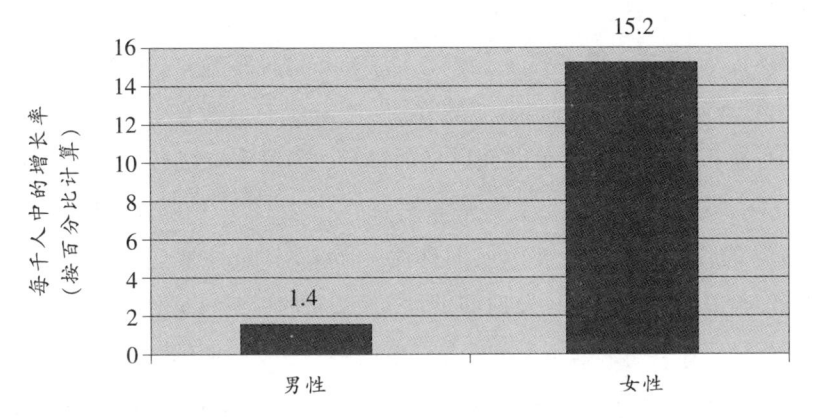

印度城市地区就业男性与就业妇女每千人中的增长率(1999~2005年)

男性	女性
1.4	15.2

（每千人中的增长率，按百分比计算）

资料来源:2004~2005年印度城镇就业与失业情况;
印度政府国家抽样调查机构,统计与计划执行部,2006年3月。
(Source: Employment and Unemployment Situation in Cities and Towns in India, 2004~2005; National Sample Surveg Drganiaation, Ministry of Statistics and Programme Implemeutation, Government of India, March 2006)

印度妇女的收获也不是一路顺风的。虽然城市妇女在劳动大军中获得了一席之地,但她们的大多数工作仍然是低报酬的农业和家务工作。接受初等教育的女孩的人数正在增加,但能上中学的女孩还不到一半。上面提到的殉葬、陪嫁谋杀(dowry murders)——杀死那些陪嫁达不到新郎要求的年轻新娘的做法——在法律上说是违法的,但这两种情况还时有发生。在整个印度,强暴妇女的情况很严重;打掉女胎不仅普遍存在,而且不断增加——甚至在收入较高的家庭也是如此。在政治方面,虽然法律规定在地方一级的立法机构中要有三分之一的成员由妇女担任,但同样内容的议案在一次又一次地提交给国会之后,仍然没有达成一致意见。

但是就像现在世界上所有民主国家中的情况一样,妇女在印度的崛起是必然的,也是具有重要意义的。在政治上——除了处于上层的甘地家族以外——女性立法机构成员的地位正在提高，尽管提高得比较缓慢。在印度的几个邦中，女性议会代表超过了规定的33%，而学者们现在正在证明女性领导人会带来什么样的不同影响。根据伦敦经济学院（London School of Economics）的研究人员在2005年所做的一项研究，印度女性政治代表的比例每提高10个百分点就会使一个印度城市的女孩接受初等教育的可能性增加6个百分点。

在商业领域，像奈娜·拉·齐维（Naina Lal Kidwai）和凯朗·梅佐达·肖（Kiran Mazumdar Shaw）这样的女性正在打破所有关于女性和金融的那些陈旧看法。齐维是欧洲风格的银行、印度汇丰银行（HSBC India）的CEO，她是第一位毕业于哈佛商学院的印度女性，现在她掌管着自己国家50%的外来机构的投资。《今日印度》（India Today）报道说，在她成为印度汇丰银行的CEO的一年时间里，这家银行的税前利润增长了85%。

肖是班加罗尔人，她最开始是印度的第一位女酿酒师，现在是印度最大的生物制药公司——印度百康生物制药公司（Biocon Ltd.）的主席和管理主任，据说是这个国家最富有的女性，拥有将近5亿美元的净资产。

在艺术领域也是如此，电影导演、剧作家和制片人米拉·奈尔（Mira Nair）已经在宝莱坞（Bollywood）和好莱坞做到了人们难以想象的程度。从她大获成功的处女作《早安孟买》（Salaam Bombay），到获得最佳电影剧本奖的《密西西比风情画》（Mississippi Masala），到获得金球奖提名的《季风婚宴》（Monsoon Wedding），再到她2007年获得极大赞誉的《同名同姓》（The Namesake），奈尔已经大大削弱了人们长期以来一直认为女性在男人占主导的好莱坞处于弱势的陈旧看法，而且人们有理由认为，和当今所有电影制作人一样，她的电影为世界文化之间的相互理解搭建了桥梁。现在，宝莱坞本身已经成为一个"棒极了"的产业，以至于经常出现在报纸头条的好莱坞明星们——比如乔治·克鲁尼（George Clooney）——也想争先恐后地挤进来。

这种国际影响在各个领域都在扩大。印度人成了在美国的国际学生中的最大群体，占到将近15%。他们中的很多人都留在了美国——英德拉·努伊（Indra Nooyi）在进入耶鲁的管理学院之后升为百事可乐的主席，并在2006年被提名为世界上排名第四的最有影响力的女商人。卡尔帕拉·楚拉（Kalpana Chawla）来美国，是为了在德克萨斯大学学习航天工程学，她是第一位出生在印度的飞上太空的女性，也是在哥伦比亚号航天飞机爆炸灾难中失去生命的七名航天员之一。

斯瓦提·丹德卡（Swati Dandekar），这位爱荷华州的民主党人，是第一位被选入美国州议会的出生在印度的女性。网球明星桑尼亚·米尔扎（Sania Mirza），这位第一个登上《时代周刊》封面的印度女运动员，招来了伊斯兰教对她的追杀令，因为她的网球服不符合印度穆斯林女孩的传统着装规定。

有证据表明，齐维、肖和奈尔是好朋友——肖和奈尔从小就是好朋友——这也许能说明精英环境是印度杰出女性崛起的一个原因。是的，在一个拥有5亿妇女的国家，显然会有更多的妇女落后于世界上大多数国家的妇女。但是，毫无疑问，印度妇女地位的提高是稳步的，而且是有力的。正因为如此，这种提高不仅会给这个世界第二人口大国带来巨大变化，也会给整个世界带来巨大变化。

受过教育的恐怖主义分子

当小的力量具有破坏性的时候,它就是最大的力量。

少数人总是能够成功地进行各种改变历史进程的暗杀,但他们从来没有像在现代社会中那样能够打翻这个世界。我们大家都知道一个提着手提箱核弹(suitcase-nuke)的恐怖小组可能会永久地改变我们这个社会。

只需要一个疯狂的人就可以将弗吉尼亚理工学院变成一个杀人场,使一个国家陷入悲痛之中。只需要不到24个劫机分子就可以使世贸中心坍塌。

但是这两个事件之间存在着很大的不同。弗吉尼亚理工学院的枪杀事件是由一个神志不清的人造成的,他的想法随着他的死亡而消失了;而"9·11"事件是一场知识和宗教的运动的结果,这一运动能够说服那些甚至受过良好教育,似乎理智的人放弃他们自己的生命,进行大规模的谋杀行动。如果他们愿意去撞击世贸中心,那么他们也愿意炸毁整个纽约,如果他们有炸毁整个纽约的手段的话。

在20世纪,法西斯主义和类似的社会群众运动改变过这个世界,而且它们是许多全球性冲突的背后原因。今天,极端运动可能是小规模的,但仍然可以造成相同的大破坏。它们不需要政府,不需要选举,也不需要国家的资助(虽然它们正在寻求这种资助),但是就像我们所知道的一样,它们有可能毁灭这个社会。

根据恐怖主义知识库([Terrorism knovoledge Base]一个关于全球恐怖事件和组织的综合数据库)的资料,全世界共有1255个恐怖主义组织。其中,42个被美国国务院认定为外国恐怖主义组织(FTOs)。到目前为止,最大的外国恐怖主义组织是基地组织，它拥有大约5万名成员，分布在45个国家。事实上，这42个组织一共只有大约12.5万名恐怖主义分子成员，这说明基地组织拥有相当庞大的力量。

美国国务院认定的部分外国恐怖主义组织		
组织名称	活动基地	估计成员人数
基地组织	45个国家	大约5万人
哥伦比亚联合自卫力量（AUC）	哥伦比亚	大于2万人
新人民军	菲律宾	1.6万人
哥伦比亚革命武装力量（FARC）	哥伦比亚	1.2万人
泰米尔独立猛虎解放组织（LTTE）	斯里兰卡	大约8000人
民主解放军（ELN）	哥伦比亚	3000人
奥姆真理教	包括日本在内的7个国家	大于2000人
哈马斯	以色列、西岸及加沙地带	大于1000人
真主党	黎巴嫩	1000人
库尔德人工人党（PKK）	土耳其	大于1000人
革命人民解放党/阵线（DHKP/C）	土耳其	小于1000人
巴勒斯坦伊斯兰圣战组织（PIJ）	以色列、黎巴嫩、叙利亚、西岸及加沙地带	小于1000人
解放巴勒斯坦人民阵线（PFLP）	以色列、西岸及加沙地带	800人
光辉道路	秘鲁	500人
埃及伊斯兰圣战组织（EIJ）	阿富汗、埃及	大于300人
伊斯兰祈祷团（JI）	印度尼西亚、马来西亚、菲律宾、新加坡	大于300人
伊斯兰马格里布基地组织	阿尔及利亚、马里、毛里塔尼亚、尼日尔	300人
巴斯克民主和自由组织（ETA）	西班牙	300人
持久爱尔兰共和军（CIRA）	爱尔兰、英国	小于200人
穆罕默德军（JeM）	克什米尔、巴基斯坦	大于100人
伊斯兰武装组织	阿尔及利亚	小于100人

资料来源：MIPT恐怖主义知识库，2007年。
（Source: MIPT Terrorism Knowledge Base, 2007）

按照世界人口的百分比来看，12.5万名恐怖主义分子大约占到了0.002%。如果我们只考察这42个外国恐怖主义组织名单上的伊斯兰激进组织，它们中大约有22个属于这一范畴。这22个组织——包括拥有5万人的基地组织、各拥有1000人的哈马斯和真主党、各拥有大约100人的巴基斯坦的穆罕默德军和阿尔及利亚的伊斯兰武装组织——在全世界一共拥有大约57500名恐怖主义分子。就它们在全世界大约10亿穆斯林中所占的百分比而言，它们占到了0.004%。因此，它们远远低于小趋势所说的1%的比例，但是它们属于极为重要且显然是危险的微小趋势（nanotrend）。

想要获得成功并不需要变成一场大规模运动。相反，只需要越来越聪明、越来越老练、手段越来越强硬的骨干就够了。现在，它们的强大并不取决于吸引成千上万的人，而在于成功地形成一个能够调动资金和资源，并能够实施行动的领导层。

虽然贫困经常被认为是宗教激进主义发展的首要原因，但恐怖主义运动的创始人的家庭背景是令人吃惊的。实际上，贫困和绝望显然与本·拉登这样富有而又受过良好教育的恐怖组织的创始人搭不上边，也与许多处在前线的恐怖主义分子——包括"9·11"事件中的劫机者和伦敦"7·7"地铁爆炸事件中的携带炸弹自爆者——毫无关系。

在美国、欧洲和东方，在所有宗教中，在政府、商业和学术界，领导人们在讲台上非常认真地把恐怖主义与贫困和绝望联系在一起。当年轻人对于获得物质财富的希望和梦想受到阻碍，他们就转向暴力，理论就靠边站了。在他们没有任何东西生活下去——或者在他们引爆自己能为他们的家人赚点钱或留下花不完的酬劳——的时候，他们就做出了永久的牺牲。因此，左派学者说，美国"再也不能承受让政府失败的负担了"。但像乔治·W.布什这样倾向于右派的总统说："我们与贫困作战，因为希望这是解决恐怖主义的一种答案。"

这听起来好像有道理。但是尽管关于恐怖主义分子的研究还很有限，但经验证据似乎并没有证明仅仅是贫困或者经济上的绝境就会让人捆上炸药，扑向西方的对手。如果有什么东西的话，那也是相反的。在以色列摧毁自杀式爆炸者的房子时——有趣的一点是这些人有自己的房子，那些一贫如洗的没有受过教育的人却不会为这种事业来实施自杀式爆炸，或许是因为他们更聪明的缘故吧。

1980年在埃及监狱里进行的一项关于伊斯兰激进主义者的研究中，研究者萨阿德·埃丁·易卜拉辛（Saad Eddin Ibrahim）发现，罪犯通常是20出头的年轻男子；一般来自有凝聚力的农村或小城镇家庭；接受过理科或工科教育；社会地位正在上升，并获得过较高成就，也具有较高的积极性。他们不贫穷，也不绝望，而是受过教育的、有前途的人。

2002年，艾伦·克鲁格（Alan Krueger）教授和吉特卡·梅烈科娃（Jitka Maleckova）教授对死于20世纪80年代和90年代初的129名真主党战士与黎巴嫩的居民——他们原来就是这些居民中的一部分——进行了比较。真主党武装分子中的贫困率为28%，而整个黎巴嫩人口的贫困率为33%。47%的武装分子上过高中，而普通居民上过高中的只有38%。

同样，在2003年以色列进行的一项关于自杀式爆炸分子的研究中，可以肯定的是，与全部人口相比，来自贫困家庭的自杀式爆炸分子不到一半。一半以上的自杀式爆炸分子曾经受过高中以上的教育，而在同年龄段的所有巴勒斯坦人中，只有不到15%的人受过同样的教育。

"9·11"事件中的劫机者——以及他们的支持者——也是这种情况。他们大部分来自中产阶级家庭，具有高等科学和工程学的教育背景。本·拉登本人就是一名土木工程师，而且极其富有。

在2004年一项关于400名全球恐怖分子（包括"9·11"事件的行凶者）的研究中，法医精神病学家和前中央情报局特工马克·萨吉门（Marc Sageman）发现，四分之三的恐怖分子来自中上层阶级，10个恐怖分子中就有9个来自呵护有加的完整家庭，将近三分之二的恐怖分子上过大学（而在他们的国家，一般来说，只有5%或6%的人上过大学），四分之三的恐怖分子是专业人员或半专业人员，大部分学的科学和工程学，将近四分之三的人是已婚，绝大部分都有孩子，在400名恐怖分子当中，只有5人属于障碍人格（personality disorder），这些人懂得3门到6门语言，包括一些西方语言。正如一位历史学家讥讽过的一样，恐怖主义的根本原因似乎是"金钱、教育与特权"。

萨吉门得出结论认为，这400个人在别的方面可能是有才干的，并能获得成就的人，把他们推向恐怖主义的是他们的社交网络。因为他们非常聪明，所以被送到国外学习——而一旦到了国外，他们就感到孤独，感到被排斥。他们在清真寺内外聚餐，进行社交活动，正是在这些地方，激进的头目们把他们拉进暴力的圣战之中。其他的学者认为，除了社交网络以外，恐怖分子还受到了——无论是在个人层面上的还是在民族层面上的——认同和荣誉这些核心问题的驱动。自杀式爆炸分子拥有财富，受过教育，但他们就像受到贵族蔑视的暴发户，感觉受到了排斥。或许，因为伊斯兰教在全球的显著地位和成就的衰落，他们感到他们的文化受到了侵害。与传统说法不同，恐怖分子不是对物质生活，或者更清楚地说，不是对生存感到绝望。他们要用武力来改变世界。

美国国务院的顾问大卫·基尔库伦（David Kilcullen）曾画了一幅潜在的伊斯兰恐怖分子的梯形图。最底层是大批"主流穆斯林"民众——这些人可能被恐怖主义所吸引，也可能被动员起来反对恐怖主义，他们当中的大部分抱怨都可以通过政治改革得到消解。在他们之上是一个较小的群体，基尔库伦将其称为"疏离的穆斯林"，这些人已经放弃了对改革的希望，准备参加激进组织。为了说服他们，基尔库伦认为，我们必须采取转变意识形态的办法，就像采取使这个国家的年轻人远离黑帮的那种方法。但除了这些人之外，阶梯的顶端是少数根本没有办法说服或强迫的人，这些人是我们不得不感到害怕的人。但是当你更深入地研究他们到底是哪些人的时候，它是一幅令人相当吃惊的图画。真实的情况是，恐怖主义的士兵是一些在这个世界上受过最好教育的、最自信的士兵。

当然，搞清楚今天的恐怖分子是谁，意义是巨大的。毕竟，缺少正确的情报一直是美国最危险的致命弱点之一。直至今日，美国为了打击恐怖主义所做的一切是取得了效果，还是帮助恐怖主义招募了更多的新成员，这一点并不清楚。准确地说，什么是打击恐怖主义的正确的战略，这在很大程度上取决于确定谁是真正的恐怖分子，他们是怎样走上这条道路的。

虽然一般的恐怖分子也许不是像帕蒂·赫斯特（Patty Hearst）那样的人，但事实是，在图书馆、星巴克或者你的大学宿舍中，他（或她）就坐在你的旁边。恐怖分子是有献身精神的，因为他们相信他们的信仰，而他们的信仰是非常复杂的，一时恐怕也说不清。

21世纪的主要的恐怖运动不会因为洗衣机而被打败[①]。除了军事和社会行动之外,恐怖主义还会获得强大的知识和宗教凝聚力——也许,这是一场不同宗教信仰之间的运动,这场运动的任务是规定哪条道路是通往上帝的真正道路,上帝也会在这场运动中用知识让很多人重新信仰上帝,就像军事能够用军事手段发现和歼灭敌人一样。它们正在招募的最有力量的成员——比如,躲在英国"7·7"地铁爆炸事件背后的恐怖组织的基层成员——很可能就在最好的学校中,也可能就在互联网上,而不是在贫民窟中。他们是得到宗教教义证明的传奇运动的一部分,我们需要付出加倍的努力来动摇这一运动的知识基础,以阻止这些人流向这些运动。上层恐怖分子不是侥幸成功的人——受过良好教育的恐怖分子的不断出现表明,被扭曲的观念的力量能够扭曲年轻人的那些容易受到影响的头脑,它还表明,为了赢得这场观念战争的胜利,加倍努力是多么重要。

[①] 指的是恐怖主义不会因为物质生活的改善而被击败。

结 论

在古希腊哲学家第一次试图解释这个世界的自然变化的时候，他们被难住了，直到德谟克利特（Democritus）在大约公元前460年提出世界是由原子——细小但不同的颗粒，它们的结合决定了事物的状态和特性——构成的理论。许多人不同意这一理论，甚至亚里士多德也是这一理论的主要批评者。但是随着时间的推移，德谟克利特被证明是正确的。事实上，即使是最坚固的物体也被证明是由上亿个看不见的原子构成的，这些原子决定了它的特征。

就像每一个高中生都知道的一样，原子的结合只要发生轻微的变化，你就会发现它对钢的强度、钻石的光泽或者强化铀的放射性产生复杂的作用。《小趋势》的基础理论也是一样：我们今天的文化日益成为我所认定的社会原子——反映正在变化的习惯和选择的小趋势——的产物。它们往往是难于认定的，但是我试图提出一个关于日常生活各主要领域的小趋势的周期表。文化原子结合过程中的微小变化将触发我们整个世界的形态和我们社会的特性的复杂变化。

今天，大多数人可能会像亚里士多德一样做出自己的判断——如果他们从他们各自的观点全面地看待各种事件的话。但与亚里士多德不同的是，他们往往没有真正考察过树木就说看到了森林。尤其是在今天这个快节奏的世界中，他们越来越根据他们自己的世界观，而不是根据基本事实作出判断，他们认为基本事实是很难确定的。简单的事实是，我们在大部分时间里无法看到人们生活的真正模式，除非通过统计学，而我们却根据我们自己的有限的看法宣称了解了这些模式。因此按照通常的观点看来，这一倾向是非常武断的，也是非常错误的。

多年来，我发现在关于经济的理念和真正的经济形势之间常常存在着巨大的脱节。在实际统计数据被公布之前，人们往往主要通过全国性的传媒视角来评价经济。1992年，由于人们对经济的担心，比尔·克林顿才赢得了总统选举，但选举后公布的统计数据却表明，一直到11月，这个时期实际上是一个破纪录的经济增长时期。在经济真正转好的时候，人们的态度却是相当消极的。

1995年，当我与克林顿总统共同工作的时候，帕特·布坎南（Pat Buchanan）登上了《时代周刊》和《新闻周刊》的封面，他鼓吹的观点是，经济正在走向彻底失败，因此不能创造任何新的好的工作机会。为了讨好新闻记者，他说，我们正在变成一个全民做汉堡的国家。为了了解情况，我咨询过白宫经济顾问委员会的负责人，他发现人们实际上得到了由软件产业引领的新的经济领域的好工作。在克林顿总统1996年的国情咨文讲话中，他说我们有了30年来最好的经济——这一讲话使一大批记者们去核查实际的统计数据，而不再相信那些大众政治运动和那些笼统的、有政治动机的说法。看到事实的人越多，就有越多人同意克林顿总统的说法，6个月后，人们几乎一致认为经济处于最佳状态。是经济发生变化了吗？不，发生变化的是对经济的真实状况的认知。当人们看到真正的树木时，他们对森林的看法就改变了。

由此，我得知普通人是无法分辨4%的失业率与8%的失业率之间的区别的。如果你有100个朋友，多几个就业的，多几个失业的，你是无法准确地判断出经济是在上升还是在下滑的。如果在他们当中，有20个人失业了，你可以作出判断；换言之，你可以很容易地直接看到严重的灾难和萧条。但是你无法了解在正常范围内的大多数统计数据的变化。实际上，你无法了解经济繁荣与经济衰退之间的区别，而这可能就是4%的失业率与8%的失业率之间的区别。

因此，对大多数问题而言，人们了解问题，靠的是新闻节目、网站、杂志、广播、与朋友的聊天以及他们自己的看法。既然几乎所有这些信息来源都是不科学的，因此大多数人在多数情况下对于实际正在发生的事情的看法最终是错误的。他们受到了那些看起来是正确的以及他们想要听到的看法的影响。他们很少花时间去研究正在发生的事实的真相。

我请你们到 www.microtrending.com 网站上去找一些小趋势。我在本书中向你们介绍了 75 个小趋势，但这只是一个开始，毫无疑问，在你读这本书的时候，你已经发现了好几个与你有关的小趋势，而且这会引发你想起你所观察到的一些小趋势。在这本书中，我一直想说明通过关注事实和数据，你就能看到一个差不多是并行的世界——它通常是隐蔽的，但就在面前盯着我们的世界。本书中的几乎所有内容都来自公开的资料，书中的一切是每个人都可以看到的。对数据的关注表明将有越来越多的人会更经常地关注数据，它们是理解社会变化的预兆。也许在美国还是一个小的年轻的国家的时候，亚历克西·德·托克维尔（Alexis de Tocqueville）就是根据他所观察到的第一手资料来理解我们的，但现在，他也许不会反馈同样的信息了。

我们正在以各种矛盾的方式——一个从根本上说是老龄的，但又是一个老年人还在工作的社会；一个想变得更健康，但又有比过去多得多的肥胖者或咖啡因消费的社会；一个越来越喜欢讨论政客的风格和个性，却又受到比过去更多的教育的社会——经历着巨大的变化。

而这个世界本身也正在经历着某些与直觉完全相反的变化：科学变得越来越重要，而我们却看到了宗教的兴起；经济自由了，资本主义胜利了，而民主和人权却落后了；最鼓励生育的社会，人口却下降得最快。

趋势的新规律正在受到人们的关注。对于每一个趋势而言，都存在着一个相反的趋势。只要有现代化的驱动力，就会有固守旧价值的驱动力。只要有渴望上互联网的人，就会有喜欢编织，寻求平和安静的人。只要有喜欢即时短信的人，就会有喜欢详细的和有想法的长信的人。只要没有孩子的家庭成风，养宠物的家庭就会成风。

《小趋势》反映了人类正在追求个性化，而传统却往往是想让社会趋于一致，即使是最低程度的一致。就像我在开头所讲的一样，我们看到原先的福特经济实际上已经被星巴克经济所取代——选择的多样化往往会引发个人的表达，使个人得到满足。

一些趋势是大的、明显的趋势，它们会影响到我们当中的大多数人。

但是越来越多地决定这个世界的是一连串强烈的愿望和隐藏在背后,并在暗中起作用的力量。在这些力量之中,就有一些会带来无法预料的变化的种子。它们能够解释为什么对战争和冲突的容忍度在下降;为什么经济自由是无法压制的;为什么我们突然之间就接受了那些数千年来一直遭到强烈反对和阻挠的生活方式和婚姻形式。

某些运动是由那些投身其中、并对这些运动具有强烈兴趣的人组成的小群体最先发起的。这就是为什么关注基地组织的组织模式以及转向恐怖组织的人数非常重要的原因。获得成功的运动不一定就是大多数人参加的运动,但在它们的背后,有强大的动力和强烈的情感。10个拥有火箭炮的人可以战胜1000个戴着警戒臂章的人,但是他们无法战胜10000个戴着警戒臂章的人。这就是1%这一临界值具有的不可思议的力量,也是那些将成为改变世界的核心力量的小趋势的潜力。

本书所谈到的许多小趋势是有趣的——但是几乎所有的小趋势都有其严肃的一面。喜欢找犹太人的人也许有他们有趣的一面,找一位善于在餐馆订位的犹太女人,对非犹太人来说,也许是一个玩笑,但它也表明那些延续了数千年的障碍正在被拆除。变成小孩的新宠物可能会提高丝制狗窝的销售额,但它也会从根本上改变人类对待动物以及我们如何对待动物的态度。不喜欢晒太阳的人穿着长衣长裤躺在海滩上,可能看起来有些滑稽,但他们可能会使我们重新看待户外活动、消遣和环境政策。如果人们都变成了他们自己的医生,那么当他们与自己真正的医生见面时,他们就会变得很麻烦,而当这些DIY医生出现了"医疗事故"时,就可能闹出人命。

年轻人对于编织这类工作感兴趣就是向人类的某些基本技能——人一旦有机会就自己做些东西——回归吗?或者,人们愿意当狙击手就会导致更多的针对胆小鬼的犯罪行为吗?或者,它会彻底改变我们对战争的看法吗?

显然,一边是上高中的大老板,一边是退休以后还工作的老人,不管是年少的,还是年老的,人们都在更多地关注工作——在所有人说与孩子和家人相处在一起的时间是很宝贵的时候,美国人现在却更热衷于工作给自己带来的回报,而不大热衷于家庭给自己带来的回报。所以,单亲家庭的数量在急剧地增加。

虽然人们对宗教的兴趣有高有低,但全世界的人正在被规模较小的教会和更新的宗教派别所吸引。一些老的宗教正在努力走向现代化，改革它们的教义，增加女性传教人员；其他一些宗教则正在走向更传统的一面。也许，同今天的宗教相比，没有任何地方可以让我们看到更多的矛盾纠缠在一起的小趋势。但这表明，我们现在看到的情况可能会进一步发展——越来越多的人将与宗教保持松散的联系，而与此同时，虔诚的教徒将变得越来越虔诚，越来越有影响力。在关注另类宗教的发展时，我们必须保持警惕，我们也必须继续保证教会和国家的分离。

在政治领域，我们更多看到的是民主党和共和党之间的联盟是多么的脆弱，因为不管是民主党还是共和党，它们的党员的观点变得越来越僵硬，越来越激烈。就共和党而言，主张权利的基督徒、支持减税的商业领袖、反政府的独立分子以及爱国的强硬分子都表明，两党之间虽然存在着松散的联盟，但它们的关系是紧张的，不时在分歧的问题上吵吵闹闹。就民主党而言，由工会会员、少数民族、妇女和温和分子组成的历史联盟正在考虑全新的战略重点，并吸收网根①和自由博客空间的技术。

所以，有一种说法，谈到了第三党、第四党、第五党候选人参加总统竞选的问题。目前的形势表明，两大政党中的某一政党走向分裂只是时间问题。2007年春天，民主党充满了活力，表现出了很大程度的团结。另一方面，共和党的党员却在流失，但据说，它的认同感可能会因为分裂而更加成熟。

在一个又一个关键领域中，我们看到了更大分裂的可能性，也看到了这些小趋势在加快这种分裂方面产生的影响。我们注意到各个群体正在以各种新的方式表达它们的个性，它们更加重视宗教、政治、流行文化和家庭结构。

这种社会解体的另一面是，它将继续增加对宽容的支持。如果个人选择对人们变得越来越重要，那么，少数人的权利对于这些差异的表达将变得同样重要。我认为，我们正在看到对于不同生活方式的新的宽容，包括越来越快地接受同性恋这种生活方式。虽然同性恋婚姻作为一种政策在许

---

① 网根（Net Roots），是"互联网"（internet）和草根（grass roots）结合成的新词。网根强调技术革新，强调互联网上的博客、维基等新技术对传统政治参与的革命性冲击。

多国家还没有获得通过,但是对于接受同性恋者、黑人、拉丁族裔和妇女的障碍却被大量消除——一句侮辱性的评论就能结束一个人的职业生涯,比如弗吉尼亚州前参议员乔治·艾伦(George Allen)①、曾在《宋飞正传》中饰演过角色的迈克尔·理查德斯(Michael Richards)②,以及原来的"震惊骑师"③道·伊姆斯(Don Imus)就是实例。

如果网络婚姻变成常态,那么按照宗教、社区、种族和乡村俱乐部定义的旧的婚姻等级制度将不再受到重视。各种障碍的消除,以及自由选择的扩大现在正在成为所有人重大生活决定的核心。

但是本书最主要的观点认为,社会正在以各种方式发生着变化,而实际上,这些方式却没有得到人们的认识和理解。由于大多数观察家只关注那些达到"引爆点"(tipping point)的重大趋势,所以他们忽略了这样一个事实,即一个成功的趋势要对社会产生巨大的潜在影响,不一定非要达到那个引爆点。

现在每年出狱的60多万名重罪犯是20年前的3倍。除非我们采取某些完全不同的措施来对待这些新释放的重罪犯,否则,犯罪率将会上升,我们的社会也将因此而改变。

过去躲在阴影中的移民现在却显示出了他们的政治力量,他们与拥有投票权并居住在那些关键的摇摆不定的州的数百万合法移民有着千丝万缕的联系。除非他们的移民问题以及其他国内重点问题得到解决,否则,他们将在政治中发挥重要的——很可能是决定性的——作用,或许,决定我们下一任总统是谁的就是他们。

如果几百万美国人参与到非营利部门中去,宣称他们的生活与他们能赚多少钱没什么关系,却与他们能做多少善事关系重大,那么,这将在改变这个国家的成功范式方面发挥一种重要的作用。

我已经强调的很多国际趋势表明,任何社会都不能逃避人们正在做出的新选择的冲击。越南的企业家和中国的艺术家正在改变这些国家的特征

---

① 弗吉尼亚州前参议员,发表过针对有色人种的侮辱性言论。
② 在《宋飞正传》中饰演过角色的美国演员,曾发表过种族主义言论。
③ 震惊骑师(shockjock):Jock是英文Jockey的简写,指的是电台"唱片骑师"(Disc Jockey)。这里的震惊骑师是指在电台广播中使用侮辱女性和少数民族的语言播放唱片的人。

和形象。无论是通过经济复兴还是通过艺术表达，在这些国家纠缠在一起的小趋势对这些社会中的每一个人都产生了一种深刻的影响，因为越来越多的人不是以这些形式，就是以其他创新的方式寻求更大程度的表达。

一些人认为，选择的爆炸——无论是对产品的选择，还是对身份的选择——令人感到困惑，感到迷茫，甚至感到压抑。就像马尔科姆·格莱德威尔（Malcolm Gladwell）在《决断两秒间》（*Blink*）中所写的，或者像巴里·施瓦茨（Barry Schwartz）在《无从选择》（*The Paradox of Choice*）中所描述的，24种可供选择的果酱会吸引顾客，但实际上，真正能大幅度提高销售量的却是6种可供选择的果酱。拥有过多的选择将引起压力、超负荷和遗憾的感觉。我们宁可不要果酱，也不愿意回过头来担心自己选错了果酱。我们宁愿不让自己成为独立的人，也不愿意经历那种（不可避免的）缺憾而带来的失望。

这些都是可能的，但坦率地说，事情已经这样了。星巴克会继续向我们提供42种品牌的咖啡、5种品牌的牛奶、16种品牌的加味剂以及9种品牌的增甜剂——而这个世界不可能强迫人们预先就确定自己的性别、精神或职业角色。因此，如果选择是不可避免的，学会选择就是聪明之举。说到底，在当今世界，由于个人选择和自由已经达到了前所未有的程度，所以选择的底线是个人满足的可能性。

另一些关注选择和专业化兴起的观察家认为，选择和专业化的兴起对社会的凝聚力构成了威胁。如果所有一切都取决于自我决定——从性别、宗教到对婚姻的期望——那么，就不可能有一致性，就不可能有一个统一的社会，就不可能有一个单一的美国，就不可能有一种普遍的民族意识。

这样一来，就不可能有神话编撰者念念不忘的一个民族统一体。这是一个一直讲着几百种语言的国家，这是一个曾经为三分之一受奴役的人口而发生过内战的国家。实际上，最著名的《联邦党人文集》（*The Federalist Papers*）——这是美国建国的理论基石——就是詹姆斯·麦迪逊（James Madison）关于"群体"的论文，它论述了美国的那些竞争激烈的特殊利益群体的不可避免性（以及产生的后果）。

现在的不同不在于社会群体的数量庞大，而在于社会群体是按照个人的选择，而不是按照境况（比如人种）或者财富（比如拥有土地）来划分的。至少，和任何健全的民主国家曾经经历的一样，在个人选择方面，我们正在经历着剧烈的分化，但新的选择标准却是有问题的。而如果这能带来什么结果的话，那就是我们现在拥有了更大程度的社会性。现在，100万个想要自己孩子在家上学的家庭能够在互联网上找到具有相同想法的人，并与他们分享资源，他们不会感到孤立，感到没有做好准备，或者感到他们的偏好受到了妨碍。现在有200万在晚年才意识到自己是同性恋的人能够坦然地面对这一事实——他们和他们的家人能够在全国和全世界的网上社区中找到支持。

因此，有一种说法认为21世纪的社会同样是或者说越来越是分裂的，虽然一些人可能认为这种说法是悲观的，但我认为，总的来说，这是一个好消息。

确实，在一个个人选择迅速变化，并得到明确表达的国度，无论对于新出现的民主国家来说，还是对像美国这样老牌的民主国家来说，妥善处理与私人价值观和公共资源交织在一起的所有的紧张关系都将更加困难。不会有简单的全国性的解决办法，那些企图告诉你有这种办法的政治家们只是在愚弄你和/或愚弄他们自己。就人们自由支配资源——像金钱、时间、能源、投票和爱——的方式而言，世界变得越来越复杂，越来越不同。

但是个人表达的爆炸也使各种旧的或新的专制政府的发展变得更加困难。印度对妇女的力量作出了让步，因为一旦了解了她们所做的贡献，她们就不会再走回头路。或许，伊斯兰教中的激进主义极端派将是一个悖论，这取决于它在以后几年中如何发展。在某些方面，它成了许多分裂出来的小教派的牺牲品，这些小教派试图用自封的领袖和他们对某人实行的死刑来主张对这一宗教的所有权。在另一些方面，它似乎正在努力建立新的宗教仪式，而且压制生活中最重要的个人选择。它是与直觉相反的一种趋势，它的发展或许与所有其他的现代化趋势是背道而驰的。宗教激进主义者知道这一点，这就是他们为什么反对那些趋势，甚至将它们说成是邪恶的趋势的原因。在这个世界上，曾反复出现过这样的现象，即最伟大的进步之后就是黑暗时期，从罗马的没落到早期的黑暗年代（Dark Ages），因为这个世界没有对从小的种子发展起来的逆向趋势（countertrend）做好充分的准备。由个人选择所驱动的世界的弱点就是民众的集体行动很难组织起来，也很难持续下去，因为那些反对集体行动的狂热群体有可能变得更加强大。一方面，这种影响可能使所有战争不可能发生；另一方面，它也会使反对那些死不回头的敌人的广泛的集体行动更难持续下去。

因此，未来的民主国家可能会发现，维持稳定的联合将变得更加困难，它们也会发现，问题和生活方式的联盟（比如，反战积极分子或者单身妈妈）将最有可能取代过去的认同政治。越来越多的行动的基础将是51%的人，而不是广泛统一的民众的联合，因为个人选择往往把人们推向相反的方向，从而更难把他们团结在一起。但这也意味着，新的独裁政权也很难把人们统一起来。不管是什么政权，它越忽略小趋势的力量，它就越会发现自己与自己的公民遇到了麻烦。

瞄准小趋势将取代过去那种单向的电视和广播的传播，成为广告和营销信息的主导方式，这就是为什么互联网广告公司如此红火的原因——广告和营销将越来越取决于个性化。只要可能，每一种信息交流都应该实现个性化，这将使个人信息交流产业得到长足的发展，而这一产业的任务就是要向最适当的人群推销最适当的产品。大型网上公司正在迅速地变成个人信息的储藏库，而这些信息可以用于未来的营销大战。

在社会生活中，个人选择也达到了它的最高程度，因为更多的选择就意味着更多的约会，就意味着有可能成为配偶的人在急剧增加。在历史上，个人从来没有像现在这样能够轻而易举地走出自己的社交圈去寻找潜在的配偶。工作中产生的爱情和网上的浪漫结合在一起，有可能瓦解婚姻等级制度，并形成一种新形式的婚姻流动。

广泛的选择形式是显而易见的：更多的工作，更多的个人成就感，新的家庭单位，更大程度的社会、经济和人身的流动，更宽的朋友社交圈，更深程度的社会参与。

下一代工人将受到更好的教育，将更轻松地掌握技术，但他们也越来越难以得到满足，除非他们能够按照新的、与他们对不受限制的选择的期望相一致的方式得到对待。从根本上说，从第一天开始就应该对雇员进行专门的培训——配备与雇员谈得来的导师、说些激励性的话、提出适合雇员的忠诚的公司要求。

相互矛盾的趋势尽管会按照不同的方向发展，但同样会形成良好的市场,这一点在很多领域也是显而易见的。健康食品与口味好但不健康的食品将继续并存;更加强调孩子是生活的中心的家庭与更加关注自我实现的家庭将并行不悖;宗教和世俗之间的紧张关系将因为不是采取了这种观点就是采取了那种观点的派别的发展而加剧;虽然妈妈仍然是家庭生活的中心,但孩子与父亲,包括年老的父亲和离婚的父亲的新型关系可能最终会在市场上得到承认。

当我们回过头来看看美国和世界各地的文化时,我称为小趋势的社会原子似乎正在引发着日常生活几乎所有领域中的变化。现在也许还没有出现大量以网络为基础的婚姻,但是它们正在改变着我们的社会结构。异性恋的比例可能只是出现了微小的不平衡,但它将影响到我们所有人。在美国,那些从所有真正的经济斗争中抽身而出的心满意足的精英们,正在影响着世界众多媒体的视角。在中国,与工程师的人数相比,艺术家的人数可能是微不足道的,但他们正在开始把这个世界上最大的国家推向新的方向。

我认为,在所有这些趋势后面都有一定程度的合理性,正是这些合理性引发了变化。人们睡觉少了,因为他们做的事多了。空巢老人把宠物当成孩子,因为他们渴望见到搬出去自己生活的孩子。父母变得越来越能容忍了,因为他们相信语言比用手背打人更有效。小趋势这一理念的基础是,做什么事情都不会只有一种正确的方法——同样的人可能会做出完全不同的选择,而且开始走上两种完全矛盾的趋势,但所有这些决定都可能是完全合理的。即使选择最不合理的道路——恐怖主义——的人,他们也是根据对这种信念的仔细研究,对这种信念的内心信奉才做出来的。决定是瞬间做出的,但决定的背后是深刻而谨慎的思考。

显而易见,本书中的75个小趋势只是当今数千个新趋势中的简单代表,而且现在每天都在出现新的趋势。对于未来的巨大担忧一直是大众社会将变成一个没有个性的社会,人们不得不保持一致——每个人看起来都一样,穿的一样,想的也要求一样。为了用不断减少的资源让不断增加的人口吃饱穿暖,这差不多被认为是一种必要的牺牲。但是我认为,我们正在朝着完全相反的方向前进——在未来,由个人喜好所驱动的选择将变成决定性因素;在未来,这些选择将因与即使是最小的群体的联系和交流而得到加强。

未来不可能跟预测的一样。原因是，大多数预测都是由传统观点所驱动的，而导致我们达成日常生活中的共识的就是这种传统观点，这些预测的基础通常都是一些大的、容易发现的现象，比如全球经济的蔓延。但是如果你更深入地观察，你看到的世界将充满各种不为人知的、很难发现的力量，实际上，带来明天大变化的正是这些小趋势的力量。

致 谢

我好几年前就有了写本书的念头，但总是想"明年"再动手写吧。但是在鲍勃·巴奈特（Bob Barnett）的催促下，今年终于把它写完了。

首先，我要感谢我的合作者金尼·扎莱纳（Kinney Zalesne），她的杰出工作帮助我将想法变成了现实。我是因为在1996年的总统竞选活动中与金尼共同工作而与她相识的，那时她在研究投票选举，而且她也是一位优秀的作家。在我们的合作中，我感到很快乐。

我还要感谢鲍勃·巴奈特，他是本书的代理人，他的激励使我动手写作了本书，他对本书的信任使它得以顺利出版。他确实是一个很棒的人。

给本书提过建议、作过评论、进行过修改，在某些情况下为一些小趋势举过例子的朋友和同事包括斯科特·斯弗（Scott Siff）、唐·贝尔（Don Baer）、瑟吉欧·班尼克森（Sergio Bendixen）、米奇·马修（Mich Mathews）、乔纳森·凯斯勒（Jonathan Kessler）、比利·曼（Billy Mann）、内拉·坦德（Neera Tandem）、大卫·金森伯格（David Ginsberg）和J. B. 施拉姆（J. B. Schramm）。我还要感谢比尔·盖茨（Bill Gates）和比尔·克林顿（Bill Clinton）的支持。

我也非常感激我的编辑和出版人乔纳森·卡普（Jonathan Karp），他从一开始就对本项目充满信心，并从头到尾给予指导，表现出了杰出的技能和很大的热情。他的团队，包括纳特·格雷（Nate Gray）、加利·戈登斯坦（Cary Goldstein）、弗里德·钱斯（Fred Chase）、鲍勃·卡斯蒂洛（Bob Castillo）和安妮·托梅（Anne Twomey），是一流的合作者。

我还要感谢梅丽莎·威斯纳（Melissa Wisner），她是本书的高级研究分析师。在整整一年的时间里，梅丽莎为本书全身心地投入了巨大的精力，她参与了收集本书所使用的所有数据的工作。她完成了一项令人难以置信的工作。

罗拉·塞欧（Lora Seo）是一位实习生，她花费好几个月的时间找出了本书中的一些最难找到的资料。没有数十年积累的统计表格或看似不起眼的公司数据库，罗拉是无法搞定的。

Penn，Schoen & Berland[①]的许多人也为支持本书付出了他们自己的时间和创造力。特别是，乔什·威尔曼（Josh Werman）、尼克·唐诺夫（Nick Danoff）、安德鲁·卡拉斯特（Andrew Claster）、马特·李普（Matt Lippe）和艾米莉·克利根（Emily Colligan）不断地做出了顶尖的工作。其他以或大或小的贡献充实了这一成果的人包括亚历克斯·布劳恩（Alex Braun）、艾米·柯亨（Amy Cohen）、布拉德·多哥特（Brad Dawgert）、乔森纳·加德纳（Jonathan Gardner）、阿曼达·基特（Amanda Keeter）、贝斯·莱斯特（Beth Lester）、艾米·勒韦顿（Amy Leveton）、乔森纳·彭（Jonathan Penn）、杰·罗格斯戴尔（Jay Ragsdale）、梅林·拉曼（Merrill Raman）、伊恩·里奇（Ian Ritchie）、拉东·罗伊德（LaDon Roeder）、皮特·罗伊瑞格（Peter Roehrig）、理查·施瓦茨（Rachel Schwartz）、帕耶尔·沙（Payal Shah）、克雷格·史密斯（Craig Smith）、杰西卡·特瑞罗（Jessica Trainor）和格兰特·扎里斯（Grant Zallis）。

最后，我要感谢所有发现了趋势的人，你们每天都能找到新的趋势。你们当中的许多人都名列在我试图完整记录下来的"资料来源"之中。本书中的一些趋势是最新的；一些虽然是过去被发现的，但我在《小趋势》中为它们增加了新的含义；还有一些是以前的著作和新的著作的共同结果。我希望本书能够对你们的能力以及根据统计学发现趋势的重要价值予以肯定。

---

① Penn，Schoen & Berland：美国的一家民意调查和战略传播公司，成立于1975年。

资料来源

1. 爱情、性与男女关系

性比例失调的单身男女

关于性社会组织研究的第一份报告是 Edward O. Laumann, John H. Gagnon, T. Michael and Stuart Michael：The Social Organization of Sexuality: Sexual Practices in the United States (University of Chicago Press, 1994)。援引的第三项研究是 Samuel S. Janus and Cynthis L. Janus：The Janus Report on Sexual Behavior (Wiley, 1994)。2006年6月，我在 http://www.indegayforum.org/news/show/26996.html 上查到的 Paul Varnell 于1999年11月30日在独立同性恋者论坛上发表的文章 "More Gays than Lesbians" 提到了这三项研究。

表中关于美国未婚女性的人数的数据来自美国统计局: Marital Status of the Population 15 Years Old and Over, by Sex and Race：1950 to Present。可查 http://www.census.gov/population/socdemo/hh-fam/msl.csv（2006年6月）。

关于美国性比例失调问题的更多资料，见 T. J. Mathews 和 B. F. Hamilton 的文章: "Trend Analysis of the Sex Ratio at Birth in the United States", *National Vital Statistics Reports*, Vol.53, No.20, Hyattsville, MD: National Center for Health Statistics, 2005。可查 http://www.cdc.gov/nchs/nvsr53/nvsr53 20.pdf。

美国同性恋者在人口中的比例是很难估计出来的，见人口统计网站 http://www.glbtq.com/social-sciences/demographics.html 上的讨论。不过，很多研究结果估计在5%左右，最近几年 Penn, Schoen & Berland Associates(PSB) 做的定期问卷调查得出的数字也是这个数字。

关于黑人社群性比例的数据来自美国统计局: Population by Sex and Age, for Black Alone and White Alone, Not Hispanic, 2004年3月，美国统计局: Current Population Survey, Annual Social and Economic Supplement, 2004, Racial Statistics Branch, Population Division。可查 http://www.census.gov/population/socdemo/race/black/ppl-186/tabla.pdf 和 http://www.census.gov/population/socdemo/race/black/ppl-186/tablb.pdf。

关于黑人男性和女性被监禁人数的数据来自 Ph.D. Paige M. Harrison and Allen J. Beck：" Prison and Jail Inmates at Midyear 2005", Bureau of Justice Statistics Bulletin, 2006

年5月，NCJ 213133。可查 http://www.ojp.usdoj.gov/bjs/pub/pdf/pjm05.pdf。

关于平均预期寿命的资料，见 E. Arias："United States Life Tables 2003,"National Vital Statistics Reports, Vol.54, No.14；Hyattsville, MD：National Center for Health Statistics, 2006。可查 http://www.cdc.gov/nchs/data/nvsr54/nvsr54 14.pdf。

全国房地产商联合会关于妇女买房的数据援引自 David Calvert："Dream House, Sans Spouse：More Women Buy Homes,"*USA Today*，2006年2月14日。

关于单身母亲的选择的兴起的数据来自 Amy Harmon："More Single Women Become Mothers by Choice," New York Times，2005年12月29日。

关于男女获得学位人数的数据，见"Bechelor's, Master's, and Doctor's Degrees Conferred by Degree-Granting Institutions, by Sex of Student and Field of Study: 2002-03,"National Center for Education Statistics。可查 http://www.nces.ed.gov/programs/digest/d04/It3.asp。

"美洲狮"：和比自己年轻的男人约会的女人

关于年龄在40至69岁的女性约会习惯的数据来自 Knowledge Networks, Inc.为 AARP 杂志做的一项研究：Ph.D. Xenia P.Montenegro："Lifestyles, Dating and Romance:A Study of Midlife Singles,"AARP The Magazine，2003年9月。可查 http://www.Aarp.org/research/family/lifestyle/aresearch-import-522.html（2006年8月）。

以人口普查为基础的比较数据来自 L. A. Johnson, "Love for All," Pittsburgh Post-Gazette，2005年10月9日。这篇文章同时还根据 Match.Com 上的资料对约会偏好的变化进行了总结。

瓦莱丽·吉布森的说法援引自 ABC News Web site："Are More Older Women with Younger Men?" 2005年5月5日。可查 http://abcnews.go.com/Primetime/print?id=731599>(2006年8月）。

关于年龄在40~44岁和45~49岁的妇女生育的数据来自 National Center for Health Statistics, Vital Statistics of the United States, 1994, Vol.1, "Natality, Table 1-13," Live Births by Age, Race and Hispanic Origin of Mother: United States and Each State,1994，可查 2007年3月；以及 National Vital Statistics Reports, Vol.55,1,Table 2, "Live Births by Age of Mother, Live-Birth Order, and Race of Mother: United States, 2004," 2006年9月29日，可查 2007年3月。

办公室里的恋人

苍穹调查公司的调查数据全部引自于他们在2006年1月进行的一项调查，693名受访者是来自全美各行业的雇员代表。可查 http://www.vault.com/nr/newsmain.jsp?nr page=3&ch id=420&articleid=26126479（2007年4月）。

Hotjobs 的调查可查 http://hotjobs.yahoo.com/jobseeker/about/press release/021103.html （2007年4月）。

关于同意夫妻双方在同一个公司工作的资料来自 CareerBuilder.Com 在2005年1月对超过1300名雇员进行的一项调查"办公室恋情调查"。可查 http://www.careerbuilder.

com/share/aboutus/pressreleasedetail.aspx?id=pr160&sd=2/7/2005&ed=12/31/2005&cbRecursionCnt=1&cbsid=1da66156dedf4c9e83ee497e5c8abb8d-230303910-j5-5（2007年4月）。

关于工作场所的单身男女的数据来自 Marshall Loeb, : "5 Tips to Consider When You Fall in Love on the Job," www.careerjournal.com，2005年9月22日；以及 Ellen R. McGrattan and Richard Rogerson : "Changes in Hours Worked, 1950~2000, "明尼阿波里斯联邦储备银行, Quarterly Review, Vol.28, No.1, 2004年7月。

关于男女行为比较的数据来自由 LexisNexis Martindale-Hubbell's Lawyers.com 和 Glamour 杂志资助的一项合作进行的"办公室恋情调查"（2004年8月12日）的结果。

SHRM 研究的基础是 Michael Park 所进行的"2006年工作场所恋情问卷调查数据"，这项研究是2006年1月由人力资源管理学会和 Careerjournal.com 合作进行的。

关于女博士的数据来自美国教育部、国家教育统计中心、高等教育一般信息调查中心所进行的1976~1977年和1984~1985年"授予学位和其他正式奖励"的调查，以及全国博士后教育数据系统所进行的1986~1987年，1998~1999年以及2000年秋季和2002年秋季"博士后项目完成情况调查"，表是在2003年准备的，在 http:// nces.ed.gov/programs/digest/d03/tables/pdf/table270.pdf 上可查到这些资料。

通勤夫妻

《纽约时报》上关于克林顿夫妇的文章是 Patrick Healy : "For Clintons, Delicate Dance of Married and Public Lives, " New York Times, 2006年5月23日。

关于2005年夫妻因某些原因，而不是因分手而与配偶分居的数据来自美国统计局的统计数字，可查 http://www.census.gov/population/socdemo/hh-fam/cps2005/tabAl-all.csv。1990年的数据来自 http://factfinder.census.gov/servlet/DTTable?bm=y&-ds name=DEC1990STF3P&CONTEXT=dt&-mt name=DEC1990STF3P027&=mt name=DEC1990STF3038&-redoLog=false&-caller=geoselect&geoid=01000US-geo id=01000US&-geo id=NBSP&-format=&-lang=en&-SubjectID=11745086。

AARP 的数据来自2005年1月11日，KCET. org radio transcript，可查 http://www.kcet.rog/lifeandtimes/qrchieves/200501/20050111.php（2006年6月），援引自 Nancy Griffin 在 AARP The Magazine 上发表的文章。

来自远距离男女关系研究中心和雷戈里·古德纳博士的更多信息，见 http://www.longdistancerelationships.net/。

在"国际画面"中，可以在 http://www.iht.com/articles/2004/03/27repouse ed31.php# 查到全球工作调动趋势调查的结果。科威特的数据来自 "Foreign Workers in the Middle East", Migration News, Vol.3, No.4,1996年12月。关于埃及和沙特阿拉伯的数据来自 http://www.migrationdrc.org/research/region/egypt themiddleeast.html，关于沙特阿拉伯的收入的数据来自 http://www.enews.ma/foreign-workers i39834 0.html。关于迪拜的数据来自 Eric Weiner, "Thanks for Your Hard Work. Now Get Out!,"Slate, 2005年8月15日，可查 http://www.Slate.com/id/2124497/fr/rss/（2007年1月）。

通过互联网结成的夫妻

这一章所依据的佩尤的研究是 Mary Madden and Amanda Lenhart: "Online Dating," Pew Internet and American Life Project，2006 年 3 月 5 日。可查阅网上约会杂志网站 www.onlinedatingmagazine.com（2007 年 3 月）。

婚姻数据来自 National Vital Statistics Reports，Vol.54，No.8，"Births，Marriages，Divorces and Deaths，Provisional Data for June 2006"。

PSB 关于通过互联网结成的夫妻的问卷调查是在 2007 年 3 月 27~28 日在网上进行的。

2. 工作生活

退而不休的老人

关于工作场所老年人的数据来自 "Labor Force Participation of Persons Ages 62 and Over，1982~2005"，当前人口状况的调查，劳工统计局。

关于世界一些国家休假天数的数据来自世界旅游组织，它的网站是 http://www.world-tourism.org/。关于没有使用的假期以及在休假期间还工作的数据，见 Stephanie Armour: "U.S. Workers Feel Burn of Long Hours，Less Leisure," USA Today，2003 年 12 月 18 日；以及 "Annual Expedia.con Survey Reveals 51.2 Million American Workers Are Vacation Deprived"，2007 年 4 月 25 日，可查 http://press.expedia.com/index.php?s=press releases&item=372（2007 年 5 月）。

美林公司的调查报告是 "The Merrill Lynch News Retirement Survey: A Perspective from the Baby Boomer Generation"，2005 年 2 月 23 日。这次调查在 2004 年 2 月通过电话和互联网采访了 3448 名在婴儿潮时期出生的美国人。

关于上了年纪的工人的工作喜好的更多资料，见 "Old. Smart. Productive:Surprise!The Graying of the Workplace Is Better News than You Think"，Business Week，2005 年 6 月 27 日。

交通事故数据来自全国高速公路交通安全管理局，表 63，"Driver Involvement Rates per 100，000 Licensed Drivers By Age，Sex，and Crash Severity"，可查 http://www.nrd.nhtsa.dot.gov/pdf/nrd-30/NCSA/TSFAnn/2004HTML/TSF2004.htm#chap2（2007 年 2 月）。C. Eugene Steuerle,"Working to Fix Our Fiscal Woes"，Washington Post，2006 年 4 月 14 日。应该感谢 Steuerle 博士亲自给我们打电话，讨论这一分析中的某些问题。

上班太远的人

这里的部分数据是从一些关于上班太远的人的重要文章中援引的，这些文章包括 Keith Naughton：" The Long and Grinding Road"，Newsweek，2006 年 5 月 1 日；"Extreme Commuting,"BusinessWeek online，2005 年 2 月 21 日；以及 Debbie Howlett and Paul Overberg: "Think Your Commuter Is Tough?" USA Today，2004 年 11 月 29 日。

到 2007 年 3 月，美国劳工总数为 1 亿 4630 万人，见劳工统计局 "Employment Situation Summary"，可查 http://www.bls.gov/news.release/empsit.nr0.htm（2007 年 4 月）。

关于美国人平均上下班时间的数据来自美国人口局：美国人社区调查，2004 年 2 月 25 日新闻发布会。可查 http://www.census.gov/Press-Release/www/releases/archives/

American community survey acs/001695. html（2006 年 6 月）。

关于全国上下班时间的数据来自 Clara Reschovsky, "Journey to Work：2000", 2004 年 3 月发布的美国统计局简报。

关于米达斯·穆菲勒举办的这项赛事的报道见 Gary Richards："Your Commute is Bad? Try 186 Miles Each Way", Knight Ridder Newspapers, 2006 年 3 月 4 日。

关于 2005 年新房销售平均价格的数据来自美国人口统计局: "Median and Average Sale Prices of New One-family Sold," 可查 http://www.census.gov/const/C25Ann/Soldmedavgprice.pdf（2006 年 6 月）。

关于"上班路途太远"的数据来自 D'Vera Cohn and Robert Samuels:"Daily Misery Has a Number: Commute 2nd-Longest in U.S.", Washington Post, 2006 年 8 月 30 日。

Dr. Casada 和佐治亚理工学院研究人员的看法，见一篇措辞低调的文章 "The Long and Grinding Road", 援引同上。

The ABC/Washington Post 的调查数据来自 Gary Langer : "Poll:Traffic in the United States", 2005 年 2 月 13 日，可查 http://www.abcnews.go.com/Technology/print?id=485098(2006 年 2 月）。

Robert Putnam: Bowling Alone: *The Collapse and Revival of American Community* (Simon & Schuster,2000)。

关于"国际画面"的有帮助的一些文章，见 Vernon Silver:"Cheap European Flights Cater to Both Commuting Doctors and Drunken Revelers", *Bloomberg News*, 2007 年 2 月 23 日；"UK Commuter' Longest in Europe'", *BBC News Magazine*, 2003 年 7 月 22 日；Sean Coughlan:"The New Commuter Belt", *BBC News Magazine*, 2006 年 7 月 18 日；Matt Welch: "Fly the Frugal Skies", www.reasononline.com（2005 年 1 月）;"The Rise of the Super-Commuter", www.cnn.com(2005 年 4 月 12 日）; Vermon Silver:"Ryanair Sparks Surgeon Commutes, European Vacation Home Frenzy", www.blooberg.com（2007 年 2 月 22 日），Keith Naughton:"Tailing the X-Commuter", *Newsweek International*, 2006 年 7 月 3—10 日。

在家工作的人

关于在家工作的趋势的数据来自美国人口统计局 2000 年："Class of Worker for Workers Who Worked at Home for The United States: 1980 to 2000," 可查 http://www.census.gov/population/cen2000/phc-t35/tab01-5.xls（2006 年 9 月）。

关于在家工作的人的人口分布数据大部分来自 "Selected Characteristics of Workers Who Worked an Home and Workers Who Did Not Work at Home for the United States：2000", 可查 http://www.census.gov/population/cen2000/phc-t35/tab01-2pdf（2006 年 9 月）。

关于"妈妈企业家"的一般问题，见 Mary-Beth McLaughlin:"Moms Spur Growth in Home Businesses", Scripps Howard News Service, 2006 年 11 月 14 日; Jasmine D. Adkins: "For Women Consultants, Business Is Booming", Inc.com(2006 年 7 月 19 日）。

关于美国企业合作的研究援引自 Eileen Gunn:"Working from Home Is Losing

Its Stigma", *Wall Street Journal Online*，可查 http://www.startupjournal.com/howto/workhome/20041014-gunn.html (2007 年 4 月)。

关于本章内容的其他有用的文章包括 "Getting a Home Office to Work for You", Associate Press, 2004 年 9 月 3 日; Eleena De Lisser and Dan Morse:"More Men than Women Working from Home", *Wall Street Journal Online*, 可查 http://www.startupjournal.com/howto/workhome 199906211437-lisser.html（2007 年 4 月）; Hugo Martin: "Touting a Telecommunication Trade-Off", *Los Angeles Time*, 2001 年 8 月 22 日; Jaimee Rose:"The Safety Zone: As Workplace, Home Has hazards,"*Los Angeles Time*, 2000 年 8 月 14 日.

能说会道的女人

关于拉里·萨默斯以及科学界妇女对他的谈话表示愤怒的更多资料，见 James Traub:"Lawrence Summers, Provocateur", *New York Times*, 2005 年 1 月 23 日; Cornelia Dean: "Bias is Hurting Women in Science, Panel reports", *New York Times*, 2006 年 9 月 19 日。

2005 年关于新闻界妇女的数据来自劳工统计局，Table11, "Employed Persons by Detailed Occupation, Sex, Race, and Hispanic or Latino Ethnicity"; Paul Farhi: "Men, Signing Off: As More Women Became TV Anchors and Reporters, Male Exit the Newsroom", *Washington Post*, 2006 年 7 月 23 日。关于这个问题的其他有用的文章包括 Suzanne C. Ryan:"The Vanishing Anchorman: The Number of Male Newscasters On TV Has Reached an All-Time Low. What's the Story?"Boston Globe, 2006 年 1 月 15 日; Vicky Lovell, Ph.D., and Jessica Koski:"Making the Right Call:Jobs and Diversity in the Communication and Media Sector", Institute foe Women's Policy Research,2006, 可查 http://www.iwpr.org/pdf/C364.pdf（2006 年 5 月 4 日）。

关于公共关系领域中的妇女的 70% 的数字都是来自 Rick Hampson:"Women Dominate PR...Is That Good?"USA Today, 2001 年 4 月 25 日。到 2007 年，这个数字也许接近于 65%。

1971 年，有 9947 名女律师。2000 年，有 288060 名女律师。见美国律师基金会，Researching Law, Vol.16, No.1, Winter 2005,p.7. 其他关于妇女和法律的数据，见 "Legal Education Statistics", Fall Enrollment 2004, American Bar Association Section of Legal Education and Admissions to the Bar, 2005 年 1 月 25 日，可查 http://www.abanet.org/legaled/ statistics/fall2004enrollment.pdf（2007 年 5 月 ）; National Association for Law Placement, 可查 http://www.nalp.org/press/details.php?id=53(2004 年 11 月)。

关于科学界妇女的数据，见上面援引的 the BLS Source, 以及 James Dean:"Gender Gap Attracts Scrutiny : Women Remain Outnumbered at Science School", *Florida Today*, 2005 年 2 月 5 日。关于商界妇女更多资料，见 Carol Hymowitz: "Women Swell Ranks As Middle Managers", Associated Press Financial Wire, 2006 年 7 月 24 日。

关于对"妇女问题"在晚间新闻中不断增加的看法来自上面援引的 Farhi 的文章。

关于妇女在教育界的更多资料，见 Chris Kenning: "shortage of Male Teachers Worsens In Elementaries; Stereotypes Add to the Imbalance", *Courier-Journal*（Louisville KY）, 2004 年 11 月 22 日。

身强力壮的女人

关于女子橄榄球联盟的更多资料，见 http://www.womensfootballcentral.com/teams.html; http：//www.iwflsports.com/teams.php;http://www.womensprofootball.com/teams.php。

关于女消防队员反对歧视的更多资料可以在 Rick Barrett:"Firefighting Still Seen by Some as 'Last Male Bastion'." *Milwaukee Journal Sentinel*，2006年9月19日；以及消防局女消防队员网站 http://www.wfsi.org/women and firefighting/faq.php 中找到。

关于女警察的数据来自"Crime in the United States 2004"，可查 http://www.fbi.gov/ucr/cius 04/law enforcement personnel/table 74.html（2007年4月）。

关于建筑业妇女的信息来自全国建筑业妇女网站，可查 http://www.nawic.org/（2007年2月）。

关于军队女性的数据来自国防部人事局，1960~2005年，可查 http://www.sensus.gov/prod/2006pubs/07 statab/defense.pdf（2007年2月）。

PSB 网上调查是于2007年4月2~3日在网上进行的。

关于性别和超强力量的研究，见全国女性和警务中心："Men, Women and Police Excessive Force: A Tale of Two Genders"，2002年4月。可查 http://www.womenandpolicing.org/PDF/2002 Excessive Force.Pdf（2007年2月）。

关于男女马拉松比赛所用的时间的数据来自 Laura Pappano:"Gender Games"，*Boston Globe*，2003年9月28日。可查 http://www.Boston.cim/news/globe/magazine/articles/2003/09/28/gender games/（2007年4月）。

3. 种族与宗教

打破彩色玻璃天花板的女人

关于女性神职人员的数据来自劳工统计局："Employed Persons by Detailed occupation and Sex,1983~2002 Annual Averages"；关于神学院女生的数据援引自 Neela Banerjee:"Clergywomen Find Hard Path to Bigger Pulpit"，*New York Times*，2006年8月26日。关于宗教专业的数据来自全国教育统计中心，可查 http://nces.ed.gov/programs/digest/d05/tables/xls/tabn262.xls 和 http://nces.ed.gov/programs/digest/d95/dtab242.asp（2006年9月）。

关于女性神职人员的调查来自 Laura S. Olson, Sue E. S. Crawford, and James L. Guth:"Changing Issues Agendas of Women Clergy"，*Journal for the Scientific Study of Religion*，2000年6月，并且 Martin E.Marty："Women Clergy: The Numbers"中也做了报道，可查 http://www.believfnet.com/story/33/story 3340 I.html（2007年3月）和"Women Clergy:Mpre Liberal, More Political?"，Religion Link，可查 http://www.religionlink.org/tip 04012b.php（2007年3月）。

关于女性神职人员关心的更多问题的调查是由 Barbara Brown Zikmund, Adair T. Lummis, and Patricia M.Y. Chang 进行的，并在 *Christian Century*（1998年5月6日）上做了报道，可查 http://hirr.hartsem.edu/bookshelf/clergywomensummary.html(2007年3月)。

关于卫理公会女性神职人员的研究见 Jesse Shultz 编辑并最后统稿的"UF Study: Female Ministers Face Pettiness, Patriarchy and Pressures"，1999年6月9日，可查 http://

news.ufl.edu/1999/06/09/clergy（2007 年 3 月）。

这里用亚当和夏娃的例子说明男性神职人员对女性神职人员升迁设置障碍，关于这方面的报道见 Marco Schogol:"Black Women's Struggle to Serve from the Pulpit as Well as in the Pews"，*Philadelphia Inquirer*，1997 年 10 月 26 日。

关于各种宗教教徒增减趋势的数据来自 http://www.demographia.com/db-religusa2002.htm；美国人口统计局，Table 73，"Self-Described Religious Identification of Adult Population: 1990 and 2001"，可查 http://www.gov/compendia/staab/tables/07s0073.xls（2006 年 9 月），以及 Cathy Lynn Grossman:"'Code' and the Sacred Feminine"，USA Today，2006 年 5 月 23 日，可查 http://www.usatoday.com/news/religion/2006-05-23-code-womenx.htm（2006 年 9 月）。

关于心灵和头脑的数据来自在 PSB 于 2006 年 9 月进行的问卷调查。

喜欢找犹太人的人

关于各种宗教中的女性教育程度的数据来自 Barry Kosmin and Ariela Kevsar 为纽约城市大学布鲁克林学院所做的一项研究："The Impact of Religious Identification on Differences in Educational Attainment Among American Women 2001"，*Religion in a Free Market*，Paramount Market Publishing, 2005。

本章所援引的罗波尔调查公司的结果来源于对 iPOLL 数据库的数据的研究，其他资料是由康涅狄格大学罗波尔舆论研究中心提供的，Survey by Fortune and Roper Organization，1939 年 7 月。这份资料是 2007 年 3 月 16 日在 iPOLL 数据库关于康涅狄格大学罗波尔舆论研究中心的数据中重新得到的，可查 http://www.ropercenter.uconn.edu/ipoll.html。

盖洛普公司关于对各种不同宗教的态度的问卷调查可以在 Gallup Poll News Service："August Panel Survey"（2006 年 8 月 28~31 日）中找到。

Sarah E. Richards 提醒我们注意与犹太人约会的非犹太人的惊人数字，"You Don't Have to Be Jewish to Love JDate"，*New York times*，2004 年 12 月 5 日。

PSB 的问卷调查是在 2006 年 9 月进行的。

跨种族通婚的家庭

关于美国跨种族婚姻的数据来自 Sharon M. Lee and Barry Edmonston:"New Marriages, New families,U.S. Racial and Hispanic Intermarriage"，Population Bulletin（这是一份由人口资料查阅局出版的出版物），Vol. 60, No.2, 2005 年 6 月, p.11。感谢 Edmonston 先生亲自帮助我们查找资料。

关于美国人对跨种族婚姻的态度的数据来自 Allison Stein Wellner："U.S. Attitudes Toward Interracial Dating Are Liberalizing"，可查 www.prb.com，（2005 年 6 月），援引 RoperASW，Roper Reports 03-3（未发表的研究成果）。这里援引的佩尤中心的研究成果是佩尤中心 2006 年 3 月 14 日公布的社会趋势报告 "Guess Who's Coming to Dinner"。这项研究也包括对各年龄段的跨种族约会的看法。盖洛普公司的研究是 Gallup Poll News Service："Acceptance of Interracial Marriage at Record High"（2004 年 6 月 1 日）。

跨种族领养孩子的很多数据来自 Lynette Clemetson and Ron Nixon："Breaking Through Adoption's Racial Barriers"，*New York Times*，2006 年 8 月 16 日。关于国际领养孩子的更多资料，见 Sharon Jayson："New Generation Doesn't Blink at Interracial Relationships"，*USA Today*，2006 年 2 月 7 日。

关于年轻人跨种族约会的数据来自 Ely Portillo and Frank Greve："Social Integration in the U.S., Including Cohabiting and Marriage, Is Surging"，*MaClatchy Newspapers*，2006 年 7 月 26 日；关于 Match. Com 会员的数据来自 http://www.miami.com/mld/miamiherald/15084469.htm?template=contentModules/printstory.jsp（2006 年 10 月）。

关于跨种族夫妻的调查是 ICR/International Communications Research 为 Washington Post 在 2001 年 3 月 29 日~5 月 20 日进行调查的，此次调查报告的题目是"Race, Dating and Marriage"，2001 年 7 月 5 日，可查 http://www.washingtonpost.com/wp-srv/nation/sidebars/polls/couples.htm（2006 年 10 月）。

对本章内容另一些有用的文章包括 Steve Sailer:"2000 Census Shows Interracial marriage Gender Gaps Remain Large"，UPI，2003 年 3 月 14 日。

关于国际画面的数据来自 Norimitsu Onishi："Betrothed at First Sight: A Korean-Vietnamese Courtship"，*New York Times*，2007 年 2 月 22 日，"The Family—International Marriage More Common"，Daily Yomiuri（东京），2005 年 12 月 3 日；"Vietnamese Decree to Tighten Foreign Marriage"，Deutxhe Press-Agentur，2006 年 7 月 26 日；以及"More Russian Women Marry Foreigners"，TASS,2007 年 1 月 15 日。

信奉新教的墨西哥裔美国人

感谢我的朋友和同事谢尔吉奥·本迪克森（Sergio Bendixen），他审核了本章的内容，并提出了很有想法的反馈意见。

关于在美国的拉美人的人口数据来自美国人口统计局: "Nation's Population One-Third Minority"，可查 http://www.census.gov/Press-Relrase/www/releases/archives/population/006808.hmtml（2007 年 4 月）。

关于拉美裔美国人和天主教教义的资料，包括关于拉美裔美国人牧师的数据来自 Bruce Murray："Latino Religion in the U.S.: Demographic Shift and Trends"，可查 http://www.facsnet.org/issues/faith/espinosa.php（2006 年 8 月）。

此处援引的著作是 Gaston Espinosa，Virgilio Elizonda 和 Jesse Miranda 编辑的 *Latino Religions and Civic Activism in the United States*（牛津大学出版社，2005 年）。2003 年关于美国公共生活中的拉美教会的研究是这三名作者所做的一项初步研究。

关于拉美裔美国人为什么受五旬节教派教义所吸引的问题，以及五旬节教派非常自信地向外扩张的策略的一篇有用的文章是 Arian Campo-Flores:"The Battle for Latino Souls"，Newsweek，2005 年 3 月 21 日。

关于拉美裔美国人在 2004 年投票的数据来自 Roberto Suro，Richard Fry，and Jeffrey Passel："Hispanics and the 2004 Election: Population，Electorate, and the Voters"，佩尤拉美裔美国人研究中心，2005 年 6 月 27 日。关于 2006 年拉美裔美国人的投票数据也来自佩尤拉美裔美国人研究中心在 2006 年 11 月 27 日发布的"Latinos and the 2006 Mid-Term

资料来源 411

Election",可查 http://www.pewhispanic.org/files/factsheets/26.pdf（2006 年 12 月）。

PSB 关于拉美裔美国人的问卷调查是在 2006 年 3 月 5 日通过电话进行的。

温和的穆斯林

关于美国人对待伊斯兰教的态度的数据来自 CBS 在 2006 年 4 月 6 日~9 日进行的新闻问卷调查："Sinking Perceptions of Islam",可查 http://www.cnsnews.com/stories/2006/04/12/national/main1494697.shtml（2006 年 9 月），以及 Lydia Saad:"Anti-Muslim Sentiments Fairly Commonplce", USA Today/Gallup 于 2006 年 7 月 28 日~30 日进行的问卷调查。其他关于对穆斯林态度的有用的文章包括 Claudia Deane and Darry Fears: "Negative Perception of Islam Increasing", *Washington Post*, 2006 年 3 月 9 日。

大部分关于穆斯林自己的态度以及人口分布情况的数据来自 ProjectMAPS and Zogby International 在 2004 年 8 月 5 日至 9 月 15 日进行的问卷调查:"Musilims in the American Public Square"。与一般美国人相比较的数据来自 Darren K. Carlson:"Americans Softening on Together Gun Laws?"盖洛普公司在 2004 年 11 月 30 日进行的调查,以及 Harris Interactive Poll No.80 关于参加宗教活动的调查报告（2006 年 10 月 31 日）和 Harris Interactive Poll No.19 关于政治归属的调查报告（2005 年 3 月 9 日）。

关于最近穆斯林移民的更多资料,见 Andrea Elliott:"More Muslims Arrive in US, After 9/11 Dip", *New York Times*, 2006 年 9 月 10 日。

关于清真寺数量增长的数据来自 www.usinfo.state.gov, "Demographic Facts,"可查 http://usinfo.state.gov/products/pubs/muslimlife/demograp.htm（2006 年 12 月）。

关于美国穆斯林联盟的更多资料,见其网站 http://www.amaweb.org/ 和 Lee Hudson Teslik:"A Muslim for the Hill?" *Newsweek*, 2006 年 9 月 13 日。

关于穆斯林在 2004 年选举中的转变的数据来自 MAPS Poll,来源同上。

关于社会政策与谅解的调查是由 Ihasan Bagby 进行的,并发布调查报告:"A Portrait of Detroit Mosques: Muslim Views on Policy, Politics, and Religion",社会政策与谅解研究所,2004 年,可查 http://www.ispu.us/go/images/F000196/Detroit Mosques Exec Summary.pdf（2006 年 11 月）。这份报告不是没有受到批评,批评者认为,该报告作者夸大了美国穆斯林的温和性。好的文章是: M. A. Muqtedar:"The Remarkable Moderation of Detroit Muslims", Detroit News, 2004 年 7 月 4 日,可查 http://www.ijtihad.org/Moderation%20of%20American%20Muslims.htm（2006 年 12 月）。

关于美国伊斯兰大会的更多资料,见其网站 http://www.aicongress.org/。关于自由穆斯林联盟和卡玛尔·纳瓦什的更多资料,见 http://www.freemuslims.org/ 和 Don Oldenburg:"Muslims' Unheralded Messenger", *Washington post*, 2005 年 5 月 13 日。

关于国际部分的有用的资料包括 "An Uncertain Road: Muslims and the Future of Europe",佩尤宗教与公共生活论坛,可查 http://www.pewforum.org/publications/reports/muslims-europe-2005.pdf（2005 年 10 月）；以及 Omar Taspinar:"Europe's Muslim Street", *Foreign Policy*, 2003 年 3 月。佩尤全球对穆斯林的态度调查项目的报告是 "Muslims in Europe: Economic Worries Top Concerns About Religion and Cultural Identity",2006 年 7 月 6 日公布的佩尤全球对穆斯林的态度调查项目,可查 http://www.pewglobe.

org/reports/display.php?ReportID=254（2006 年 12 月）。

4. 健康与快乐

讨厌阳光的人

关于阳光房和星巴克的比较资料来源于 Julie Rawe, "Why Teens Are Obsessed with Tanning", *TIME*, 2006 年 8 月 7 日，第 54~56 页。

2002 年 4 月 24 日，美国皮肤学会公布了关于 2002 年人们对阳光房的态度的调查结果。

关于阳光房产业的数据大部分来源于 Helene Blatter, "The Tanning Dilemma Sun-Bathers: Sun-Bathers Know Risks, but Seek Bronzed Skin Anyway", Riverside Press Enterprise, 2006 年 7 月 23 日；Jocob E. Osterhout, "Know It All", New York Daily News, 2005 年 7 月 10 日；Valerie Nienberg, "Shedding Lights on Sunless Tans", Jupiter Courier（Florida）, 2004 年 11 月 17 日。

关于青少年晒太阳的习惯的更多资料见 Paul Virget, "Skin Cancer Up Among Young; Tanning Salon Become Target", *New York Times*, 2006 年 8 月 14 日，可查 2006 年 8 月 http://www.nytimes.com/2006/08/14/nyregion/14tanning.html?ex=116849100&en=4c9087ae8e8b00ff&ei=5070；以 及 Alan C.Gellar et al.", Use of Sunscreen, Sunburning Rates and Tanning Bed Use Among More than 10000 U.S. Children and Adolescents", Pediatrics Vol.109,No.6，2002 年 6 月，可查 2007 年 1 月 8 日 http://www.pediatrics.aappublications org/cgi/reprint/109/6/1009。

除非另有说明，关于皮肤伤害和皮肤癌的数据来源于美国癌症学会，"Estimated New Cancer Cases and Deaths by Sex for All Sites, United States, 1997 to 2006"，关于癌症的数据见 http://www.cancer.org/downloads/STT/CAFF2007PWSecred.pdf。

关于防晒衣和防晒产品的有用的文章包括 Business Wire, "SunGuard Laundry Aid Helps Clothing Block More than 96 Percent of Harmful UV Rays; This Next Generation in Sun Protection Washes-In a UPF of 30", 2005 年 7 月 27 日；Richard A. Marrini, "Shun the Sun; Clothing Protects Against Harmful Rays", *San Antonio Express-News*, 2004 年 5 月 13 日；SunGuard, 见 2007 年 1 月 http://www.sunguardsunprotection.com。

睡眠不足的人

关于美国人睡眠习惯的数据来源于美国睡眠基金会 2005 年 3 月发表的"关于美国人睡眠的问卷调查"，可查 2006 年 10 月 http://www.sleepfoundation.org/site/c.huIXKjM0IxF/b.2417141/k.C60C/Welcome.htm。其他有用的网上资料包括 www.sleep-deprivation.com 和 www.sleepapneainfo.com。

对这一章有用的文章包括 "New Study Shows People Sleep Even Less Than The Think," *Science Daily*, 2006 年 7 月 3 日；可查 2006 年 20 月 http://sciencedaily.com/release//2006/07/060703162945.htm; 以 及 Stefan Lovgren, "US Racking Up Huge Sleep Debt", *National Geographic News*, 2005 年 2 月 24 日。

关于交通事故的数据来源于 www.nhsta.dot.gov 公布的 "Drowsy Driving and Automobile Crashes"，可查 2006 年 10 月 www.nhsta.dot.gov/people/injury/drowsydrivingl/Drowsy.html。

关于安眠药产业的更多数据，见 http://livescience.com/humanbiology/060323sleep deprivation.html。关于咖啡因产业的更多资料见 Melanie Warner, "A Jolt of Caffeine, by the Can", *New York Times*, 2005 年 11 月 23 日。

"都市午睡"的网站是 http://metronaps.com.。

国外的数据大部分来源于 ACNielson 公司 2005 年的一项研究，可查 2007 年 1 月 http://asiapacific.acnielson.com/news/20050228.shtml。

不再受约束的左撇子：美国的左撇子多了

关于岩洞壁画家中左撇子的数据引自 Alexandra Witze, "Study Takes Left-Hands-On Approach", *Dallas Morning News*, 2003 年 10 月 12 日。

关于优势手产生原因的更多资料，见 David E. Rosenbaum, "On Left-Handness, Its Cause and Costs", *New York Times*, 2000 年 5 月 16 日。

关于左撇子给人类健康带来的各种有争议的影响的更多信息，见 Nicole Frehsee, "All Is Not Right in the World of the Lefty", Fort Lauderdale Sun Sentinal（2005 年 10 月 29 日）。关于左撇子赚多少钱的更多资料，见 Joel Waldfogel, "Sinister and Rich", *Slate*, 2006 年 8 月 16 日。

关于动物大脑有侧偏倾向的讨论来源于 Amanda Onion, "The Left-Handed Advantage", *ABC News*, 2005 年 2 月 17 日。

关于将左撇子视为罪恶的宗教传统的更多资料，包括 Ayatollah Khomeini 的信息，见上面援引的 "All Is Not Right in the World of the Lefty" 和 Kathleen Laufenberg, "For Centuries, Being Left-Handed Was More than Just Inconvenient", *Tallahassee Democrat*, 2002 年 1 月 29 日。

加利福尼亚大学洛杉矶分校的调查报告系指 K.Hugdahl, et al., "Left-Handness and Old Age: Do Left-Handers Die Earlier?" 载于 *Neuropsychologia*, 1993 年第 4 期, 325~333 页, 在 Thomas H. Maugh II, "Lefties Don't Die Young After All, Study Reports", *Los Angeles Times*（1993 年 4 月 4 日）中有援引。

关于双胞胎中左撇子的比例较高的资料来源于上面援引的 "On Left-Handness, Its Cause and Costs"。高龄产妇更有可能生出左撇子的资料来自于加拿大不列颠哥伦比亚大学的心理学家 Stanley Coren 的研究，在上面援引的 "The Left-Handed Advantage" 中有叙述。

关于左撇子名人的资料来源很广，载于 Web site，可查 http://www.indiana.edu/~primate/left.html 的 "Famous Left-Handers"。

关于体育运动中左撇子占优势的更多信息，见 Childs Walker, "Some Lefties Do All Right", *Baltimore Sun*, 2006 年 11 月 16 日以及 Alan Blondin, "No Longer Taboo, Golf Is Seeing the Emergence of the... Lefties", *Myrtle Beach Sun-News*, 2006 年 9 月 8 日。

关于 RIM 公司的数据引自 Tyler Hamilton, "Business Tries to Right Wrongs for Lefties", *Toronto Star*, 2004 年 8 月 13 日。

有病自医的人

非处方药销售量的数据来源于发表在 the Consumer Healthcare Products Association Web site 的 AC 尼尔森调查报告 "OTC Retail Sales—1964~2005"，网址是 http://www/chpa-info.org/ChpaPortal/PressRoom/Statistics/OTCRetailSales.htm，2007 年 3 月。

关于补充医学和非传统医学的资料，可以登陆 http://www.livingnaturally.com/common/adam/CAM_Links.asp?storeID=3EDIFF6A18BD42979FFF73C8E8CD4512，在 CAM_Links—Williamson Street Co-op 中找到，2006 年 8 月。

关于利用互联网查询医疗信息的人数数据引自 "Number of 'Cyberchondriacs' — Adults Who Have Ever Gone Online for Health Information—Increases to an Estimated 136 Million Nationwide"，Harris Interactive，2006 年 8 月。网址是 http://www.harrisinteractive.com/harris_poll/index.asp?PID=686，2006 年 8 月。

关于医疗保健费用增长的资料来源于 "Heath Insurance Cost"，National Coalation on Health Care，网址是 http://www.nchc.org/facts/cost.shtml，2006 年 8 月。

关于人们对医生信任度下降的趋势在 "Americans Are Concerned About Hospital Based Medical and Surgical Errors"，Harris Interactive 中有描述，网址是 http://www.harrisinteractive.com/news/allnewsbydate.asp?NewsID=825，2006 年 8 月。

关于每年美国院内感染会导致 44000 至 98000 人丧命的资料，见 "To Err Is Human: Building a Safer Health System"，Institute of Medicine of the National Academics，网址是 http://www.iom.edu/id=12735，2006 年 8 月。关于乳腺癌在 2007 年导致 40000 人死亡的预测，可以访问美国癌症协会网站，http://www.cancer.org/docroot/stt/stt 0.asp，2007 年 4 月。关于每年美国丧命于车祸的人数大约有 42000，数据见 National Highway Traffic Safety Administration，http://money.cnn.com/2005/08/01/Autos/nhtsa death stats/，2007 年 4 月。关于每年美国丧命于艾滋病的人数大约有 17000，见网站 http://www.cdc.gov/hiv/topics/surveillance/basic.html#hivest 2005 年数据，2007 年 4 月。

公众对社会公共机构的信任度走势表已经得到来自 Harvard Public Health Review 的 Robert Blendon 的证实。这个走势表 2004 年秋首次发表于 Cathryn Delude，"Crisis of Confidence"，Harvard Public Health Review，网址是 http://www.hsph.harvard.edu/review/review_fall_04/rvw_trust.html，2006 年 8 月。

关于妇女和做出医疗保健决定的关系，见 "Women, OTCs and Health in the United States"，CostomerHealthEducationCenter，网址是 http:www.checforbetterheaith.org\Chec\Media\Facts_Stats\Women_OTCs_FastFacts.as px，2006 年 8 月。

关于对直销广告资金投入增长的资料来源于 Milt Freudenheim，"Showdown Looms in Congress over Drug Advertising on TV"，*New York Times*，2007 年 1 月 22 日。

关于病人们对同医生通过电子邮件兴趣增长的数据来自 "New Poll Shows US Adults Strongly Favor and Value New Medical Technologies in Their Doctor's Office"，Harris Interactive，http://www.harrisinteractive.com/news/allnewsbydate.asp?NewsID=980，2006 年 8 月。

有听力障碍的人

关于克林顿和里根总统的调查引自 Gallup Poll News Service, "Americans' Retrospective Approval of Clinton Improving", conducted June 1-4,2006, 2006 年 9 月。网址是 http://www.galluppoll.com/content/?ci=23362.

关于美国人听力障碍的数据引自美国语言 - 听力协会网站 http://www.asha.org/public/hearing/disorders/prevalence adults.htm, 2006 年 9 月。

关于海军部面临近视眼手术的挑战的报道来源于 David Cloud, "Perfect Vision Is Helping and Hurting Navy", *NewYork Times*, 2006 年 6 月 20 日。

关于老年人听力障碍的数据引自 http://www.census.gov/cgi-bin/ipc/idbagg 和 http://www.asha.org/public/hearing/disorders/prevalence adults.htm。

听力障碍研究基金会的数据和居室内噪声分贝的数据，见 http://www.drf.org/hearingbalanceresearch.htm。

耳聋患者的人口统计数据有两个来源: the National Institute on Deafness and Other Communication Disorders, "Statistics About Hearing Disorders,Ear Infections, and Deafness", 2006 年 9 月, 网址是 http://www.Nidcd.gov/health/statistics/hearing.asp；还有完成于 2006 年 6 月 12 日的 "Non-Hispanic Blacks May Have Best Hearing in U.S.", 2006 年 9 月, 网址是 http://www.insidescience.org/reports/2006/010.html。

关于将来治愈耳聋的有用文章包括 Linda Marsa, "Auditory Achilles' Heel", *Los Angeles Times*, 2006 年 1 月 16 日；"Antioxidants May Sound Hope for Hearing Loss", Associated Press, 2003 年 10 月 12 日；完成于 2003 年 12 月的 "UB, Military Collaborate on Design, Testing of First Drug to Prevent Noise-Induced Hearing Loss", 2007 年 4 月, 网址是 http://www.medicalnewstoday.com/medicalnews.php?newsid=4915；还有 "Stem Cells May Be Key to Deafness Cure", CBS News, 2006 年 8 月 7 日。

关于手机蚊音铃声的更多资料，见 Paul Vitello, "A Ring Tone Meant to Fall on Deaf Ears", NewYork Times, 2006 年 6 月 12 日。

5. 家庭生活

高龄奶爸

本章中出生率方面的资料主要来自国家健康统计中心、疾病控制中心以及美国健康与公共服务部; Mark O'Keefe, "The Joys and Pitfalls of Late-Life Fatherhood", New House News Service, 可查 http://www.newhousenews.com/archive/okeefe061504.html（2006 年 9 月）; Joyce A. Martin, M.P.H., et al., "Births: Final Data for 2004", National Vital Statistics Reports, Vol.55, No. 1, 2006 年 9 月 26 日。国际方面的资料来自 *United Nations Demographic Yearbook* : *Focusing on Natality*, "Live-Birth Rates Specific for Age of Father: 1990–1998"。

据我们所知，"Do-Over Dads" 这一说法是由 Carlene Hempel 创造的，见 Carlene Hempel, "Do-Over Dads", *Boston Globe*, 2005 年 11 月 6 日。

宠物父母

关于养宠物的统计数据以及关于宠物产品行业规模的资料主要来自美国宠物产品生产商协会（American Pet Products Manufacturers Association，Inc.）的网站，可查 http://www.appma.org/press industrytrends.asp（2006年10月）。

关于有孩子的家庭的资料来自美国统计局，可查 http://www.census.gov/population/socdemo/hh-fam/hh1.xls（2006年10月）。

关于宠物主人愿意为挽救他们宠物的生命而付出一切的数据来自 http://www.emaxhealth.com/116/6885.html，这是兽医宠物保险的客户们在2005年进行的一项研究所报道的。

对本章有用的其他文章（一些资料数据和轶事来自这些文章）包括: Janis Fontaine, "Pet Ownership, Related Spending on the Rise", *Palm Beach Post*, 2005年5月26日; "Pet Spending at All Time High", *Business Wire*, 2006年4月5日; Sandy Robins, "New Products Pamper Pet from Head to Tail", 2005年4月27日，可查 http://www.msnbc.msn.com/id/6142671/（2006年10月）; Joan Verdon, "Pets Rock! Human Companies Going to the Dogs (and Other Beasts)", The Record (Bergen County, NJ), 2006年4月7日; 以及 Larisa Brass and Carly Harrington, "For Pet's Sake: More Owners Going All Out for Their Little Charges", *Knoxville News-Sentinel*, 2005年12月18日。

关于丰田的Wow的更多资料，见 Will Iredale, "Dog-Friendly Car Takes a Bow-Wow", *The Sunday Times*（伦敦），2005年10月9日; 可查 http://www.timesonline.co.uk/article/0,,2087-1817415,00.html（2006年10月）。

溺爱孩子的父母

Benjamin Spock, Common Sense Book of Baby and Child Care (1946年口袋书)。

关于教养孩子的书籍数量不断增长，这方面的资料来自 Neil Swidey, "All Talked Out", *Boston Globe*, 2004年11月7日。

关于婴儿产品行业的规模的资料来自 Matthew Boyle, "The $5 Million Diaper Bag", *Fortune*, 2006年4月19日。

PSB的民意测验是在2006年10月27日~29日以及2006年12月13日在网上进行的，符合资格的答题者是那些孩子在18岁以下并和他们居住在一起的大人。

关于"Ferberizing"的更多原始资料，见 Richard Ferber, M.D., *Solve Your Child's Sleep Problems*（Simon & Schuster, 1985）; 2006年的版本题为 *Solve Your Child's Sleep Problems: New, Revised, and Expanded Edition*。

关于对体罚的态度的资料来自 Murray A. Strauss and Anita K. Mathur, "Social Change and Trends in Approval of Corporal Punishment by Parents from 1968 to 1994", 可查 http://www.dadsnow.org/studies/strauss1.htm（2006年7月）; 以及 Julie Crandall, "Support for Spanking: Most Americans Think Corporal Punishment Is OK", 可查 ABCNEWS.com,（2004年11月8日）。关于死刑的资料来自2006年10月的一份盖洛普民意测验，可查 http://www.galluppoll.com/content/?ci=1606&pg=1（2006年12月）。农村地区的犯罪在20世纪90年代比城市或郊区的犯罪下降得更慢，这方面的更多资料见 "Rural Crime

Facts, National Center on Rural Justice and Crime Prevention"，可查 http://virtual.clemson.edu/groups/ncrj/rural crime facts.htm（2007年2月）。

关于V-chip适用的资料来自2001年7月21日Kaiser Family Foundation的新闻发布会，可查 http://www.kff.org/entmedia/3158-V-Chip-release.cfm（2006年12月）。

在"国际画面"部分，关于赞同体罚的国家和政府的资料来自 http://www.stophitting.com/disatschool/statesBanning.php。

关于英国的"孩子不可责打"协会的更多资料，见 http://www.childrenareunbeatable.org.uk/。他们的调查资料在下文中被引用："Majority 'Support' Smacking Ban"，*BBC News*，2004年5月19日，可查 http://news.bbc.co.uk/1/hi/uk/3727295.stm（2006年12月）。

关于全世界各国对待向孩子施压的态度的研究来自 Richard Wike and Juliana Menasce Horowitz, "Parental Pressure on Students: Not Enough in America; Too Much in Asia"，佩尤全球态度调查计划，2006年8月24日，可查 http://pewresearch.org/pubs/55/parental-pressure-on-students-not-enough-in-america-too-much-in-asia（2007年1月）。

关于美国在全球数学能力测验中的名次的资料来自 M. Lemke et al., "International Outcomes of Learning in Mathematics Literacy and Problem Solving"，全国教育统计中心，2004年，可查 http://nces.ed.gov/pubs2005/2005003.pdf（2006年12月）。

事后曝光的男同性恋者

关于前州长詹姆斯·迈格里维的传记性资料来自 James E. McGreevey with David France, The Confession (HarperCollins 2006)。

对于了解该趋势有用的文章包括：Melissa Fletcher Stoeltje, "Spouses Feel Pushed Aside When Mate Reveals Homosexuality"，*San Antonio Express News*，2005年7月3日；Katy Butler, "Many Couples Must Negotiate Terms of 'Brokeback' Marriages"，*New York Times*，2006年7月7日；Jane Gross, "Windows to the Closet"，*New York Times*，2004年11月1日。

全国家庭发展调查的资料来自 William D. Mosher, Ph.D., Anjani Chandra, Ph.D., and Jo Jones, Ph.D., Division of Vital Statistics, "Sexual Behavior and Selected Health Measures: Men and Women 15–44 Years of Age, United States, 2002"，图表7，可查 http://www.cdc.gov/nchs/data/ad/ad362.pdf（2007年2月）。

本章中所引用的关于美国人对同性恋的态度的资料是由盖洛普测验所概括的，可查 http://www.galluppoll.com/content/Default.aspx?ci=1651&pg=1&VERSION=p（2007年1月）。

www.comingoutat48.blogspot.com 上的博客被下文所援引：Jane Gross, "When the Beard Is Too Painful to Remove"，*New York Times*，2006年8月3日。

关于其配偶和孩子的资料主要来自上面引用的Katy Butler的文章。

关于婚姻的统计数据来自 http://www.cdc.gov/nchs/data/mvsr/supp/mv43 12s.pdf（1980年的数字），National Vital Statistics Report, Vol. 54, No.8, "Births, Marriages, Divorces, and Deaths; Provisional Data for June 2006"。

我们感谢 Joe Kort 提供的 Jason Stuart 的玩笑,来自 "The New Mixed Marriage: When One Partner Is Gay",最初发表在 *Psychotherapy Networker*,2005 年 9 月,可查 http://www.joekort.com/joekort the new mixed marriage.htm(2007 年 1 月)。

孝顺的儿子:美国的男性照顾者

本章依据的主要研究是全国照顾者协会和美国退休人员协会在 2004 年 4 月发布的报告 "Caregiving in the U.S."。

关于寿命的资料来自疾病控制中心的文件 "Life Expectancy at Birth, at 65 Years of Age, and at 75 Years of Age, by Race and Sex: United States, Selected Years 1900–2004",图表 27,可查 http://www.cdc.gov/nchs/data/hus/hus06.pdf#027(2007 年 4 月)。Peter Napolitano, "Modern Love; Close Enough for Momma, Too Close for Me", *New York Times*, 2006 年 12 月 24 日。

关于各公司因为工人缺勤而遭受损失的价值的数据来自:Jane Gross, "As Parents Age, Baby Boomers and Businesses Struggle to Cope", *New York Times*, 2006 年 3 月 25 日。

6. 政治

感情用事的精英

弗里德曼的著作当然是托马斯·弗里德曼的著作,见 Thomas Friedman, *The World Is Flat: A Brief History of the 21st Century* (Farrar, Straus & Girous, 2005)。

关于收入的数据引自 David Cay Johnston, "Income Gap Is Widening, Data Shows", *New York Times*, 2007 年 3 月 29 日。

PSB 民意调查是对 806 个有可能在 2008 年总统选举中投票的选民的电话访谈,调查扩大的样本为 400 个有可能参加民主党初选的选民。

引证的记者和文章包括 Mark Leibovich, "Listening and Nodding, Clinton Shapes' 08 Image", *New York Times*, 2007 年 3 月 6 日;Christopher Cooper and Ray A. Smith, "Style on the Stump", *Wall Street Journal*, 2007 年 3 月 31 日。

关于 527 群体及其筹资记录可参阅的文章,见 Chris Suellentrop, "Follow the Money", *Boston Globe*, 2005 年 6 月 26 日;John Broder, "Campaign 2006: 527 Group Set to Spend Big on Negative Political TV Ads", *New York Times*, 2006 年 10 月 11 日。

举足轻重的摇摆选民:选民两极分化的神话

这种说法更早的版本,见马克·J. 佩恩, "Swing Is Still King at the Poll", *Washington Post*, 2006 年 3 月 21 日。

关于独立选民人数增加的数据来自盖洛普民意测验:1966 年 1 月,23% 的选民认为自己是独立选民(见 Q98, http://brain.gallup.com/documents/questionnaire.aspx?STUDY=AIPO0723);2007 年 4 月,36% 的选民认为自己是独立选民(见 http://www.galluppoll.com/content/default.aspx?ci=15370)。

关于加利福尼亚的数据引自 Report of Registration Statistics, 2003 年 2 月 10 日,和

2005 年 2 月 10 日，见 http://www.ss.ca.gov/elections/ror/regstats 02-10-05.pdf and http://www.ss.ca.gov/elections/ror/regstats 02-10-03.pdf（2006 年 2 月）。

关于选票分投选民的数据引自 the American National Election Studies Guide to Public Opinion and Electoral Behavior, "Split-Ticket Voting Presidential/Congressional, 1952~2004", 2006 年 2 月, 见 http://www.nmich.edu/~nes/nesguide/top table/tab9b2.htm。

关于国会议员选举的数据引自 Gallup, "Election 2006", 见 http:// www. gallup. com/content/?ci=4534。

关于美国有线新闻网（CNN）2004 年、2000 年、1996 年选后民意测验的数据，分别引自 http:// www. cnn.com/ELECTION/2004/ pages /results/states/US/P/epolls.0.htm, http://www.cnn.com/ ELECTION/2000/results/ index.epolls.htm, http:// www.cnn.com/ ALLPOLITICS/1996 /elections/ natl.exit.poll/index.htm。

奋起斗争的非法移民

我的朋友和同事塞尔吉奥·本迪克森（Sergio Bendixen）对本章的内容做了认真的审阅和评论，在此仅表谢忱。

《耻辱的收获》是哥伦比亚广播公司新闻频道在 1960 年感恩节播出的一部电视记录片，电视片的导演是弗雷德·W. 弗兰德利（Fred W. Friendly），主持人是爱德华·R. 默罗（Edward R. Murrow）。

森森布伦纳议案的编号为 H. R.4437，名称为"2005 年边界保护、反对恐怖主义与非法移民管制法案"(H. R. 4437, the Border Protection, Anti-Terrorism, and Illegal Immgration Control Act of 2005)，该议案于 2005 年 12 月 16 日获第 109 届众议院批准，但未获参议院批准。

关于美籍墨西哥裔选民的数据引自 Roberto Suro, Richard Fry, and Jeffrey Passell, "Hispanics and the 2004 Election: Population, Electorate, and Voters", Pew Hispanic Center, 2005 年 6 月 27 日。2004 年选后民意测验的数据，见 http://us.cnn. com/ELECTION/ 2004/pages/ results/ states/US/P/00/epolls.0.htm。

图表中各州美籍墨西哥裔选民的数据引自美国人口普查资料，2004 年的数据见 http://www. census.gov/population/socdemo/voting/cps2004/ tab04a.xls，1992 年的数据见 http://www. census.gov/population/socdemo/voting/p20-466/tab04.pdf。

佩尤美籍墨西哥人研究中心 2006 年的研究系指 Roberto Suro and Gabriel Escobar, "2006 National Survey of Latinos", Pew Hispanic Center, 2006 年 7 月 13 日。关于美籍拉美人在 2006 年中期选举中实际表现的数据，见 "Latinos and the 2006 mid-term Election", Pew Hispanic Center, 2006 年 11 月 27 日。

2006 年美籍拉美裔人政党认同的盖洛普民意测验的数据，引自盖洛普公司 2006 年 7 月 6 日发布的关于少数族裔权利与关系民意测验的年度报告（Gallup's annual Minority Rights and Relations poll, 2006 年 7 月 6 日）。

新民主网络的调查系指 "Inside the Mind of Hispanic Voters", 2006 年 6 月 24 日~7 月 1 日, by LatinInsights, 2006 年 7 月 19 日发表。

美籍拉美裔移民医疗保险和教育的数据引自 Steven A. Camarota, "Immigrants at Mid-Decade: A Snapshot of America's Foreign-Born Population in 2005", Center for Immgration Studies, 2005 年 12 月。

基督教徒中的锡安主义者

关于美国人支持以色列的数据, 引自 Gallup poll, "Perceptions of Foreign Countries", 2007 年 2 月 1 日 ~4 日, 见 http://www. galluppoll.com/content/default. asx?ci =162&pg=2 (2007 年 4 月)。

对本章有帮助的文章包括 Jane Lampman, "Mixing Prophecy and Politics", Christian Science Monitor, 2004 年 7 月 7 日; Boll Broadway, "The Evangelical-Israeli Connection", Washington Post, 2004 年 3 月 27 日; David D. Kirkpatrick, "For Evangelicals, Supporting Israel Is 'God's Foreign Policy'", New York Times, 2006 年 11 月 14 日; Richard Allen Greene, "Evangelical Christians Plead for Israel", BBC News, 2006 年 7 月 19 日; Max Blumenthal, "Birth Pangs of a New Christian Zionism", posted 2006 年 8 月 8 日, 见 http://www. Thenation.com/doc/20060814/new christian zionism (2006 年 10 月)。

佩尤宗教与公共生活论坛关于以色列是上帝赐给犹太人的国家的民意调查, 见 Pew Research Center for the People and the Press and the Pew Forum on Religion and Public Life, "Many Americans Uneasy with Mix of Religion and Politics", p. 20, (2006 年 10 日)。

戴维·布罗格的说法, 见 "Righteous Gentiles at the Right Time", Religion News Service, 2006 年 6 月 5 日。关于前总统吉米·卡特著作的讨论, 系受乔纳森·凯斯勒 (Jonathan Kessler) 的启示, 在此谨表谢忱, 卡特的著作见 Jimmy Carter, Palestine: Peace, not Apartheid (Simmon & Schuster, 2006)。

有犯罪前科的人

关于重返社会者趋势的数据引自 Paige M. Harrison and Allen J. Beck, Bureau of Justice Statistics Bulletin, Prison and Jail Inmates at Midyear 2005 (May 2006), and earlier version。图表数据引自 the U. S. Department of Justice, Office of Justice Programs, Bureau of Justice Statistics, "Reentry Trend in the U. S., Characteristics of Releases", 见 http://www.ojp. usdoj.gov/bis/reentry/characteristics.htm。感谢埃米·所罗门 (Amy Solomon) 为我们指出了搜集数据的正确方向, 还要感谢最早发现重返社会者趋势的杰里米·特拉维斯 (Jeremy Travis)。

关于被监禁人口一般趋势的数据引自 Table 335, "Adults on Probation, in Jail or Prison, or on Parole: 1980 — 2004", U. S. Census Bureau, Statistical Abstract of the United States: 2007。

援引的国际监狱研究中心的数据, 可见 http://www.prisonstudies.org/。

被递解到澳大利亚的罪犯的数据, 见 "Convicts to Australia: A Guide to Researching Your Convict Ancestors", 可见 http://members.iinet.com.au/~perthdps/convicts/res-02. html。

关于惯犯的数据引自 U. S. Department of Justice, Office of Justice Programs, Bureau of Justice Statistics, "Reentry Trends in the U. S., Recidivism", 见 http://www.ojp.usdoj.gov/bjs/ reentry/recidivism.htm, 2007 年 1 月。

关于父母被监禁的孩子们的数据引自 Julie Delcour, "Second Chance", *Tulsa World*, 2006 年 12 月 10 日。

本章参阅的文章包括 "A Stigma That Never Fades", The Economist, 2002 年 8 月 8 日,该文征引了对若干大城市雇主的调查和克利夫兰研究; Eric Eckholm, "Time Served: The Revolving Door", *New York Times*, 2006 年 8 月 12 日; Rex W. Huppke, "Rehabilitation or Recycling", Chicago Tribune, 2006 年 3 月 12 日。

7. 少男少女们

轻度精神失调的孩子

自闭症的数据引自 http://www.fightingautism.org/idea/autism.pfp?s=US&z=s。

关于孩子们接受抗精神病药物治疗的数据引自 Joan Lowry, "US Families Face Learning Disabilities", *Ventura County Star*, 2003 年 12 月 21 日。

关于《残疾人教育法》的数据引自 U. S. Department of Education, National Center for Education Statistics, 2006, "The Condition of Education 2006",NCES 2006-071, Washington, D.C.:U.S. Government Printing Office。

关于在"学业能力倾向测验"中获得额外答题时间的学生数量攀升的数据引自 Mark Franek, "Time to Think", *New York Times*, 2006 年 3 月 29 日。

关于课余辅导的数据引自 Diane Hedt, "Tutors Aid More Than Rich or Kids with Learning Woes", Associated Press State and Local Wire, 2005 年 10 月 17 日。

关于大学生精神健康的数据,引自 Robert P. Gallagher, "National Survey of Counseling Center Directors, 2005", published by International Association of Counseling Service, Inc. — Monograph Series No.80, 见 http:// www. education. pitt. edu/ survey/ nsccd/ archive/ 2005. monograph.pdf。

关于新生儿精神失调症的详细数据,见 Elizabeth Bernstein, "Sending Baby to the Shrink", Associated Press Financial Wire, 2006 年 10 月 24 日。

喜爱编织的年轻人

关于编织活参与情况的大部分数据引自美国手工纱线制品委员会的研究,见 Craft Yarn Council of America (CYCA) News, http://www.craftyarncouncil.com/know.html, 2006 年 10 月。

关于男性编织群体及其历史的详细资料,见 Men's Knitting Site for Men Who Knit, http://www.menknit.net,2006 年 10 月。

本章参阅的其他文章包括 Kate Stone Lombardi, "The Cool World of Knitting (Really)", *New York Times*, 2005 年 2 月 13 日; Nancy Carollo, "Everything Old Is New Again", New Orleans Times-Picayune, 2006 年 3 月 23 日; Denise DiFulco, "Sewing, So Fishionable; Project Once Humbly 'Homemade' Are Now Touted as 'Handmade'", *Washington Post*, 2006

年9月21日。

堪为楷模的黑人青年

凯希儿童与家庭新闻中心的研究引自 "Coverage in Context: How Thoroughly the News Media Report Five Key Children's Issues",见 http: // cjc. umd. edu/About/ ContentStudyExec Summary. htm。

关于十二年级学生定期上教堂的数据引自 Child Trends Databank, "Religious Services Attendance",见 http://www.childrensdatabank.org/pdf/32 PDF.pdf, 2007年4月。

关于志愿者和投票行为的数据引自 Karlo Barrios Marcelo, Mark Hugo Lopez, and Emily Hoban Kirby, "Civic Engagement Among Minoroty Youth",2007年1月,见 http:// www. civicyouth. org/ PopUps/ FactSheets/ FS 07 minority ce. pdf, 2007年4月;分析的数据引自 "Monitoring the Future, High School Senior Survey, 1983 — 2005" and its earlier version, Mark Hugo Lopez, "Civic Engagement Among Minority Youth", 2002年9月。这两份文件均出自马里兰大学公共事务学院的公民学习与参与信息研究中心(the Center for Information and Research on Civic Learning and Engagement, CIRCLE)。

关于城市年的数据,是城市年沟通策略部两主任之一艾莉森·富兰克林(Alison Franklin, co-director, Strategic Communications, City Year)2007年4月18日通过电子邮件向我提供的。关于城市年及其实施过程更详细的资料,见 www.cityyear.org。

关于成年黑人志愿者的数据引自 "Volunteering in America: State Trends and Ranking, 2005 Key Volunteer Statistics",见 http://nees.ed.gov/programs/digest/d03/tablesdt107.asp, 2007年4月。

关于不同种族志愿者偏好的资料引自 "College Students Helping America", Corporation for National and Community Service, 2006年10月, 见 http://www. Nationalxervice.gov/pdf/06 1016 RPD college full.pdf。

2002年黑人政党认同研究系指 David A. Bositis, "2002 National Opinion Poll", Joint Center for Political and Economic Studies, 2002年9月17日~10月21日。

关于中学辍学率、大学入学人数、大学毕业人数和硕士学位的数据均引自 National Center for Education Statistics。具体的表格包括: Table 107, "Percent of High School Dropouts(Status Dropouts) Among Persons 16 — 24 Years Old, by Sex and Race/Ethnicity: Selected Years: April 1960 to October 2001", 见 http://nces.ed.gov/ programs/ digest/d03/ tables/ dt107.asp;Table 181, "College Enrollment and Enrollment Rates of Recent High School Completers, by Race/Ethnicity: 1960 Through 2004",见 http://nces.ed.gov/programs/ digest/d05 /tables/dt05 181.sap; table 261, "Bachelor's Degrees Conferred by Degree-Granting Intitutions, by Racial/Ethnic Group and Sex of Student: Selected Years, 1976 — 77 Through 2003 — 04", 见 http: //nces.ed.gov/programs/digest/d05 /tables/dt05 261.sap; Table 264, "Master's Degrees Conferred by Degree-Granting Institutions, by Racial/Ethnic Group and Sex of Student: Selected Years, 1976 — 77 Through 2003 — 04",见 http: //nces. ed.gov/programs/digest/d05 /tables/dt05 264.asp。

关于黑人中产阶级的部分数据引自 Robert L. Harris, Jr., "The Rise of the Black

Middle Class", The World and I, 1999年2月 Vol. 14, No.2。关于黑人拥有的企业的数据引自 Elwin Green, "Black Business Owners on Rise", Pittsburgh *Post-Gazette*, 2006年4月18日。

中学里的大老板

罗奇尔·夏普等人发表在《商务周刊》上的文章是一篇极有启发意义的文章, 见 Rochelle Sharpe et al., "Teen Moguls", Business Week, 2000年5月29日。另可参阅 Penelope Green, "Barons Before Bedtime", *New York Times*, 2007年1月25日。

关于巧克力庄园网站及其创建者更详细的资料, 见 www.chocolatefarm.com; http://www.mary-kateandashley.com/mind body soul/article.php?88。

关于阿南德技术网站及其创建者更详细的资料, 见 www.anandtech.com; http://www.rediff.com/us/2000/mar/24us3.htm。

《青年商务杂志》的研究可参阅 Party Mayeux, "Report on America's Top 'Treps'", The 2001 YoungBiz 100, 见 http://www.youngbiz.com/ aspindex.asp?fileName=yb magnews/ 2001 youngbiz100/main.htm。

青年成就组织（Junior Achievement）关于少男少女队经营企业的态度的研究, 系指该组织于2006年8月28日所做的那项世界范围的调查, 即 "2006 Enterprise Poll on Teens and Entrepreneurship"。

立志成为狙击手的年轻人

本迪克森联合咨询公司对加利福尼亚年轻人的这次关于新美国的民意调查做于2006年11月。

狙击手网站的引言, 引自 www.snipersparadise.com, 2007年1月。

本章参阅的文章包括 Mathew Cox, "Time to Go SNIPER", *Army Times*, 2006年3月6日; John C. K. Daly, "UPI Terrorism Watch", UPI, 2005年7月27日; Richard Whittle, "Fatal from Afar", Dallas Morning News, 2005年7月。

关于2007年美国人对伊拉克战争和驻伊美军态度的数据引自 Jodie T. Allen, Nilanthi Samaranayake and James Albrittain, Jr., "Iraq and Vietnam: A Crucial Difference in Opinion", Pew Research Center for the People and the Press, 2007年3月22日, 见 http://Pewresearch.org/pubs/432/iraq-and-vietnam-a-crucial-difference-in-opnion, 2007年3月。

8. 食品、饮料与节食

吃素食的孩子

关于素食孩子的数据主要引自素食资源组织（U egetarian Resource Group）委托哈里斯互动（Harris Interactive）公司于2005年4月14日~18日对美国全国1264名8~18岁的年轻人所做的民意调查, 见 http://www.vrg.org/journal/vj2005issue4youth.htw, 2007年2月。

关于天然牛肉委员会（the Natural Beef Council）宣传运动的报道, 见 kate kompas, "1 in 4 Teens Say Vegetarianism Is Cool", St.Cloud Times, 2003年2月17日。

对基督复临安息会（S eventh-Day Adventists）会众的研究表明，素食有益健康，相关报道见S haronBloyd-Peshkin,"Meatless Wonders"，C hicago Tribune,2003年10月5日。

另可参阅 Jennifer Nelson，"Don't Have a Cow，Mom"，*Washington Post*，2006年10月31日；Virginia Rohan，"Veggie Vanguard"，*The Record* (Bergencounty，NJ)，2003年4月13日。

肥胖的人

关于美国人体重增加的数据引自 Cynthia L. Ogden，Ph.D.，et al.，"Mean Body Weight，Height，and Body Mass Index，United States，1960~2002"，见 http://www.cdc.gov/nchs/ data/ad/ad347.pdf。

本章可参阅的文章包括 Christine Gorman，"More Than Just a Little Chunky"，*TIME*，2006年7月9日；John Stucke，"Weighty Issues"，Spokesman Review，2006年3月26日。

为肥胖症付出的代价的数字引自"Companies Fight Employee Fat，Hoping to Trim the Bottom Line"，*Associated Press*，2003年2月2日。

关于美国食品与药物管理局"解决全国肥胖症问题的行动计划"的详细内容，见http:// www.fda.gov/loseweight/obesity plan.htm。

《美国医学会会刊》的第一篇文章，系指 Katherine M. Flegal，Ph.D.，et al.，"Prevalence and Trends in Obesity Among US Adults，1999 — 2000"，*JAMA*，Vol. 288，No. 14，2002年10月9日。

肥胖症患者比率演变的数据引自 National Center for Health Statistics，Health，United States，2006，with Chartbook on Trends in the Health of Americans，Hyattsville，MD: 2006，Table 73，"Overweight，Obesity，and Healthy Weight Among Persons 20 Years of Age and Over，by Sex，Age，Race and Hispanic Origin，and Poverty Level: United States，1960 — 1962 Through 2001 — 2004"，见 http://www.cdc.gov/nchs/data/hus/hus06.pdf#073，2006年8月。

《美国医学会会刊》的第二篇文章，系指 Kathleen McTigue，MD，Ms，Mph，et al.，"Mortality and Cardac and Vascular Outcomes in Extremely Obese Women"，*JAMA*，Vol. 296，No. 1，2006年7月5日。

关于黑人女性就业情况的数据引自 Bureau of Labor Statistics，Household Data Annual Averages，Table 10，"Employed Persons by Occupation，Race，Hispanic or Latino Ethnicity，and Sex"，见 http://www.bls.gov/cps.cpsaat10.pdf，2007年1月。

关于黑人女性抚养孩子的数据引自 U.S. Census，Table 3，"Children Living with Relatives by Type of Relative，Presence of Parents，by Race and Hispanic Origin and Whether Below Poverty Level: 2001"，见 http://www.census.gov/population/socdemo/ child/sipp2001/ tab03-03. pdf，2007年1月。

纽约市的研究系指纽约市卫生及精神健康局于2005年3月发布的报告，报告题为"Women at risk: The Health of Women in New York City"，见 http://www.cmwf.org/usr doc/Final Women At Risk.pdf，January 2007；另可参阅 Marc Santora，"Study Finds More

Obesity and Less Exercising", *New York Times*, 2005 年 3 月 8 日。

国际画面中全球体重超重者和营养不良者的数字,以及不同国家的部分数据,引自 Claire Nullis, "Africa Faces Growing Obesity Problem", Associated Press, 2006 年 11 月 29 日,见 http://www.breitbart.com/article.php?id=D8LN0P6G1&show article=1。

全世界肥胖症患者的数据引自 http://www.who.int/nutrition/topics/obesity/en/index.html。对了解这一问题极为有益的文章,见 Jane E. Brody, "As America Gets Bigger, the World Does, Too", *New York Times*, 2005 年 4 月 19 日。

关于墨西哥人的数据引自 "Obesity on the Rise in Mexico", The Economist, 2004 年 12 月 18 日。

渴望长寿的人

关于康奈尔大学的科学家和其他研究人员对通过限制卡路里摄入的方式延长寿命的研究以及此种饮食方式的效应的概括性解说,见 Michael Mason, "One for the Ages: A Prescription That May Extend Life", *New York Times*, 2006 年 10 月 31 日;David Schardt, "Eat Less Live Longer?" Nutrition Action Healthletter, Center for Science in the Public Interest, 2003 年 9 月 1 日。

关于生物圈 2 号试验,见 Julian Dibbell, "Super Skinny Me", *The Observer* (London), 2006 年 12 月 3 日。

关于限制卡路里摄入有益健康的证据,引自 Jack Cox, "Low-Cal Movement", *Houston Chronicle*, 2004 年 5 月 2 日。

关于冲绳岛百岁老人的详情,见 Nicole Piscopo Neal, "Meet the 120-Year-Old Man", *Palm Beach Post*, 2004 年 1 月 17 日;Richard Corliss and Michael D. Lemonick, "How to Live to be 100", *TIME*, 2004 年 8 月 30 日。

关于卡路里限制协会(Calorie Restriction Society)及其创建者罗伊·沃尔夫德(Roy Walford)的详细情况,见该组织的网站 www.calorierestriction.org。

痴迷咖啡因的人

关于瓶装水、软饮料、酒精类饮料以及饮料总体消费的数据均引自 U.S. Census Bureau, Statistical Abstract of the US: 2007, Table 201, "Per Capita Consumption of Selected Beverages by Type: 1900 — 2004"。

关于戴萨尼和阿夸菲纳等添加了"功能成分"的饮料以及能量饮料销售情况的资料,引自饮料营销协会 2007 年 3 月 8 日发布的消息,见 http://www.beveragemarketing.com/ news 2.htm。

关于饮用咖啡的统计数据引自路透社(Reuters)的报道,见 "More Adults Prefer Daily Cup of Coffee", citing the 2006 National Coffee Drinking Trends Report, 2007 年 3 月 3 日。另见 Tammy Joyner, "Innovators Come Up with Ways to Get Daily Jolt" Cox News Service, 2007 年 2 月 16 日。后一篇文章还提供了关于富含咖啡因食品的资料。

星巴克连锁店年收入增长情况的数据引自 "Gourment Coffee Popping Up in Unexpected Places", Associated Press, 2005 年 5 月 2 日。

关于软饮料是美国人卡路里主要摄入源的报道，见 Shari Roan, "Less than Zero", *Los Angeles Times*, 2006 年 11 月 27 日。

茶叶销售量的数据引自 "Steaming Ahead, America's Tea Boom", The Economist, 2006 年 7 月 8 日。

能量饮料的详细资料，见 Michael Mason, "The Energy Drik Buzz Is Unmistakable", New York Times, 2006 年 12 月 12 日。

芝加哥毒物中心的研究，即美国急诊医师协会（American College of Emergency Physicians）2006 年 10 月 16 日发布的一项报告，报告题为 "Caffeine Abuse Among Young People Discovered in Examination of Poison Center Calls", 见 http://www.acep.org/webporta/Newsroom/NR/general/2006/101606b.htm。

关于美国人睡眠习惯的详情，见美国睡眠基金会 2002 年所做的美国人睡眠情况的调查，参阅 http://www.sleep-deprivation.com/, 2007 年 4 月。

关于万艾可的数据引自 "Younger Men Lead Surge in Viagra Use, Study Reveals", *Medical News Today*, 2004 年 8 月 6 日。

9. 生活方式

能长时间集中精力的人

关于电视商业片每年盈利的数字引自 John Larson, "From the Inside Out" *NBC News*, 2006 年 9 月 15 日，见 http://www.msnbc.msn.com/id/4856571/, 2006 年 10 月。

关于马拉松和铁人三项的数据引自美国长跑网站，见 http:// www. runningusa.org/egi/mar.repts.pl；另见 Michael McCarthy, "Ford Joins Forces with Ironman for Tough Sell", *USA Today*, 2005 年 5 月 19 日。

1995~2005 年，参加网球运动的人从 1260 万减少到 1110 万；见全国运动商品协会（National Sporting Goods Association）的研究报告，报告发布在该组织的网站 http://www.nsga.org/public/pages/index.cfm?pageid=153。

《大西洋月刊》的发行量引自该刊自己公布的数据，见 http://www.theatlantic.com/about/ atlfaqf.htm#circulation；《外交事务》发行量同样引自该刊自己公布的数据，见 http://www. foreignaffairs.org/advertising/circ。

填字游戏的数据引自 Leslie Mann, "Not Your Father's Cr—sw-rd", *Chicago Tribune*, 2006 年 6 月 25 日。

数独产业的数据引自 Martin Fackler, "Inside Japan's Puzzle Palace", *New York Times*, 2007 年 3 月 20 日。

关于长篇小说和系列通俗小说的说法引自 "Span of Attention", HypertextNOW, 见 http://www.eastgate.com/HypertextNow/archives/Attention.html, 2006 年 4 月。

近年来，收看国情咨文的人数大约为 4200 万，见 http://www.nielsonmedia.com/nc/portal/site/Public/menuitem.55dc65b4a7d5adff3f65936147a062a0/?vgnextoid=a61ff63a16729010VgnVCM100000ac0a260aRCRD。收看棒球联赛总决赛的人数很少能超过 2000 万，见 http:// www.baseball-almanac.com/ws/wstv.shtml。

被忽视的爸爸

关于孩子和女性购买力的数据,可参阅自由新闻网站,"Children's Programming", FreePress, http://www.freepress.net/issues/kidstv, 2007 年 1 月;另见女孩营销网站, http://www.girlpowermarketing.com/files/GP WEB Final.pdf, 2007 年 1 月。

密歇根大学的研究系指 W. 琼·扬等人的研究,见 W. Jean Yeung et al., "Time with Fathers in Intact Families", Journal of Marriage and Family, Vol. 63, 2001 年 2 月, 136 — 54 页。

加利福尼亚大学利佛塞德分校的研究,即社会学家斯科特·科尔特兰(Scott Coltrane)和米歇尔·亚当斯(Michele Adams),根据密歇根大学社会调查研究所调查研究中心收入动力专题研究(Panel Study of Income Dynamics, PSID)儿童发展补编(Child Development Supplement)的数据,所作的研究。研究报告发表于 2003 年 6 月,可在如下网站查阅 http://www.eurekalert.org/pub releases/2003-06/uoc--wdc061003.php#。

根据华盛顿大学约翰·戈德曼博士的研究,曾被报界广为报道,最早的版本见 John Gottman, Why Marriages Succeed or Fail (Fireside, 1994)。

讲母语的人

再次感谢塞尔吉奥·本迪克森对本章的审读。

关于语言隔离家庭的数据引自 Hyon B. Shin with Rosalind Bruno, "Language Use and English-Speaking Ability: 2000", U.S. Census Bureau, 2003 年 10 月,见 http://www.census.gov/prod/2003pubs/c2k br-29.pdf, 2006 年 11 月。

关于"根本不讲"英语或英语水平有限的居民的数字,以及有限的英语水平产生的影响的数据,引自 http://www.us-english.org/inc/official/factsfigs.asp。

关于移民的数据基本上引自移民研究中心(Center for Immigration Studies)的网站, http://www.cis.org/articles/2001/back101.html。

关于给讲其他语言的人开设英语培训课程的数据引自 Eunice Moscoso, "Despite Concerns About Assimilation, Immigrants Learning English", Cox News Service, 2006 年 8 月 24 日。

关于移民英语水平演变趋势的数据引自 U.S. Census Bureau, Census 2000, "Profile of Selected Demographic and Characteristics for the Foreign Born Population Who Entered the United States Before 1970" 和 "Profile of Selected Demographic and Social Characteristics for the Foreign Born Population Who Entered the United States 1990 — 2000"。

关于语言隔离家庭户主出生地和收入方面的资料引自 U.S. Census Bureau, Census 2000, "America Speaks: Selected Characteristics of Households by Linguistic Isolation for the United States",见 http://0-www.census.gov.mill1.sjlibrary.org/population/www/socdemo/hh-fam/Am Spks.html, 2006 年 11 月。

关于美籍拉美裔人对英语态度的数据引自 Pew Hispanic Center, "Hispanic Attitudes toward Learning English", fact sheet 2006 年 6 月 7 日公布。

关于不讲英语的人给医院带来的麻烦,见 Olga Pierce, "Hospitals Lack Language Plans", UPI, 2006 年 10 月 13 日。

关于西班牙语广播收听率超过英语广播收听率的情况,以及美籍拉美裔人购买力的数据，见 Hiram Soto，"Spanish-Language Radio Stations Are Rising to the Top"，Copley News Service，2005 年 10 月 23 日。

关于为移民提供英语培训课程的资料引自 Fermanda Santos，"Demand for English Lessons Outstrips Supply"，*New York Times*，2007 年 2 月 27 日。

不区分性别的人

本章参阅的文章包括 Paula Dohnal，"Floating Between Two Genders"，Wisconsin State Journal，2005 年 10 月 10 日；Elizabeth Weil，"What If It's (Sort of) a Boy and (Sort of) a Girl?" New York Times，2006 年 9 月 24 日；Patricia Leigh Brown，"Supporting Boys or Girls When the Line isn't Clear"，New York Times，2006 年 12 月 2 日；Jenna Russell，"Fiding a Gender Blind Dorm"，Boston Globe，2003 年 7 月 27 日；Alyson Ward，"Transcending Gender"，Fort Worth Star-Telegram，2005 年 8 月 24 日；Kelly Pate Dwyer，"An Employee, Hired as a Man, Become a Woman, Now What?" New York Times，2005 年 7 月 31 日；Bonnie Miller Rubin，"Transgender Movement Emerging from the Shadows"，Chicago Tribune，2006 年 4 月 3 日；Chris Rovzar，"Dude Looks Like a Lady"，*New York Daily News*，2006 年 7 月 23 日。

杰弗里·尤金尼德斯获普利策奖的小说名为《中性》，即 Jeffrey Eugenides，*Middlesex* (Picador，2002)。

关于世界跨性别健康专业协会的详情，见该组织的网站 http://www.wpath.org/。

关于大专院校政策的资料引自 Gender Public Advocacy Coalition，"2006 Genius Index: Gender Equality National Index for Universities and Schools"，2006 年。

各州政策的资料引自跨性别法律与政策研究所（Transgender Law and Policy Institute）的网站 http://www.transgenderlaw.org。关于纽约市此种情况的报道，见 Damien Cave，"City Drops Plan to Change Definition of Gender"，*New York Times*，2006 年 12 月 6 日。

10. 金钱与阶级

购买第二居所的人

据我所知，"分身人"（Splitters）一词是一家住宅建筑商（WCI Communities, Inc.）首先使用的。佛罗里达、康涅狄格、马里兰、新泽西、纽约和弗吉尼亚等州均有该建筑商开发的住宅社区。

关于第二居所销售额和购买者的数据引自 Paul C. Bishop, Ph.D., Shonda D. Hightower, and Harika Bickicioglu，"2006 National Association of Realtors® Profile of Second-Home Owners"; the National Association of Realtors'，"Profile of Second-Home Buyers"，2005 年。

2005 年对拥有两处住房者的调查是一次网上调查（conducted by Analytical One Research Services for WCI Inc.）。根据此次调查的方法概述，调查的受访人共 1743 人，其中符合分身人条件者有 408 人。

当代的玛丽·波平斯：受过大学教育的保姆

关于这种趋势可参阅的文章包括 Heidi Knapp Rinella, "Minding the Children: Like One of the Family—Demand for Nanies in American Homes Has Sharply Increased", *Las Vegas Reciew-Journal*, 2005年3月15日; Davis Bushnell, "Demand for Nannies on Upswing in Greater Boston", *Boston Globe*, 2005年3月13日; Tracey Middlekauff, "Nannies", *Gotham Gazette*, 2003年10月27日。

关于就业母亲的数据引自"Employment Status of Women by Presence of Child and Age of Youngest Child, March 1975 — 2005", Annual Social and Economic Supplement, Current Population Survey, Bureau of Labor Statistics。

关于工资比较的数据引自国际保姆协会（the International Nanny Association）的网站，见 http://www.nanny.org/images/2006SalarySurvey/index 2.htm；关于劳工统计局（the Bureau of Labor Statistics）和人口普查局(the Bureau of the Census)共同实施的年度人口调查数据，见 http//:pubdb3.census.gov/macro/032006/perinc/new04019.htm, 2007年4月。

关于保姆工作职业发展的详情，见 Ralph Gardner, Jr., "Taking Superparents in Hand", *New York Times*, 2005年6月16日。

文中所引著作为 Emma McLaughlin and Nicola Kraus, *The Nanny Diaries* (St. Martin's, 2002)。

关于付费护理人员需求的详情，引自 2005 White House Conference on Aging, "Annotated Agenda, Final — November 3, 2005", 见 http://www.whcoa.gov/about/policy/meetings.annotated agenda.pdf, 2006年9月。

不事张扬的百万富翁：生活水平低于收入的美国人

关于对百万富翁的错误认识的数据引自凯瑟琳·蒙塔尔托（Catherine Montalto）的研究，该项研究得到了美国消费者协会（Consumer Federation of America）和普天信金融公司（Providian Financial）的资助；另见 2001 press release, 见 http://www.americasaves.org/downloads/PressReleases/07.16.01.pdf。

《邻家的百万富翁》一书对本章帮助甚大，见 Thomas J. Stanley and William D. Danko, *The Millionaire Next Door: The Surprising Secrets pf America's Wealth* (Longstreet, 1996)。

菲尼克斯/哈里斯互动年度财富调查，即 2003年3月25日至4月9日哈里斯互动所做的网上访谈，受访人共1496人，受访人的条件为年龄18岁以上的美国成年人，可以作主购房，拥有（减掉债务，包括第一居所在内）100万美元以上的净资产。

关于遗产税的详情，见 Stephen Moore and Arthur B. Laffer, "The American Dream Tax", 2006年6月14日。

中产阶级与破产

破产趋势的基本数据引自 Thomas A. Garrett, "The Rise in Personal Bankruptcies", Federal Reserve Bank of St. Louis, Review, Vol. 89, No. 1, 2007年1月/2月；美国破产研究所（the American Bankruptcy Institute）的网站，http://www.abiworld.

org/AM/AMTemplate. cfm? Section= Home&CONTENTID=35631&TEMPLATE=/ CM/ContentDisplay.Cfm，2007年1月。

沃伦教授的著作系指 Elizabeth Warren and Amelia Warren Tyagi, The Two-Income Trap: Why Middle-Class Parents Are Going Broke (Basic Books，2003)。本章的许多资料和趣闻引自她的这部著作和她的其他文章，比如 David U. Himmelstein, Elizabeth Warren, Deborah Thorne, and Steffie Woolhandler, "MarketWatch: Illness and Injury as Contributors to Bankruptcy", *Health Affairs*，2005年2月2日。

本章参阅的其他文章包括 Christine Dugas, "American Seniors Rack Up Debt like Never Before", *USA Today*，2002年4月24日；Mindy Fetterman and Barbara Hansen, "Young People Struggle to Deal with Kiss of Debt", *USA Today*，2006年11月22日。

对破产耻辱感的深入论述，见 Kartik Athreya, "Shame As It Ever Was: Stigma and Personal Bankruptcy", Federal Reserve Bank of Richmond, Economic Quarterly, Vol. 90, No. 2, Spring 2004。关于破产者感到沮丧的资料引自 http://www.bankruptcylawinformation. com/index.cfm?event=dspStats。

"资本主义没有破产，就像基督教没有地狱"，系出美国东方航空公司前首席执行官弗兰克·博尔曼（Frank Borman）之口，引自 Liz Pulliam Weston, "Why Going Broke Is a Fact of Life in America"，见 http://moneycentral.msn.com/content/specials/P87467.asp?special/bankrupt。

非营利群体

关于非营利部门、商界和政府部门就业率增长的统计数据引自 Independent Sector, Nonprofit Almanac: Facts and Findings, "Employment in the Nonprofit Sector", 见 http://www. independentsector.org/PDFs/npemployment.pdf。

关于超级富豪的数据引自 "The Business of Giving", *The Economist*，2006年2月26日。

关于基金会数量增加的数据引自 the United States Nonprofit Sector, National Council of Nonprofit Associations, 2006年, 见 http://www.nonprofitcongress.org/sites/nonprofitcongress.org/ files/theme editor/npcongress/us sector report.pdf。关于非营利组织增长的数据引自 Thomas H. Pollak and Amy Blackwood, "The Nonprofit Sector in Brief: Facts and Figures from Nonprofit Almanac 2007", Urban Institute，2006年，见 http://www.urban.org/publications/311373.html，2007年1月。

关于营利部门起薪水平的数据引自 R. Patrick Halperm, "Workforce Issues in the Nonprofit Sector: Generational Leadership Change and Diversity", American Humanics: Initiative for Nonprofit Sector Careers，2006年5月，见 http://www.humanics.org/atf/cf/%7BE02C99B2- B9B8-4887-9A15-C9E973FD5616%7D/ American% 20humanics% 20Workforce% 20Literature% 20 Review%20and%20Bibliography%204-26-06.pdf。关于宾夕法尼亚州的研究引自 Bob Fernandez and Patricia Horn, "Nonprofits' Job Engine Transforms PA Economy", *Philadelphia Inquir*，2005年8月28日。

关于非营利部门高级管理人员工资的数据引自 Noelle Barton, Maria Di Mento, and Alvin P. Sanoff, "Top Nonprofit Executives See Healthy Pay Raises", Philanthropy.com,

2006 年 9 月 28 日, 见 http://www.philanthropy.com/free/articles/v18/i24/24003901.htm, 2007 年 1 月。

必须对大公司严加管理的调查数据引自 David W. Moore, "Little Political Fallout from Business Scandals", Gallup News Service, 2002 年 7 月 8 日, 见 http://www.galluppoll.com/ content/?ci=6340&pg=1。

美国人对政府信赖程度的数据引自 Jeffrey Jones, "Trust in Government Declining, Near Lows for the Past Decade", Gallup News Service, 2006 年 9 月 26 日, 见 http://www.galluppoll.com/content/?ci=24706&pg=1。

关于社会企业家问题可参阅的文章, 见 Emily Eakin, "How to Save the World? Treat It like a Business, " *New York Times*, 2003 年 12 月 20 日; Nicholas Kristof, "Do-Gooders with Speadsheets", *New York Times*, 2007 年 1 月 30 日。另见 David Borstein, *How to Change the World: Social Entrepreneurship and the Power of New Ideas* (Oxford University Press, 2004)。

关于不同代际的人对非营利组织看法的数据引自 2006 年 4 月 27 日第 33 号哈里斯民意测验, 见 http:// www.harrisinteractive.com/harris poll/index.asp?PID=657。

关于非营利组织中女性问题和雇员流动问题的数据引自 R. Patrick Halperm, "Workforce Issues in the Nonprofit Sector: Generational Leadership Change and Diversity", American Humanics: Initiative for Nonprofit Sector Careers, 2006 年 5 月。Jim Collins, *Good to Great and the Social Sectors: A Monograph to Accompany Good to Great* (HarperCollins, 2005)。

11. 外观与时尚

保留个性的文身人

关于 2003 年哈里斯民意测验的概要数据引自 Joy Sever, ph.D., "A Third of Americans with Tattoos Say They Make Them Feel More Sexy", 2006 年 10 月, 见 http://www. harrisinteractive.com/news/allnewsbydate.asp?NewsID=691。此次民意测验的全部数据, 见 http://www.harrisinteractive.com/harris poll/index.asp?PID=407。

关于《美国皮肤病学杂志》(*Journal of American Academy of Dermatology*, ADD) 的研究, 见 Andrew Bridges, "Survey: 24 Percent Between 18 — 50 Tattooed," Associated Press, 2006 年 6 月 10 日。

关于加拿大人的研究, 见 Health Canada, "Special Report on Youth, Piercing, Tattooing and Hepatitis C Trendscan Findings", 2001 年 3 月。

关于名人文身的详细情况, 见 http://www.vanishingtattoo.com/celebrity tattoos.htm; 或者见 http://www.celebritytattoos.org/。

关于乔治·舒尔茨的传言出自胡佛研究所 (Hoover Institute) 对前国务卿的访谈, 见 http://www.h00ver.org/publications/digest/5956876.htm。

关于军方文身政策的详情, 见 Katie Zezima, "Yes, the Military Needs Bodies, but Hold the Bodywork", New York Times, 2005 年 12 月 3 日; J. D. Leipold, "Army Changes

Tattoo Policy", Army News Service, 2006 年 3 月 18 日。

关于身体广告的详情，见 Frank Eltman, "Your Ad Permanently Tattooed Here, There, and Everywhere on New York Man's Body", Associated Press, 2005 年 1 月 29 日；Melanie Wells, "Hey, Is That an Advertisement on Your Arm?" USA Today, 1999 年 7 月 23 日。

另一篇可参阅的文章是 David Brooks, "Nonconformity Is Skin Deep", *New York Times*, 2006 年 8 月 27 日。

忙碌的邋遢人

关于美国人整理杂物时间的数据引自 Penelope Green, "Saying Yes to Mess", *New York Times*, 2006 年 12 月 21 日。

关于邋遢人的民意调查是 2007 年 4 月 5~6 日进行的网上调查。

《完美的凌乱》系指 Eric Abrahamson and David H. Freedman, *A Perfect Mess: The Hidden Benefits of Disorder—How Crammed Closets, Cluttered Offices, and On-the Fly Planning Make the World a Better Place* (Little, Brown, 2006)。

迷恋整形手术的人

关于整形手术调查的所有数据均引自 ICR in Media, Pennsylvania, "American Academy of Facial Plastic and Reconstructive Surgery 2005 Membership Survey: Trends in Plastic Surgery", 2006 年 2 月。这项调查共完成问卷 233 份，数据已制成表格。

关于收入的数据引自 Paige Herman and Marie Kuechel, "Cosmetic Surgery Has Gone Mainstream", *Ventura County Star*, 2006 年 1 月 8 日。

关于男性整容手术和整形产业一般状况的数据引自 "Cosmetic Plastic Surgery Research Statistics and Trends for 2001~2005", 见 Plastic Surgery Research, http://www.cosmeticlpasticsurgerystatistics.com/statistics.html, 2006 年 8 月。

莫琳·多德的描述引自 Maureen Dowd, *Are Men Necessary? When Sexes Collide* (G. P. Putnam's Sons, 2005), PP. 247~248 页。

关于医疗美容业的详细情况，见 Natasha Singer, "More Doctors Turning to the Business of Beauty", *New York Times*, 2006 年 11 月 30 日。

国际画面中的大部分数据引自 "Consumer Attitudes Towards Aging: A Global ACNielsen Report", 2006 年 11 月，见 http://www2.acnielsen.com/reports/documents/global aging attitudes nov06.pdf, January 2007。其他资料包括 AGB 尼尔森媒体研究公司（AGB Nielsen Media Research）与《男性健康》(*Men's Health*) 杂志关于韩国男性与整形手术的研究，引自 Burt Herman, "S. Korea Sees Boom in Male Plastic Surgery", Associated Press, 2006 年 4 月 16 日；Frances Harrison, "Wealthy Iranians Embrace Plastic Surgery", *BBC News*, 2006 年 10 月 1 日；"Bargain Basement Plastic Surgery in Kurdistan", *Iraq Slogger*, 2006 年 3 月 6 日；Sergio DeLeon, "Tourists Heading to Colombia for Plastic Surgery", *USA Today*, 2006 年 3 月 14 日。

强大的娇小女人

彼得·加布里埃尔的那首《大时代》引自 the So album by Geffen Records,1986 年。

《纽约时报》的那篇引起小个子女性抗议的文章，见 Michael Barbaro, "Where's the Petite Department? Going the Way of the Petticoat", *New York Times*, 2006 年 5 月 28 日；后续的文章，见 Michael Barbaro, "By Demand, Saks Revives Petite Department", *New York Times*, 2006 年 6 月 20 日。

关于这一问题的其他重要文章包括 Joy Sewing and Mary Vuong, "A Tall Order", *Houston Chronicle*, 2006 年 6 月 8 日；Jean Patteson, "For Petites, a Shrinking Debate Grows", *Orlando Sentinel*, 2006 年 6 月 23 日；Tanya Barrientos, "Petites Are Becoming the Odd-Woman-Out in Stores", *Philadelphia Inquirer*, 2006 年 6 月 26 日；Anne Bratskeir, "No Small Fuss", *Newsday*, 2006 年 7 月 10 日。

预期寿命的数据引自 National Center for Health Statistics, United States, 2005, with Chartbook on Trens in the Health of American, Hyattsville, MD, 2005, Table 27, "Life Expectancy at Birth, At 65 Years of Age, and at 75 Years of Age, According to Race and Sex: United States, Selected Years 1900~2003", 见 http://www.cdc.gov/nchs/data/hus/hus05.pdf//027。

关于美国服装尺码的详细情况，见 Leslie Earnest, "What's with Women's Clothing Sizes?" *Los Angeles Times*, 2005 年 5 月 1 日。

关于重新度量美国人服装尺码的详细情况，见 Michael D.Sorkin, "Survey Sizes Up America for the Perfect Fit", *St. Louis Post-Dispach*, 2004 年 3 月 7 日。

关于美国普通女性对当前服装样式与尺码感到烦恼的调查数据，引自 Lifestyle Monitor 于 2007 年 3 月发布在 Cotton Incorporated 网站上的研究，http://www.cottoninc.com/ lsmticals /?articleID=356。

12. 技术

喜爱社交的极客

本章所引用的数据来自 PSB 与微软公司的市场研究小组在 2005 年 9 月联合进行的一项研究。感谢微软公司允许我使用他们的研究成果。

关于 Tila Tequila 的更多资料，见 Lev Grossman: "Tila Tequila", *TIME*, 2006 年 12 月 16 日。

关于特定研究领域所授予的学位的资料来自 Table 252, "Bachelor's, Master's and Doc- tor's Degrees Conferred by Degree-Granting Institution, by Sex of Student and Field of Study: 2003~04", Digest of Education Statistics: 2005, 国家教育统计中心，可查 http://nces.ed.gov/programs/digest/d05/tables/dt05_252.asp（2007 年 3 月）。

新一代的卢德分子

2003 年佩尤中心的研究是 Amanda Lenhart: "The Ever-Shifting Internet Population", Pew Internet and American Life Project, 2003 年 4 月 16 日。该研究在第 21~23 页对放弃

上网的人的描述尤其有用。

其他有助于描述新卢德分子的态度的文章包括：Kevin Cowherd, "Teen's Missionary Zeal for Technology Can't Convert Luddite Dad", St. Paul Pioneer Press, 2006 年 3 月 12 日；Ken Spencer Brown, "Wi-Fis, PDAs, Blogs, Smart Phones, PVRs, Hmm…Overload?", *Investor's Business Daily*, 2005 年 11 月 7 日；Richard Seven, "Life Interrupted", *Seattle Times*, 2004 年 11 月 28 日。

关于允许在飞机上使用手机的摇摆不定的计划的更多资料，见 Paul Davidson, "Jet Passengers May Not Get to Chat on Cell Phones After All", *USA Today*, 2007 年 3 月 22 日。

技术红颜

消费电子协会关于女性在科技方面的支出超过男性的资料引自 Yuki Noguchi, "On Cellphones, Girl Talk Comes with a Bling Tone", *Washington Post*, 2006 年 12 月 6 日。这篇文章还描述了装饰有钻石的手机受到了年轻女性购买者的大力追捧。

关于过去受女性影响的科技产品销售额的资料是由消费电子协会提供的。

消费电子协会关于男女青少年所偏爱的新潮电子产品的市场研究来自如下报道：Jack Schofield, "Toys for Boys and Girls: Technology Companies Must Come to Grips with the Fact That More Women than Men Now Buy Gadgets", *The Guardian* (London), 2006 年 2 月 10 日。

关于百思买的努力的报道来自 Mindy Fetterman, "Best Buy Gets in Touch with Its Feminine Side", *USA Today*, 2006 年 12 月 20 日。

关于瑞帝优上的状况的报道来自 "Study: Women Buy More Tech than Men", www.cnn.com, 2004 年 1 月 16 日。

关于女性在科技产品商店购物经历的调查资料的报道来自 May Wong, "Consumer Electronics Has Challenge：Wooing Women", *Ventura County Star*, 2004 年 1 月 14 日。

关于女性想要什么样的电子产品的研究是由摩托罗拉进行的，其报道来自上面引用的 "On Cellphones, Girl Talk Comes with a Bling Tone"。

关于夏普的报道是 "Shopping for Electronics: Isn't Just a Guy Thing", Associated Press, 2004 年 1 月 22 日。

买汽车的"足球妈妈"

想要观看"超级碗"橄榄球赛上的广告，可查看 http://www.ifi lm.com/superbowl/2005。

关于女性在汽车展示厅中的经历的资料有很多来源，包括 "Survey Finds 77 Percent of Women Car Buyers Continue to Bring Man Along to Dealership"，可查 http://www.theautochannel.com/news/2006/ 06/01/009311/html（2006 年 6 月）。

关于 La Femme 的更多资料，见 Edmunds.com, "Winning Women Over in the Car-Buying Process"，可查 http://www.autotrader.com/research/shared.article/ jsp?articleid=3883&refpage=buyingtip（2006 年 6 月）。

《凯乐蓝皮书》关于男性和女性汽车购买者的对比资料，其报道来自 Dan Lienert,

"The Best-Selling Cars by Gender",*Forbes*,2005 年 5 月 24 日。

更多关于沃尔沃由女性设计的概念车的资料,见 "Women Design Concept Car for Volvo",*USA Today*,2004 年 3 月 2 日,可查 http://www.usatoday.com/money/autos/2004-03-02-ycc x.htm(2006 年 6 月)。

关于男性和女性对于汽车及其品牌的偏好的资料来自 Dan Lienart,"Most Popular Cars for Men and Women",Forbes,2006 年 6 月 27 日;汽车频道,可查 http://www.theautochannel.com/news/2005/07/11/137213.html(2006 年 6 月)。

关于捷飞络总裁 Marc Graham 的引文的最早报道来自 Leslie Toussaint,"No Longer an Afterthought: Women and the Aftermarket",Aftermarket Insider,Vol. 9,2001;可查 http://4wheeldrive.about.com/gi/dynamic/offsite.htm?zi=1/XJ&sdn=4 wheeldrive&cdn=autos&tm=19&gps=406 984 1020 580&f=10&su=p284.7.420.ip p706.3.420 .ip&tt=2&bt=0&bts=1&zu=http%3A//www.aftermarket.org/Information/AftermarketInsider/women.asp(2006 年 6 月)。

13. 休闲与娱乐

射箭妈妈?

本章所有关于体育参与的资料都来自美国全国体育用品协会的研究: "2005 Youth Participation in Selected Sports with Comparisons to 1995",可查 http://www.nsga.org/public/pages/index.cfm?pageid=158(2007 年 1 月)。这些资料包括了青少年的参与情况,但不仅限于此。

棒球资料来自 Joseph Carroll,"Football Reaches Historic Popularity Levels in Gallup Poll",2007 年 1 月 19 日。冰球资料来自 Tim Lemke,"Power Play",*Washington Times*,2006 年 10 月 4 日。

关于滑雪板运动的更多资料,见 Tim Lemke,"Power Play",*Washington Times*,2006 年 10 月 4 日。

关于青少年观看和参与体育运动的更多资料,见 David Wharton,"Generation Gap: Traditional Sports Don't Have Same Pull with Today's Teens",*Los Angeles Times*,2002 年 5 月 7 日。

关于曲棍球的资料来自 Pete Thamel,"Lacrosse Is Coming into New Territory",*New York Times*,2005 年 5 月 30 日。关于击剑的资料来自 Jacqueline L. Salmon,"Exploring New Fields: Other Sports Gain Popularity as Kids Discover Life Beyond Soccer",*Washington Post*,2001 年 8 月 15 日。关于美国舞蹈协会的更多资料,可查 http://www.usabda.org/。

关于梦幻钓鱼的更多资料,见 Kevin J. Delaney,"'Fantasy Fishing' Leagues Hook Interested Parties",Associated Press Financial Wire,2006 年 7 月 20 日。

关于奥运会的资料来自 http://www.olympic.org/uk/games/past/index uk.asp?OLGT=2&OLGY=2006。

"最受欢迎的男运动员" 是 Harris Innteractive 的在线民意调查进行的评选,其报道见 "Tiger Takes No. 1 Spot in Harris Poll of Fans",Associated Press,2006 年 6 月 9 日,可

查 http://sports.espn.go.com/espn/news/story?id=2476502（2007年1月）。

×××人

关于色情文学阅读者的资料来自"Pornography Statistics 2007"，可查 http://internet-filter-review.toptenreviews.com/internet-pornography-statistics.html，以及"Internet Pornography Statistics"，可查 http://www.mykidsbrowser.com/pornography stats.php。

在2007年春季的时候，职业棒球大联盟的尼尔森收视率平均大约为2.4，这意味着收看比赛的家庭不到300万。

就有关色情产品消费的资料而言，有用的文章包括：Eric Retzlaff，"Pornography's Grip Tightened by Way of Internet"，National Catholic Register，2000年6月13日；Dennah Gresh，"A Decent Proposal: How to Take the High Road in a Low-Rise, Skin-Is-in-Society"，*Today's Christian Woman*，2003年5月/6月。

关于色情产业规模及其在网络空间中所占份额的资料主要来自上面所引用的色情文学统计网站。

《投资者商业日报》上关于色情产品与技术的文章是 Patrick Seitz，"High Def's Adult Situation Favors Toshiba"，*Investor's Business Daily*，2006年3月2日。感谢肯特大学（University of Kent）的米罗·琼斯（Milo Jones）指导我们注意到了这一视角。

关于美国人第一次发生性关系的年龄正在下降的资料来自 Durex's 2004 Sex Survey，见 http://www.durex.com/cm/GSS2004Results.asp。该调查也被用作色情文学阅读方面的全球通用的资料。

关于色情业的国际概况，有用的文章包括 Michael Field，"The Pacific Porn Paradise"，*Dominion Post*（Wellington，New Zealand），2005年12月17日；"Italy Probes Porn on a Mobile Network"，Global News Wire—Asia Africa Intelligence Wire，2006年5月6日；Matt Richtel and Michael Marriott，"Ring Tones, Cameras, Now This: Sex Is Latest Cellphone Feature"，*New York Times*，2005年9月17日；Phermsak Lilakul，"Survey: Youth Well Versed in Internet Porn，*The Nation*（Thailand），2002年10月10日；"Porn a Major Presence in Lives of Youth"，UPI，2007年2月26日；and "African's 'Porn Centre' Seeks Cash"，*BBC News*，2004年12月14日。

玩电子游戏的成年人

本章中的大多数资料来自娱乐软件协会的"2006 Sales, Demographic and Usage Data: Essential Facts About the Computer and Video Game Industry"。

其他有用的资料包括 Mike Johansson，"Game On!"，Rochester Democrat and Chronicle，2004年5月21日；Roy Rivenburg，"Plan Your Funeral or Play Nintendo"，*Los Angeles Times*，2006年10月26日；and Mike Sneider，"These Mind Games Do You Good"，*USA Today*，2006年4月18日；Paige Craig。

关于严肃游戏的更多资料，见 Josh Schollmeyer，"Games Get Serious"，*Bulletin of the Atomic Scientists*，Vol.62，No.4，2006年7月18日。

新的古典音乐爱好者

关于这一趋势的有用的文章提供了许多本章引用的统计数据，这些文章包括 Allan Kozinn, "Check the Numbers: Rumors of Classical Music's Demise Are Dead Wrong", *New York Times*, 2006 年 5 月 28 日；Ken Schwartz, "Classical Music Comes off Life Support", www. businesstoday.com, 2006 年 3 月 14 日；Barbara Jepson, "Classical, Now Without the 300-Year Delay", *New York Times*, 2006 年 3 月 26 日；Patrick Kavanaugh, "Rumors Greatly Exaggerated", *National Review*, 2003 年 6 月 30 日；以及 Robin Pogrebin, "Uncertain Times: Impulse Buyers Replace Ticket Subscriptions", *New York Times*, 2002 年 10 月 16 日。

关于拥有乐器的家庭的调查资料来自 Gallup Organization, "American Attitudes Towards Music", conducted for the National Association of Music Merchants, 2003 年 3 月，可 查 http://www.amc-music.com/news/pressreleases/images/gallup/ Gallup2003.ppt#281.6（2007 年 1 月）。

关于老年钢琴演奏者的资料来自 Robin Schatz, "Your Inner Musician Is Just Waiting to Be Found", *BusinessWeek Lifestyle*, 2002 年 5 月 13 日，可查 http://www.businessweek.com/magazine/content/0219/b3782107.htm（2007 年 1 月）。classicalarchives.com 的调查可查 http://www.classical archives.com/demographics.html（2007 年 1 月）。

14. 教育

晚上学的聪明孩子：美国启蒙教育的障碍

对本章有用的文章包括 Elissa Gootman, "Preschoolers Grow Older as Parents Seek an Edge", *New York Times*, 2006 年 10 月 19 日；"Parents Delay Kindergarten to Give Children an Edge", *New York Times*, 2004 年 4 月 27 日；"Postponing Kindergarten", *Chicago Tribune*, 2006 年 4 月 26 日；以及 Nara Schoenberg, "More Boys Finding They're Ahead of the Game When They're Held Behind", *Chicago Tribune*, 2006 年 4 月 25 日。

提出"幼儿园里的军备竞赛"这一说法的是 Steve Sailer, "Redshirting: A Kindergarten Arms Race", UPI, 2002 年 7 月 25 日，可 查 http://www.isteve.com/2002 Redshirting-A Kindergarten Arms Race.htm（2006 年 7 月）。

关于对延后上学的效果的质疑，见 Michelle Keller, "'Academic Red-Shirting' Is Getting a Mixed Report Card", *Los Angeles Times*, 2006 年 7 月 5 日；Elaine Lapriore, "Delaying Kindergarten Has No Benefits", http://www.usc.edu/escnews/stories/12716.html（2006 年 9 月 7 日）；Hermine H. Marshall, "Opportunity Deferred or Opportunity Taken?: An Updated Look at Delaying Kindergarten Entry", Beyond the Journal, 2003 年 9 月。也可 见 "Delaying Kindergarten: Effects on Test Scores and Child Care Costs", Pardee Rand Graduate School Research Brief, 2004 年。

关于图表中的资料，我们要感谢如下项目的负责人 Chris Chapman, "儿童早期与家庭研究", 美国教育部全国教育统计中心（2006 年 11 月 7 日）。

美国在家上学的孩子

美国教育部的研究是 D. Princiotta and S. Bielick，Homeschooling in the United States: 2003 (NCES 2006-042)，美国教育部全国教育统计中心，华盛顿，2006 年，可查 http://nces.ed.gov/pubs2006/homeschool/.。1999 年和 2003 年的学龄人口总数来源于 http://www.census.gov/prod/2001pubs/p20-533.pdf 和 http://www.census.gov/prod/2005pubs/p20-554.pdf。

关于特许公立学校学生的资料来自美国教育部全国教育统计中心学校与教职员调查(SASS)，"Public School Questionnaire"，1999~2000 年，以及"Charter School Questionnaire"，1999~2000 年，该调查完成于 2002 年 12 月。

关于在家教育产业的规模的资料来自"George Bush's Secret Army"，*The Economist*，2004 年 2 月 26 日。

关于大学政策的资料援引自 Tania Deluzuriaga，"Home School Phenomenon"，*Orlando Sentinel*，2005 年 6 月 12 日。关于 SAT 的资料来自在家教育法律辩护协会，可查 http:www.hslda.org/docs/news/hslda/200105070.asp，它建立在 HSLDA 从大学委员会获得的信息的基础之上。

拼字比赛的资料来自全国拼字比赛网站 http://www.spellingbee.com/statistics.asp；地理比赛的资料来自 HSLDA 的网站 http://www.hslda.org/docs/news/hslda/200305/200305300.asp。

关于公众对于在家教育的观点的资料来自 Linda Lyons and Gary Gordon，"Homeschooling: Expanding Its Ranks and Reputation"，2001 年 5~6 月进行的盖洛普民意测验调查。

所有关于实施在家教育者的人口统计资料都来自上面引用的美国教育部的研究。

关于在家教育管理的资料来自 HSLDA 的网站 http://www.hslda.org/laws/。

关于提出允许让接受在家教育的学生使用公共资源的议案的各州的资料来自 James Dao，"Schooled at Home, They Want to Play at School"，*New York Times*，2005 年 6 月 22 日。

国际方面的资料来自如下来源：The Home School Court Report，a publication of Home School Legal Defense Association，Vol. 19，No. 5，2003 年 9 月/10 月；Tim Large，"Stay-at-Home Kids Shunning the System"，Daily Yomiuri(Tokyo)，2000 年 9 月 2 日；Nechama Veeder，"Learning Without Lessons"，Jerusalem Post，2006 年 9 月 1 日；以及 Paul Belien，"2007 German Horror Tale; Nazi-Era Law Prosecutes Today's Home- Schoolers"，*Washington Times*，2007 年 2 月 28。

退学的大学生

所有大学退学名人的情况都公布在大学退学学生校友会 2006 年 8 月的网站上，可查 http://www.geocities.com/CollegePark/7734/cdoaa.html;http://www.answers.com/topic/college-dropout。

关于大学入学率发展趋势的资料来自劳动统计局在 2006 年 3 月 24 日发布的"College Enrollment and Work Activity of 2005 High School Graduates"，可查 http://www.bls.gov.news/release/hsgec.nr0.htm；国家教育统计中心 2005 年的《教育统计摘要》，可查 http://

nces.ed.gov/programs/digest/d05/tables/dt05 182.asp（2006 年 7 月）。

关于大学毕业情况的资料来自 Laura Horn and Rachael Berger，"College Persistence on the Rise?"，NCES 2005-156，美国教育部，引用自 "Convergence: Trends Threatening to Narrow College Oppostunity in America"，这是高等教育政策研究所 2006 年 4 月的一个项目，见其第 11 页表 6。

《纽约时报》上的文章是 David Leonhardt，"The College Dropout Boom"，*New York Times*，2005 年 5 月 24 日。

不断增加的没能毕业的大学学生的数量是通过乘以不断增加的大学入学率计算出来的，NCES 在 http://nces.ed.gov/programs/coe/2006/section1/table.asp?tableID=443 上做了报道，上面提到的 Laun Horn 与 Rachael Berger 对 34% 的稳定的退学率也做了报道。

关于没能毕业所带来的代价的资料来自 "Convergence"，pp. i, 2。

进行学生债务研究的是 Lawrence Gladieux and Laura Perna，"Borrowers Who Drop Out: A Neglected Aspect of the College Student Loan Trend"，国家公共政策与高等教育中心，2005 年 5 月；被引用的《时代周刊》的文章是 Daphne Landau，"College Dropouts Costing the State $300 Million"，*New York Post*，2004 年 4 月 20 日。

关于本科生的各种方案来自 "Convergence"，pp. i, 2。

关于大学退学学生态度的资料来自 PSB 在 2006 年 10 月 5~6 日所进行的民意测验。

对数字着迷的人

前哈佛校长拉里·萨默斯的讲话援引自 Peter Dizikes，"Civic Science"，*Boston Globe*，2006 年 4 月 30 日。

哈佛和耶鲁的资料来自 Handbook for Students，可查 http://webdocs.registrar.fas.harvard.edu/ugradhandbook/current/ugradhandbook.pdf；以及 Yale College Undergraduate Junior and Senior Majors，1989–99 to 2005–06。

STEM 的资料来自 Cornelia M. Ashby 对领导者、教育、劳动力和收入保障问题的论述，见 "Higher Education: Science, Technology, and Mathematics Trends and the Role of Federal Programs"，美国政府问责局 2006 年 5 月 3 日公布。

一些文章对于本章内容的展开是至关重要的，一些逸闻都引用自这些文章，它们包括 Speed Weed，"POPSCI Goes to Hollywood"，*Popular Science*，January 2007；Jackie Burrell，"Number Mania TV Shows Go on Integer Alert"，*Contra Costa Times* (CA)，2006 年 5 月 31 日。

这位数学专业出身的富人是詹姆斯·西蒙斯（James Simons），以前是数学专业的学生以及数学教授，在 2007 年时，他是自己的对冲基金 Renaissance Technologies Corporation 的领导者。

15. 国际

小宗教

《纽约客》的封面是 Saul Steinberg 的《从第 9 大道看过去的纽约》，最早出现在

1976 年 3 月 29 日。

关于法国和德国上教堂的资料来自 Robert Manchin，"Religion in Europe: Trust Not Filling the Pews"，关于欧洲委员会民意调查的盖洛普测验，2004 年 9 月 21 日。

皮特·博格的第一段话可以在下面这篇对于整个章节都非常有帮助的文章中找到：Toby Lester，"Oh，Gods!"，Atlantic Monthly，2002 年 2 月。第二段话来自 Pew Forum's biennial Faith Angle Conference on Religion, Politics, and Public Life，"Religion in a Globalizing World"，2006 年 12 月 4 日，可查 http://pewresearch.org/pubs/404/religion-in-a-globalizing-world。David Barrett, George Kurian, and Todd Johnson，World Christian Encyclopedia, 2nd ed. (Oxford University Press, 2001), 2 vols。所有对此书的引用，包括对某些宗教的描述都来自上面提到的 "Oh，Gods!" 一文。

关于哪些人加入了 NRM 的背景资料大多数来自 Vatican Sectarian for Promoting Christian Unity，"Sects or New Religious Movements: A Pastoral Challenge"，Vatican，1986 年 5 月 3 日，可查 http://www.catholicculture.org/docs/doc view.cfm?recnum=1313。

伊斯兰武装分子是快速变化的一个例子，NRM 在法律的实施中发挥着作用，关于这些问题的更多资料见上面引用过的 "Oh，Gods!" 一文。

国际买房者

关于佛罗里达州房地产经纪人的调查是全国房地产经纪人协会进行的 "The 2005 National Association of Realtors Profile of International Home Buyers in Florida"，可查 http://www.realtor.org/Research.nsf/files/2005%20Profile%20of%of20International%20Buyers,pdf/$FILE/2005%20Profi le%20of%20International%20Buyers.pdf。这也是本章稍后部分关于中等住房价格的数字以及买房者的动机的资料来源。

关于佛罗里达州以外的其他州的资料，有用的文章包括 Dick Hogan，"Euro, Low Airfares Boost Investments"，News-Press，2005 年 3 月 20 日；Ron Scherer，"House Not Home: Foreigners Buy Up American Real Estate"，Christian Science Monitor，2005 年 7 月 15 日；以及 June Fletcher，"As US Buyer Pool Shrinks, US Sellers Look Abroad"，Wall Street Journal，可查 http://www.realestatejournal.com/buysell/markettrends/20050407-fletcher.html（2007 年 4 月）。

关于货币对比资料的报道来自上面引用的 "Euro, Low Airfares Boost Investments" 一文。

关于多货币抵押贷款的更过资料，见 Kelly Griffith，"Foreign Banks Can Choose Mortgages in Their Currencies"，Orlando Sentinel，2006 年 6 月 7 日。

提出中东和拉丁美洲的人们对于房屋设计的偏好的是 Judy Stark，"Home Away from Home"，St. Petersburg Times，1994 年 2 月 19 日。

关于加利福尼亚州的议案的更多资料，见 "Stirring It Up: Doolittle Wants Loan Barriers for Foreigners"，Sacramento Bee，2007 年 3 月 6 日 (editorial)。

关于孤立主义的调查，见 Andrew Kohut，"Tracking American Isolationism：Speak Softly and Carry a Smaller Stick"，New York Times，2006 年 3 月 25 日；以及 "America's Place in the World 2005：Opinion Leaders Turn Cautious, Public Looks Homeward"，佩尤研究中心与外交关系委员会 2005 年 11 月 17 日发布。

LAT 夫妻（英国）

关于英国 LAT 夫妻的资料来自英国国家统计数据的新闻发布，"First Estimates of the Number of People 'Living Apart Together' in Britain, Population Trends 122— Winter 2005"，可查 http://www.statistics.gov.uk/pdfdir/poptrends1205.pdf（2006 年 12 月）。

英国结婚率统计数据来自 National Statistics FM2, Table 2.2，可查 http://www.statistics.gov.uk/downloads/theme population/Table2a Marriage rates.xls（2006 年 12 月）。

有助于了解本趋势的文章包括 Katy Guest, "The Love Issue", *Independent on Sunday*(London), 2006 年 2 月 12 日；Celia Brayfield, "One Heart, Two Homes", *The Times* (London), 2004 年 9 月 21 日；以及 Jasper Gerard, "Semi-Attached Couple", *The Sunday Times* (London) 1992 年 2 月 23 日。

关于北美的 LAT 夫妻的资料来自 Anne Milan and Alice Peters, "Couples Living Apart", Canadian Social Trends, Summer 2003, Statistics Canada, Catalogue No. 11-008。

全国房屋建造协会的调查引用自 Tracie Rozhon, "To Have, Hold, and Cherish, Until Bedtime", *New York Times*, 2007 年 3 月 11 日。

妈妈的大男孩（意大利）：不离家的男人

关于住在家里的意大利男性的资料主要引自 Marco Manacorda and Enrico Moretti, "Why Do Most Italian Young Men Live with Their Parents? Intergenerational Transfers and Household Structure", Centre for Economic Policy Research, 2005 年 6 月，可查 http://www.cepr.org/pubs/dps/DP5116.asp（2006 年 11 月）。

其他有用的文章包括 "Italian Parents Under Accusation", *La Repubblica*, 2006 年 2 月 3 日（感谢 Alenia, Inc.CEO Enzo Caiazzo 以及 Kristin Uzun 的翻译）；Gary Picariello, "In Italy—Living at Home Well into Your 30s Is Perfectly Normal", *Associated Content*, 2006 年；Donald MacLeod, "Italian Mammas Making Offers Their Sons Can't Refuse", *Guardian Unlimited*, 2006 年 2 月 3 日；以及 Deidre Van Dyke, "Parlez-Vous Twixter", Time, 2004 年 1 月 16 日。

出生率的资料来自 "The World Factbook, Rank Order—Total Fertility Rate", 2007 年 3 月 15 日，可查 https://www.cia.gov/cia/publications/factbook/rankorder/2127rank.html（2007 年 3 月）。

欧洲之星

所有关于总出生率的资料来自联合国统计署关于生育的社会指标值，可查 http://unstats.un.org/unsd/demographic/products/socind/childbr.htm（2007 年 1 月）。

对本章有用的文章包括 Elisabeth Rosenthal, "European Union's Plunging Birthrates Spread Eastward", *New York* Times, 2006 年 9 月 4 日；Jeffrey Fleishman, "No Dearth of Births in This Town", *Los Angeles Times*, 2006 年 9 月 14 日；以及 Frank Bruni, "Persistent Drop in Fertility Reshapes Europe's Future", *New York Times*, 2002 年 12 月 26 日。

英国的婚姻统计数据以及下面所引用的关于英国的生育情况的资料来自 Mike Dixon and Julia Margo, "Population Politics", Institute of Public Policy Research, 2006 年 2 月 19

日，pp. 80–85 页，可查 http://www.ippr.org.uk/publicationsandreports/publication.asp?id=341（2006 年 9 月）。

关于受过教育的德国女性在生育方面的数据来自 Lionel Shriver, "No Kids Please, We're Selfish", *The Guardian* (London)，2005 年 9 月 17 日。

到 2004 年止，关于美国的红色州和蓝色州的出生率的分析来自 Phillip Longman, "The Liberal Baby Bust", *USA Today*，2006 年 3 月 13 日。

关于代沟的分析被引用于 "Half a Billion Americans?", *The Economist*，2002 年 8 月 22 日。

关于独生子女的增长的资料来自 "Female Population by Age and Total Number of Children Born Alive and Urban/Rural Residence, Each Census: 1948–1997", United Nations Demographic Yearbook, Historical Supplement, 可查 http://unstats.un.org/unsd/demographic/sconcerns/natality/nat2.htm（2007 年 1 月）。

关于出生顺序的有用的文章包括 Kate Lorenz, "Oldest, Middle, Youngest: Who's More Successful?", 可查 http://www.careerbuilder.ca/CA/JobSeeker/CarrerAdvice/ViewArticle.aspx?articleid=126&cbRecursionCnt=2&cbsid=41106e22d7764f2d82054e70adfd763c-231267953-JJ-5（2007 年 1 月）；以及 "Birth Order", 儿童发展研究所，可查 http://www.childdevelopmentinfo.com/development/birth order.htm（2006 年 10 月）。

越南企业家

关于这一趋势，有用的文章（一些资料援引自它们）包括 Keith Bradsher, "Vietnam's Roaring Economy Is Set for World Stage", New York Times，2006 年 10 月 25 日；"The Middle Class Has Landed", Vietnam Investment Review，2006 年，可查 http://www.vir.com.vn/Client/VIR/index.asp?url-content.asp&doc=11907；"Good Morning at Last", *The Economist*，2006 年 8 月 5 日；以及 "The Good Pupil: Vietnam's Economy", *The Economist*，2004 年 5 月 8 日。

关于乐观主义的资料来自 2006 年 12 月 18 日发布的盖洛普国际人民之声调查。

法国的禁酒主义者

关于全球的酒类产品的消费的资料来自 Global Status Report on Alcohol 2004, World Health Organization, Department of Mental Health and Substance Abuse (Geneva, 2004)。尤其是法国的资料，可查 http://www.who.int/substanceabuse/publications/en/france.pdf。

其他关于法国葡萄酒消费下降的资料来自 "Lawmakers Say French Youth Needs to Learn More About Wine Appreciation, Associated Press, 2006 年 12 月 6 日。

关于法国人的用餐习惯的信息来自 "French Eating Habits", 可查 www.EnjoyFrance.com（2005 年 9 月 6 日）。

关于法国和美国在打击醉酒驾驶方面的经验的讨论来自下面文章 Keith B. Richburg, "European Laws Place Emphasis on the Driving, Not the Drinking", *Washington Post*，2004 年 12 月 30 日。

关于将葡萄酒划归为食品的更多信息，见 Elaine Sciolino, "A Campaign to Drink

Another Glass of Wine for France", *New York Times*, 2004 年 7 月 23 日。

这本书是 Mireille Guiliano, French Women Don't Get Fat, (Alfred A Knopf, 2005)。

法国人吸烟的资料来自 Caroline Wyatt, "Bidding Goodbye to the Gauloises", *BBC News*, 2007 年 2 月 1 日, 可查 2007 年 4 月的报道。

下文记录了法国葡萄酒产业所面临的困难: Peter Gumbel, "Too Much of a Good Thing", *TIME*, 2006 年 10 月 19 日。

中国的毕加索

对于本章有用的关于中国艺术的重要文章包括 "Chinese Paintings Enjoy Increasing Popularity", www.china.org, 2005 年 6 月 30 日, 可查 http://www.china.org.cn/english/culture/133552.htm（2007 年 2 月）; "China Industry: Chinese Contemporary Art Catches On in a Big Way, EIU Views Wire, 2005 年 8 月 29 日; David Barboza, "China's Boom Industry?", *International Herald Tribune*, 2007 年 1 月 5 日; Julie Mehta, "Contemporary Chinese Art Finds a Place in Art History", *Art Business News*, 2003 年 11 月 1 日; Will Bennett, "China's New Millionaires See Capital Gain in Art", *Financial Times* (London), 2006 年 9 月 30 日; Will Bennett, "China Opens Up to Art Auctions", *The Telegraph* (London), 2005 年 1 月 1 日; and "Appreciating Oils: China's Art Market", *The Economist*, 2005 年 4 月 9 日。

被引用的约翰·亚当斯的话是他在 1780 年 5 月 12 日写给阿比盖尔·亚当斯的信: *Adams Family Correspondence*, 3:342, 可查 http://www.masshist.org/adams/quotes.cfm（2007 年 2 月）。

关于大芬的描述来自 "Painting by Numbers: China's Art Business", *The Economist*, 2006 年 6 月 10 日。

关于西方博物馆扩张计划的更多资料, 见 Alan Riding, "France Frets as Louvre Looks Overseas", *New York Times*, 2007 年 1 月 1 日。

关于其他国家不断增长的 GDP 的资料来自 International Monetary Fund, World Economic and Financial Surveys, World Economic Outlook Database, September 2006 edition, 可查 http://www.imf.org/external/pubs/ft/weo/2006/02/data/index.aspx（2007 年 3 月）。

摇摆不定的俄罗斯人

1991 年的欧洲民意调查以及接下来 2006 年关于俄罗斯人对于民主的看法的资料可见下面的文章, Pew Global Attitudes Project, "Russia's Weakened Democratic Embrace", 2006 年 1 月 5 日, 可查 http://pewglobal.org/reports/display.php?ReportID=250（2006 年 2 月）。

关于俄罗斯的安全和腐败情况的资料来自 Sergei Gradirovski and Neli Esipova, "Security in Russia: The Hoodlum Must Pay!", Gallup News Service, 2007 年 1 月 4 日; 以及 Sergei Gradirovski and Neli Esipova, "Corruption in Russia: Is Bribery Always Wrong?", *Gallup News Service*, 2006 年 10 月 15 日。

关于俄罗斯在 2006 年和 2007 年的政治发展，有用的文章包括 "Richer, Bolder—and Sliding Back—Russia", The Economist, 2006 年 7 月 15 日；Fred Hiatt, "Kasparov's Gambit", Washington Post, 2007 年 2 月 12 日；Steven Lee Myers, "Russians to Vote, but Some Parties Lose in Advance", New York Times, 2007 年 2 月 15 日；以及 Thom Shanker and Mark Landler, "Putin Says U.S. Is Undermining Global Stability", New York Times, 2007 年 2 月 11 日。

2006 年的调查反映了俄罗斯人对于普京总统的谋略的担忧，见 "The Putin Popularity Score: Increasingly Reviled in the West, Russia's Leader Enjoys Broad Support at Home", by Richard Morin, Pew Global Attitudes Project, 以及 Nilanthi Samaranayake, Pew Research Center for the People and the Press, 2006 年 12 月 6 日。

崛起的印度妇女

下述文章主要讲述了印度经济的成功经历以及它所面临的挑战: Haroon Siddiqui, "India: Misery and Magic", Toronto Star, 2007 年 2 月 8 日。

关于印度识字情况的更多资料，见 O. P. Sharma, "2001 Census Results Mixed for India's Women and Girls", Population Today, 2001 年 5 月/6 月；可查 http://www.prb.org/Articles/2001/2001CensusResultsMixedforIndiasWomenandGirls.aspx（2007 年 3 月）。

关于城市就业增加的数据来自 NSS Report No. 520: "Employment and Unemployment Situations in Cities and Towns in India, 2004–2005", National Sample Survey Organization, Ministry of Statistics and Programme Implementation, Government of India, 2006 年 3 月。有用的分析可以在下述文章找到：C. P. Chandrasekhar and Jayati Ghosh, "Women Workers in Urban India", 2007 年 2 月 6 日，可查 http://www.macroscan.org/fet/feb07/fet060207Women Workers.htm（2007 年 3 月）。

关于女胎的高堕胎率的更多资料，见 Scott Baldauf, "India's Girl Deficit Deepest Among Educated", Christian Science Monitor, 2006 年 1 月 13 日。

关于女性在议会所占份额的更多资料，见 P. Jayaram, "Bill to Reserve MP Seats for Indian Women in Limbo", Straits Times, 2006 年 12 月 9 日；以及 "MP Reserves 50% for Women in Local Bodies", Indian Express Online Media Ltd Source: Financial Times, 2007 年 3 月 31 日。

对女性立法委员的影响进行了研究的有 Irma Clots-Figueras, "Women in Politics: Evidence from the Indian States", 2005 年 1 月 24 日，可查 http://sticerd.lse.ac.uk/dps/pepp/PEPP%2014.pdf（2007 年 3 月）。

关于奈娜·拉·齐维的更多资料，见 S. Prasannarajan "Power Pyramid", India Today, 2007 年 3 月 26 日。更多关于凯朗·梅佐达·肖的资料，见 "First Lady", Newsweek, 2006 年 10 月 18 日。更多关于米拉·奈尔的资料，见 http://www.mirabaifilms.com/home.html。

关于美国的印度学生的资料来自 "Open Doors 2006, Report on International Educational Exchange, Leading 20 Places of Origin 2004/5 and 2005/6", 可查 http://opendoors.iienetwork.org/?p=89189（2007 年 4 月）。

资料来源　445

关于英德拉·努伊的更多资料，见"Indra Nooyi Is India Abroad Person of the Year"，Rediff India Abroad，2007年3月24日，可查 http://www.rediff.com/news/2007/mar/24iapoy.htm（2007年4月）。关于卡尔帕拉·楚拉的更多资料，见 NASA 的网站 http://www.jsc.nasa.gov/Bios/htmlbios/chawla.html。关于斯瓦提·丹德卡的更多资料，可查 http://www.swatidandekar.com/。关于桑尼亚·米尔扎的更多资料，见 Randeep Ramesh，"Fatwa Orders Indian Tennis Star to Cover Up"，*The Guardian*（*London*），2005年9月10日。

受过教育的恐怖主义分子

恐怖主义知识库（其网址为 http://www.tkb.org）自称是"为全面研究和分析全球的恐怖主义事件、与恐怖主义相关的诉讼案件以及恐怖主义组织和领导者提供一站式资源"。它整合了来自 RAND 恐怖主义年表和 RAND-MIPT 恐怖主义事件数据库、恐怖主义诉讼数据库以及关于恐怖主义组织的 DFI 国际研究项目中的资料，并受到了美国国土安全部审查和培训办公室的资助。

对本章而言，重要的文章包括 Bruce Hoffman，"We Can't Win if We Don't Know the Enemy"，*Washington Post*，2007年3月25日；George Packer，"Knowing the Enemy"，*New Yorker*，2006年12月18日；Daniel Pipes，"God and Mammon: Does Poverty Cause Militant Islam?"，*National Interest*，Winter 2002；以及 Alan B. Krueger and Jitka Maleckova，"Seeking the Roots of Terrorism"，*Chronicle of Higher Education*，2003年6月6日。特别是，最后一篇文章概述了对于埃及、黎巴嫩和以色列的恐怖主义分子的研究。

Marc Sageman 2004年11月1日提交给外交政策研究所的电子笔记对其 Understanding Terror Networks (University of Pennsylvania Press, 2004) 一书的内容作出了很好的概述，可查 http://www.fpri.org/enotes/20041101.middleeast.sageman.understandingterrornetworks.html。

译者简介

刘庸安 北京大学国际政治系毕业。主要译著有《情感的历史》（九州出版社2007年版）和《瑞典与"第三条道路"》（重庆出版社2008年版）等。

贺和风 北京大学国际政治系毕业，法学硕士。主要译著有《漫长的革命》（东方出版社2006年版）和《社会民主主义的困境》（重庆出版社2008年版）等。

周艳辉 外国哲学专业硕士，曾就读于吉林大学哲学系、北京大学哲学系。主要译著有《荣格》（中华书局2004版）、《协商民主》（中央编译出版社2009年版）。

图书在版编目（CIP）数据

小趋势：决定未来大变革的潜藏力量 /（美）马克·
佩恩（Mark J. Penn），（美）E. 金尼·扎莱纳
(E. Kinney Zalesne) 著；刘庸安，贺和风，周艳辉译 .
-- 上海：上海社会科学院出版社，2019
书名原文：Microtrends: the small forces behind
tomorrow's big changes
ISBN 978-7-5520-2586-6

Ⅰ. ①小… Ⅱ. ①马… ② E… ③刘… ④贺… ⑤周…
Ⅲ. ①社会发展—研究—世界 Ⅳ. ① D56

中国版本图书馆 CIP 数据核字 (2018) 第 292020 号

Microtrends: the small forces behind tomorrow's big changes
By Mark J. Penn with E. Kinney Zalesne
Original English language edition Copyright © 2007 by Mark J. Penn
This edition published by arrangement with Center Street, New York, New York, USA.
Simplified Chinese edition copyright © 2018 Beijing Green Beans Book Co., Ltd.
Arranged through Andrew Nurnberg Associates International Ltd.
All rights reserved.

上海市版权局著作合同登记号：图字 09-2018-1209 号

小趋势：决定未来大变革的潜藏力量

著　　者：	（美）马克·佩恩　E. 金尼·扎莱纳
译　　者：	刘庸安　贺和风　周艳辉
责任编辑：	赵秋蕙
特约编辑：	刘红霞
封面设计：	主语设计
出版发行：	上海社会科学院出版社
	上海市顺昌路 622 号　　邮编 200025
	电话总机 021-63315900　销售热线 021-53063735
	http://www.sassp.org.cn　E-mail: sassp@sass.org.cn
印　　刷：	河北鹏润印刷有限公司
开　　本：	710×1000 毫米　1/16 开
印　　张：	29.25
字　　数：	405 千字
版　　次：	2019 年 2 月第 1 版　2019 年 3 月第 2 次印刷

ISBN 978-7-5520-2586-6/D · 520　　　　　　　定价：68.80 元

版权所有　翻印必究